Ludwig Hügen

Zwischen Schwalm und Grenzwald

Geschichte der Altgemeinden

Elmpt und Niederkrüchten

Der Bürgerschaft
der Gemeinde Niederkrüchten

ISBN-Nr. 3-928504-10-X
1. Auflage 1993
2. Auflage 1994
Gesamtherstellung: Boss-Druck, Kleve

Der Druck dieses Buches ist durch die finanzielle Unterstützung der Sparkasse Krefeld, der Volksbank Schwalmtal eG, der Volksbank Wegberg eG, des Wasserwerkes des Kreises Viersen GmbH Willich und der Westdeutschen Licht- und Kraftwerke AG Erkelenz ermöglicht worden.

Ludwig Hügen

Zwischen Schwalm und Grenzwald

Geschichte der Altgemeinden

Elmpt und Niederkrüchten

Vorwort zur 2. Auflage

Als ich im Herbst 1993 die „Geschichte der Altgemeinden Elmpt und Niederkrüchten" den Bürgern der neuen Gemeinde Niederkrüchten vorlegen konnte, ahnte ich nicht, welche positive Aufnahme das Werk finden würde. Innerhalb weniger Wochen war die erste Auflage vollständig vergriffen – ein Erfolg, der nicht nur den Autor erfreute, sondern auch einen erfreulich positiven Aufschluß über das Geschichtsbewußtsein der Bürgerinnen und Bürger an ihrer eigenen Ortsgeschichte gibt.
Da bei weitem nicht alle Nachfragen befriedigt werden konnten und der Druck der weiteren Interessenten ständig zunahm, bot sich ein Nachdruck geradezu an. Wieder standen Rat und Verwaltung der Gemeinde Niederkrüchten voll hinter diesem Entschluß; neben den bisher schon tätig gewordenen Sponsoren konnten einige weitere Mäzene gewonnen werden, die durch ihre finanziellen Zuschüsse auch die Drucklegung dieses weiteren Bandes sicherstellten: Die Sparkasse Krefeld, die Volksbanken Schwalmtal und Wegberg, das Wasserwerk des Kreises Viersen und die Westdeutsche Licht- und Kraftwerke AG in Erkelenz gaben namhafte „Finanzspritzen".

Allen, die zum Gelingen beitrugen, Dank zu sagen, ist mir ein ehrliches Bedürfnis. Möge der Wunsch in Erfüllung gehen, daß auch diese zweite Auflage wieder so positiv von der Bevölkerung aufgenommen wird wie der Erstdruck!

Ludwig Hügen

Liebe Leserin, lieber Leser,

der Zusammenschluß der beiden ehemaligen Gemeinden Niederkrüchten und Elmpt am 1. Januar 1972 durch das Gesetz zur Neugliederung der Gemeinden und Kreise des Neugliederungsraumes Aachen vom 14. Dezember 1971 stellte in der Entwicklung der beiden bis dahin selbständigen Gemeinden einen bedeutenden Einschnitt dar. Galt es doch, von nun an gemeinsam Kommunalgeschichte zu gestalten.
Da gute kommunalpolitische Entscheidungen stets in der Reflexion auf die Vergangenheit getroffen werden sollten, ist es notwendig, sich dieser Vergangenheit bewußt zu werden. Was liegt da näher, als die zurückgelegte Entwicklung der beiden Altgemeinden darzustellen.

Bereits Goethe stellte in „Maximen und Reflexionen" fest: „Eine Chronik schreibt nur derjenige, dem die Gegenwart wichtig ist."
Das trifft in ganz besonderem Maße auf den Historiker Dr. Ludwig Hügen zu, der in den letzten Jahren mit einer Vielzahl von Publikationen zu aktuellen Themenbereichen an die Öffentlichkeit getreten ist. Rat und Verwaltung der Gemeinde Niederkrüchten nahmen deshalb gern das Angebot des seit Jahrzehnten mit dieser Gemeinde verbundenen Herrn Dr. Hügen an, eine Chronik für die ehemaligen Gemeinden Niederkrüchten und Elmpt zu erstellen.
So beschloß der Rat in seiner Sitzung am 26. Mai 1992 auf Vorschlag des Kulturausschusses, das Werk finanziell so zu unterstützen, daß es für breite Bevölkerungskreise erschwinglich ist. Die anschauliche und auch für den Laien gut lesbare komplexe Darstellung der Geschichte, die auch kritische Punkte nicht ausläßt, bestätigt im nachhinein das in den Verfasser gesetzte Vertrauen und regt sicherlich zum Nachdenken und zur Diskussion an.
Wir sind sicher, daß die vorliegende Chronik sowohl Alteingesessene als auch Neubürger unserer Gemeinde anregen wird, sich noch stärker mit unserem Gemeinwesen zu identifizieren.

Niederkrüchten, im November 1993

(Kreder)
Bürgermeister

(Wilms)
Gemeindedirektor

Inhaltsverzeichnis

Geschichte, im höheren Sinne des Wortes, ist einzig jene Vergangenheit, welche noch gegenwärtig im Bewußtsein des Menschen gestaltend weiterlebt.

Chamberlain,
Grundlagen des 19. Jahrhunderts 1,1

Einleitung

Mit dem letzten Glockenschlag des Jahres 1971 endete die vielhundertjährige Geschichte der selbständigen Gemeinden Elmpt und Niederkrüchten, die aufgrund der Gebietsreform am 1. 1. 1972 zur neuen Gemeinde Niederkrüchten zusammengefaßt wurden. Die entscheidenden Kräfte, die zur Bildung dieses neuen Gemeinwesens beitrugen, nahmen die Bürger beider Altgemeinden aus den tiefen Wurzeln ihrer traditionsreichen Ortsgeschichten, welche bis ins 12. Jh. zurückreichen.

Trotz des großen Interesses der Bürgerinnen und Bürger an ihrer Geschichte verfügten beide Altgemeinden bisher über keine Gemeindechronik. Erste Ansätze, in Elmpt eine Ortsgeschichte auf der Grundlage der Notizen des früheren Lehrers Houx in den zwanziger Jahren zu erstellen, verliefen ergebnislos. Um so mehr ist es zu begrüßen, daß nun die neue Gemeinde Niederkrüchten die Chance wahrgenommen hat, für beide Altgemeinden eine Ortschronik bis zum Ende ihrer Selbständigkeit zu erstellen.

Durch die Bereitstellung von finanziellen Mitteln und unter Mitwirkung von Rat und Verwaltung schuf sie die Voraussetzungen, die für eine schnelle Realisierung der Pläne unabdingbar sind. Die schriftliche Darstellung geschichtlicher Vorgänge von der Urzeit bis zur Gegenwart in Form einer Ortschronik war nicht nur eine dankbare Aufgabe, sie bedeutete auch eine immense Arbeit, vor allem vor dem Hintergrund, daß zugleich zwei Ortsgeschichten zu erstellen waren, die für jedermann interessant und verständlich geschrieben sein sollten, aber auch soviel Lesens- und Wissenswertes vermitteln mußten, daß eine Verwendung im Schulunterricht wünschenswert und möglich erscheint.

Nun gingen sicher keine weltbewegenden Impulse von den beiden Dörfern, die am Rande des Deutschen Reiches, am äußersten Ende des Regierungsbezirkes gelegen sind, aus. Bedeutsame Geschehnisse und geschichtliche Figuren sind an einer Hand abzulesen: so etwa der Elmpter Edelherr Franz Philipp, der in die weite Welt zog und Feldmarschalleutnant des Kaisers war, Blücher, der spätere „Marschall Vorwärts“, der nachweislich mehrere Wochen in Elmpt Quartier nahm, Niederkrüchtens Pfarrer Lindemann, der zu den klügsten Köpfen des Preußischen Landtages zur Bismarckzeit gehörte, ein einfacher Elmpter Junge als Kölner Weihbischof und ein literarischer Expressionist aus Oberkrüchten. Erwähnenswert sind weiter die wertvollen sakralen Gegenstände aus dem 11. Jh., die Brempter Dynasten hinterließen, und die Kapelle „an der Heiden“, die als große Kostbarkeit einen wertvollen flandrischen Altar birgt, - aber das ist es denn auch schon, wenn man vom nicht unumstrittenen Nato-Militärflugplatz einmal absieht, der zwar große Lärmbelästigungen verursacht, aber im übrigen unter dem Namen der Nachbargemeinde firmiert.

So sah es zunächst nicht so aus, als ob die wenigen vorhandenen Aufzeichnungen viel hergeben würden, zumal sich die Quellenlage von vornherein als dürftig erwies: Außer Lehrer Houx, der Ende des vorigen Jahrhunderts den Versuch einer Gesamtdarstellung begonnen hatte, war lediglich von Pfarrer Weeger eine Kirchengeschichte der Pfarrei Niederkrüchten erstellt worden, die später bis in die neue Zeit ergänzt wurde. Das alte Elmpter Gemeindearchiv ging ebenso verloren wie die Niederkrüchtener Altbestände, gegen Ende des Zweiten Weltkrieges wurde zudem die laufende Registratur „gesäubert“ – nicht viel blieb übrig. Um so erstaunlicher und positiver war dann das Ergebnis intensiver Nachforschungen in verschiedenen Archiven und die Auswertung von alten Zeitungsbeständen, die Material in unerwarteter Fülle vor allem aus dem 19. und 20. Jh. zutage förderten, aus denen sich schließlich mosaikartig ein Bild zusammensetzen ließ, welches aufschlußreich die Geschichte zweier Dörfer nachzeichnet, als kleine intakte Zusammenschlüsse von Personengruppen, die Höhen und Tiefen gemeinsam zu meistern versuchten. Für den Ortsteil Merbeck, der bei der Kommunalreform Wegberg angegliedert wurde, hat Gerhard Evertz 1962 eine Orts- und Kirchengeschichte erstellt. Deshalb wurden in der vorliegenden Arbeit nur die wesentlichsten geschichtlichen Daten übernommen, allerdings ergänzt um neueste Forschungsergebnisse wie etwa die Verfolgung des Pfarrers Bernhard Seitz, die bisher nicht veröffentlicht wurden.

Die bewußte Verlagerung des Schwergewichtes auf die neueste Geschichte rückt dabei erstmals den einfachen Bürger, den Bauern, den Arbeiter in den Mittelpunkt des Geschehens, denn bis zur Franzosenzeit standen allein Edelherren und Kirche im Vordergrund. Aber mit den „Preußen“ ist 1815 die Zeit gekommen, wo Archivmaterial und Akten auch dem Individuum Platz einräumen, wo dem einfachen Menschen Gestaltungs- und Entscheidungsmöglichkeiten geboten werden. Nachzuzeichnen, aus welchen Ursprüngen sich dieses bürgerliche Leben entfaltete und weiterentwickelte, wie überregionale Einflüsse kriegerischer, wirtschaftlicher, politischer und kirchlicher Art sich vor Ort niederschlugen und „verarbeitet“ wurden, ist eine dankbare, wenn auch manchmal schmerzliche Aufgabe, dann nämlich, wenn sich im nachhinein herausstellt, daß nicht alle Darstellungen dem entsprechen, wie es heute gerne gesehen würde und wie es sich manche ältere Menschen Jahrzehnte später zurechtgelegt haben – deswegen auch die kaum genutzte Möglichkeit der Aussagen von Zeitzeugen insbesondere aus der Zeit des NS-Staates. Dennoch – wenn man aus der Geschichte lernen will, dann kann man sich nicht allein hinter Edelherren verstecken, die vor achthundert und mehr Jahren dem „Volk“ alle Entscheidungen abnahmen, dann muß man auch auf die Zeit zurückgreifen, in der Entscheidungen von jeder einzelnen Bürgerin und jedem einzelnen Bürger mitzutreffen und mitzutragen waren! Wobei man sich hüten sollte, zu verurteilen und sich stattdessen die Frage stellen, wie man sich wohl selbst unter dem Druck eines Terrorsystems verhalten hätte!

„Sine ira et studio“ (keinem zulieb und keinem zuleide, Tacitus Annalen 1.1), unparteiisch, unter diesem Motto hat sich der Chronist bemüht, die Ortsgeschichte zu erstellen, wobei es sicher von Vorteil war, daß dies aus einer größeren Distanz heraus und von daher neutral, aber dennoch engagiert geschehen konnte.

Um den dokumentarischen Wert wesentlicher Aussagen zu erhalten und zu unterstreichen, wurden in vielen Fällen die Angaben wortgetreu übermittelt, denn wer könnte etwa die Begeisterung über den Kriegsausbruch 1914 besser „rüberbringen“ als die von Lehrern verfaßten Schulchroniken – die sich im übrigen als besonders wertvolle Quellen erwiesen –, was könnte besser die zynische Einstellung zu Sinti und Roma weit vor der NS-Zeit dokumentieren als amtliche Dokumente, die von Verachtung für die Fahrenden strotzen, wer könnte den NS-Jargon nachempfinden, der Land und Leute in seiner damals allein seligmachenden Weise beschrieb? Für uns heute und vor

allem für die Jugend unverständlich sind diese Termini, mit der die Väter ihre jeweilige Zeit beschrieben, dennoch muß versucht werden, auch das nicht Erklärbare verständlich zu machen.
Während die neuere Geschichte erstmals durch zahlreiche Aktenfunde weitgehend erschlossen wurde, konnte für die Zeit bis zum Ende des 19. Jh.s auf zahlreiche Fachaufsätze zurückgegriffen werden. Erstaunlicherweise sind nämlich, vielleicht gerade wegen der fehlenden Gesamtübersichten in Form von Ortschroniken, in einer Fülle von Einzelbereichen wertvolle Abhandlungen von renommierten Fachleuten erstellt worden, die kaum zu ergänzen waren. Schließlich sind Erdgeschichte, Wappen- und Siegelkunde, Geschlechter- und Dynastienforschung, Bau- und Kunstgeschichte Spezialbereiche, die, bezogen auf Elmpt und Niederkrüchten, durch hervorragende Fachleute bearbeitet und daher in die Gesamtdarstellung in verkürzter Form einbezogen werden konnten, denn jeder Chronist steht schließlich auf den Schultern eines anderen, baut auf dessen Wissen und Forschen auf.
Besonders erfreulich war, daß sich auch etliche einheimische Forscher wie etwa Claaßen, Ihl, Jülicher, Smeets oder Wallrafen mit historischen Abhandlungen schon früher hervorgetan hatten. Deren Forschungsergebnisse in gekürzter Form allgemeinverständlich in den großen Gesamtrahmen einzubauen, war eine weitere Aufgabe des Chronisten, wobei es sicher den Späteren überlassen bleiben muß, in Einzelgebieten noch tiefer zu schürfen, noch mehr historisches Gut zutage zu fördern. Um die vorliegende Arbeit anschaulicher zu gestalten, wurde sie mit Bildern und Zeichnungen versehen, ausführlicheres Bildmaterial ist allerdings den Bildbänden zu entnehmen, die von H. Böken und M. A. Jülicher vor einigen Jahren vorgelegt wurden.
Selbstverständlich wurden zu der vorgelegten Arbeit weitere „Zuarbeiten" und dankbar angenommene Hilfen geleistet. So war die Unterstützung der Gemeindeverwaltung, des Gemeindedirektors und seiner Mitarbeiter vor allem um Klaus Blech über viele Monate hinaus von ganz besonderer Bedeutung, Maria Ihl öffnete bereitwillig das private Archiv ihres Gatten, der interessante Hinweise zur Elmpter Ortsgeschichte erarbeitet hatte, Matthias Siegers konnte wertvolle Hilfestellung insbesondere im Hinblick auf die jüngste Vergangenheit leisten, Heinrich Smeets, Werner Tiskens, Klemens Wallrafen und Gerd Zube stellten sich bereitwillig zur Verfügung, wenn es galt, bisher unbekanntes Material zusammenzutragen, zu sichten und zu werten. Noch viele haben mitgeholfen, dieses Werk zu vollenden, die namentlich aufzuführen den gegebenen Rahmen sprengen würde, ihnen allen jedoch herzlich zu danken, ist mir ein ganz besonderes Bedürfnis. Erwähnt werden sollte aber auch, daß sowohl Sparkasse wie Volksbanken helfend eingriffen, als sich der Umfang dieser Chronik aufgrund der unerwartet vielen Unterlagen erheblich vergrößerte und dadurch finanzielle Engpässe entstanden, die durch deren Mithilfe beseitigt werden konnten.
Bleibt zum Schluß der Wunsch, daß diese gemeinsame Ortschronik von Elmpt und Niederkrüchten mit dazu beitragen kann, das „Wir-Gefühl" der neuen Gemeinde weiterzuentwickeln oder, soweit schon vorhanden, zu stärken, der jungen Generation etwas vom „Althergebrachten" zu vermitteln und darüber hinaus eine Diskussion zwischen jung und alt in Gang zu bringen, die das Verständnis der Generationen untereinander zum Wohle aller fördert.

Im Herbst 1993 Ludwig Hügen

1. Vor- und Frühgeschichte am Niederrhein

„Am Anfang schuf Gott Himmel und Erde", so beginnt die Schöpfungsgeschichte der Bibel. Heute wissen wir, daß sich die sechs Tage, innerhalb derer der Herrgott sein Werk vollendete, über Jahrmilliarden erstreckten und daß die Zeit, in der diese Erde von Menschen bevölkert wurde, erst die letzte Minute vor zwölf Uhr wäre, würde man die Erdgeschichte in 24 Stunden einteilen.

Die erdgeschichtliche Entwicklung, die in unvorstellbar großen Formationen stattfand, beginnt mit der Urzeit, die etwa 1,3 Milliarden Jahre andauerte, als die Oberfläche des glühenden Erdkörpers abkühlte und sich die Erdkruste bildete. Im folgenden Erdaltertum wechselten Meer- und Landgebiete häufig, Gebirge entstanden und wurden wieder abgetragen, durch Senkungen wurde das Festland überflutet, es herrschte ein wüstenähnliches Klima. Etwa in der Mitte des Erdaltertums, in der Karbon-Formation, bildete sich in einer rund 70 Millionen Jahre dauernden Zeitepoche im niederländisch/deutschen Grenzgebiet die subvariskische Senke aus, eine von Urwäldern bedeckte Küstenniederung. Da die Küste zu sinken begann und die Wälder in großen Abständen immer wieder von Meeres- und Flußablagerungen überdeckt wurden, verwandelten sich die Pflanzenmassen unter Luftabschluß und Druck der auflagernden Gesteinsschichten im Laufe der folgenden Millionen Jahre zur Steinkohle, die in riesigen Flözen auch unter dem Gebiet des heutigen Kreises Heinsberg liegt.

In der folgenden Zeit des Erdmittelalters war das heimatliche Gebiet teils Festland, teils vom Meer bedeckt, es war die Zeit der Saurier, der Fische und Amphibien, verbunden mit dem Auftreten der ersten Säugetiere. Gegen Ende dieses Zeitalters, der Kreidezeit, stieß das Meer erneut etliche Male ins Niederrheingebiet vor, die Riesensaurier starben aus, die ersten Weiden, Pappeln und Gräser sind nachzuweisen.

Mit dem Tertiär, welches sich über rund 60 Millionen Jahre erstreckte, setzte die Erdneuzeit ein. Säugetiere, Schildkröten, Krokodile, Schlangen, Vögel und Insekten entwickelten sich ebenso weiter wie Blütenpflanzen, so daß am Ende des Tertiärs das meiste der heutigen Tier- und Pflanzenwelt vorhanden war, seit dem Jungtertiär, im Miozän und Pliozän, wurde Deutschland zum Festland. Durch starke Erdkrustenbewegungen rissen große Brüche auf, zwischen Eifel und Bergischem Land entstand die Senke der Niederrheinischen Bucht. Im Miozän entstanden die mächtigen Torfablagerungen in einem feuchtwarmen Klima, als sich das Meer bei sinkendem Land über die Urwälder ergoß; es entstanden die nun bis zu 100 m starken rheinischen Braunkohleflöze. Die Niederrheinische Bucht wurde zu einer Flußniederung, als sich der Urrhein und die Urmaas zum ersten Mal ihren Weg durch das Rheinische Schiefergebirge zum Tiefland bahnten. Es bildeten sich mächtige Sand- und Kiesserien, die durchsetzt waren von Tonen und Torfeinlagerungen.

In dieser Zeit verschob sich die Erdkruste wiederum kräftig, die Erdoberfläche zerbrach in Schollen, einzelne Schollen sanken ab, andere hoben sich heraus. Bei diesen Erhebungen (= Horste) und Senkungen (= Gräben) bildeten sich die heutigen Oberflächenformen einer Terrassenlandschaft, als in der Tegelen-Eiszeit

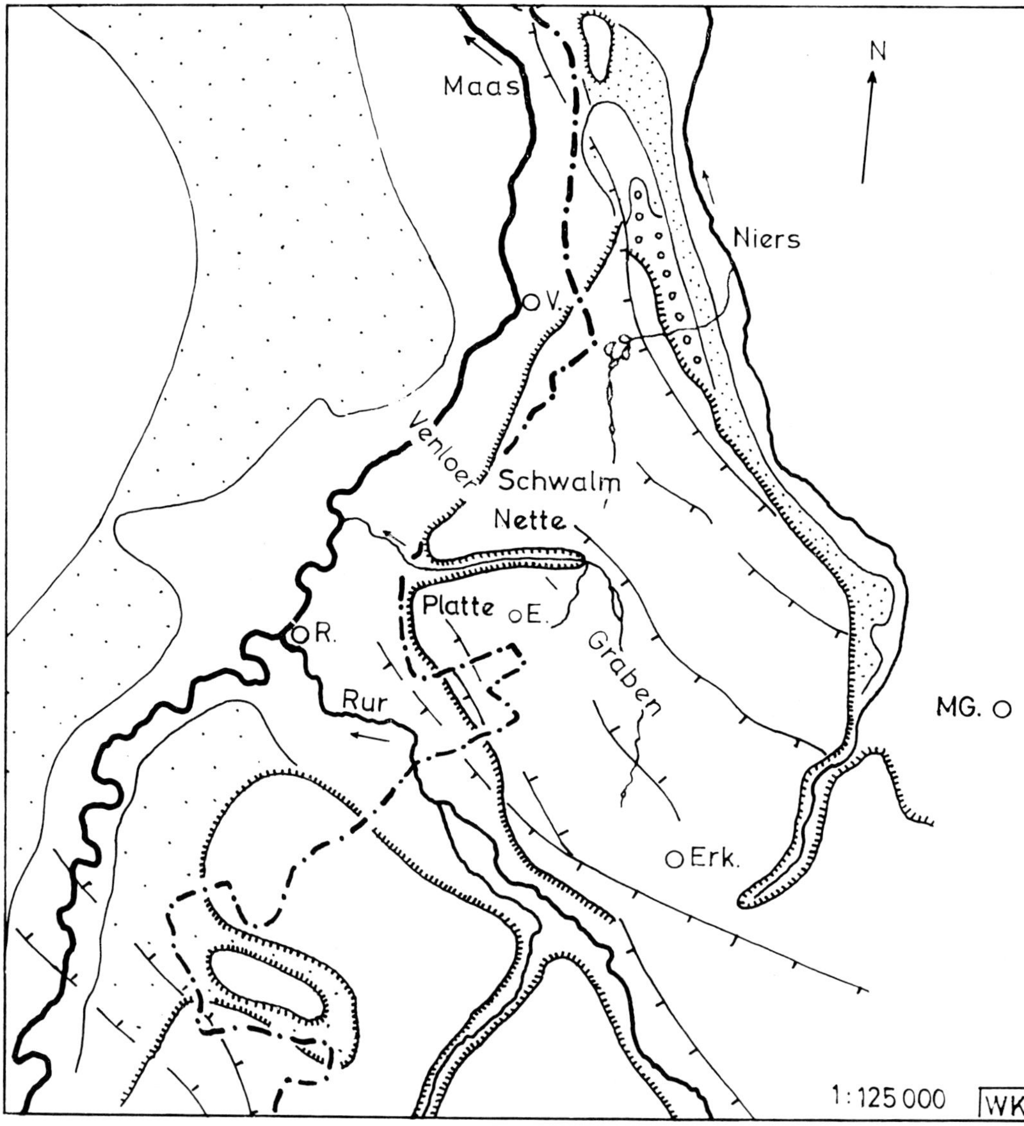

1 Die Flußterrassenlandschaft der Schwalm-Nette-Platte mit der Elmpter Platte (E = Elmpt); entnommen: Heimatkalender der Erkelenzer Lande 1968

vor 1,5 Millionen Jahren Rhein und Maas alle Senkungen wieder so auffüllten, daß sie auf den höheren Schollen die Hauptterrasse ablagerten. Aber auch danach setzten wieder starke Verschiebungen vor allem an den Rändern ein, daher hoben sich die Peelscholle und der Wassenberger Horst heraus, während der Bereich des Roergrabens etwa 50 m tief absank. Im Gebiet des Meinwegs kann man diese Bewegungen noch an einem dreifachen Staffelbruch erkennen. Zwischen Erkelenz und Brüggen entstand der Erkelenz-Brüggener Horst mit der sog.

„Elmpter Platte", an deren Rändern das Gelände des „Roer-Maas-Grabens" und des „Venloer-Grabens" absanken. In dieser Zeit entstanden die Flußsysteme der Schwalm und der Nette, die sich ihren Weg westwärts zur Maas bei Roermond brachen.

Das folgende Quartär umfaßt zwar „nur" einen Zeitraum von etwa einer Million Jahren, ist aber infolge „einer gesteigerten klimatischen und tektonischen Aktivität für die Entwicklung der Niederrhein-Landschaft von allergrößter Bedeutung"[1]. Das Quartär wird unterteilt in Diluvium und Alluvium, wobei innerhalb des Diluviums mehrfach eine weltweite Abkühlung des Klimas eintrat, die eine Verschiebung des arktischen Tundrenklimas bis in unsere Breiten zur Folge hatte. In diesem Eiszeitalter stieß die Inlandvergletscherung bis zum Niederrhein vor. So ist auch die niederrheinische Hauptterrasse, die in jener Zeit als typische Flußterrassenlandschaft entstand, Teil eines „riesigen Schwemmkegels, den Rhein und Maas in der niederrheinischen Bucht bis zu 30 m Mächtigkeit über älteren tertiären Meeres- und Flußablagerungen ausbreiteten"[2].

Die Schwalm mit dem Elmpter Bach und die Maas mit Roer und Boschbeek räumten die lockeren Hauptterrassenschotte aus und in dem Maße, in dem sie ihre Täler allmählich vertieften, isolierten sie die „Elmpter Platte" innerhalb der „Schwalm-Nette-Platte". Auf diese Weise erhielt die Landschaft ihren Flußterrassencharakter. Im Durchschnitt liegt das

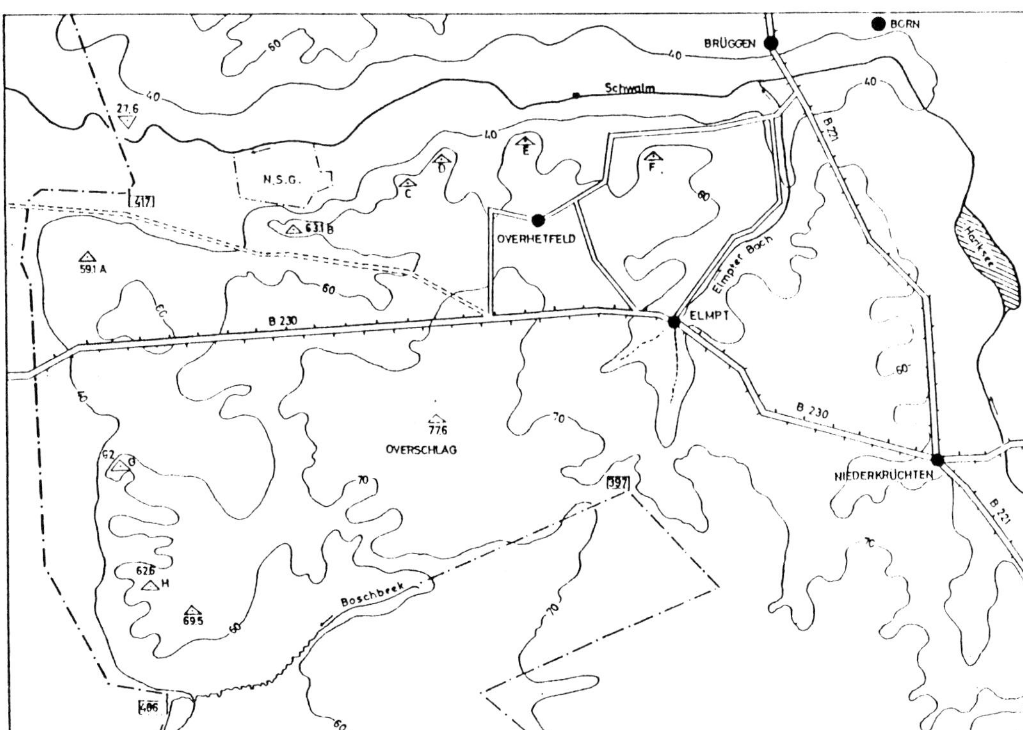

2 In den Höhenlinien spiegelt sich das Relief der Elmpter Platte; A = Galgenberg; B = Vogelsberg; C = Blockenberg; D = Kumpenberg; E = Bockler Berg; F = Diesberg; G = Lingberg; H = Burghof oder Scherpenberg; entnommen: Krings, Die Elmpter Platte, S. 28

Plateau der „Elmpter Platte“ 60–65 m über NN und erreicht im Binnendünenfeld im Oberschlag 77,6 m über NN. An dieser höchsten Stelle liegt die Wasserscheide zwischen Elmpter Bach und Boschbeek. Das Relief der „Elmpter Platte“ wird von ausgeprägten Trockenrinnen durchzogen, deren bedeutendste jahrhundertelang die einzige Straße nach Westen zur Maas-Schwalm-Mittelterrasse nach Roermond aufnahm und die als „Alte Zollstraße“ neben der neuen B 230 bekannt ist. 50 m Höhenunterschied liegen zwischen dem höchsten und tiefsten Punkt der „Elmpter Platte“, wobei auf 27,6 m über NN die Schwalm die deutsch/niederländische Grenze kreuzt.

An den Rändern der „Elmpter Platte“ trat Grundwasser aus, etwa am Lüsekamp, wo heute noch solche Quellen auszumachen sind oder bei einem Teich, der sich 200 m nördlich des Grenzsteines 407B befindet.[3] Auch nordöstlich Overhetfeld entsprang am Fuß des Diesberges eine Quelle, die um 1934 zugeschüttet wurde, möglicherweise wurde diese in heidnischer Zeit für kultische Zwecke genutzt, darauf könnte die Bezeichnung Diesberg hindeuten, die von Ziusberg oder Thingsberg abgeleitet werden kann.

Charakteristisch für die „Elmpter Platte“ sind ausgedehnte Flugsand- und Sandlößbildungen, die hauptsächlich im letzten Abschnitt der Eiszeit entstanden sind. Das in dieser Zeit abgelagerte Material stammt vermutlich aus den ausgedehnten Schotterfeldern der Maas und wurde durch westliche und nordwestliche Winde ostwärts befördert. Zunächst blieb im deutsch/niederländischen Grenzraum das grobgekörnte Material liegen, während die feinsandigen Kiese und der Staub weitergetragen wurden und der echte Löß, der aus feinsandigem Lehm besteht, den südöstlichen Teil des Gebietes bedeckte. Kies und Sand sind seit der Eiszeit zu Binnendünenfeldern zusammengeweht, es entstanden Kleinhügellandschaften, die typisch für das Gebiet um Overschlag und Harschelbahn sind. Diese Böden sind nährstoffarm und daher nur mit dürftigen Birken- und Kiefernbeständen bedeckt. Ursprünglich trugen sie einen Eichen-Birken-Mischwald, der jedoch durch jahrhundertelangen Raubbau schon vor langer Zeit in Heide verwandelt wurde. Während der Flurname „In dem Sande“ bezeichnend für den Westrand der „Elmpter Platte“ ist, verrät der Flurname „Lehmkul“ den Übergang zu den Sandlöß- und Lehmböden, die einen ertragreichen Getreide- und Hackfruchtanbau ermöglichten. Die Böden der Talsohlen von Schwalm, Elmpter Bach und Boschbeek bestehen aus sterilen Kiesen und Sanden sowie aus undurchlässigen Tonen, die zu einem hohen Grundwasserstand und damit zu Versumpfung führten. Feuchte Auwälder und Flachmoore entstanden wie etwa das Naturschutzgebiet „Elmpter Schwalmbruch“. Auf diesem nährstoffarmen Boden finden wir am Fuß des Vogelsberges die letzte Wacholderheide am linken Niederrhein. Die Mitte der 20er Jahre eingeleitete Schwalm-Melioration hatte das Ziel, das sumpfige Bruch in Wiesenland umzuwandeln.

Während im Diluvium sich Eiszeiten mit warmen Zwischeneiszeiten abwechselten, bevölkerten Mammut und Nashorn, Höhlenbär und Auerochse, Wisent und Rentier auch die Gebiete an Rhein und Maas. Nachdem sich im Alluvium mit dem Abschmelzen der Gletscher die heutigen Landschaftsformen herausgebildet hatten, begegnen wir erstmals dem Menschen, der als Jäger und Sammler, aber auch als Fischer das Maasgebiet durchstreifte. Die Menschwerdung dürfte am Ende der Tertiärzeit, also vor etwa 10–11 Millionen Jahren erfolgt sein. Aus den Urmenschen entwickelten sich u. a.

der Neandertaler, aus dem der eiszeitliche Vernunftmensch (homo sapiens fossilis) hervorgegangen ist. Rund 50 Fundstellen steinzeitlicher Artefakte, d. h. von menschlicher Hand geschaffenes Gerät vorgeschichtlichen Ursprungs, wurden allein in der niederländischen Provinz Limburg entdeckt, wobei die Fundstellen längs der Maas von St. Geertruid bis unterhalb von Nimwegen liegen. Entlang der Flußläufe nomadisierten die Vor-Neandertaler und Neandertaler bereits in der vorletzten Eiszeit (Riß) und in der letzten Eiszeit (Würm). „Die Eiszeitmenschen folgten auf ihren Jagdzügen dem an Kälte gewöhnten Wild, das sich bei Beginn wärmerer Zwischenperioden innerhalb der Eiszeiten nach Norden absetzte. Wie die Hinterlassenschaften bezeugen, spielte die Maas im Westen des niederrheinischen Raumes eine bedeutende Rolle. Der im engsten Einflußbereich des Flusses auf deutschem Gebiet gelegene westliche Teil unserer Heimat ist - den natürlichen Gegebenheiten entsprechend - in den prähistorischen Wanderweg mit einbezogen worden."[4]

Aus Knochen- und Skelettfunden sowie Überresten von Gerätschaften kann man sich heute ein Bild vom Urzeitmenschen und seinem Leben machen. Dieses Leben muß für heutige Verhältnisse sehr einfach gewesen sein; die Menschen lebten in kleinen Gruppen zusammen, meist in verborgenen Höhlen, ständig in Furcht vor Raubtieren, aber auch vor anderen Menschen, da jede Gruppe ein sehr großes Gebiet brauchte, um genügend Nahrung zu finden. Die Männer durchstreiften das Land auf der Suche nach Tieren, die sie erlegen konnten, und nach eßbaren Früchten. Sie gingen zwar aufrecht, aber weit vorgebeugt, hatten dicke Augenbrauenwülste und eine flache Stirn. Sie konnten sprechen und aus Holz, Knochen und Stein einfachste Geräte und Waffen herstellen. Schwierig wurde es während der Eiszeiten, wenn die Temperaturen sanken, so daß die Beherrschung des Feuers nicht nur eine große Leistung war, sondern auch erst das Überleben ermöglichte. Als etwa 10 000 Jahre v. Chr. die letzte Eiszeit zu Ende ging und die Gletscher abschmolzen, entstand allmählich ein Klima, welches dem heutigen entspricht. Aus den nomadisierenden Völkern wurden seßhafte Bauern, die sich in Gebieten mit fruchtbarem Boden in Gruppen zusammenschlossen.

Um 2800 v. Chr. erfolgte der Übergang zur bäuerlichen Lebensweise im südlichen Teil des heutigen Kreises Heinsberg.[5] Die bisher hier ansässige Bevölkerung wurde von Zuwanderern verdrängt, die unbekannte Errungenschaften mitbrachten: Den Bau großer und fester Häuser als Vorbedingung der Seßhaftigkeit, Kulturpflanzen wie Weizen, Gerste und Flachs, Haustiere wie Rind, Schwein, Schaf und Ziege und nicht zuletzt die Technik des Schleifens und Bohrens von Steinen. An zwölf Stellen im südöstlichen Kreisgebiet wurden Spuren dieser Linearbandkeramiker gefunden, die ihren Namen von einer eigenartigen Verzierung der Tonwaren erhielten. Durch eine erhebliche Klimaveränderung in Südrußland und Nordafrika wurden dann allerdings erhebliche Umgruppierungen ausgelöst.

Zwei Volksstämme waren es, die zuerst das Schwalmtal besiedelten, weil sie leichte Sandböden in der Nähe feuchter Rinnen und Bäche bevorzugten: Die Glockenbecher-Leute, die aus Westeuropa eindrangen und nach der Form ihrer Keramik so benannt wurden, und die Schnurkeramiker, die aus Mitteldeutschland einströmten, und die ihren Namen nach den schnurförmigen Eindrücken auf ihren Gefäßen erhielten.

Die Bronzezeit, eine Periode, in der für Waffen und Geräte anstelle der Steine Bronze, eine Legierung aus Kupfer und anderen Metallen, verwandt wurde, setzte

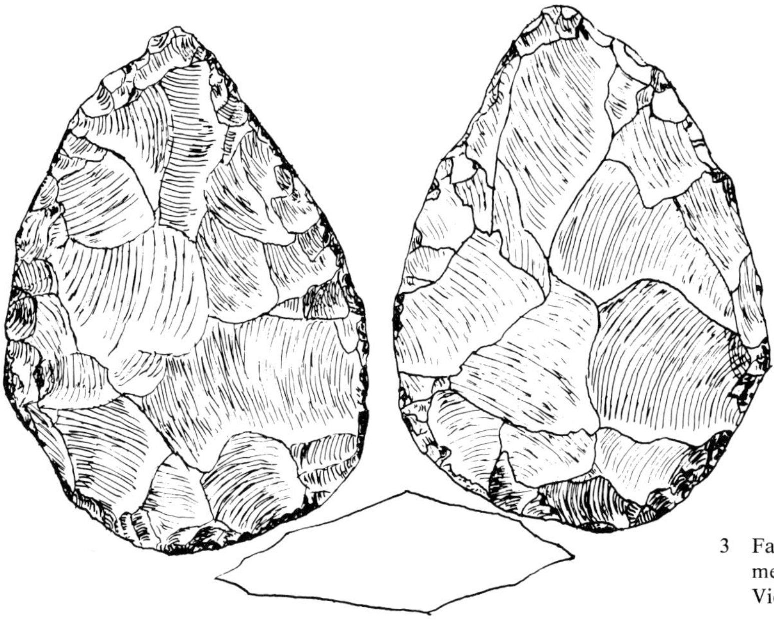

3 Faustkeil aus Elmpt; entnommen: Heimatbuch des Kreises Viersen 1978

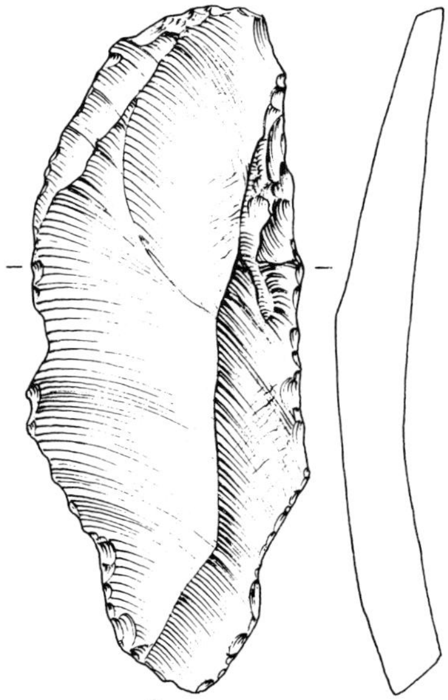

4 Altsteinzeitliche Klinge vom Venekotensee, Niederkrüchten, Maßstab 1:1; Zeichnung: Rhein. Landesmuseum Bonn; entnommen: Heimatbuch des Kreises Viersen 1980

um 1800 v. Chr. in Nord- und Mitteleuropa ein. Bronzefunde fehlen im heutigen Kreis Heinsberg gänzlich, so daß davon auszugehen ist, daß während dieser zeitlichen Periode hier zwar gesiedelt, aber steinzeitliche Geräte weiterhin verwendet wurden.

Die jüngere Bronzezeit brachte eine Änderung der Begräbnissitten mit sich: Wurden die Toten bis dahin unter Erdhügeln bestattet, so verbrannte man nun den Leichnam und setzte ihn in einer Erdgrube bei.

Die Bronzezeit ging um etwa 1000–500 v. Chr. in die Hallstattzeit über, den Beginn der Eisenzeit.

Etwa um diese Zeit wanderten aus dem Donauraum die Urnenfelderleute ein, die diesen Namen erhielten, weil sie ihre Toten verbrannten und die Asche in großen Urnen beisetzten, denen sie darüber hinaus Gefäße für Speise und Trank beifügten. Es entstanden flache Totenfelder ohne Grabhügel. Das änderte sich allerdings, als sich die Neuankömmlinge mit den vorher bereits hier heimi-

schen Becherleuten vermischten. Charakteristisch für die nun folgende Zeit ist es, daß sie über ihre Toten Grabhügel errichteten.
Von 500 v. Chr. bis zur römischen Zeit setzte sich die La-Tène-Kultur, benannt nach einem Schweizer See, durch. Um diese Zeit weiteten die Kelten ihre Stammesgebiete bis nach Italien, Griechenland und dem Balkan aus, siedelten in Großbritannien und Spanien und faßten endgültig auch in den heutigen Niederlanden, Belgien und am Niederrhein Fuß, denn beim Einfall der Römer wurden sie von diesen als Urbevölkerung bezeichnet.
Was wissen wir nun über die ersten Menschen im Elmpt-Niederkrüchtener Raum, welche Spuren hinterließen sie?
Im Jahre 1964 wurde in einer Kiesladung, die aus der Kiesgrube Erkens im Elmpter Wald stammte, durch Zufall ein schöner Faustkeil entdeckt, den Fachleute der ältesten Stufe der mittleren Altsteinzeit zuordneten. Dieser Zeitraum, auch Mittelpaläolithikum genannt, währte von ca. 250000 bis 37000 v. Chr., dieser Faustkeil ist damit das erste Zeugnis für die Anwesenheit von Menschen in unserem Gebiet, die diese ca. 12 cm lange Waffe aus Feuerstein herstellten. Auch in Kaldenkirchen, im Grenzwald und in Viersen hinterließen diese ersten Steinzeitmenschen ihre steinernen Werkzeuge. Am Venekotensee fand L. Späth eine kleine, blaugraugefärbte und glanzpatinierte Klinge, die wohl einem jüngeren Abschnitt der mittleren Altsteinzeit zuzuordnen ist (ca. 50000-37000 v. Chr.). Diese ältesten Zeugnisse für die Anwesenheit von Menschen befinden sich im Rheinischen Landesmuseum Bonn; sie beweisen: vor weit mehr als 40000 Jahren jagten bereits Menschen im Elmpter Wald!
Von den insgesamt nur fünf Fundstellen, die die jungsteinzeitliche Becherkultur im heutigen Kreis Heinsberg nachweisen, liegen allein drei in der Altgemeinde Elmpt und eine in der Altgemeinde Niederkrüchten. Im Elmpter Wald liegt 300 m östlich der Bundesgrenze und 400 m südlich der Bundesstraße ein einzelner Erdhügel, der schon vor langer Zeit erstmals angegraben wurde. In ihm fand sich das Bruchstück eines Tongefäßes, welches dieser Becherkultur zuzuordnen ist. Kennzeichnend für diesen Zeitabschnitt war das Hügelgrab, der Tote wurde nicht mehr tief in der Erde bestattet, sondern man schüttete über den Leichnam einen Erdhügel auf, der weithin sichtbar war.
Ein vorgeschichtlicher Grabhügel befindet sich auch am Grenzstein 410 unmittelbar an der Landesgrenze. Sein Durchmesser beträgt 15 m, seine Höhe liegt bei 0,40 m. Wie P. A. Tholen[6] berichtet, wurden im Aushub eines Einschnittes an der Westseite Scherben eines Bechers mit einem Fischgrätmuster gefunden.
Die Steinzeitmenschen verfügten bereits über regelmäßig aufgesuchte Siedlungsstellen bzw. Lagerplätze, die vor allem im Elmpter Wald nachgewiesen wurden. So finden sich hier zwei Steinzeitsiedlungen[7], eine jung- und eine endsteinzeitliche Siedlungsstelle, in Niederkrüchten eine Siedlungsstelle der Becherkulturzeit.
Reste eines eisenzeitlichen Grabes fand man An der Wae[8] und die Reste eines jungbronze/eisenzeitlichen Grabes Am Hillenkamp[9].
Auf die Zeit um 1000–700 v. Chr. wird ein großes Bechergefäß mit Henkel zu datieren sein, welches man in einer Grabstelle am Südfuß des Vogelsberges im Elmpter Wald gefunden hat.
Aus der Hallstattzeit kennt man im ehemaligen Kreis Erkelenz eine Reihe von Siedlungen, vermutlich gehören auch weitere sieben Grabhügel im Elmpter Wald dieser Zeit an. Sie liegen südlich der Alten Zollstraße, die von Elmpt aus in Richtung auf die Landesgrenze verläuft, südlich des Grenzabschnittes an den Grenzsteinen 414–417. Die Hügel liegen zum

Teil auf einem leichten Geländerücken, zum Teil an einem seichten Hang, ein Hügel ist auf eine Düne aufgesetzt. Nach P. A. Tholen handelt es sich dabei um ein vorgeschichtliches Grabhügelfeld. Die in den Gräbern gefundenen endsteinzeitlichen Scherben beweisen ihre Entstehung in der Becherkulturzeit. Eine weitere vorgeschichtliche Grabhügelgruppe befindet sich etwa 1 km südöstlich der Kapelle „An der Heiden". Hier in Overhetfeld liegt die höchste Stelle des Diesberges (56 m). An seiner südöstlichen Seite liegen eng beisammen drei Hügelgräber und an seinem Nordwestabhang ein einzelnes Grab, alle vier Hügel sind unbeschädigt.

Etwa um 500 v. Chr., also in der Eisenzeit, drangen germanische Stämme in den Raum zwischen Rhein und Maas ein und vermischten sich zum Teil mit den dort bereits lebenden Bewohnern. Bei Ausgrabungen im Jahre 1909 entdeckte man auf dem Dies- oder Ziusberg in der Nähe der Kapelle ein sogenanntes Hallstattgrab. Man fand hier zwei Gräber aus verschiedenen Zeitaltern übereinander, wobei das untere den Urnenfeldermenschen, das darüberliegende Grab den Germanen zuzuordnen ist.

2. Kelten, Römer, Germanen

Bodenfunde beweisen, daß germanische Stämme bereits um die Mitte des 1. Jahrtausend v. Chr. erstmals am unteren Niederrhein siedelten. Diese Germanen drangen in eine schon dicht besiedelte Landschaft ein und vermischten sich mit der eingesessenen Bevölkerung. Diese ältere Bevölkerungsschicht war keltisch, nach der Art der Bestattung ihrer Toten in großen Urnenflachgräbern bezeichnet man sie auch als Urnenfelderleute. Dieser ersten germanischen Wanderwelle waren in der Eisenzeit etwa von 800–500 v. Chr. weitere Stämme gefolgt, die bis nach Nordbelgien und Südholland vorstießen. Zur Zeit Cäsars siedelten dort die Belgen, die sich jedoch von den ebenfalls dort wohnenden Galliern stark unterschieden. Bei der germanischen Kultur handelte es sich um eine einfache Bauernkultur. Die Germanen errichteten ihre Häuser, die man kaum so nennen kann, noch ganz ohne Stein und Mörtel, nur aus Holz, Lehm oder Grassoden und Stroh. So sind heute die unscheinbaren Reste dieser Behausungen in Gestalt von Pfostenlöchern, Lehmtennen und Herdstellen nur durch fachlich geübte Augen zu erfassen.

Für die Germanen am Niederrhein sind zwei Haustypen erkennbar und zwar die Urformen des „fränkischen" und die des „niedersächsischen" Hauses. Bei dem ersten Typ handelt es sich um ein einräumiges Haus in rechteckiger Form mit einer ebenerdigen Herdstelle. Die Wände bestanden aus Pfosten, die unmittelbar in den Boden geschlagen wurden, die Füllung bestand aus lehmbeworfenem Stakwerk, das Dach war mit Stroh gedeckt. Das niedersächsische Haus war dreischiffig, hatte eine Größe von ca. 6 × 7 m, Pfosten und Flechtwände waren mit Kuhdung gedichtet, unter dem gewalmten Strohdach befanden sich Wohn- und Stallteile.

Der Hauptgrund für das Vordringen der Römer an den Rhein und darüber hinaus dürfte in der Tatsache zu suchen sein, daß die Nord- und Ostseegermanen, die in ihrer Heimat nicht mehr genügend Boden und Nahrung fanden, schon mehrere Jahre vor Christus gegen die Kelten am Rhein und über diesen hinaus vorgestoßen waren und so die Gefahr bestand, daß diese germanischen Kriegerbauern auch in das linksrheinische Gallien und die Mittelmeerländer vordringen würden.

Der erste Geschichtsschreiber des Niederrheins war kein Geringerer als Roms größter Feldherr und Staatsmann Gaius Julius Cäsar, der in seinem Buche „De bello gallico" die Eroberung des Niederrheingebietes und die dann folgenden Kämpfe mit germanischen Völkerschaften beschreibt.

Um die Zeitenwende waren die Germanen erneut gegen Rhein und Donau vorgedrungen. Die Usipeter und Tenkterer hatten die keltischen Menapier am unteren Niederrhein überfallen, weitere germanische Stämme wie die Sugambrerer, Kugerner und Bataver besiedelten damals den linken Niederrhein. Sie hatten die ältere keltische Bevölkerung zwar unterworfen, aber nicht verdrängt. Cäsars Bestreben war darauf gerichtet, nach der Eroberung Galliens das römische Imperium bis an den Rhein auszudehnen, die im linksrheinischen Gebiet ansässigen Stämme zu unterwerfen und im übrigen die Germanen daran zu hindern, vom jenseitigen Rheinufer aus weiter in das künftige römische Gebiet vorzudringen.

Im Jahre 55 v. Chr. sehen wir Cäsar zum ersten Mal am südlichen Niederrhein, wo er die Usipeter und Tenkterer in der Nähe von Roermond unterwarf, er stieß zweimal über den Rhein vor (55 und 53 v. Chr.), um die rechtsrheinischen Germanen abzuschrecken. Zwischen Niederrhein und Maas aber wurden die Römer von den Eburonen unter Ambiorix angegriffen und eineinhalb römische Legionen niedergemacht, Cäsar rächte sich, indem er den Volksstamm entscheidend schlug.

Über den nächsten Feldzug im Jahre 51 v. Chr. gegen die Eburonen wird berichtet: Anfang April des Jahres 51 v. Chr. hatte Cäsar die Alpen überschritten, bereits am 30. Mai verließ er sein Lager Aduatucca bei Aachen/Verviers, wo er Abgesandte der germanischen Stämme empfing. Das hinderte ihn aber nicht daran, weiter vorzurücken, so daß seine Kohorten am 1. Juni bereits in Melick bei Roermond standen. Von hier stießen die Römer über die Schwalm in Richtung Brüggen vor, am Abend des 2. Juni wurde die Nette bei der Flootsmühle überschritten und in Wankum Lager bezogen. Die germanischen Stämme versuchten erneut, ihn durch Verhandlungen vom weiteren Vormarsch abzuhalten, doch blieben ihre Bemühungen fruchtlos. In der Gegend von Wissen bei Weeze stellte Cäsar die germanischen Streitkräfte, nahm die als Unterhändler zu ihm geeilten Führer kurzerhand gefangen und zerschlug dann den führerlosen Heerhaufen. Bis nach Nimwegen verfolgte er die fliehenden Germanen, von denen viele erschlagen oder in die Fluten von Maas und Waal getrieben wurden. So brach er den Widerstand am unteren Niederrhein, zog dann am linken Stromufer bis nach Xanten, setzte erneut über den Rhein und marschierte durch das Gebiet der Ubier nach Süden ab.

Soweit in kurzen Zügen der Inhalt des ersten niedergeschriebenen Berichtes über den unteren Niederrhein.

Die Ubier, die ursprünglich auf dem rechten Rheinufer siedelten, erwiesen sich als besonders römerfreundlich und wurden deshalb 38 v. Chr. von Agrippa, Feldherr und Schwiegersohn des Kaisers Augustus, auf das linke Rheinufer umgesiedelt, um die römische Grenze zu schützen, in ihrem Gebiet entstand eine Siedlung, die im Jahre 50 n. Chr. als „Colonia Agrippinensis“ Stadtrechte erhielt, das heutige Köln. Die linksrheinischen Lande erhielten die Bezeichnung „provincia germania“, wobei der untere Teil als „germania inferior“ das Niederrheingebiet umfaßte. Fast fünf Jahrhunderte lang sollten die Römer die Herrschaft über das niederrheinische Gebiet behalten, wobei sie den unterworfenen keltischen und germanischen Stämmen ihre Kultur und Zivilisation aufzwangen. Der Bau fester Häuser, Lesen und Schreiben, technische Fertigkeiten und Handel, die Bewirtschaftung der Äcker, Obst- und Gartenbau waren Errungenschaften, die von der Urbevölkerung schnell aufgenommen wurden.

Während in den ersten achtzig Jahren der römischen Herrschaft die Rheingrenze von Niedergermanien allein von römischen Bürgertruppen gedeckt wurde, wurde das römische Heer in den folgenden Jahren nach und nach in stärkerem Maße durch germanische Krieger aufgefüllt, die zum Teil zwangsweise, zum Teil aber auch freiwillig den 25 Jahre dauernden römischen Heeresdienst versahen. In Untergermanien stellten die Ubier diese militärische Reserve. Ihnen schlossen sich die Kugerner an, die Tiberius im Jahre 8 v. Chr. aus dem Bergischen Land etwa von Krefeld bis Nimwegen mit den Sugambreren angesiedelt hatte. Westlich von den Kugernern oder auch zu ihnen gehörig saßen die Baetasier und in der

Jülicher Gegend bis zur Maas die keltischen Sunuker.
Neben dem Militärdienst betrieben die Ubier und Sunuker, die Kugerner und Baetasier eine wenn auch primitive Landwirtschaft, aus der sie zum einen ihren eigenen Lebensunterhalt bestritten, zum anderen aber auch die römischen Truppen mit Nahrungsmitteln versorgten.
Die Germanen der Römerzeit waren nun keine halbnomadischen Jäger oder Wanderhirten mehr, sondern zu seßhaften Bauern und Viehzüchtern geworden, die Gerste, Weizen, Hafer und Roggen sowie Erbsen, Linsen, Bohnen, Möhren, Rüben, aber auch Flachs und Hanf anbauten. Auch unter der römischen Herrschaft behielten die Germanen jedoch ihre alte Stammesverfassung bei; die Gemeinfreien hielten ihr Privateigentum an Grund und Boden, wobei sich kleine Hofstellen um größere Gutshöfe gruppierten, die Technik der Betriebe aber der der Römer und der ursprünglichen Kelten angeglichen wurde. Um solche Gutshöfe bildete sich dann im Laufe der Zeit Dörfer von zugehörigen Bauern, Jahrhunderte später noch haben die Franken in vielen Fällen Siedlungsstellen und auch Namen aus der Römerzeit übernommen. Es lassen sich aber auch Fälle nachweisen, wo Grundbesitzer zugleich in gewissen Maßen „Vorindustrielle" waren, etwa in der Verbindung mit Bergwerksbetrieben wie der Gewinnung von Feuersteinen an der Maas, aber auch im Zusammenhang mit Töpfereien. Auch die Tonlager bei Overhetfeld und Brempt haben zu einer solch frühen vorindustriellen Nutzung geführt.
Eine wichtige Heerstraße, die von Rheindahlen nach Roermond führte, berührte Niederkrüchten und Elmpt. Sie führte am Haus Clee in Waldniel vorbei in Richtung Raderberg zur Brempter Mühle, wo die Schwalm überquert wurde, dann entlang der Kahrstraße nach Gützenrath und von dort durch den Elmpter Wald nach Hasselt und Roermond. Brempt kam wegen seiner günstigen geographischen Lage insofern eine besondere Bedeutung zu, als hier einer der wenigen Übergänge über das riesige Sumpfgebiet der Schwalm möglich war. Das Schwalmtal wurde als Teil der römischen civitas von Tongern aus verwaltet, Elmpt und Niederkrüchten bildeten den nördlichen Grenzbereich.
Bereits Offermanns[1] erwähnte Mitte des vorigen Jahrhunderts den Fund zahlreicher römischer Altertümer. So wurden in den südwestlich von Oberkrüchten gelegenen Riesbergen in den niedrigen Flugsandhügeln römische Kupfer-, Silber- und Goldmünzen gefunden; Scherben von Töpfergeschirren, kupferne Ringe, Asche usw. lassen darauf schließen, daß vor undenklichen Zeiten hier bereits Menschen gewohnt haben. Im Oberkrüchtener Feld wurden eine Goldmünze mit der Umschrift „VESPASIANUS FLAVIUS AUGUSTUS", eine Silbermünze mit der Umschrift „JULIUS CÄSAR" und eine weitere mit der Umschrift „DOMINUS NOSTER ALCADIUS PIUS FELIX AUGUSTUS"[2] gefunden. Auch in Niederkrüchten fand man römische Münzen, Steinkrüge und Steine, die römische Inschriften trugen. Auf einem Grundstück an der Niederkrüchtener Marktstraße befand sich eine römische Brunnenanlage, bei Ritzrode wurden römische Münzen gefunden. An der Schwalm oberhalb Brempt soll eine Römerbrücke gestanden haben, wie eine alte Überlieferung besagt. Die reichen Tonlager dieser Gegend aber hatten die Römer offensichtlich nicht als erste entdeckt, wenn auch erst aus ihrer Zeit, dem 2. und 3. Jh. nach Chr., mehrere römische Ziegelöfen zwischen Wegberg und Elmpt gefunden wurden, so weisen Schutt- und Scherbenreste einen hohen Stand früherer Keramikbearbeitung nach.

Um 350 n. Chr. hatten sich zum ersten Mal Franken auf einem mehr als 50 km breiten Streifen des linksrheinischen Gebietes fest angesiedelt, sie bestellten den Boden oder ließen auch die bisherigen Bauern für sich Fronarbeiten leisten. Durch ständige Ausfälle nach Westen hatten sie weithin das Land verwüstet und konnten erst durch Kaiser Julian im Jahre 357 wieder vertrieben werden, so daß bis nach 400 der Rhein wieder römische Landesgrenze war. Trotzdem war die keltische Urbevölkerung stark dezimiert worden, und mancher kleine Bauer wird damals sein Land einem Großgrundbesitzer bedingungslos abgetreten haben, um dadurch sowohl den Steuerschulden wie dem Zwang des Militärdienstes zu entgehen.

Bis zur Aufgabe der Rheinfestungen in Nimwegen, Xanten, Asberg, Gellep, Neuss, Dormagen und Köln im Jahre 406 n. Chr. dauerte die römische Oberherrschaft am linken Niederrhein an, endgültig kam das Gebiet jedoch erst unter germanische Herrschaft, als die unter dem Namen Franken vereinigten Völkerschaften erneut über Rhein und Maas bis zur Seine und Loire vordrangen. Als im Jahre 406 Stilicho die letzten römischen Truppen nach Italien zurückbeorderte, strömten weitere fränkische Siedler in die linksrheinischen Gebiete, die sie von da an nicht mehr verließen.

Es waren Edelinge, einfache Bauern und Krieger, es waren Freie und Hörige, die die alten Stammesverfassungen mitbrachten und weiterpflegten. Die bisher in diesem Gebiet seßhaften Bauern gingen als Hörige, d. h. als Dienst- und Abgabenpflichtige in den neuen Stammesverbänden auf. Schriftliche Quellen über die ersten Jahrhunderte der Franken am Niederrhein gibt es nicht, auch bauliche Überreste der Franken aus dieser Zeit wurden nicht entdeckt. Wohl aber gibt es zahlreiche fränkische Gräberfelder, die in der Zeit zwischen 500 und 700 belegt wurden. Aus den Beigaben der Toten kennt man die Waffen, die Kleidung und den Schmuck sowie sonstige Geräte zumindest der vornehmen Franken.

Größter Grundherr war seit der fränkischen Einwanderung der König, dem das ganze römische Staatseigentum zugefallen war. Ihm folgten als Grundherren und Herren edle Franken, die von ihren Salhöfen aus wie kleine Könige herrschten.

Ob die fränkischen Ansiedler von Anfang an freie Leute waren, ist bis heute nicht geklärt, man darf aber davon ausgehen, daß damals zumindest ein Teil der Bewohner unfrei war. Neben den vielen kleinen Gütern oder Bauernhöfen traten Herren auf, die einen Haupthof besaßen und Freie waren, ihre Untertanen waren ihnen hörige und freie Leute.

Karl der Große (768–814), der in Aachen seine Lieblingsresidenz einrichtete, löste die Stammesherzogtümer auf und schuf eine einheitliche Verwaltung, die das ganze Frankenreich in Gaue einteilte, an deren Spitze Grafen standen. Einer dieser Gaue war der Mülgau[3], der erstmals im Jahre 837 urkundlich erwähnt wird, wobei die Schreibart verschieden ist: Moilla, Mula, Molensis Pagus lauten die Bezeichnungen.

Umstritten ist, woher der Name stammt. Norrenberg[4] führt den Namen auf das keltische Wort „mel" zurück. Nachdem die Nebenarme der Maas schon um das Jahr 50 v. Chr. versumpft waren, hatte sich eine große Bruchniederung, das Melsagium (Melnapium), von der Roer bis nach Tegeln an der Maas gebildet, dabei war dem keltischen mel, das sich in mol und mul veränderte, der altdeutsche Name für Wasser – apa angehängt worden, so daß nach dem Melnapium das angrenzende Sumpfland der Mol- oder Mulgau und die Bewohner Menapier

5 Gagelstrauch im Heidegebiet

genannt wurden. Einig ist man sich darüber, daß eine Ableitung von Mühle deshalb schon nicht in Frage kommt, weil die alte Form moilla dagegen spricht. Die Grenzen des Mülgaues sind nicht klar umrissen, sicher in das Gebiet sind anhand von Urkunden jedoch die folgenden Orte einzugliedern: Wanlo (861), Jüchen (867), Dahlen (867), Holzweiler (898), Herongen (899), Erkelenz (966), Wegberg-Rickelrath (1123), Süchteln (1123), Boisheim (1301), Bracht (1327), Amern (1372) und Brüggen (1448); damit dürften sowohl das Brüggen benachbarte Elmpt wie auch Niederkrüchten fest in den Mülgau einzugliedern sein. Die Nordgrenze verlief von Venlo nördlich von Kempen bis Hüls, entsprechend also der „Uerdinger Sprachlinie“, die zugleich Südgrenze des saalfränkischen Volksstammes der Hattuarier war. Die Südgrenze des Mülgaues war identisch mit der Benrather Sprachlinie, die ebenfalls eine Stammesscheide bildete und an der entlang ein ubischer Grenzwall, eine Landwehr, verlief. Als Westgrenze sind die Roer, der große Meinwegwald und der heutige Grenzwald bis zur Schwalmmündung und dann die Maas bis Venlo anzusehen.

Der fränkische Mülgau war von seiner Gründung an durch kriegerische Auseinandersetzungen bedroht. So waren es zunächst die Normannen, die im 9. Jahrhundert mit ihren schnellen Schiffen maasaufwärts fuhren und bei Swalmen ein befestigtes Lager hatten und von hier aus die Umgegend verwüsteten. Die am Niederrhein ansässigen Bewohner konnten sich nur auf Fliehburgen zurückziehen, die etwa im Sumpfgebiet der Schwalm errichtet wurden, so auf die

Burg Brüggen oder auf die Burg Born. Schon seit dem 4. Jh. n. Chr. nannte man die mit Zäunen und Gräben eingeschlossenen Herrenhöfe Burgen, die allerdings keine befestigten Sitze im Sinne der Burgen des 11. und 12. Jh. waren, sondern Bauernburgen oder Herrenhöfe.

Nach dem Tode Karls des Großen erreichte keiner der ihm nachfolgenden Herrscher mehr dessen Bedeutung. In der Folge wurde sein Reich dreimal geteilt, in Verdun 843, in Meersen 870 und in Ribémont 879. Der Niederrhein gehörte anfangs zum Mittelreich, dort starben aber die Karolinger im Jahre 911 aus. Die von Karl beseitigten Stammesherzogtümer, die durch Grafschaften ersetzt worden waren, schufen sich nun wieder eigene Verwaltungen. So bildeten die Franken zwei Herzogtümer, Franken und Lothringen, wobei das niederrheinische Land dem Herzogtum Lothringen zufiel, Lothringen entschied sich im Jahre 925 endgültig für den Anschluß an das Ostreich, in welchem den Karolingern die Sachsen für etwa 100 Jahre als deutsche Kaiser und später die Frankenkaiser für weitere 100 Jahre folgten. Das Ostreich wurde nach der Kaiserkrönung Otto des Großen im Jahre 962 zum „Heiligen Römischen Reich Deutscher Nation“.

Bruno von Lothringen, gleichzeitig auch Erzbischof von Köln, teilte 959 sein Herzogtum in Ober- und Niederlothringen, das niederrheinische Gebiet fiel nun an Niederlothringen. Gottfried von Bouillon (gestorben 1100) war der bekannteste der Herzöge und Anführer des ersten Kreuzzuges. Nach seinem Tod fiel die Herzogswürde an die Grafen von Brabant, der Mülgau wurde „brabantisch“. Die zahlreichen Adelsfamilien, aber auch die Kirchen und Klöster, die in den Jahren zuvor mit Königsgut als Lehen ausgestattet worden waren, versuchten nun in verstärktem Maße, ihren Besitz zu erweitern, gaben ihrerseits aber auch wiederum Güter zur Bewirtschaftung an Unterlehensleute weiter.

Nach dem Jahre 1000 treten die Grafen und Herzöge von Kleve, Geldern, Moers und Jülich als Grundherren auf und schufen sich eigene Territorien. Grundherrschaft bedeutete rechtlich den Besitz über Grund und Boden, wobei der Grundherr Rechte über die von ihm abhängigen Hörigen besaß, die sich erst im Laufe von Jahrhunderten allmählich zugunsten der Betroffenen wandelten. Die vom Grundherren abhängigen Bauern waren demnach hörig und volles Eigentum ihres Herrn, gingen also bei einer Veräußerung des Herrenhofes mit dem zugehörigen Grund und Boden auf den neuen Herrn über. Ihre Leistungen an den Herrn bestanden in Naturalabgaben und Dienstbarkeiten.

Das Gebiet eines Grundherren nannte man seit Mitte des 13. Jh.s am Niederrhein „Herrlichkeit“, womit ausgesagt ist, daß ein Herrschaftsverhältnis zwischen dem Grundherrn und den entstehenden Dörfern bestand. Neben den weltlichen bestanden aber auch geistliche Grundherrschaften etwa von Bischöfen oder von Klöstern.

Zu Grundherrschaften und damit „Herrlichkeiten“ entwickelten sich auch die Besitztümer der Herren von Elmpt und von Brempt, die auf ihre Weise und in ihrem Rahmen versuchten, ihre Macht auszudehnen.

3. Edelherren und Herrlichkeiten

3.1 Die Herren von Brempt

Das Geschlecht der Herren von Brempt, die dem späteren Ortsteil von Niederkrüchten ihren Namen gaben, gehört zu den ältesten, aber auch den verzweigtesten im Rheinland. In seiner Blütezeit, die zwischen dem 12. und 14. Jh. lag, verfügte die „Herrlichkeit Brempt" über einen erheblichen Grundbesitz im niederrheinisch/maasländischen Raum. Durch erhebliche Zugewinne verwehrte die Dynastie im 11. und 12. Jh. dem lothringischen Herzogtum sogar die Möglichkeit, in diesem Raum Fuß zu fassen.[1]
Erstmals werden im Jahre 1113 Edelhard und Gieselbert von Brempt urkundlich erwähnt, nur wenig später tritt (1136) ein Engelbrecht de Breme als Zeuge in einer Urkunde des Kölner Erzbischofs Bruno II. auf. Roger oder Rütger von Brempt - ein Vorname, der uns bei diesem Geschlecht immer wieder begegnet - ist im Jahre 1147 mit Goswin von Heinsberg Zeuge in einer Schenkungsurkunde der Kirche in Herten. Die Brüder Gieselbert und Rütger von Brempt sind von 1191 an mehrfach als Zeugen bei Rechtsgeschäften der Grafen von Geldern und des Erzbischofs Adolf I. von Köln erwähnt, ein Sohn dieses Gieselbert, Hermann von Brempt, war nach 1204 Domherr in Köln, wurde zum höheren Adel gerechnet und auch im Kölner Dom bestattet.
Zwischen 1219 und 1250 begegnet uns ein „Rotgerus Dominus de Bremith", aber auch in Xanten werden mit Gerard Dietrich von Brempt Kanoniker geführt. Nach Kisky steht fest, „daß die Träger des Namens zu den Insassen der vornehmen Stifter in Xanten und Köln gehörten und außerdem hohe Ämter bei der Kölner Kurie innehatten"[2], und daß Rang und Bedeutung des Brempter Besitzes zu der Annahme berechtigten, daß von ihnen erhebliche kulturelle Einflüsse namentlich auch bei der Ausstattung der St. Georgskapelle ausgingen.
Von ihrem umfangreichen Besitz schenkte Dietrich von Brempt dem Xantener Victorstift um 1250 insgesamt 24 Morgen Ackerland in Amern. Der große Allodialbesitz, also das lehnsfreie Eigentum, hatte jedoch auch das Interesse der Grafen von Geldern, die ihren Herrschaftsbereich nach Westen hin arrondieren wollten, geweckt. So übertrug im Jahre

6 In den Burgruinen gefundene Porzellan-Scherbe

1276 Theodor von Brempt seinen Anteil am Elmpter Wald an Reinald I. von Geldern.
Da die Gründung des Meinweg-Waldes in die nachkarolingische Zeit fällt und es bereits eine Waldrolle gab, welche die Nutzung unter den daran beteiligten Gemeinden und ihren Erbberechtigten regelte, muß die Machtstellung der Herren von Brempt damals so groß gewesen sein, daß ihr Elmpter Waldbesitz nicht angetastet wurde, so daß sie auch den Elmpter Wald an die Gelderner Grafen verkaufen konnten[3]. Die zahlreichen Verkäufe zeigen aber auch andererseits, daß das Geschlecht der Herren von Brempt Ende des 13. Jh.s schon sehr verarmt war, denn naturgemäß ging mit dem Besitz auch ein großer Teil des Einflusses, also der Macht verloren.
Eine Änderung der Lehn- bzw. Besitzverhältnisse[2] trat ein, als der Bruder und Nachfolger des Jülicher Grafen Walram am 26. Mai 1300 auf die Herrlichkeit Montfort und auf alle Rechte in Brempt verzichtete und zwar auch ausdrücklich als Miterbberechtigter seines Onkels Heinrich von Geldern. Im Gegenzug sollte Reinald I. von Geldern seine Güter in Brempt an den Grafen von Jülich verpfänden, „sich der Schuldlast aber mit 1000 alten Brabanter Mark entledigen können". Schon vor 1286 ging so das Haus Brempt mit dem zugehörigen Besitz in das Eigentum der Grafen von Geldern über, denn am 21. April des gleichen Jahres übereignete Reinald I. seiner zweiten Frau Margarete von Flandern Haus Brempt mit den Gütern als Hochzeitsgabe[4]. Vermutlich haben die Brempter Herren Teile ihres Besitzes den Grafen von Geldern übereignet und als Lehen zurückerhalten, denn seither erscheinen Brempter Edelherren immer wieder als Zeugen sowohl in Urkunden der Kölner Erzbischöfe wie auch in solchen der Gelderner Herzöge. Die Vermutung, daß wohl nicht der gesamte Besitz abgetreten worden ist, wird erhärtet durch den Erwerb von weiteren Gütern in Brempt, Ober- und Niederkrüchten im Jahre 1333 durch Herzog Reinald II. von Geldern.
Aber nicht nur die Gelderner kauften Brempter Besitz an, sondern später auch das Kölner Domkapitel und die Herren von Heinsberg[5]. 1344 schenkten Bodo von Brempt und dessen Ehefrau dem Kölner Domkapitel den Hof an der Kirche von Niederkrüchten zugleich mit dem Patronatsrecht. In einer Urkunde, die Dirck von Brempt mitunterzeichnete, nannte sich dieser bereits im Jahre 1321 Lehnsmann des Herren von Heinsberg, woraus man schließen darf, daß auch die Heinsberger einen Teil des Brempter Besitzes erworben haben[6].
Nach dem Übergang des Brempter Stammhauses fielen auch die Güter in Niederkrüchten, Oberkrüchten, Gützenrath, Birth und Blonderath an die Grafschaft Geldern[7]. Mit Agnes von Brempt, die mit Heinrich Schenk von Nideggen verheiratet war und 1531 verschied, starben die Brempter auf den ehemaligen Stammgütern in Brempt aus. Ihre Tochter Irmgard war mit Adrian I. von Bylandt verheiratet, der 1524 mit der Herrschaft Rheydt belehnt worden war. Irmgard hatte die Herrlichkeit Walbeck und das Haus Brempt in die Ehe eingebracht, somit sahen sich nun auch die Einwohner des Dorfes Niederkrüchten, welches damals zur Herrlichkeit Brempt gehörte, über Nacht als Untertanen der Herren zu Rheydt, die nicht nur die Gerichtsbarkeit über Niederkrüchten erwarben, sondern auch Anspruch auf „Schatz und Dienst" hatten[8].
Beim sogenannten „Schatz" handelte es sich um eine Abgabe der Untertanen, der bei einem Wechsel der Herrschaft eingezogen wurde, darüber hinaus konnte der Untertan auch zum „Dienst" herangezogen werden, der in der Über-

7 Burg Brempt um 1560, nach einer idealisierten Zeichnung von K. H. Ihl

nahme von Arbeiten für den Herrn bestand.
In der Herrschaft Rheydt waren die gegenseitigen Rechte und Pflichten zwischen den Edelherren und seinen Hörigen in einem Vertrag aus dem Jahre 1533 festgelegt worden, wonach sich der „Huldpfennig“ der Untertanen auf 800 Gulden belief. Im Rahmen der „Dienst“-Leistung mußten die Brempter und Niederkrüchtener Untertanen dreizehnmal jährlich Fuhrdienste zwischen Maas und Rhein, von Neuss nach Roermond und Venlo durchführen. Otto von Bylandt dachte jedoch nicht daran, sich an den geschlossenen Vertrag zu halten, sondern dehnte seine Forderungen weiter aus. Der Streit eskalierte, als die Untertanen sich an den Herzog von Jülich als Lehnsherren wandten, jedoch Otto ein Exekutivurteil des Jülicher Hofgerichts zugunsten der Untertanen ignorierte und später sogar beim Reichskammergericht Berufung einlegte.
Die jahrzehntelange Rechtsunsicherheit führte zu andauernden Streitigkeiten und zu weiteren Prozessen, in die viele Niederkrüchtener Untertanen verwickelt wurden.
Die zusätzlichen Belastungen der Untertanen waren bedingt durch den Neubau des Schlosses in Rheydt, den Adrian begonnen hatte und Otto im Jahre 1558 fortführte. Das Baumaterial bezogen die Bylandts im wesentlichen aus Roermond und Venlo und die zusätzlichen Transporte sollten durch die Niederkrüchtener Untertanen durchgeführt werden.
Gerade die Einwohner von Brempt und Niederkrüchten hatten jedoch wenige Jahre zuvor bereits zusätzliche Hand- und Spanndienste auf sich nehmen müssen, als der Enkel der letzten Erbtochter Agnes von Brempt, Otto IV. von Bylandt, Haus Brempt aufgrund eines Ehevertrages vom 9. 8. 1553 zur Burg ausbaute. Die Herren von Brempt hatten ein erstes

festes Gebäude auf einer ehemaligen Motte im Schwalmtal errichtet. Solche Motten waren charakteristische mittelalterliche Niederungsburgen des 11. und 12. Jh.s und wurden vom niederen Adel bewohnt.
Die von Otto von Bylandt neuerbaute Burganlage hatte gewaltige Ausmaße, wie aus einer Kartenaufnahme der Rheinlande durch Tranchot und von Müffling aus den Jahren 1800/21 ersichtlich ist, auf der die im 16. Jh. erbaute zweiteilige Burganlage noch deutlich zu erkennen ist. Der Grundriß wies eine Gesamtlänge von 122 m und eine Gesamtbreite von 98 m auf. Die Westfront der Vorburg war 72 m lang und 47 m, der Südflügel 70 m und der Nordflügel 50 m breit. Die Maße der Hauptburg, die ursprünglich rechteckig errichtet war, betrugen 20 × 15 m, Hauptburg und westlich vorgelagerte Vorburg waren von Wassergräben umgeben und nur über Holz- und Zugbrücken erreichbar[9].
K. H. Ihl hat anhand der vorliegenden Unterlagen eine Zeichnung erstellt, die einen Eindruck von der ehemaligen Burganlage vermittelt, von der heute nur noch wenige Reste in einem Waldstück südöstlich Gützenrath zeugen: Eine rechteckige Grabenanlage von 60 m Breite und 80 m Länge, ein Erdhügel, in dessen Mitte, Reste von Mauerwerk und zahlreiche Ziegelbruchstücke sowie Dachschiefersplitter. Das ist alles, was übrigblieb von der einst so stolzen Burganlage der Edelherren von Brempt zu Brempt. Die Brempter Burg wurde zwar wenig später, im Jahre 1583, bei den niederländischen Kämpfen niedergebrannt, aber gleich darauf wieder aufgebaut und fiel durch Heirat für kurze Zeit an das Haus von Corswarem. Agnes von Bylandt, die Gattin Jakobs von Corswarem, verkaufte

8 Reste der Brempter Burgruine in den 60er Jahren

Burg Brempt im Jahre 1618 wiederum an Christoffel Schenk von Nideggen, später sehen wir die Grafen Hoensbroich als Eigentümer von Haus Brempt.
Burg Brempt muß in späteren Kriegswirren erneut zerstört worden sein, denn als die Franzosen den Niederrhein kartenmäßig erfaßten, fanden sie nur noch eine gewaltige Ruine vor.

3.2 Die Herren von Elmpt

Während von der ehemaligen „Herrlichkeit Brempt" und ihrer großartigen Burganlage an der Schwalm heute nur noch ein verfallener Erdhügel mit Mauerresten und Scherben Zeugnis ablegt, erinnert ein neben der Elmpter Pfarrkirche errichtetes stattliches Herrenhaus eindrucksvoll an ein zweites Geschlecht, das der Herren von Elmpt, welches dem späteren Dorf den Namen gab.
Der Name Elmpt taucht erstmalig zu Beginn des 13. Jh.s auf. In einer Urkunde aus dem Jahre 1203 werden die Edelherren von Elmpt mit „Elmet" oder „Elmid" bezeichnet, als Theodoricus de Elmid als Zeuge in einem Vertrag zwischen dem Herzog Heinrich I. von Nieder-Lothringen (1186–1235) und dem Grafen Otto I. von Geldern (1182–1207) auftritt. Die Bezeichnung für die Herren von Elmpt und den um ihren Hof entstehenden Weiler wandelt sich in den nächsten Jahrzehnten, in den Jahren 1243, 1300, 1326 und 1363 lautet die Bezeichnung aber schon „Elmpt (h)", und 1400 werden die sich zu einem kleinen Dorf zusammenschließenden Bauernhöfe ebenfalls mit Elmpt bezeichnet.
Der Geschlechter- und Dorfname dürfte sich zusammensetzen aus dem althochdeutschen elmo, elm = Ulme und dem Suffix -et, wobei letzteres eine mundartliche Abwandlung von -icht sein kann.
Als nächsten namentlich bezeichneten Elmpter Herrn finden wir Gabelo de Elmete als Ritter und Gelderner Lehnsmann in einer Urkunde vom 12. Mai 1233, einer Übereinkunft zwischen dem Grafen Otto II. von Zutphen und Geldern (1229–1271) und dem Kapitel zu Emmerich[10]. Nachdem dieser Margarethe, die reiche Erbin des Ritters Bruno von Hückelhoven geheiratet hatte[11], lebte er auf der Burg Hückelhoven. Die beiden hatten zahlreiche Kinder und wurden so zu Gründern eines weitverzweigten Geschlechtes, das bald über einen großen Grundbesitz am gesamten Niederrhein verfügte und in zahlreichen Urkunden und Verträgen der späteren Jahre erscheint. So sehen wir am 12. Februar 1223 Stephan von Elmpt als Schultheißen von Roermond, und so ist Godefridus de Elmth in einer Urkunde vom 3. März 1243 Zeuge des Grafen Otto II. von Geldern.
Am 16. November 1308 sind die Brüder Dietrich und Georg de Elmete Zeugen in einer Urkunde, wonach Stephan von Brachelen auf Erbgüter verzichtet, die an Gottfried II. von Heinsberg verkauft wurden.
Wilhelm von Elmete heiratete 1361 Agnes von Vianden. Einen ihrer drei Söhne verschlug es auf die Insel Oesel nordwestlich der Rigaer Bucht, er gehörte der Oeselschen Ritterschaft an. Dessen Sohn Johann van Elmete vermachte 1450 den Kindern seiner Schwester Bela sein Erbe auf den Dom zu Reval, Bela selbst stiftete eine Vikarie im Jungfrauenkloster zu Reval.
Zu den zahlreichen Gütern der Edelherren von Elmpt gehörte auch das Gut Dilborn, durch die Ehe der Guda von Elmpt war das „feste Haus" im Jahre 1363 in ihren Besitz gekommen.
1404 verkaufte Wilhelm von Elmpt den Grater Hof bei Swalmen an Gerhard von Swalmen.
Ein neben der Burg Pallant in Hottorf gelegenes Gut, der Elmpter Hof, gehörte

weiter zum umfangreichen Grundbesitz. Der Elmpter Hof wurde 1448 geteilt; während eine Familie von Goir immerhin 120 Morgen Ackerland und 21 Morgen Wald erhielt, verblieb die zweite Hälfte bis zum Jahre 1800 als Lehen des Herzogs von Jülich im Besitz der Herren von Elmpt.

In der Nähe von Herkenbosch kauften die Elmpter Herren am 19. Juni 1451 ein weiteres großes Gut, Haloide, Lehnsherr war Godevart von Roermond, bis mindestens 1654 ist das Gut in ihrem Besitz. Wilhelm von Elmpt war seinerseits 1465 Lehnsherr des Ryderhofes zu Elmpt.

Die wohl größte Dotation aber fiel den „Elmptern" zu, als im Jahre 1467 Ritter Adam zu Burgau vor Johann Graf von Nassau und Saarbrücken, Herr zu Heinsberg, Wilhelm von Elmpt als Erbe seines gesamten Besitzes einsetzte. Schloß Burgau im Kreise Düren zählte zu den 43 Unterherrschaften des ehemaligen Herzogtums Jülich. Die Herrschaft Burgau umfaßte die Pfarrdörfer Stockheim und Niederau und mehrere lehnsrührige Höfe, wie den Hallerhof mit 200 Morgen Ackerland, den Rittersitz Domseler mit 144 Morgen Ackerland, den Stockumer Hof mit 100 Morgen Ackerland und den Steprather Hof mit 100 Morgen Ackerland. Der Gesamtwert aller Lehnsstücke belief sich auf 100 000 Taler! Die Herrschaft Burgau selbst war Lehen der Herren von Heinsberg. Der umfangreiche Besitz blieb für mehrere Jahrhunderte im Besitz der Herren von Elmpt. 1674 fiel ein Teil durch Heirat an das Geschlecht von Wolff-Metternich, aber noch im 19. Jh. ist ein großer Teil als „landtagsfähiges Rittergut der Rheinprovinz" mit rund 1500 Morgen Land und mehr als 700 Morgen Wald auf Caroline Philippe, Gräfin von Anrep, geborene Gräfin von Elmpt, eingetragen.

Ein Sohn Wilhelms, Johann von Elmpt, hatte am 13. Juni 1486 den gesamten Besitz empfangen. Dieser unerwartete Reichtum dürfte für die „Elmpter" Anlaß gewesen sein, ihr bis dahin wahrscheinlich einfaches festes Haus durch ein schloßartiges Herrenhaus zu ersetzen, von dem Teile noch im heutigen Herrenhaus erhalten sind. Wahrscheinlich bot dieser Reichtum auch die Voraussetzung für die Heirat Johann von Elmpts, der sich nun Herr von Elmpt und Burgau nannte, im Jahre 1492 mit Sophia, Tochter des Johann Spieß von Büllesheim und der Adelheid von Brempt. Als Mitgift erhielt der Bräutigam Haus und Herrlichkeit Elmpt mit Hochgericht, Herrlichkeiten, Höfen und allem Zubehör, einen Hof zu Haensom im Kirchspiel Echt, Renten sowie Ländereien in Vlodrop und Herkenbosch, endlich das Schloß und die Herrlichkeit Burgau mit allen Dörfern, Höfen, Gerichten und Zubehör.

Durch eine weitere eheliche Verbindung fiel 1532 ein Drittel der Herrschaft Drove an die „Elmpter", immerhin 700 Morgen und Ländereien. In einer Urkunde vom 30. Dezember 1635 wird bestätigt, daß die „Ahnen Elmpt ... alle von Gutter alten Ritterschafft von ihren vier Anherren herkommen und zu den Wapffen geporen ... mitt einiger Bürgerschafft oder bastards arth und auch alle ehelich geboren" sind[12]. Zweifellos war das Geschlecht der Edelherren von Elmpt damals auf dem Höhepunkt seiner Macht.

1645 sehen wir Johann Heinrich von Elmpt zu Burgau als kaiserlichen Hauptmann; als er 1657 vor der Stadt Münster fällt, wird er als Fürstlich-Neuburgischer Kammerobrist, General und Gouverneur zu Düren, bezeichnet.

Eine der wichtigsten Urkunden, die sowohl die Herren von Elmpt wie auch die Einwohner von Elmpt betrifft, datiert vom 4. September 1668. Adam Bertram von Elmpt tritt „vor dem königlichen Schultheißen Hermann Moren, den Schöf-

9 Steinwappen über der Toreinfahrt von Haus Elmpt. Es handelt sich um das Wappen der Herren von Elmpt

fen, Geschworenen und der ganzen Gemeinde von Elmpt das freie adelige Stammhaus Elmpt mit aller Hoheit und allem Zubehör“ an Daniel, Freiherr zu Elmpt und Burgau, Fürstlich-Pfalzneuburgischer Kammerherr ab, um den Übergang von Stammhaus und Herrlichkeit in fremde Hände zu verhüten[13]. Daniel von Elmpt schwor, die Rechte der Gemeinde zu wahren und deren Freiheit zu ehren, worauf die ganze Gemeinde mit allen Untertanen Daniel den Huldigungseid leistete. Sechs Jahre später heiratete Daniel von Elmpt Maria von Wolff-Metternich.

Inzwischen hatten die Herren von Elmpt, die ins Baltikum gezogen waren, ebenfalls Karriere gemacht: 1788 wird Johann Martin Freiherr von Elmpt als Besitzer von Gut Schwitten in der russischen Provinz Kurland genannt. 1802 trat Dorothea, Gräfin von Elmpt, die Witwe des Feldmarschalls Johann Martin, Reichsgraf von Elmpt, ihrem Sohn, Generalleutnant und Ritter Philipp Graf von Elmpt, die Güter Schwitten ab. 1790 hatte bereits Kurfürst Karl Theodor, Pfalzgraf bei Rhein und Herzog von Jülich, Kleve und Berg, in einer Urkunde bestätigt, daß „die Familie Elmpt ein sehr altes, von Gut-freyherrlich ... aufgeschworenes Ritter- und stiftsmäßiges Geschlecht seye“ und daß der im russisch-kaiserlichen Kriegsdienste stehende Johann Martin Baron von Elmpt, General der 2. Division, sich „die allerhöchst kaiserliche Huld und Zutrauen erworben habe, so erhebt er kraft seiner reichen Vikariatsmacht den Baron und dessen eheliche Nachkommen beiderlei Geschlechts in des heiligen römischen Reiches Grafenstand“[14]. Er bestätigt das Elmpt'sche Wappen und vermehrt es um die Reichsgrafenkrone.

Einen weiteren Elmpter sehen wir dann mit Franz Philipp Graf von Elmpt als

Feldmarschalleutnant des deutschen Kaisers und Kommandanten von Prag. Dieser Philipp von Elmpt hatte eine Tochter Anna Maria, die ledig blieb; im Winter 1851/52 unternahm sie eine Pilgerreise nach Rom, wo sie verstarb. In der Kirche des Hl. Rochus zu Rom befindet sich heute noch eine große steinerne Grabplatte, die an sie erinnert.

Das im 16. Jh. erbaute Herrenhaus Elmpt war nur bis zum Jahre 1759 im Besitz der Familie von Rohe, als Adolfine von Geloes den gesamten Besitz wieder zurückkaufte. Viele Familiennamen wurden von Ortsnamen übernommen, so auch bei den Obsinigs. Als erster siegelte Johann Rode van op Synche einen Vertrag. Aus Synche wurde später Sinig und dann Rode op van Sinig. Johanns Nachkommen schreiben sich Roe oder Rohe van op Sinig, zuletzt einfach von Rohe. Aus der Geschichte der Geloes ist zu ersehen, daß ein Renée de Geloes eine Isabella von Elmpt geheiratet hat. Die Geloes wohnten zu dieser Zeit auf Lobos bei Hasselt, dadurch kam die Verbindung zwischen den Geloes und Elmpt zustande. Nächster Eigentümer der Güter in Elmpt und Dilborn war dann der Freiherr von Hoesch zu Süntrop, anschließend gelangten sie in den Besitz seines Schwiegersohns Freiherr Heinrich Theodor von Hallberg, dessen Erbe Haus Elmpt dann im Jahre 1854 an die Kinder des damaligen Elmpter Bürgermeisters Adams veräußerte.

Das Herrenhaus bestand ursprünglich aus dem eigentlichen Wohnsitz und einer Vorburg. Diese Vorburg brannte 1761 völlig ab und wurde im 19. Jh. fast ganz beseitigt, das Herrenhaus selbst wurde um die Mitte des vorigen Jh.s insofern äußerlich stark verändert, als man die interessanten hohen Dächer entfernte. In

10 Haus Elmpt Ende des vorigen Jahrhunderts

der Mitte der rechteckigen Anlage, die in Ziegelmauerwerk errichtet wurde, befindet sich noch der 1750 eingefügte Turm, zu dem eine zweiflügelige Freitreppe aus Blaustein führt. Der dreigeschossige Turm enthält im Erdgeschoß ein Rundbogenportal zwischen Pilastern in Blaustein, eingelassen ist das Ehewappen der Rohe und Kettler, die 1701 Haus Elmpt erworben hatten, das Wappen der Rohe mit dem Andreaskreuz, das Wappen der Kettler mit dem Kesselhaken mit der Devise: „SIBI ET POSTERES", daneben befinden sich zwei schmiedeeiserne Arme[15]. Das Obergeschoß enthält ein modernes Fenster mit Klötzchen-Friese. Im zweiten Obergeschoß befindet sich ein schmales quergeteiltes Fenster in Holzfassung. Um 1840 wurde der Turm durch eine Barockhaube geschlossen, an deren Stelle man später ein flaches Dach gesetzt hat.

Ein größeres Wohnhaus von zwei Achsen an der Schmal- und fünf an der Langseite befindet sich auf der Westseite der Anlage, an den äußeren Ecken des Gebäudes sind auf Rauhsteinkonsolen und Flachbögen zierliche Ecktürmchen aufgesetzt. Das südliche reicht nur bis zum zweiten Obergeschoß und hat noch einen zweiten Klötzchenfries, das nördliche ist ganz glatt bis zum Dach durchgeführt. Alle Fenster wurden im 19. Jh. verändert, wahrscheinlich wurde auch das gesamte dritte Geschoß erst im 18. Jh. aufgesetzt. Zwischen Torturm und Wohnhaus liegt noch ein rechteckiger Treppenturm, der im Innern mit einer schweren Holztreppe versehen ist, dieser Turm war früher mit einer hohen Spitzenhaube bewehrt, dazu trugen die Ecktürmchen hohe spitze Dächer. Auf der östlichen Seite des Herrensitzes schließt ein großer Wohnbau, allerdings nur zweigeschossig, die Gesamtanlage ab. Dieser Bau wird von zwei Ecktürmchen begrenzt, sämtliche Fenster wurden nachträglich verändert und auch ein flaches Dach aufgesetzt. Auf der Rückseite waren beide Wohnbauten durch eine Wehrmauer verbunden und zwar an der Stelle, wo sich heute eine niedrige Gartenmauer befindet. Eine Holzgalerie, die in ihren Ansätzen noch erkennbar ist, zog sich um den gesamten Hofbereich.

Das Innere der Gebäude wurde im vorigen Jahrhundert vollkommen verändert. Von der alten Ausstattung ist eine Totentafel zu nennen, die an Johannes Franz von Obsinnig, genannt von Rohe, erinnert, der am 6. März 1742 als Obristwachtmeister des Althanischen Dragonerregimentes verstorben ist.

1916 ist der Großneffe des Bürgermeisters Adams aus Elmpt, Bürgermeister a. D. Wilhelm Heinrichs, im Besitz von Haus Elmpt. In den 60er Jahren fiel das Gut an die Altgemeinde Elmpt, als diese zahlreiche Grundstücke aus dem Nachlaß des Franz Heinrichs erwarb. Die Gemeinde Elmpt übertrug am 31. 12. 1971 das Anwesen an Frau Maria von Elmpt, die sich zur Instandsetzung und Erhaltung des Hauses verpflichtete. 1976 wurde auf Anregung des Landeskonservators das Zwiebeltürmchen wieder auf dem Turm errichtet, am 21. Jan. 1976 ersteigerte eine Bank den gesamten Besitz.

3.3 Schloß Dilborn

In der Gemarkung Overhetfeld liegt Schloß Dilborn, welches erstmalig 1363 urkundlich erwähnt wird. In einer Urkunde erklärt Seger von Swalmen, daß er vom Herzog Eduard von Geldern Dilborn zu Lehen empfangen habe[16], nachdem ihm seine Ehefrau Guda von Elmpt Haus Dilborn als Mitgift in die Ehe eingebracht hatte.

Wenn nur wenige Jahre nach der Belehnung Dilborns an Seger von Swalmen Haus und Herrschaft bereits 1433 im

Besitz der Edelherren von Goltstein erscheinen, so kann die erneute Inbesitznahme auf dem Erbwege wie auch als Heiratsgut erfolgt sein.
Dilborn war ursprünglich eine zweiteilige Niederungsmotte am Südufer der Schwalm, es könnte als Bollwerk gegen die mächtigen Grafen von Kessel aus strategischen Gründen südwestlich von Brüggen errichtet worden sein, um eine Ausdehnung nach Süden zu verhindern. Folgt man dieser Überlegung, dann wird das heute noch stehende Haus Elmpt als Zweitsitz in gesünderer Lage, ebenfalls an jener Heeresstraße gelegen, die von Asselt kommend in Richtung Neuss über Brempt führte, verständlich. Zu Haus Dilborn gehörten ursprünglich der Dilborner Wald, die Dilborner und die Bockler Mühle an der Schwalm und die Weiler in der Heiden/Overhetfeld. Als die ursprüngliche Gefahr gebannt war, konnte der Grundstein für Haus Brempt gelegt werden.
Ihl[17] hat einige bedenkenswerte Überlegungen zu den zwischen Elmpt, Brempt und Dilborn bestehenden Verbindungen angestellt. Danach ist aus der Mitgift Gudas von Elmpt bei ihrer Heirat mit Seger von Swalmen zu schließen, daß Haus Dilborn mit seinen Besitzungen zuvor in der Hand der Herren von Elmpt war. Diese Feststellung läßt auf ein anderes Bild schließen, als es die bisherige Forschung zeigt. Damit wird auch der Grund verständlich, warum Gerhard von Elmpt im Jahre 1583 das Haus Dilborn mit seinen Besitzungen von der Familie von Goltstein zurückerwarb, die es bereits 1433 erworben hatte.
Nach einer Urkunde vom 1. 10. 1522 ist Johann von Goltstein bereits tot, während seine Frau noch lebt. Sie hat die Leibzucht an der Mühle im Elmpter Feld, an dem Hof zu Dilborn, ferner an Torf- und Holzrechten den ihr zustehenden Anteil. Deren Sohn ist Reinard von Goltstein zu Dilborn, seine Ehefrau Adelheid von Moelenbaicht, genannt Breidloe, Lehnsherr ist Dietrich an dem Cruytz[18].
Für eine verwandtschaftliche Verbindung zwischen den Adelshäusern von Brempt und Elmpt sprechen die Tatsache der unmittelbaren Nähe, die Lage der Herrlichkeiten und die Besitzverhältnisse vor dem 12. Jahrhundert. Haus Dilborn wurde am Südufer der Schwalm, das „feste Haus Elmpt" an der alten Heeresstraße im Zentrum des Dorfes erbaut. Dilborn wurde geschützt durch die Schwalmniederung in Verbindung mit Sumpf und Morast, Elmpt nur durch einen künstlich angelegten Wassergraben, dessen Wassermenge im Hochsommer keineswegs das „feste Haus" wirksam schützen konnte.
Es wäre danach nicht auszuschließen, daß die ursprüngliche Elmpter Herrschaft auf ein viel kleineres Gebiet beschränkt war, wenn man die Besitzungen, die ursprünglich zum Haus Dilborn und den bis zum 16. Juni 1276 dazugehörenden Elmpter Wald als Allodialbesitz der Herren von Brempt berücksichtigt.
1583 teilte Gerhard von Elmpt Haus Dilborn mit seinen Geschwistern. Daß Dilborn wie Haus Brempt im niederländischen Krieg gelitten hatten, ist anzunehmen, denn die Hauptburg von Dilborn wurde nicht wieder durch Gerhard von Elmpt aufgebaut, sein Neubau ist lediglich ein Ausbau zwischen den Türmen der Vorburg, die somit das neue Schloß repräsentieren.
Es spricht eigentlich nichts dagegen, daß jenes Adelsgeschlecht, das den Namen des Ortes Elmpt annahm, spätestens nach der Hochzeitsgabe der Guda von Elmpt im neuerbauten Kastell zu Elmpt festen Wohnsitz nahm. Es ist durchaus möglich, daß an dieser Stelle bauliche Reste einer ehemaligen römischen Straßenstation gestanden hatten, denn die vormalige Römer- oder Heeresstraße führte nörd-

lich am Kastell vorbei und bog dann nach Süden in den Elmpter Bachgrund ein, um nach Durchquerung des Tales die von Norden nach Süden führende Römerstraße kurz vor Brempt zu kreuzen und durch die beiden Furten der Schwalm weiter durch den Hardter Wald in Richtung Mönchengladbach zu führen.

Auch die Tatsache, daß Georg von Elmpt im Jahre 1350 auf alle Ansprüche an der Besetzung der Pfarrstelle zu Niederkrüchten verzichtete, deutet auf nahe verwandtschaftliche Beziehungen zwischen den Häusern von Brempt und Elmpt hin. Als letzten Besitzer der Elmpter Linie auf Schloß Dilborn sehen wir Daniel von Elmpt, der 1661 starb.[19] Dessen Sohn Daniel von Elmpt war Großonkel des Daniel von Geloes, dem nächsten Besitzer von Schloß Dilborn, der im Jahre 1663 wegen Dilborn „aufgeschworen“ wurde. Daniel heiratet 1653 Margareta Schenk von Nideggen, dieser Ehe entstammen drei Söhne, Heinrich, Georg und Arnold-Stephan. Stephan wurde Herr auf Dilborn, er heiratete Elisabeth Veronika von Spee, deren Sohn Arnold vermählte sich mit Adolfine Ferdinande von Geldern-Arcen.

1701 hatte Edmund Franz von Rohe Haus und Herrschaft Elmpt von den Geloes gekauft und 1750 u.a. einen neuen Torturm erbaut, Adolfine von Geloes aber hatte die Herrschaft um 1759 als Herrin auf Schloß Dilborn von Alexander Anton von Rohe wieder zurückgekauft. Die Baronin, eine geborene von Geldern-Arcen, wurde somit Herrin von Elmpt und Dilborn. Sie verstarb 1782 und wurde, wie auch der 1784 verstorbene Reichsfreiherr von Hoesch, Herr zu Elmpt und Dilborn, der als kurkölnischer Staatsminister erst 1783 von den Erben der Geloes die beiden Herrschaften erworben hatte, in der Familiengruft in der Elmpter Kirche beigesetzt.

11 Schloß Dilborn, Rentei und Forsthaus

Nachdem die Reichsgrafen von Hallberg 1784 Dilborn erworben hatten, gingen sämtliche zum Rittersitz in Elmpt und Dilborn gehörigen Güter 1821 in den Besitz der ehemaligen Hausdame der von Hallberg, Josefine Klein, über, der späteren Ehefrau von Wilhelm Lenders. Diese erhielt Dilborn und Elmpt „für gute Pflege“ zum Spottpreis von 12 000 Talern. Die Erben Konstantin und Mathias von Hallberg strengten später einen Prozeß gegen die Eheleute Lenders auf Herausgabe an, durch Urteil vom 5. Dezember 1844 wurde durch das Königliche Landgericht in Aachen der Verkauf der Güter Dilborn und Elmpt angeordnet. Ein Miterbe der von Hallberg, Mathias von Hallberg, kaufte zwar die Güter an, veräußerte sie aber kurz danach: Haus Elmpt wurde vom Elmpter Bürgermeister Adams erworben, Dilborn von dem Brüggener Rentner Printzen. Das hatte zur Folge, daß Dilborn im Verzeichnis der Rittergutsmatrikel gelöscht wurde[20], als Printzen 234 Morgen des Besitzes veräußerte. Printzen verkaufte Dilborn dann an den Bankier Carl Hostmann aus Celle, der wiederum Dilborn im Jahre 1854 an den Reichsgrafen Julius von Schaesberg-Thannheim weiterveräußerte. Reichsgraf Julius erbaute im Jahre 1867 auf den Pfeilern im breiten Wassergraben der Burg eine gotische Schloßkapelle. Dem Reichsgrafen und seinen Kindern wurde durch päpstliche Indulte im Jahre 1868 auf Lebenszeit gestattet, an allen Sonn- und Feiertagen mit Ausnahme des Ostersonntags in der neuerbauten Dilborner Hauskapelle die heilige Messe zu hören.[21]
Julius von Schaesberg, der am 25.6.1870 auf Dilborn starb, wurde in der Familiengruft in Hinsbeck beigesetzt. Er war deutscher Standesherr, Ehrenritter des Maltheserordens und Mitglied der 1. Kammer des Königreiches Württemberg. Nachfolger auf Dilborn wurde Heinrich Reichsgraf von Schaesberg, ein Sohn des Julius. Dilborn erhielt 1879 auf Grund der Besitzvergrößerung wieder den Rang eines Landtagfähigen Rittergutes zurück. Zum Dilborner Besitz gehörten ursprünglich der Neuenhof, der Otiser Hof, der Palmes- und Hoksteinshof sowie die Elmpter Mühle. Der Verwaltungsbezirk Dilborn umfaßte 4000 Morgen landwirtschaftlicher Güter und Grundstücke sowie 5200 Morgen Wald. Schloß Dilborn für sich hatte 1000 Morgen, zur Hälfte Waldbestände. Dem Bezirk waren fünf Förstereien zugeteilt, drei davon gehörten zu Dalheim.
1910 finden wir Dilborn unter der Gräflich Westerholt'schen Verwaltung des Grafen Karl Theodor Eugen von Westerholt-Gysenberg auf Schloß Arenfels, am 4. Mai 1921 ist die gräfliche Familie Max von Westerholt als Besitzer angegeben.
Das alte, um 1850 niedergelegte Schloß war ein langer zweigeschossiger Trakt von sechs Achsen mit dreigeschossigen Türmen von je drei Fensterachsen an den beiden Enden. Auf den Türmen befanden sich Wetterfahnen mit den Jahreszahlen 1752. Das alte Schloß von 1583 lag den heutigen Gebäuden gegenüber in den großen Gartenanlagen, es war ganz von Wasser umgeben, eine Schloßbrücke führte über einen breiten Graben. Das nach 1854 erbaute Schloß bestand ursprünglich aus zwei Turmbauten und den dazwischenliegenden Wirtschaftsgebäuden. Es wurde erst im Laufe des vorigen Jahrhunderts zu einem einheitlichen Schloßbau umgestaltet. Schräg gegenüber, durch eine Straße vom Schloß getrennt, lag die Rentei, ein Ziegelbau aus der Zeit um 1870. 1899, als das Schloß noch durch den Rentmeister Lentzen verwaltet wurde, waren noch ein kunstvoller Dachaufbau mit Glocke und eine Pumpe vorhanden[22]. Seitdem wurde das Haus jedoch mehrfach umgebaut. Als die Stadt Mönchengladbach Schloß

Dilborn in den 50er Jahren kaufte und zum Kinderheim umbaute, wurde auch das Forsthaus, das sich neben der Rentei befand, abgerissen.
Im Rahmen der kommunalen Neugliederung wurde Dilborn der Gemeinde Brüggen zugeschlagen.

3.4 Wappen und Siegel

1. Wappen

Als Wappen bezeichnet man farbige Abzeichen von Personen und Geschlechtern, die ursprünglich zur Zeit der Kreuzzüge entstanden sind. Sie machten die in ihren Rüstungen unkenntlichen Ritter im Kampf kenntlich und gingen bald als erbliche Wappen, als Geschlechterwappen, auf deren Familie und Besitz über[23]. Beim Zusammenschluß mehrerer Herrschaftsgebiete, etwa durch Heirat, wurden einzelne Wappen zu einem neuen Gesamtwappen zusammengefügt, auch die frühen einheimischen Adelsgeschlechter führten derartige Wappen.

a) Wappen der Herren von Elmpt
Die Herren von Elmpt, Grundherren der entstehenden späteren Gemeinde, führten im Wappenschild auf goldenem Feld eine rote Lilie (Gleve), auf deren Kelchblatt zwei grüne linksgekehrte Sittiche sitzen, die goldene Halsbänder tragen. Als Helmzier dienen zwei gebogene goldene Büffelhörner, zwischen denen sich auf rot-goldenen Decken das Bild des Wappenschildes wiederholt.
Ihl[24] hat eine bedenkenswerte Deutung des Elmpter Wappens erarbeitet. Danach weist das Wappen darauf hin, daß die Elmpter Edelherren, wie viele andere niederrheinische Ritter, bereits am ersten Kreuzzug (1096–1099) teilgenommen haben, der zur Eroberung von Jerusalem am 14. 7. 1099 führte. Die engen Beziehungen, die zu Gottfried von Bouillon bestanden, der ein christliches Königreich

12 Wappen der Herren von Elmpt

dort errichten wollte, sind bekannt. Nach erfolgreicher Heerfahrt und glücklicher Heimkehr dürften die Sittiche, die es im Mittelalter nur im Orient gab, mit ihren goldenen Halsbändern zusätzlich in ein möglicherweise bereits bestehendes altes Wappen aufgenommen worden sein. Die goldenen Halsbänder verraten, daß die Sittiche als Kostbarkeiten hohe Wertschätzung bei ihren Besitzern erlangten.
Als äußeres sichtbares Zeichen einer erfolgreichen Teilnahme an diesem christlichen Kreuzzug wurde das Abbild der Lilie wegen ihres christlichen Symbolgehalts als weiteres Zeichen ins Wappen-

bild der Kreuzfahrer aufgenommen – übrigens nicht nur von den Elmpter Edelherren, sondern auch von weiteren niederrheinischen Adelsgeschlechtern wie etwa den Asselt, Baerlo, Eyl, Hausen, Heithausen, Donk, Grefrath, Krickenbeck und Wachtendonk, die ebenfalls die Lilie in ihr Wappen aufnahmen. Wenn sich schon die französischen Könige seit 1197 mit dem Lilienbanner schmückten, dann war es auch den am Kreuzzug teilnehmenden Rittern nicht zu verwehren, ihr Wappen mit diesem Symbol zu zieren.

b) Wappen der Herren von Brempt
Das Wappen der Edelherren von Brempt besteht aus drei, später auch von mehr blauen Querbalken auf silbernem Grund, welches um 1100 erstmals erscheint. Dieses Wappen ist auf viele rheinische Adelsgeschlechter übergegangen.

2. Siegel

Als Siegel bezeichnet man Stempel oder Stempelabdrucke in Wachs oder Siegellack, die zum Zwecke der Beglaubigung auf Urkunden angebracht werden, damit diese Rechtskraft erhalten.[25]
Als Motive wird bei diesen Siegel, die etwa seit dem 14. Jahrhundert eingeführt werden, auf Wappenbilder, in großem Maße aber auch – wie etwa in Elmpt, Brempt und Niederkrüchten – auf „die beim Volke allgemein bekannte Bildwelt der christlichen Heiligen“[26] zurückgegriffen.
Siegel werden von Städten und Stadtgemeinden, vornehmlich aber von Gerichtsbehörden und Schöffenkollegien verwandt.

a) Schöffensiegel von Elmpt
Die Herrlichkeit Elmpt hatte ein eigenes Schöffengericht, Schöffen werden erstmals in einer Waldrolle des Elmpter Waldes aus dem 15. Jahrhundert genannt[27].

13 Wappen der Herren von Brempt

Die älteste Urkunde, die das Elmpter Schöffensiegel trägt, ist vom 9. Juli 1642, die jüngste vom 12. November 1778.
Das Siegel selbst zeigt den hl. Laurentius als Kirchenpatron der Elmpter Kirche, der in seiner linken Hand einen Rost hält.
Dieses Attribut weist darauf hin, daß dieser christliche Märtyrer im Jahre 258 in Rom auf einem glühenden Rost zu Tode gequält worden sein soll. In seiner Rechten hält der Heilige eine Palme (?), möglicherweise ist die Palme hier als Siegeszeichen gedacht. Das allgemein „Schöffenamtssiegel“ genannte Siegel mit einem Durchmesser von 3 cm trägt die Inschrift: „SCHEPENS (EGEL) ZU ELLEMPT.“

b) Schöffensiegel von Brempt

Bereits im Jahre 1321 erscheinen erstmals Schöffen von Brempt und zwar als Zeugen in einer Urkunde vom 16. September diesen Jahres[28]. Die älteste von den Brempter Schöffen selbst ausgefertigte Urkunde datiert vom 11. November 1421, dennoch hatten sie zumindest bis 1618 kein eigenes Siegel, obwohl sich ihr Gerichtsbezirk damals bereits über einen Teil der Pfarre Niederkrüchten ausdehnte. Der älteste Abdruck des Brempter Schöffensiegels findet sich an einer Urkunde vom 7. Juli 1657, der jüngste an einer vom 18. Mai 1768.

Das Brempter Schöffensiegel zeigt den hl. Georg als Ortsheiligen, der auf seinem Pferd nach rechts reitet und mit seiner Linken eine Lanze in das Maul des Drachen unter seinem Pferd stößt. Die Umschrift des Schöffensiegels lautet: „SCIEPEN SEGEL TOT BREMET", der Durchmesser dieses Siegels beträgt 3,5 cm.

c) Schöffensiegel von Niederkrüchten

Bereits im Jahre 1297 werden erstmals Schöffen von Niederkrüchten genannt und zwar in einer Urkunde vom 26. März des gleichen Jahres. Der Gerichtsbezirk Niederkrüchten umfaßte die Pfarreien Nieder- und Oberkrüchten[29].

Während sie am 3. Juli 1565 noch über kein eigenes Siegel verfügen, wird ein solches am 31. März 1572 erwähnt, das erste und einzig bekannte Exemplar befindet sich an einer Urkunde aus dem Jahre 1577. Der Durchmesser dieses ersten Niederkrüchtener Schöffensiegels beträgt 3,3 cm, das Siegelbild zeigt in einem geteilten Renaissanceschild oben das Brustbild des hl. Bartholomäus, des Kirchenpatrons, und unten ein Kreuz, wobei die Umschrift nicht mehr lesbar ist.

Ein zweites Schöffensiegel, bereits im Jahre 1606 vorhanden, wurde bis zum Jahre 1789 benutzt. Auch dieses Siegel zeigt in einem geteilten Schild oben das Brustbild des hl. Bartholomäus und unten ein Kreuz. Die Umschrift lautet auf diesem Schöffenamtssiegel: „+ SCHEFFENSEG(EL) D(ES) GERICHTS ZU KRUECHTEN". Der hl. Bartholomäus ist auf dem Siegel mit dem Messer in der rechten Hand dargestellt, welches sich auf sein Martyrium bezieht, bei dem ihm die Haut abgezogen worden sein soll, in seiner Linken trägt er ein Buch, welches auf den Missionsauftrag des Apostels hinweist.

Zum zweiten Zeichen auf dem Schöffensiegel bemerkt Nagel[30]: „Das zweite Zeichen auf dem Schöffensiegel ist ein gleichschenkeliges Kreuz, ein allgemein christliches Symbol. Es kann nicht als das kurkölnische Kreuz angesehen werden; dieses hat auf zeitgenössischen Siegeln eine andere Form; vor allem aber stehen dem sowohl kirchenrechtliche Gründe – das Patronat an der Pfarrkirche stand mehreren Herren zu – als gerichtliche entgegen – das Vogteigericht ging durch den Vertrag von Venlo (1543) an Spanien, durch den Frieden von Utrecht (1713) an Österreich über."

3. Wappen der Altgemeinden Elmpt und Niederkrüchten

War das Wappen ursprünglich einzelnen adeligen Personen und Geschlechtern vorbehalten, so wurde es nach dem Verfall des Rittertums auch von den Städten und vom Bürgertum angenommen. In Preußen war es bis zum Jahre 1926 im allgemeinen den Städten vorbehalten, ein eigenes Wappen zu führen.[31] Als das Recht der Wappenführung später auf die Gemeinden erweitert wurde, beantragten im Jahre 1934 auch die Altgemeinden Elmpt und Niederkrüchten beim Oberpräsidenten der Rheinprovinz, ein eigenes Wappen führen zu dürfen. Elmpt

14 Wappen der Altgemeinde Elmpt

15 Wappen der Altgemeinde Niederkrüchten

legte seinem Entwurf das Wappen der Herren von Elmpt zugrunde, im Oberteil kombiniert mit dem aufrechten geldrischen Löwen, anspielend auf die frühere Zugehörigkeit zum Herzogtum Geldern.

Unter dem 6. August 1935 wurde der Gemeinde Elmpt vom Oberpräsidenten der Rheinprovinz das folgende Wappen verliehen: „Geteilt von Blau und Gold; oben wachsend der rotgezungte und rot bewehrte goldene geldrische Löwe; unten eine rote Lilienblüte, auf deren seitlichen Blättern je ein linksgewendeter, rot bewehrter grüner Papagei mit rotem Halsband."

Der Bürgermeister des Amtes Niederkrüchten hatte ursprünglich ein Wappen für das Amt Niederkrüchten beantragt, das seit 1934 aus den beiden Gemeinden Elmpt und Niederkrüchten bestand. Im Antragsverfahren von 1934 wurde dieser Antrag zugunsten zweier selbständiger Wappen zurückgestellt.[32]

Das Niederkrüchtener Wappen lehnte sich eng an die Vorlage des zweiten Niederkrüchtener Schöffensiegels (1606–1789) an. Auch dieses Wappen ist zweigeteilt und zeigt im oberen Teil den Ortspatron, den hl. Bartholomäus, im Unterteil ein Kreuz. Dieses kann zurückgeführt werden auf das Kreuz des Kölner Domkapitels, das bereits im 13. Jahrhundert größeren Grundbesitz in Brempt und Niederkrüchten besaß und ab 1340 auch das Patronatsrecht an der Pfarrkirche mit innehatte.

Das Wappen wurde ebenfalls vom Oberpräsidenten der Rheinprovinz am 6. August 1935 verliehen mit der Erläuterung: „Geteilt von Rot und Silber, oben wachsend der golden nimbierte hl. Bartholomäus mit blauem Leibrock und purpurnem Umhang, in der Rechten ein Messer und in der Linken ein Buch haltend; unten das durchgehende schwarze Kreuz von Kurköln."

Nagel[33] hat aufschlußreiche Hinweise über ein „Nachspiel" zu dieser Wappenverleihung gegeben:

„Kaum zwei Monate nach diesem Erlaß leitet der Amtsbürgermeister von Niederkrüchten auf Anregung der Kreisleitung der NSDAP ein Verfahren ein, das erst wenige Jahre alte Wappen zu verändern und vor allem die kirchlichen Embleme zu tilgen. Sein hochtrabender Vorschlag, den preußischen mit dem österreichischen Adler zu verbinden – letzteres zur Erinnerung an Niederkrüchtens Zugehörigkeit zu den österreichischen Niederlanden –, ist nicht allein Beweis für heraldische Inkompetenz; auch eine Vorschrift aus dem Jahre 1934, die Hakenkreuz, Reichs- und preußischen Adler ausschließlich dem Staate vorbehält, steht dem entgegen. Hieran wird wohl deutlich, wie macht- und hierarchiegläubig die Verwaltung war. Die angebotene Argumentation der gutachtenden Fachbehörde, „eine nachträgliche Ausschaltung kirchlicher Symbole in den bestehenden Ortswappen würde zu der Notwendigkeit führen, zahllose Stadt- und Gemeindewappen Deutschlands abzuschaffen", läßt die Gemeindeverwaltung Niederkrüchtens unbeeindruckt. Die nationalsozialistische Ideologie beginnt, sich auch in der Provinz durchzusetzen. Die Gemeinderäte beugen sich der NSDAP!"

So muß also ein neues Wappen her, es wird wieder von dem „seiner Zeit bedeutendsten Wappenkünstler Deutschlands", Otto Hupp, geschaffen. Das neue Niederkrüchtener Wappen führt im Oberteil den geldrischen Löwen, im Unterteil die blauen Balken der Herren von Brempt.

In der Verleihungsurkunde vom 8. August 1939, ebenfalls durch den Oberpräsidenten der Rheinprovinz, wird es wie folgt beschrieben: „Geteilt von Blau und Silber, oben wachsend ein rot gezungter und rot bewehrter goldener Löwe; unten in Silber drei blaue Balken."

Als mit der Neugliederung der Gemeinden im Kreise Erkelenz am 31. Dezember 1971 die Selbständigkeit der Altgemeinden Elmpt und Niederkrüchten beendet und diese zur neuen Gemeinde Niederkrüchten zusammengeschlossen wurden, entschied sich die Gemeinde zur Einführung eines neuen Wappens. Geschickt wurden dabei die beiden Wappen der Altgemeinden in einem einzigen Schild kombiniert, eine Zweiteilung mit der Elmpter Lilie und dem Sittich und den Brempter Balken.

Die Wappenbeschreibung des Regierungspräsidenten lautet: „Gespalten; vorne in Gold (Gelb) eine halbe rote Lilie, auf deren Kelchblatt ein linksgekehrter grüner Sittich sitzend; hinten in Silber (Weiß) drei blaue Balken."

Gleichzeitig erhielt die Gemeinde ein neues Siegel mit der Umschrift oben: „Gemeinde Niederkrüchten", unten: „Kreis Viersen". Im Siegelrund sieht man den Inhalt des Gemeindewappens in Umrißzeichnung ohne Schild in einem Kreis.

4. Ob geldrisch oder spanisch – kriegerisch war es immer

4.1 Vom Hof zum Dorf

Da es schriftliche Quellen über die ersten Jahrhunderte der Frankenbesiedlung am Niederrhein nicht gibt, sind wir hier auf andere Quellen angewiesen. Dörfer im heutigen Sinn hat es hier bis zum Jahre 1000 nicht gegeben, wohl Siedlungsschwerpunkte, an denen neben dem Bau von Herrenhäusern auch die ersten Kirchengründungen erfolgten. Aus der Art der Besiedlung geht hervor, daß der Niederrhein ein Gebiet der ausgesprochenen Hofsiedlung war, in dessen Bereich sich jeder Siedler einen abgesonderten Hof schuf, der vom nächsten Nachbarn einen gehörigen Abstand hielt, wie es Tacitus bereits von den Germanen des 1. Jahrhunderts erzählt.

Über die Einwohner dieser Siedlungsschwerpunkte wissen wir nichts, für die Geschichtsschreibung der frühen Zeit waren nur Kaiser und Könige, Grafen, Herzöge, Edelleute und Grundherren, kurzum, die herrschende Klasse und ihre Fehden und Streitereien untereinander von Interesse; hinzukamen Bischöfe und Äbte, die an der Spitze der kirchlichen Hierarchie standen und ebenfalls weltliche Machtpositionen bekleideten.

So sind für die geschichtliche Übersicht in erster Linie die Herrschaftsverhältnisse von besonderer Bedeutung.

Während im karolingischen Reich die Verwaltung in der Hand der vom Kaiser bestellten Gaugrafen lag, hatte im 10. Jh. die Auflösung der alten Großgaue eingesetzt, die nun in kleinere Grafschaften zerfielen und mit umfangreichem Landbesitz belehnt wurden. Die örtlichen Herrschaftsrechte gingen auf die Grafengeschlechter über, denen wir im 11. Jh. in zunehmendem Maße begegnen.

In Wassenberg war es Gerhard I, der um diese Zeit eine Dynastie begründete, aus diesem Geschlecht gingen auch die Grafen von Geldern hervor, nachdem sich Gerhard III, wahrscheinlich ein Urenkel des ersten Wassenberger Gerhard, noch im Jahre 1085 Graf von Wassenberg und Geldern genannt hatte[1].

Es wird angenommen, daß die im 4. Jh. verarmten Edelherren von Brempt bei der Übertragung ihres Besitzes an die Grafen von Geldern auch Erkelenzer Güter übereigneten. Zusammen mit den Herrlichkeiten von Elmpt, Niederkrüchten und Wegberg könnte das die Veranlassung für die Gelderner Grafen gewesen sein, aus diesem Territorium das geldrische Amt Erkelenz zu bilden, zumindest war Reinald II. von Geldern vom Reich bestellter Vogt in Erkelenz und verfügte neben Markt- und Münzrecht auch über die Hohe Gerichtsbarkeit. Mit der Verleihung der Stadtrechte im Jahre 1326 brachen die Grafen von Geldern aus dem Rhein-Waal-Raum aus. Sie drangen am Westufer der Schwalm mit den Dörfern Elmpt, Brempt, Nieder- und Oberkrüchten sowie Wegberg und Rickelrath bis nach Erkelenz vor und trieben damit einen Keil zwischen Kleve, Kurköln und Jülich im Osten sowie Limburg und Brabant im Westen[2].

Die Geschichte der kriegerischen Verwicklungen, der Ausdehnung oder des Verlustes von Machtpositionen des Herzogtums Geldern gibt, neben der Geschichte der Geschlechter von Elmpt und Brempt, den Rahmen für die weitere Entwicklung vom 12. bis zum 16. Jh. ab.

Die erste dauerhafte Besiedlung der „Elmpter Platte" mit den späteren Gemeinden Elmpt und Niederkrüchten dürfte in die letzte große Rodungsphase

des Meinweg- und Elmpter Waldes fallen, die um 1100 einsetzte. Dabei wurden Flächen, die für Ackerbau und Weide günstig erschienen, noch einmal gerodet, während die steileren Flächen an der Maas-Terrasse Wald blieben.
Erst gegen Ende des Mittelalters entwickelte sich die uns bekannte Kulturlandschaft mit charakteristischem Wechsel von Wald und Ackerland.
Während auf der östlichen Seite des Gebietes fränkische Germanen am Fuße der abfallenden Hänge zum Schleekbach hin in Brempt und Niederkrüchten siedelten, hatten in Elmpt und Overhetfeld die ersten Siedler ebenfalls von den tiefer gelegenen Rinnen aus ihr Land gerodet und zwar in Streifen von etwa 30–50 Metern. Wenn auch durch zahlreiche Erbteilungen die ursprünglichen Güter in vielen Fällen stärker parzelliert wurden, so blieb doch im wesentlichen diese ursprüngliche Form bis zur Flurbereinigung in den 60er Jahren ds. Jh.s erhalten[3].
In dieser Flußterrassenlandschaft gaben dabei feuchte, aber auch trockene Rinnen sowie die Terrassenränder die Leitlinien der Besiedlung vor. Elmpt, erstmals im Jahre 1203 urkundlich erwähnt, folgte dabei in kilometerlanger Flucht dem Westufer des Elmpter Baches von der Beek an bachaufwärts über Kreithövel mit benachbarter Kirche und Marktplatz und setzte sich bis An der Wae fort. Etwa zwei Kilometer nordwestlich dieses Reihendorfes, jenseits des Feldes oder plattdeutsch gesprochen „over je Feld“, entwickelte sich eine zweite Siedlungsreihe am Nordrand der Elmpter Platte, die hier zum Schwalmbruch hin abfällt, Leitlinie war hier eine Trockenrinne, die von der Kapelle „An der Heiden“ bis „In gen Otis“ einen Hohlweg nutzt, dann die Hauptterrasse erreicht und über Overhetfeld und Graskamp bis „In den Venekoten“ dem Talhang folgt. Ursprünglich lagen die Höfe und Häuser nur auf einer Straßenseite und befanden sich damit auf der Grenze zwischen Ackerland und Niederung mit ihren feuchten Wiesen und Weiden.
Wenn auch der dominierende Siedlungstyp sowohl Elmpts wie auch Overhetfelds die Form des Reihendorfes mit Waldhufen war, so entstanden daneben als weitere Siedlungsform eine Reihe kleiner Haus- und Hofgruppen, die im westlichen Bogen gegen den Wald vorgeschoben worden sind[4]. Größtenteils geben die Namen dieser Hofzeilen auch Auskünfte über die Art der Bodenbeschaffenheit – An der Heide, In dem Sande, Steinkenrath, oder, in der Höhenlage: Auf dem Berg ebenso wie in den Niederungen: Venekoten, Rieth. Der Name Rieth wird abgeleitet vom keltischen Rithi, das so viel wie Wasserfurt bedeutet.
Neben der Landwirtschaft etablierte sich aber bereits im 11. und 12. Jh. ein bedeutendes Töpfergewerbe, vor allem im Umkreis von Overhetfeld, Grundlage bildeten dafür Tonlager, die im Jungtertiär entstanden sind und an den steilen Terrassenrändern von Schwalm und Elmpter Bach leicht abzubauen waren. Kennzeichnend für die „Elmpter Ware“ war die blau-graue Färbung, die bereits gegen Ende des Mittelalters nicht nur am Niederrhein, sondern auch in den Niederlanden weit verbreitet war. Diese auch Reuver- oder Tegelentone genannten Tone bildeten zu Beginn des 19. Jh.s auch die Grundlage für die nun entstehenden Dachziegeleien.
Um 1300 war der Eichen- und Buchenwald, der im Jahre 1276 erstmals erwähnt wird, im wesentlichen auf jene Flächen zurückgedrängt worden, die sich für landwirtschaftliche Nutzung nicht eigneten. Das neu erworbene Ackerland rund um den Flecken Elmpt entwickelte sich schon bald nach der Landnahme zum Sondereigentum der einzelnen Bauern, während Weide und Wald als Allmende

gemeinschaftlich den Bedürfnissen der Bauern an Holz und Weide dienten.

Elmpt bildete in der Mitte des 13. Jh.s einen Teil des Amtes Montfort, das wiederum zur Grafschaft Geldern gehörte, die im Jahre 1339 zum Herzogtum erhoben wurde.

Niederkrüchten gehörte ursprünglich zur Grafschaft Krickenbeck[5]; als diese Grafschaft an Geldern gefallen war, wird Niederkrüchten als Ort in diesem Amt bezeichnet. Rainald von Geldern vereinigte im Jahre 1340 die Grafschaften Krickenbeck und Kessel mit seinem Herzogtum.

Zum entstehenden Dorf Elmpt gehörten ursprünglich 15 Siedlungsplätze in der Art von Honschaften. Drei dieser Hofansammlungen, wie man sie wohl bezeichnen muß, nämlich Ryderheide, Bockmühle und Geitenspret werden in den Kirchenbüchern im 17. Jh. noch mehrfach erwähnt, sind aber offensichtlich aufgegeben worden.

Der kleine Weiler Oberkrüchten soll sich nach Jans[6] ursprünglich um vier Höfe entwickelt haben, die in einer flachen Talwanne erbaut wurden, die nur wenige 100 m von Niederkrüchten entfernt liegt. Ein westlich des Dorfes entspringender kleiner Bach, die Schleek, durchfließt Niederkrüchten und mündet in die Schwalm. Vom Krucht oder Gracht genannten Bachtal soll der Name für Krüchten genommen sein. Bei den Höfen handelt es sich um den Klever Hof und den Hätterhof, ein dritter, der Schleeker Hof, soll zwischen Nieder- und Oberkrüchten gestanden haben. Am bekanntesten ist jedoch der vierte der Höfe, der „van Dousborghs-Hof", der ursprünglich von Wassergräben umgeben war. Er wird 1549 erwähnt, als Herzog Wilhelm von Jülich diesen Hof Arian von Bylandt verkauft, dieser wiederum veräußerte den Hof im Jahre 1810 an die van Dousborghs. Der letzte Besitzer aus dem Geschlecht der van Dousborghs stiftete die gesamten zum Hofe gehörenden Ländereien je zur Hälfte der Pfarrgemeinde und den Armen von Oberkrüchten.

4.2 Kriegerische Zeiten

Im 12. und 13. Jh. hatte der Niederrhein unter den zahlreichen Erbfolgestreitigkeiten, die sich aus dem Bestehen der zahlreichen Kleinstaaten ergaben, schwer zu leiden; daneben versuchte auch das Erzstift Köln im 13. Jh. seine Vorherrschaft in Niederlothringen nicht nur zu sichern, sondern weiter auszubauen. Dieser Plan scheiterte jedoch, als der Kölner Erzbischof und Kurfürst Siegfried von Westerburg in der berühmten Ritterschlacht von Worringen 1288 unterlag.

Ausgangspunkt der Streitigkeiten war die Erbfolge im Herzogtum Limburg. Nach dem Aussterben des limburgischen Fürstenhauses im Jahre 1280 erhoben sowohl Graf Rainald von Geldern als auch Herzog Johann von Brabant Ansprüche auf das Erbe, es entstand eine fast zehnjährige Fehde, die als „Limburger Erbfehde" oder auch „große Kölner Fehde" in die Geschichte einging. Der Kölner Kurfürst Siegfried von Westerburg stellte sich auf die Seite des Grafen von Geldern, um seinen Brabanter Rivalen zu schwächen, Geldern wurde auch unterstützt von Luxemburg, Nassau und dem Bischof von Lüttich. Für Brabant traten Jülich, Kleve, Berg und Holland, aber auch die Städte Köln und Lüttich ein, die sich damit eindeutig gegen die geistliche Vorherrschaft der Bischöfe und Erzbischöfe stellten.

Diese Position war Ausdruck eines ausgeprägten Selbstbewußtseins, welches die Städte und Märkte im 13. Jh. in zunehmendem Maße entwickelten, denn waren die Franken zur Karolingerzeit noch stadtfeindlich, so suchte man nun durch planmäßiges Anlegen von Märkten Zentren zu schaffen, die sich selbst verwalteten. Am Niederrhein erhielten so Kempen (1294), Erkelenz (1326) und Mönchengladbach (1350) Stadtrechte, während nach und nach die entstehenden ländlichen Gemeinden von den Schöffen des Dorfgerichts unter der Leitung eines Vorstehers verwaltet wurden.

Während auf der Worringer Heide Rainald von Geldern und der Kölner Kurfürst und Erzbischof unterlagen, gefangengenommen wurden und ihre Freilassung nur durch große Zugeständnisse erkaufen konnten, fiel das Herzogtum Limburg an Brabant, Kurkölns niederlothringische Vormachtstellung im Rheinland war gebrochen. Naturgemäß hatte die Bevölkerung der angrenzenden Territorien durch diese Fehden, in deren Mittelpunkt der Streit zwischen den Grafschaften Geldern und Jülich stand, die größten Belastungen zu ertragen, wenn auch nach dem Zusammenbruch der erzbischöflichen Macht im Jülicher Land ein großer wirtschaftlicher Aufschwung eintrat.

Schlimme Auswirkungen auf die Bevölkerung hatte weiter ein 1359 zwischen dem Herzog von Geldern und dem Grafen von Kleve ausgebrochener Streit; ebenso wie der berüchtigte Raubzug des Grafen Engelbert von der Mark gegen den Kölner Kurfürsten (1391), wo am Niederrhein viele Dörfer gebrandschatzt wurden.

Über viele Jahre zog sich dann der Geldrische Erbstreit hin[6a]. Im Jahre 1423 war der in Jülich und Geldern regierende Zweig des Bergischen Hauses mit Rainald IV. ausgestorben. In Geldern wählten die Stände den Enkel der einzigen Schwester Rainalds, den Grafen Egmond, zum Herzog, die Jülicher jedoch erkannten diesen nicht an und erklärten sich für den Herzog von Berg, den Onkel des verstorbenen Rainald. Als nun die Geldrischen ins Jülicher Land einbrachen, wurden sie von den Jülichern am Hubertustag des Jahres 1444 in der berühmten Ritterschlacht bei Linnich nach heftigem Kampf besiegt; auch bei diesen Zwistigkeiten dürfte die einheimische Bevölkerung wieder sehr gelitten haben.

Im 14. und 15. Jh. waren aus den niederrheinischen Grafschaften durch kaiserliche Erlasse Herzogtümer geworden[7]; so wurden die Herren von Geldern 1380 und von Kleve 1417 Herzöge. Natürlich versuchten die neuen Herzöge ihre Machtbereiche auszudehnen, sei es durch Erbschaft, Heirat, oder kriegerische Verwicklungen. So wurden 1348 Berg und Ravensberg von den Jülichern vereinnahmt, 1368 fiel Kleve an die Grafen der Westfälischen Mark, 1423 kam Jülich an die Herren von Berg und Ravensberg und zuletzt eignete sich der Herzog von Kleve und Mark noch die Territorien Jülich, Berg und Ravensberg an.

Allzulange dauerten Friedenszeiten in diesen Jahrhunderten allerdings nicht an. Im 14. Jh. hatte sich vom französischen Herzogtum Burgund aus ein großes burgundisch-niederländisches Zwischenreich aus deutschen und französischen Lehen entwickelt[8]. Herzog Karl der Kühne von Burgund, der auch am Niederrhein Fuß fassen wollte, sah eine Gelegenheit zur „Arrondierung" seines Reiches, indem er 1472 Arnold von Geldern gegen seinen aufrührerischen Sohn Adolf unterstützt, der dafür das Herzogtum für 300 000 rheinische Gulden verpfänden muß. Als Arnold nur zwei Monate später stirbt, vereinnahmt Karl der Kühne das Gelderland – der deutsche Kaiser belehnt ihn mit Zutphen und Geldern. Im Jahre 1474 verbündete er sich mit dem Kölner Kurfürsten Ruprecht, der im Streit mit der Stadt Köln und dem Domkapitel lag. Als dieser seines Amtes enthoben werden sollte, rief er Karl den Kühnen zu Hilfe. Mit einem großen Heer zog dieser an den Niederrhein und belagerte elf Monate lang die

16 Heide am Elmpter Wald

kurkölnische Stadt Neuss, die auf der Seite des Kapitels stand. Doch die Neusser verteidigten sich so geschickt, daß die Burgunder im Sommer 1475 erfolglos abziehen mußten. Zwei Jahre später fiel Karl der Kühne in der Schlacht von Nancy, seine Länder fielen fast alle an das Haus Habsburg; das Herzogtum Geldern konnte noch einmal aufatmen, als die burgundischen Beamten sich zurückzogen und Karl von Egmond die Regentschaft antrat.

Zu einer weiteren Eskalation aber kommt es, als Wilhelm V., der Reiche, (1531–1592), auch auf das freiwerdende Herzogtum Geldern Anspruch erhob[9]. Er geriet so im Gegensatz zum Habsburger Kaiser Karl V., der sich als Nachkomme seines Großvaters Karls des Kühnen von Burgund ebenfalls als erbberechtigt ansah.

Die geldrischen Städte und die Ritterschaft hatten 1538 Wilhelm das Herzogtum Geldern und die Grafschaft Zutphen angeboten. Als dieser ein Jahr später seinen Vater Johann III. beerbte, verfügte er über ein großes Territorium mit Geldern, Zutphen, Jülich, Berg, Ravensberg, Kleve und Mark, im Ansatz also eine nordwestdeutsche Großmacht[10], die vom Ijssel-Meer bis zur Ahr reichte – eine Gegenmacht zu Habsburg also!

Der deutsche Kaiser Karl V. hatte wie seine Vorfahren das Interesse an Geldern nicht verloren, neben der Abrundung seines Besitzes verfolgte er aber auch das Ziel, die Ausbreitung der Reformation auf dieses Territorium zu verhindern. Im Herbst 1543 beginnt er seinen Feldzug gegen Geldern[11], findet kaum Widerstand – am 7. September 1543 muß Wilhelm vor ihm kapitulieren, sich ihm in Venlo kniefällig unterwerfen und seine Ansprüche auf das Herzogtum Geldern und die Grafschaft Zutphen aufgeben, Geldern wird damit habsburgisch.

Dieser Vertrag von Venlo wurde so zu einem entscheidenden Ereignis nicht nur in der niederrheinischen, sondern auch in der deutschen Geschichte, das niederrheinische Land blieb im großen und ganzen bis auf wenige kleinere Territorien katholisch, ein protestantischer niederrheinischer Großstaat war verhindert worden. Das Herzogtum Geldern wurde aufgelöst und in vier Quartiere aufgeteilt: Nimwegen, Zutphen, Arnheim und Geldern, das mit seiner Hauptstadt Roermond von Goch bis Erkelenz reichte und an Habsburg fiel. Als sich später im niederländischen Aufstand die nördlichen Provinzen vom deutschen Reich lösten, blieb das Oberquartier bei den südlichen Niederlanden und kam damit zum Reich; auch das mittlere Schwalmtal und Erkelenz wurden somit Teil der habsburgischen Niederlande. In dieser Ordnung bildete um 1550 Erkelenz mit dem geldrischen Zipfel eine feste politische Einheit.

Vermutlich ist die alte Landwehr, die bis heute noch als gut erkennbares Bodendenkmal an der Landstraße von Niederkrüchten nach Wegberg, ca. 1,2 km von der Niederkrüchtener Kirche entfernt liegt, in jener kriegerischen Zeit angelegt worden. Dort mündet die Straße „An der Schanz“ ein, die auf die alte Landwehr hinweist, die sich von hier in südsüdwestlicher Richtung hinzieht. Landwehren sind wallartig ausgebildete, über weite Entfernungen verlaufende Erdhindernisse zur Umgrenzung größerer Landschaftsteile. Dieses Landwehrteilstück mit Schanze hat noch eine Länge von 1,3 km, der Wall ist im Gelände deutlich sichtbar. Er verläuft an der Außenseite zahlreicher Grundstücke und ist daher auch entsprechend häufig von Grundstückseinfahrten durchbrochen. Wahrscheinlich befindet sich unter dem Weg, der unmittelbar östlich an der Landwehr entlang verläuft, ein verschütteter Landwehrgraben. Von der Schanze ist lediglich ein im Winkel verlaufender Grabenrest von 12 m Breite und 2,20 m Tiefe zu erkennen. Nach Wallrafen[11a] handelt es sich um das Teilstück einer Verteidigungsanlage, die das Gebiet zusammen mit mächtigen Wallburgen sicherte. Bei Silverbeek beginnend kann man den Verlauf über Varbrook nach Arsbeck und Dalheim auf einer Länge von etwa fünf bis sechs Kilometern noch deutlich verfolgen. P. A. Tholen mißt dieser Landwehr in der heutigen Form allerdings ein nicht allzu hohes Alter bei, er stützt seine Theorie auf einen Befehl des Herzogs von Jülich aus dem 16. Jh., wonach alle Landwehren zu verstärken und zu erhöhen seien.

Ein weiteres Teilstück der früheren Landwehr mit einer Länge von ca. 1,2 km verläuft von Nordosten nach Südwesten parallel zum Weg nach Büch im Kreis Heinsberg. Dieses als Bodendenkmal in

Varbrook ausgewiesene Landwehrteilstück ist noch gut erhalten und wird nur an einzelnen Stellen durch Waldschneisen unterbrochen. Der Wall hat eine Breite von 6 m und eine Höhe von 1,20 m und wird von beiden Seiten von Gräben begleitet. Der westliche Graben ist dabei 4,50 m breit und 0,60 m tief, der östliche Graben 2,60 m breit und 0,70 m tief.

In dem neuen habsburgischen Territorium, welches Karl V. im Jahre 1556 mit Spanien und den südlichen Niederlanden seinem Sohn Philipp II. übertragen hatte, konnte sich ein blühendes Wirtschaftsleben entfalten.

Der Leinenanbau kam zu einer ersten Blüte, fast jeder Bauer baute einige Morgen Flachs an. Ein Teil des Leinens wurde nach Flandern gebracht, da das hiesige Wasser für den Bleichungsprozeß nicht besonders geeignet war. Über 300 Jahre gab die Leinenindustrie dann dem Schwalmgebiet das Gepräge. In entgegengesetzter Richtung lieferte der niederländisch-flandrische Raum Baustoff für die Häuser, so Türschwellen und Steinfliesen aus Blaustein, der im Maastal gebrochen wurde. Mit dem Material kamen auch die Handwerker und Künstler; wie in vielen anderen Kirchen bewundern wir heute auch noch in Niederkrüchten die spätgotischen Holzschnitzwerke flämischer Meister.

Die Elmpter Chronik, die im II. Weltkrieg nach Nassau an der Lahn ausgelagert wurde und dort dann völlig verlorenging, berichtete, daß die Herrlichkeiten Elmpt, Niederkrüchten und Swalmen am 9. Januar 1578 in Roermond erscheinen mußten, um die dortigen Schutzwälle und Festungen zu schleifen und mit den Steinen die Wege auszubessern. Jede Familie hatte eine Arbeitskraft zu stellen, bei Nichterscheinen wurde als Repressalie angedroht, das entsprechende Haus in Brand zu stecken; es gab keine Entlohnung, weder Naturalien noch Geld. Kontributionen und Plünderungen hatten nach zwei Kriegen die Bevölkerung in völlige Armut gestürzt. Damals machte man kurzen Prozeß, um Forderungen durchzusetzen. Im Oktober 1606 mußte Thüys Loyen einen Prozeß führen, um seinen Bruder auszulösen, der des Nachts aus Elmpt als Geisel geholt und nach Nimwegen in Arrest gebracht worden war, um die rückständige Kontribution des Dorfes sicherzustellen.

W. J. Spehl hat anschaulich einen „Überfall auf Brempt" vor rund 400 Jahren geschildert:[11b]

„Es war im Jahre 1578. Damals gehörte das Erkelenzer Land mit dem Schwalmtal zu den spanischen Niederlanden. Zu jener Zeit lebten in den Niederlanden viele Calvinisten, die sich selber Geusen nannten. Margareta von Parma aber, die Statthalterin des Kaisers, ließ die Geusen so hart bedrücken, daß sie sich empörten. Manche Anführer wurden hingerichtet, andere flohen außer Landes. Dort bildeten sie dann kleine Banden, die gegen das spanische Heer angingen. Zwei Fähnlein der Aufrührer hatten sich auch in Brempt einquartiert. In Roermond führte damals Leutnant Blasius von Fegersheim das Regiment. Da er hörte, daß sich in Brempt Geusen versteckt hielten, brach er mit etlichen 100 Mann auf, um Brempt zu überfallen. Es geschah in der Nacht vom 7. April des Jahres 1578. Ob nun noch eines harten Winters später Schnee die Flur bedeckte, oder ob grauer Nebel das Schwalmtal durchzog, ist nicht zu sagen. Die Geschichte erzählt, daß die Spanier, um sich zu verbergen, „weete Keelen over Hunne Rostinge, d.h. daß sie weiße Kittel über ihre Rüstung gezogen hätten. In dieser Vermummung gelang es ihnen, in freier Nacht bis ins Dorf zu kommen. Sie überfielen die Wachen am Eingang des Dorfes und töteten sie. Sie erbrachen die Türen und fielen in die Häuser ein. Mehr als 60 Mann wurden erschlagen oder gefangen. Die anderen retteten sich mit

Mühe ins Bruch. Danach steckten die Sieger das Dorf in Brand und es gingen der Brempter Hof, die Mühle, die Kapelle und viele Strohdachhäuser in Flammen auf. Nur die Burg, die außerhalb des Ortes lag, blieb verschont."

Seiner Zugehörigkeit zu Geldern verdankte Elmpt, daß es in den jülichklevischen Erbfolgekriegen (1609–1614) besonders schwer zu leiden hatte. Aus jener Zeit ist überliefert, daß spanische Truppen den Elmpter Wald, der zur damaligen Zeit überwiegend aus Eichen und Buchen bestand, stark dezimiert hätten. Große Kraneisen sollen fünf Jahre lang Bretter geschnitten haben, die zum Wiederaufbau der Festungen Venlo und Roermond dienten. Der Schaden wurde damals auf 40 000 Gulden festgesetzt, eine Bezahlung erfolgte jedoch nie.

Heinrich Houx hat darauf hingewiesen[12], daß in der Zeit von 1620–1816 in Elmpt erheblich mehr Sterbefälle als Geburten zu verzeichnen sind. Er führt diese Negativbilanz darauf zurück, daß hohe Steuern und große Lasten die ärmliche Bevölkerung drückten und zur Auswanderung namentlich in das benachbarte jüliche Gebiet zwangen. Immerhin lagen im Jahr 1757 über 500 Morgen Ackerland brach.

Die kriegerischen Ereignisse des 30jährigen Krieges blieben auch in Elmpt und Niederkrüchten nicht ohne Spuren, wenn sich auch am territorialen Besitzstand hier nichts änderte. Auch nach dem westfälischen Frieden von 1648, der den nördlichen Niederlanden Freiheit und Selbständigkeit brachte, blieb die Schwalm Kriegsgebiet. Von August 1659 bis Januar 1660 waren zwei Schwadronen Kavallerie in Elmpt und Umgebung im Quartier, die von der Bürgerschaft verpflegt werden mußten.

Am 4. Oktober 1709 wurden der Bürgermeister Johann Schreuers und Egidius Mooren als Geisel nach Namur gebracht, weil die Gemeinde die rückständige Kontribution von 6790 Gulden, 17 Stübern und 7 Pfennige nicht zu zahlen in der Lage war. Auch 1721 und 1729 wurden vier Gemeinderäte in Roermond aus dem gleichen Grund in Arrest genommen. Eine Mißernte im Jahre 1724 und Unwetterkatastrophen in den Jahren 1726 und 1731 stürzten die Gemeinde in noch größere Schulden.

Der französische „Sonnenkönig" Ludwig XIV. (1643–1715) erhob nach dem Tod des spanischen Königs Philipps VI. Anspruch auf die spanischen Niederlande. Zwei Jahrzehnte lang richtete der Sonnenkönig im Schwalmgebiet im „Spanischen Erbfolgekrieg" mit mehr als 100 000 Mann große Schäden an. Im Frieden von Utrecht (1713) wurde die spanische Erbmasse geteilt. Der größte Teil des Oberquartiers fiel an Preußen, das kurz zuvor erst zum Königreich geworden war, das Amt Montfort fiel 1715 an die Vereinigten Niederlande, aber aus seinem Bereich blieb Elmpt mit den spanischen Niederlanden und mit Österreich ebenso verbunden wie Roermond mit seinen umliegenden Ortschaften, aber auch Niederkrüchten mit Oberkrüchten, also das linke Schwalmufer bis nach Brüggen behielt damit den Zusammenhalt mit Flandern und Brabant. Die Stadt Erkelenz wurde dem Herzog Johann Wilhelm von der Pfalz, der zugleich Herzog von Jülich-Berg war, zuerkannt.

Im österreichischen Erbfolgekrieg (1740–1748) fand Kaiserin Maria Theresia Unterstützung bei England und Hannover. Auch Elmpt hatte unter der Einquartierung damals sehr zu leiden. Von September 1747 bis Ende November 1748 hatte die Gemeinde für Truppenverpflegung 10 669 Gulden und für Vorspanndienste 5228 Gulden zu zahlen.

Eine interessante Episode aus jener Zeit ist überliefert: Am 7. September 1747 wollte der Hannoveraner Fourierschütze

Karl Erhard Seegers von der Leibkompanie des Obersten Bronck ein Huhn schießen. Doch der Schuß ging daneben, er setzte das Dach einer Scheune in Brand. Schnell griff das Feuer auf benachbarte Häuser über, vier Wohnhäuser und vier gefüllte Scheunen wurden in Asche gelegt. Noch heute heißt die Stelle, wo die abgebrannten Häuser gestanden haben, im Volksmund: „Ahn dö gebroungde Huser"[13].

Im Jahre 1748 lagen wiederum mehr als 3500 ungarische Soldaten in der Gemeinde in Quartier. Sie verursachten Schäden und Verwüstungen in Höhe von 17360 Gulden, wie eine Bestandsaufnahme durch die beiden Bürgermeister P. Passen und H. Ruppen aus der benachbarten Stadt Brüggen, die zum Herzogtum Jülich gehörte, ergab.

Im Verlauf des 7jährigen Krieges (1756–1763) verfolgte der hannoveranische General von Wangenheim nach der Schlacht bei Krefeld[14] im Jahre 1758 die Franzosen bis zur Schwalm. Den Befehl, die Festung Brüggen einzunehmen, konnte er allerdings nicht ausführen, da er von Elmpt aus die Schwalm wegen der abgebrochenen Brücke nicht überschreiten konnte. Am 31. Juli desselben Jahres hatte Erbprinz Karl Wilhelm Ferdinand von Braunschweig mehr Glück, er erreichte das jenseitige Ufer, vertrieb die französische Besatzung und bezog ein Lager zwischen Brüggen und Bracht.

Zu größeren Verkäufen aus dem Gemeindewald war es schon in den Jahrhunderten vorher gekommen. So wurden am 20. April 1661 3 Morgen Gemeinde-Torfbruch verkauft und am 22. Mai 1669 100 Morgen Heide- und 3 Morgen Torfbruch, um angefallene Zinsen bezahlen zu können, am 13. März 1777 wurden weitere 260 Morgen Gemeindegrund veräußert, die auf der Riether Heide, am Mayweg, in der Sürixelle, im Beerendonk, bei den Siepenbenden und an der Schwalm lagen. Die Gemeinde benötigte die Mittel zur Ablösung von Subsidien und Beden.

Bezeichnend für die Drangsale und Nöte der Bevölkerung in der damaligen Zeit sind die Hinweise in der Merbecker Chronik, die sich allein auf die wenigen Jahre von 1757 bis 1763 beziehen:[15]

„Jahr 1757: Für Pferdegestellung an das Cavallerie Regiment Clairemont wurden 1432 Goldgulden liquidiert.

Jahr 1758: Durch hannoversche Truppen geplündert für	2431 Pattakons
Jahr 1758: Durch hannoverische Truppen in Feldern angerichteter Schaden für	1708 Pattakons
Jahr 1758: Pferdedienst mit Karren für hann. Truppen	686 Pattakons
Jahr 1758: Durch hann. Truppen mitgenommenen Pferde und Karren	1385 Pattakons
Gesamtschaden	6210 Pattakons

(Es wird bemerkt, daß für ein Pferd mit Karre ein Schaden von 50 Pattakons berechnet wurde.)

Am 5. Juli 1758 mußte die Gemeinde Niederkrüchten an den Erbprinzen von Bronswick und Wolffenbüttel eine Kontribution von 3178 Pattakons bezahlen.

Um die von den hann. und hessischen Truppen weggenommenen Pferde- und Karrenbesitzer entschädigen zu können, mußte die Gemeinde im Jahre 1759 bei dem Kreuzherrenkloster in Brüggen 800 Reichstaler aufnehmen.

1759 war das französische Regiment von Bareuth in den Ortschaften einquartiert.

1760 das franz. Kavallerie-Regiment Fleury. Die Karrenfrachten hatten einen Wert von 1531 Goldgulden.

1761 war das franz. Regiment von Rouerque zerstreut einquartiert.

1761 ebenfalls das Dragoner-Regiment Dauphin.

1761 noch das Regiment Taillegrand.
Die sämtlichen Ortschaften der Gemeinde Niederkrüchten stellten an 661 und 586 Tagen Fuhrwerke für die Regimenter.
1762 war nochmals das Regiment Dauphin einquartiert.
1762 das Regiment D'Orleans.
Insgesamt wurden im Jahre 1762 die Truppen an 2558 Tagen einquartiert.
1763 waren 1278 Mann mit 990 Pferden des Generals v. Pisa einquartiert. Das Jahr 1763 war noch ein schlimmeres Leidensjahr für die Ortschaften der Gemeinde Niederkrüchten. Diesmal waren es österreichische Truppen, die von den Einwohnern voll beköstigt werden mußten. Es waren Dragoner, Infanterie und Husaren, teilweise 15 Compagnien, die in der Zeit vom 26. Januar bis 26. Mai 1763, also volle 4 Monate, die Bewohner drangsalierten. Bei den genauen Schadensfeststellungen der Schöffen ist manchmal die Bemerkung zu lesen: Gewaltsam abgezwungen. Die Forderung der Einwohner betrugen die Riesensumme von 62 854 Goldgulden.
Im Jahre 1763 wurden außerdem an 3978 Tagen Frachtdienste geleistet, wofür 5780 und 506 Goldgulden berechnet wurden. Außerdem für sonstige Lieferungen 779 und 371 Goldgulden.
Es ist sicherlich anzunehmen, daß diese Kosten an den Einwohnern und der Gemeinde haften geblieben sind. Nach einer Aufstellung hatte die Gemeinde in den Jahren 1765 bis 1768 wegen der hannoverischen Truppen 10 821 Goldgulden Schulden machen müssen."

5. Rechtswesen im Geldernland, von Laeten, Schöffen und Vogtgeding

Auf territorialer Ebene ist als älteste Rechtsquelle für die geldrischen Gebiete, denen seit dem 14. Jh. auch Brempt, Elmpt und Niederkrüchten angehörten, eine Urkunde anzusehen, in der Rainald II. (1318–1342) im Jahre 1328 Rechtsgrundsätze festlegte, die für das ganze Land aufwärts der Niers und an beiden Seiten der Maas Geltung hatten[1].
Richter und Schöffen hatten einen „heiligen Eid" zu schwören, sich streng an die Vorschriften zu halten und gegen jedermann Recht und Gerechtigkeit walten zu lassen. Dabei mußte jeder Richter ein Jahreseinkommen von mindestens 30 Pfund nachweisen, offensichtlich um für Bestechungen nicht zugänglich zu sein.
Später wurde für die geldrischen Gebiete das „Geldernsche Landrecht" von Bedeutung, ein Zivil-, Straf- und Prozeßrecht, das von 1620–1804, also bis zur Einführung des „Code civil" durch Napoleon, gültig war. Klara Isabelle Eugenia, Statthalterin der Niederlande, ist dieses Landrecht zu verdanken, welches von Kennern als der „erschöpfendste, grundlegendste, treueste und mit der meisten Methode abgefaßte Rechtsspruch seiner Zeit" gewesen sein soll, so Frohn, der sich auf Maurenbrecher als Kenner der rheinischen Partikularrechte bezieht[2].
Dieses Landrecht wird als eine Sammlung von uralten Gewohnheitsrechten der „lex ripuaria" zurückgeführt und war in niederfränkischer Mundart abgefaßt. Als Besonderheit wies es vier Arten der Todesstrafe auf, nämlich die Hinrichtung mit dem Schwerte, mit dem Rad, am Galgen und mit dem Feuer. Notzucht und Verführung wurden mit Enthauptung bestraft, ebenso Gewinnsucht und Tötungsdelikte, während der Diebstahl mit dem Tod am Galgen bestraft wurde. „Ein Dieff verbeurt syn Lyff" was bedeutete, daß ein Dieb sein Leben verwirkt hatte[3].
Brandstifter wurden folgerichtig verbrannt, das Gesetz sah aber auch „mildere Strafen" vor, wie die Verstümmelung, Prügel, Haft oder Verbannung sowie das „an-den-Pranger"-stellen.
In Kriminalfällen gab es keine weitere Instanz, dem Landesherrn in Geldern, vertreten durch das Hofgericht in Roermond, stand das Recht über Leben und Tod zu, ein Verurteilter konnte nur auf Milde und Gnade des Herrn hoffen. War ein Missetäter zum Tode verurteilt, so fand die Hinrichtung auf einem der Galgenplätze statt.
Auch in Elmpt standen drei Galgen: Auf dem Marktplatz neben der Linde vor dem Bürgermeisteramt, an der „Klink" in der Nähe des Schlosses Dilborn und zwar an dem Weg, der am alten Försterhaus vorbeiführte, dieser Galgen stand noch bis zur Franzosenzeit, der dritte Galgen befand sich auf einer Anhöhe im Elmpter Wald, die heute noch als Galgenberg bekannt ist. Die Galgen hatten allerdings mehr oder weniger eine abschreckende Funktion, denn das Elmpter Schöffengericht hat wahrscheinlich nur zweimal die Todesstrafe verhängt, allerdings, ohne die Galgen zu benutzen.
So heißt es in einem Protokoll aus dem Jahre 1532, daß ein gewisser Gielken aus Elmpt, der als offener Feind von Elmpt und Roermond galt, unschädlich gemacht wurde, was möglicherweise mit dem Tod am Galgen gleichzusetzen ist. Außerdem berichtet die alte Elmpter Chronik von einem Einwohner mit Namen Ambrosius Peyen, den man am

26. August 1768 hinrichtete. Dieser hatte in der Nacht vom 21. zum 22. März 1768 den Pächter des Gellekeshofes mit seiner Familie im Hofgebäude eingesperrt, Türen und Fenster verriegelt und dann den Hof in Brand gesteckt, nur mit Mühe konnten sich die Eingeschlossenen retten. Peyen wurde nicht erhängt, sondern verbrannt. Man hatte auf dem Galgenberg Schanzen um einen Baum gestapelt und diese in Brand gesteckt, nachdem man den Verbrecher an den Baum gebunden hatte.

Wie Lehrer Houx im vorigen Jahrhundert berichtete[4], habe dessen Nachbar Wilhelm Coenen ihm erzählt, daß sein Großvater noch jenen Brandstifter zum Richtplatz gefahren habe. Lehrer und Schulkinder hätten der Hinrichtung beiwohnen müssen, um die Jugend abzuschrecken.

Von einem weiteren „Galgenplatz" berichtet Röder[5]: „Im Heyener Busch liegt 40 m westlich der Bundesstraße 221 eine kreisförmig geschlossene Wallanlage von 75 m Durchmesser. Die Wallhöhe beträgt 0,40 m. Dem Wall ist ein Graben von 2,50 m Breite und 0,30 m Tiefe vorgelagert. Eine Öffnung von 4,50 m Breite befindet sich im südöstlichen Bereich. In der östlichen Hälfte des Innenraumes liegt ein runder Hügel von 12 m Durchmesser mit einer Höhe von 0,83 m. Hierbei handelt es sich danach um eine Hinrichtungsstätte des späten Mittelalters oder der beginnenden Neuzeit." Den Hügel im Innern der Anlage deutet Röder als Galgenplatz. Eine Bestätigung findet seine Theorie in der ortsüblichen Bezeichnung „Galgenring".

Die Grundherren waren Ende des Mittelalters absolute Herrscher in ihren wenn auch kleinen Gebietskörperschaften. Den Gutsherren stand es frei, ihre Höfe selbst zu bewirtschaften oder durch Pächter verwalten zu lassen, diese Pächter hießen Laeten. Laeten waren Besitzer von Leibgewinn-Gütern, persönlich freie, dinglich jedoch unfreie Untertanen.

Bereits um 1300 war am Niederrhein der Begriff Laeten oder Laten für solche abhängigen Bauern üblich. Ihnen wurde aus dem Gesamtbesitz des Grundherrn ein Teil des Landes zur eigenen Bewirtschaftung überlassen, gewöhnlich eine Hufe von etwa 30 Morgen, an der der Inhaber ein Besitz- und Erbrecht hatte, solange er seine Pflichten gegenüber dem Grundherrn erfüllte.

Diese „Erbpachtgüter" brachten den Elmpter Grundherren etwa 300 Reichstaler jährlich ein und durften ohne ihre Zustimmung nicht geteilt werden. Sie mußten mit „zwei Händen", d. h. von zwei berechtigten Personen, gegen Entrichtung einer Abgabe gewonnen werden. Starb die „eine Hand", so mußten sie von einer „anderen Hand" innerhalb von sechs Wochen wieder gewonnen werden, sonst fiel dieser Teil dem Grundherren zu. Hatte der Grundherr auch seinen Haushof verpachtet, so besaß er doch die Befugnis eigener grundherrlicher Gerichtsbarkeit, die durch die Laeten in der sogenannten „Laetenbank" exekutiert wurde, wobei der vorsitzende Schultheiß die Pflicht hatte, das Hofrecht zwischen dem Hof- bzw. Lehnsherrn und den Hufenern zu handhaben.

Später, etwa nach 1400, bezog der Grundherr seine Abgaben in Geldleistungen, oftmals wurden die früheren Hörigen persönlich frei. Die Kurmudsabgabe, ein Kennzeichen der früheren Hörigkeit, bestand darin, daß der Grundherr im Falle des Todes des persönlich unfreien Bauern aus dessen Nachlaß das beste bewegliche Besitzstück, entweder ein Pferd, eine Kuh oder auch das beste Kleid verlangen konnte; auf der anderen Seite dagegen hatte der Grundherr für seine Leute auch eine gewisse Schutzpflicht.

Während die Vererbung einer Hufe bis um 1300 vom Vater auf den Sohn ohne

Teilung vor sich ging, besaß nach 1500 jedes Kind das gleiche Erbrecht, gleich ob Sohn oder Tochter, so daß die Hufen in immer kleinere Parzellen zerfielen. Teilweise blieb die Hörigkeit der Bauern bis weit nach 1700 bestehen, denn den Grundherren war an einer Lockerung der bestehenden Abhängigkeitsverhältnisse nicht gelegen. Wenn auch die soziale Lage der abhängigen Bauern nicht gerade rosig war, ist es dennoch hier zu Bauernaufständen, wie wir sie aus den anderen Teilen des Reiches kennen, nicht gekommen.

Auch Elmpt hatte eine solche Laetenbank, ein Lehnsgericht, das Lehen gewährte und ermächtigt war, lehnsrührige Güter gegen Zahlung des 12. Pfennigs vom Kaufpreis an den Lehnsherrn zu verkaufen, darüber hinaus mußte sie die Lehnsmannspflicht des Ankäufers übernehmen.

Die Elmpter Laetenbank wird urkundlich des öfteren erwähnt; so wurde etwa Dirk von Brempt mit den Laeten zu Elmpt im Jahre 1326 belehnt[6], Reiner von Brempt empfing seine Laeten zu Elmpt mit gelderschen Rechten im Jahre 1425, Berta von Brempt erbte 1465 von ihrem Vater Reiner die Laeten zu Elmpt, Godart von Erp empfing 1469 ein Brempter Lehen und Laeten mit Zubehör „wie es der alte Reiner von Brempt zu Elmpt gehabt hatte und ihm von seiner Hausfrau Berta, Tochter Reiners und der Laffardis von Issum, angestorben ist“[7].

Im Jahre 1591 erhob der Junker Wilhelm von Gut Warrenberg, welches nordwestlich von Roermond lag, Beschwerde wegen Stillstehens seiner Laetenbank zu Elmpt[8]: „Am 29. November 1635 verpfändete vor den Statthaltern Albert und Luitgen an der Beckh, Laten der Haushoffer Latbank zu Elmpt Daniel von und Mitherr zu Elmpt zur Ablöse eines Kapitels an seinen Vetter von und auch Mitherrn zu Elmpt an Johann Wilhelm von Kortenbach, Herrn zu Lewen und Erbvogt von Roermond, und Frau Lucia geb. von Flodorff für 2000 fl. seinen Anteil an der H. Latbank auf 6 Jahren und für 2400 fl. seinen Anteil an der Elmpter Korn- und Ölmühle“, die hier erstmals erwähnt wird[9].

Auf einer anderen Urkunde, die sich im Gemeindearchiv in Elmpt befand, werden Johann von der Eyke als Statthalter, Heyn Fenkens an de Becke als Laete und Ludwig Hennen als Sekretär der Laetenbank des Haushofes zu Elmpt bezeichnet. Am 24. Juli 1696 und am 20. März 1702 zeichnet Laurenz Mooren als Statthalter des Lehnsherrn, 1705 waren Johann Lambert und Hermann Engel Statthalter, Hermann Lütters und Selken Mewissen Schöffen der Laetenbank.

Am 10. September 1737 wird Baron von Geloes als Inhaber der Elmpter Laetenbank bezeichnet, Hermann Kohlen war sein Sekretär, Jan Luymes und Tysken Lepperz waren Schöffen. 1759 waren Adolf Ferdinand Byl Statthalter, Johann in der Smitten und Geurt Hooren Schöffen, Franz Theodor Mooren war 1779 Statthalter, Hermann Lütters und Peter Leppers waren Schöffen und Johann Heinrich Gatzen Sekretär. Lehrer Houx gab in diesem Zusammenhang interessante Hinweise[10]. Danach wurde der Sohn des letzten Statthalters der Laetenbank, Johann Lambert Joseph Mooren, in Elmpt am 21. Februar 1772 geboren, er war der Großvater des berühmten Lobbericher Augenarztes und Geheimen Sanitätsrats Dr. Mooren. Johann Lambert war Advokat, Drossart zu Horst und wohnte 1797 in Roermond.

Die Elmpter Laetenbank wurde zuletzt urkundlich am 8. Oktober 1795 erwähnt. Auf örtlicher Ebene war als Zivilgericht das Schöffengericht als unterste Instanz eingerichtet. „Daß Brempt neben Niederkrüchten ein Schöffengericht hatte, wird wohl darauf zurückzuführen sein, daß es bestimmt schon im 12. Jh. Sitz einer Herrschaft, der Herren von Brempt war. Ursprünglich hatten diese wohl über ihren Grund und Boden und die dazu gehörigen Hörigen die Gerichtsbarkeit. Später wurden freie Männer zu Schöffen, auch Scheffen oder Schepen ernannt. Es sollten aber diese Schöffen gerechte und verständige Männer sein. Sie tagten unter dem Vorsitz ihres Grundherrn oder seines Stellvertreters, des Vogts. Das Schöffengericht bestand aus sieben Schöffen. Ursprünglich mögen sie nach ungeschriebenem Recht gerichtet haben, ihr Recht pflanzte sich fort von Mund zu Mund. Später lag ein geschriebenes Recht vor, so beruft man sich im Protokoll des Brempter Schöffengerichts stets auf die „Stadt- und Landrechte".

Das Brempter Gerichtsprotokoll beginnt im Jahre 1646 und ist geführt bis 1669. Es enthält noch ein paar spätere Notizen aus den Jahren 1732 und 1734. Die Aufschrift lautet: „Prottokol des gerichts Brempt, ooch mede het Ervenboeck, beginnend met dem Jaere 1646, en endigend met dem Jaere 1669." Es ist ein Band, in Pergament gebunden."[10a]

Die Edelherren ernannten die Schöffen, welche die Gerichtsbank bildeten. Die Schöffen sollten „fromm von Namen, gut von Famen, keine Ehebrecher, Hure noch Diebe sein".

Die Herren von Elmpt hatten zunächst die Schöffen ihres Schöffengerichts zu Elmpt schriftlich allein ernannt, in der Zeit von 1563–1759 erfolgte die Ernennung durch die Elmpter und die Dilborner Gutsherrenschaft, zuletzt allein durch die Gutsherren auf Schloß Dilborn.

Man war um Objektivität bemüht, weshalb in wichtigen Angelegenheiten beim Schöffengericht in Elmpt neben drei einheimischen auch vier auswärtige Schöffen aus Swalmen oder Niederkrüchten eingesetzt wurden. Sitzungssprache war holländisch, welches auch zugleich Sprache in Kirche und Schule bis 1825 war.

Im alten Elmpter Gemeindearchiv befanden sich früher vier Bände Schöffengerichtsprotokolle, die die Zeit von 1700–1782 umfaßten, jedoch sind diese wertvollen alten Dokumente verlorengegangen wie auch zahlreiche weitere Unterlagen der vergangenen Jahrhunderte.

Dem Schöffengericht oblag es, Beerbungs- und Enterbungshypotheken, Kauf- und Schenkungsakte und Testamente zu genehmigen, vor ihm mußten die Bürgermeister, die Förster, Vormünder und die Mahlknechte den Eid ablegen. Es urteilte aber auch über Vergehen und Verbrechen und konnte sogar über Leben und Tod entscheiden, wobei eine Berufung an ein anderes Gericht unzulässig war.

Das Schöffengericht zu Brempt mußte sich oft mit Klagen über die schlechte Reinigung der Schwalm durch die Müller von Brempt beschäftigen. Die Ufer der Schwalm waren sehr niedrig, das durch die Mühlenschleusen gestaute Wasser wurde durch Schilf, Röhricht und andere Pflanzen so gehemmt, daß es über das Ufer trat und allmählich das ganze Bruch versumpfte. So mußten die Müller immer wieder in Strafe, in „Amende" genommen werden, um den Wasserlauf nicht zu stören.

Aber auch die Einwohner selbst mußten immer wieder ermahnt oder in Strafe genommen werden, im Schwalmbruch keinen Torf zu stechen, der für die Feuerung benötigt wurde.

Streng verboten war auch das Durchstechen und „Rischhauen" im Schwalmbruch. Rische oder Rösche waren Rasenstücke, die man zum Eindecken des Flachses in den Flachsgruben benötigte.

Während das Schöffengericht als „Landgeding" regelmäßig in kurzen Zwischenräumen zusammentrat, fand das „Hohe Herrengeding", das Vogtgeding, nur einbis dreimal jährlich statt. Das sogenannte

„Weistum“ bildete dabei die Grundlage für das Zusammenleben der herrschaftlichen Untertanen, denn in ihm waren die Verpflichtungen des Einzelnen sowie der Gesamtheit der Untertanen gegenüber der gesamten Herrlichkeit genau festgelegt. Das Weisthum enthielt eingehende Bestimmungen über die Instandhaltung der Wege, Stege, Schlagbäume und Wasserabflüsse sowie über die Weidegerechtsame. Die einzelnen Honschaften konnten durch ihre Geschworenen Übertretungen oder Nichtbeachtungen vorbringen. Die Schuldigen wurden entweder sofort gerügt oder bestraft oder wurden dem Grundherrn zur Bestrafung gemeldet. Häufig fand im Anschluß an die Verlesung auch noch ein „Umgang“ um die Herrschaft statt, eine Grenzbesichtigung durch Vogt und Schöffen.

In einem „Register über ein Vogtgeding zu Niederkrüchten einschließlich der Herrlichkeit Brempt“ wird berichtet[11], daß sich am 29. September 1767 unter dem Vorsitz des für die Herrlichkeiten Krüchten, Wegberg und Brempt zuständigen Vogts A. G. van Graven nach vorheriger Bekanntmachung durch Aufruf in der Kirche die Schöffen und Einwohner sowie die Vorsteher und Geschworenen einfanden.

Wie lief ein solches Vogtgeding in Niederkrüchten ab? Zunächst wurde die große Glocke geläutet, danach mußte aus jedem Haus ein Mann vor 9 Uhr vor dem Pfarrhaus in Niederkrüchten erscheinen. Die Vollzähligkeit wurde durch die einzelnen Rottmeister festgestellt, denn die Nachbarschaften waren in Rotten eingeteilt. Dann wurden durch den Sekretarius, in jenem Jahr war es A. G. van Mülbracht, die jahrhundertealten Verordnungen und Vorschriften erläutert, die Grenzbegehungen, die sogenannten Limitengänge, des letzten Jahres beschrieben oder neu festgelegt. Es folgten die Erläuterungen der Mühlenrechte von Brempt, weitere Bekanntmachungen und gerichtliche Anordnungen, die sich auf zuziehende Fremde bezogen, die innerhalb von 14 Tagen einen Bürgen zu stellen hatten. Man wollte sicherstellen, daß keine hilfsbedürftigen Fremden zuzogen, die auf die öffentliche Wohlfahrt angewiesen waren.

Weiter standen auf der Tagesordnung Bestimmungen aus der Waldrolle des Meinwegwaldes, die Bezahlung von Kirchen- und Armengeld, die Benutzung der Gemeindebrücke und das Verbot des Verkaufs von Schilf, welches nur zur Bedachung der eigenen Häuser verwandt werden durfte. Im Anschluß an die Verlesung konnten die Bürger nun ihrerseits Klagen und Anregungen vorbringen, wobei in jenem Jahr sowohl der Dechant von Niederkrüchten als auch die Vorsteher und Geschworenen auf überzogene Feiern und Trinkgelage bei Geburtsfesten und Begräbnissen hinwiesen. Der Pastor wünschte, daß:

„die Gräber vier bis fünf Fuß tief angelegt werden sollen, damit die Hunde nichts ausscharren können, aber auch „um den Grooten Stanck“ willen, wodurch oft schwere Krankheiten verursacht würden“[12].

Totengräber, die dieser Anordnung nicht nachkommen würden, sollten mit einem halben Goldgulden Strafe belegt werden. Der Vogt selbst appellierte an die Einwohner, zukünftig Nachtwachen und Patrouillen besser als bisher durchzuführen.

Nachdem geistliche und weltliche Obrigkeit ihre Anliegen vorgetragen hatten, kamen die Einwohner zu Wort: Johannes Vosdellen beklagte sich über die Änderung eines Fußpfades und den Fortfall einer kleinen Brücke, die Anwohner des Dorperbaches führten Beschwerde über die Erhöhung des Wasserstandes, Riether Einwohner beanspruchten das Recht für sich, ihre Kühe ins Bruch treiben zu dür-

fen wie die Einwohner von Laar, Heyen und den anderen Orten, die Geschworenen schließlich verlangten eine Bestrafung der Jäger, die mit ihren Hunden die mit Buchweizen bestellten Äcker durchquerten.
Weitere Vogtgedinge in Niederkrüchten fanden in den Jahren 1774, 1777 und 1784 statt.
Die Frage, wann das Dorf Elmpt zu einer Bürgermeisterei erhoben wurde, kann nicht zufriedenstellend beantwortet werden, weil die entsprechenden Unterlagen fehlen. Die Stelle eines Bürgermeisters war früher nur ein Ehrenamt, das von der Gemeinde jedes Mal nur auf 1 Jahr einem Einwohner übertragen wurde[13]. Über große Fachkenntnisse brauchten die Bürgermeister damals nicht zu verfügen, da ihnen ein Sekretär zur Seite stand, der von der Gemeinde auf Lebenszeit angestellt und besoldet wurde.
Urkundlich werden folgende Einwohner als Bürgermeister erwähnt[14]:
Hermann Engels (1693–1697), Wilhelm Bonus (1709, 1712), Mathias Engels (1705, 1708, 1717), Johann Schreurs (1706, 1707, 1709, er hatte ein Gehalt von 50 Ryxdalern).
Am 4. Oktober 1709 sind dieser Bürgermeister und Egidius Mooren, Sohn des Scholtis Derick Mooren, als Geisel nach Namur gebracht worden, weil die Gemeinde nicht imstande war, die rückständigen Kontributionen von 6790 Gulden 17,7 schwer brabantisch zu bezahlen[15].
Als Bügermeister folgen:
Theodor Polmanns (1710), Hubert Houben (1711), Johann Heikers (1716), Mathias Leppers (1729, 1730), Johann Leymes (1740), Johann In der Smitten (1741, 1742), Johann Clever (1743), Mathias Mooren (1747), Mathias Mooren und Johann Bonus (1748, 1749, 1750), Mathias Mooren (1751, 54, 55, 58, 59), Hermann Weertz (1752, 53, 64, 66), Theodor Mertes (1757), Johann Bonus (1760), Hermann Lütters (1762, 1763), Geurt Mooren (1768 bis 69), Heinken Brouwers (1772), Heinrich Polmann (1776) und Conrad Daemen (1777, 88, 89, 90).

6. Christianisierung und kirchliches Leben

Die Spuren der Christianisierung des Mülgaues und damit auch des linken Niederrheins reichen bis in die römische Zeit zurück. Unter den Truppen der römischen Lager in Köln und Xanten fand das aufkeimende Christentum seine ersten Anhänger, und unter der diokletianischen Verfolgung floß das erste Christenblut auch am Niederrhein, „das Martyrium der Kohorten der thebäischen Legion unter dem hl. Gereon und dem hl. Viktor im Jahre 287 ward auch für unsere Gegend der erste Same des Christentums"[1].

Der römische Kaiser Konstantin, zum Christentum bekehrt, erließ nach seinem Feldzug in die niederfränkischen Lande im Jahre 312 sein Toleranzedikt zugunsten des Christentums. Seine Mutter, Kaiserin Helena, förderte die Einführung der neuen Religion am Niederrhein.

Diese römische Kaiserin hatte in Köln die Gereonskirche und in Xanten die Viktorskirche erbaut. Es ist nicht unwahrscheinlich, ja, es lag geradezu im Interesse der römisch-kaiserlichen Politik, neugegründete Kirchen mit Schenkungen auszustatten um sie überlebensfähig zu machen, gleichzeitig sollten sie Ausgangspunkte der Missionierung der linksrheinischen Gebiete sein.

Tief im Volksglauben ist eine Legende verwurzelt, derzufolge die hl. Helena auf einer Pilgerfahrt von Köln nach Xanten an einer Quelle unweit Viersens geruht habe, woran der heutige Ortsteil Helenabrunn erinnert.

Mit diesen Landschenkungen festigte die Kaiserin die Stellung der jungen Kirche auch in wirtschaftlicher Hinsicht. So ist historisch gesichert, daß sie Güter in Viersen und Giesenkirchen der Gereonskirche in Köln stiftete. Auf den in kirchlichen Besitz übergegangenen Landgütern wurden sogleich kleine Holzkapellen errichtet.

Unter der römischen Herrschaft entwickelte sich Tungeren, das heutige Tongern, zu einer Provinzhaupt- und späteren Diözesanstadt[2]. Die römische Einteilung der Provinzen berücksichtigte weitgehend alte Stammesverhältnisse, sie bildete die Grundlage der späteren fränkischen Gaue. So breitete sich christliches Gedankengut bereits Mitte des 2. Jh.s bis zum Niederrhein aus. Im Jahre 313 war der hl. Maternus Bischof von Köln, etwas später der hl. Servatius Bischof von Tongern.

Die wichtigsten Orte der Provinz Germania inferior, nämlich Köln, Neuss, Xanten, Maastricht und Tongern, waren zugleich die ersten christlichen Kultorte am Niederrhein und an der unteren Maas. Dem jungen Christentum war jedoch zunächst ein Ende bereitet, als Mitte des 4. Jh.s die heidnischen Franken den linken Niederrhein besetzten. Wenn auch noch ein Jahrhundert lang nominell diese Region zum römischen Weltreich gehörte, so herrschten jedoch von da an faktisch die saalfränkischen Gaukönige und damit germanische Sitte, Recht und Religion.

Doch auch nach dem Zusammenbruch der römischen Verwaltung blieben die Orte Köln und Tongern Bischofssitze, allerdings zog im Jahre 400 der Bischof von Tongern nach Maastricht und um 700 verlegte der hl. Hubertus diesen Bischofssitz nach Lüttich. Iro-schottische und später angelsächsische Mönche unterstützten die Arbeit der einheimischen Bischöfe.

Im Frankenreich wurde die „zweite" Missionierung des niederrheinischen Landes

vollendet, von besonderer Bedeutung waren hierbei die Angelsachsen Suitbert, gestorben 713 und in Kaiserswerth begraben, und Willibrord, der 731 starb und in Echternach begraben liegt, ferner der Friese Ludger, gestorben 809, der in der Abteikirche von Werden seine letzte Ruhestätte fand.
Um 700 wurde auch mit der erneuten Missionierung des Mülgaues begonnen, Odilienberg war neben Susteren Ausgangspunkt der Missionstätigkeit. Nach alter Überlieferung soll der hl. Willibrord am „Birgeler Pützchen" selbst getauft haben, diese Bergkirche ist als älteste Kultstätte des Selfkants anzusprechen und war bis zur Errichtung einer eigenen Kirche zugleich auch für 200 Jahre Pfarrkirche für Niederkrüchten.
Später wurde sie Sitz des Dekanates Wassenberg, zu dem auch Niederkrüchten gehörte[3].
Nach der ältesten Diözesaneinteilung gehörten Elmpt, Niederkrüchten mit Merbeck und Oberkrüchten zum Dekanat Wassenberg in der Diözese Lüttich. Von 1561 bis 1801 gehörten Niederkrüchten, Oberkrüchten und Merbeck zum Dekanat Erkelenz im Bistum Roermond, in der gleichen Zeit gehörte Elmpt dem ebenfalls im Bistum Roermond gelegenen Dekanat Montfort an.

6.1 Die Pfarrkirche zu Niederkrüchten

Die erste Niederkrüchtener Kirche wurde um 1150 von den Herren von Brempt als Eigenkirche errichtet. Es dürfte sich um eine kleine, rechteckige Saalkirche gehandelt haben[4], von dieser ältesten Kirche stehen heute noch der untere Turmraum und ein romanischer Rundbogen zum Kircheninnenraum. Niederkrüchten hatte von Beginn an eine Pfarrkirche, wie eine Urkunde aus dem Jahre 1304 besagt, die Niederkrüchten ausdrücklich Pfarrort nennt.
Die Herren von Brempt, Grundherren Niederkrüchtens und Eigentümer des Grundstückes, auf dem die kleine Kirche erbaut wurde, stifteten zugleich eine „Hufe freien Landes mit Wohnung" für den Pfarrer. Deshalb lag auch das Patronatsrecht ursprünglich nur bei den Herren von Brempt. Als das Kölner Domkapitel jedoch im Jahre 1295 von den Brempter Edelherren u. a. Grundstücke in Niederkrüchten und Merbeck erwarb, ging auch das Patronatsrecht teilweise verloren und wurde weiter geschmälert, als die Grafen von Geldern Landes- bzw. Lehnsherren in Brempt wurden, so daß das Patronatsrecht Mitte des 14. Jh.s wechselweise von drei Institutionen ausgeübt wurde.
Das Kölner Domkapitel besaß schon Ende des 13. Jhs. in Niederkrüchten Güter, wie eine Urkunde aus dem Jahre 1297 beweist[5]. Über das Präsentationsrecht kam es immer wieder zu Streitereien zwischen den einzelnen „Patronen"[6].
Im Jahre 1340 schlossen das Domkapitel, Herzog Rainald von Geldern und Rabodo von Brempt, denen abwechselnd die Ausübung des Patronates der Kirche zu Niederkrüchten wegen ihrer dortigen Besitzungen und denen zu Brempt - letztere wegen des Hofes Kemenade - zustand, einen Vergleich, demzufolge die vakante Stelle zunächst von Rabodo von Brempt, dann vom Gelderner Herzog und schließlich vom Domkapitel zu präsentieren war[7].
Vier Jahre später schenkten Rabodo, seine Gattin und sein Sohn dem Domkapitel zu Köln die Hausstätte zu Niederkrüchten mit dem Kirchenpatronat. Die Vergabe des Patronats geschah also von da an zwischen dem Herzog von Geldern und dem Domkapitel. Als Geldern später Teil der spanischen Niederlande wurde, fiel dieses Recht an den spanischen König, wobei beide in der Folgezeit auch von ihrem Patronatsrecht Gebrauch machten.

Am 3. Dezember 1575 entschied der spanische König Philipp durch seinen Hohen Rat zu Geldern in dem abermals strittigen Recht der Pfarrstellenverleihung, daß zwischen dem Domkapitel und dem Herzog von Geldern das Patronat wechselweise ausgeübt werden sollte.
Die erste Niederkrüchtener Pfarrkirche wurde dem hl. Bartholomäus geweiht, der den Märtyrertod erlitten hatte[8].
Es darf vermutet werden, daß diese erste Pfarrkirche bereits auf einem Vorgängerbau errichtet wurde, dafür sprechen vor allem die in den Fundamenten der Kirche festgestellten römischen Mauerreste. Jülicher hat darauf hingewiesen[9], daß dem hl. Bartholomäus geweihte Kirchen vielfach auf bereits bestehenden Kultstätten erbaut wurden. Bekannt ist auch, daß die Römer dafür gerne eine Hügellage aussuchten, wie sie sich in Niederkrüchten anbot. Das Bewußtsein dieser Kultstätte kann sich auch nach dem Zerfall des Römerreiches über die fränkische Zeit bis ins 12. und 13. Jh. erhalten haben, als sich die Herren von Brempt für den Neubau, der ja nicht in unmittelbarer Nähe ihres Herrschersitzes lag, entschieden.
Die zweite katholische Pfarrkirche St. Bartholomäus in Niederkrüchten wurde 1485 erbaut, 1604 erweitert und Ende 1909 zum dreischiffigen Backstein-Hallenkirchenbau mit polygonalem Chor und Dachteiler erneuert bzw. erweitert[10]. Diese spätgotische Hallenkirche wurde aus Ziegel und Tuff erbaut mit Querhaus und vortretendem Westturm. Sie war ursprünglich 25 m lang und 17 m breit.
Der fünfgeschossige Westturm ist mit einfachem Gesims über den beiden Untergeschossen versehen. Die Jahreszahl 1481 befindet sich im Gewölbe, die Jahreszahl 1909 in Ankersplinten am linken Seitenschiff. In die Chormauer sind Blausteingrabsteine des 17. Jh.s eingemauert, die Barockausstattung ist teilweise erhalten. In einer flachen Nische des rundbogigen Portals findet man die Inschrift: Anno Domini 1604 RENOVATUM 1854. Das dritte und vierte Geschoß sind glatt gehalten und mit Lichtschächten versehen, über denen sich Klötzchenfriese befinden, die Glockenstube hat an jeder Seite zwei Chorbogenfenster und ist gekrönt von einem achtseitig beschieferten Helm. Das Innere weist im Chor, im Querhaus und in den Seitenschiffen im wesentlichen schlichte Formen auf.
Zu den besonderen Rechten der Niederkrüchtener Pfarrer gehörte es, daß sie „Collator“ der mit den Altären zur hl. Jungfrau und zur hl. Katharina verbundenen Benefizien waren und daß sie das Kirchen- und Armenvermögen verwalteten, des weiteren, daß sie das Jagdrecht in den Herrlichkeiten Brempt und Niederkrüchten besaßen – bis zum Jahre 1771 ist dieses Recht noch bezeugt.
Statthalter van den Bergh sah sich 1627 gezwungen, den Herren von Brempt und Bylandt aufzugeben, die Inhaber des Pfarrhofes an der Ausübung dieses Rechtes nicht zu hindern. Agnes von Bylandt erwiderte, „daß die Jagdgerechtigkeit des Pfarrers von ihrem Hause stets geachtet worden sei.“
Die Niederkrüchtener Pfarrer besaßen nicht zuletzt das erste Vorschlagsrecht bei der Anstellung der Küster, der Organisten und Lehrer.
Als erster Pfarrer zu Niederkrüchten darf Henrico de Crouthen angesehen werden, der in einer Urkunde aus dem Jahre 1255 erwähnt wird[11]. In dieser Urkunde verzichten Rudger, Herr von Brempt, und seine Söhne Dietrich und Wilhelm auf ihr Eigentumsrecht an den Gütern, mit denen die Lüttelforster Kapelle ausgestattet ist. Als nächster Pfarrer von „Crüchten“ wird ein Pfarrer Harperni genannt, der eine Urkunde mitsiegelt.

17 Kirche
St. Bartholomäus,
barocker Beichtstuhl

Im Jahre 1344 wird Herr Godefried als Pastor in Niederkrüchten genannt[12], 1400 und 1405 ist Herr Johannes de Brison „Rector Dominus" von Niederkrüchten. Von 1419 bis 1445 folgt diesem Suideris (?) de Bochout[13]. Von 1462 bis 1473 ist Everardus Pistor Pfarrer, dem schon ein Kaplan Hoffmeister beigegeben ist. Ein Gedenkstein in St. Gereon zu Köln erinnert an einen weiteren Niederkrüchtener Pfarrer, nämlich an Johannes Krythwys, von 1502 bis 1513 Pastor, der zuvor acht Jahre Dechant an St. Gereon war. Ihm folgen von 1513 bis 1520 Johannes Brocherhoff und danach Theodericus Fetmenger. Über die Besetzung der Pfarrstelle während der Reformationszeit wird nichts berichtet.

Die von Philipp II. in den spanischen Niederlanden durchgeführte Gegenreformation bedingte auch eine Neugründung bzw. Neuumschreibung der Bistümer. So wurde vom Bistum Lüttich als neue Diözese das Bistum Roermond abgetrennt und dem neu errichteten Metropolitansitz von Mecheln unterstellt, in den Jahren 1559/61 wurden auch Elmpt, Nieder- und Oberkrüchten dem Bistum Roermond zugeteilt.

Der Bischof von Roermond setzte 1595 Johann Sorius als Pfarrer ein, der die Stelle bis 1626 bekleidete[14]. Diesem folgte

Johann Versefeld (1626–1665), vormals Kaplan beim Gouverneur von Geldern. Ihm folgte 1666 Michael Cuypers; auf eigene Kosten errichtete dieser im Jahre 1677 ein neues Pfarrhaus, da das alte nicht mehr bewohnbar war. Cuypers wurde 1681 Dechant des Dekanates Erkelenz und starb 1684. Rund einhundert Jahre später, am 8. April 1768, wurde dann der Grundstein zu einem geräumigeren Pfarrhaus gelegt, welches 1773 fertiggestellt wurde.
Im Jahre 1629 war aus den Erträgnissen der beiden Seitenaltäre der Pfarrkirche eine Kaplanstelle eingerichtet worden, zur Vikarie gehörten neben einem Garten ein Acker von 5/4 Morgen, der Zehnte von 4½ Morgen und eine Reihe von Stiftungen in der Pfarrkirche und in der Brempter Kapelle[15]. Als ersten Kaplan kennen wir namentlich Johannes Conrarde, der 1669 erwähnt wird. Eine zweite Kaplanstelle wurde erst 1852 durch Cäcilia Dückers gestiftet, die eine Rente von 600 Mark jährlich aussetzte.
Wie schon bei der Einsetzung des Pfarrers Cuypers gab es auch über die Einsetzung seines Nachfolgers, Leonhard Loverix, wieder Streit, da ihn der Fürst von Nassau als Statthalter Gelderns eingesetzt hatte. Er war zuvor Pfarrer in Swalmen und Asselt gewesen und machte sich besonders um die Ausstattung der Kirche verdient.
Seine Nachfolger, Johann Ackers (1717–1720) und Reiner Deckers (1726–1763) werden als „Deutsche" bezeichnet, weil sie aus dem Rheinland, nämlich aus Willich bzw. Mühlheim stammten und vom Kölner Domkapitel eingesetzt worden waren. Zu bedenken ist hierbei, daß bis zu Beginn des 19. Jh.s die von der ländlichen Bevölkerung gesprochene Sprache das Plattdeutsch war, welches dem Niederländischen sehr verwandt war und ein Hochdeutsch sprechender Pfarrer sich daher nur schwer verständlich machen konnte.
Johann Joseph Jansens, der Deckers von 1764–1794 als Pfarrer folgte, hatte als gebürtiger Roermonder diese Schwierigkeiten nicht. Auch er war Dechant des Dekanates Erkelenz; in die letzten Monate seines Lebens fiel der Einfall der Franzosen, die auch Niederkrüchten heimsuchten und republikanische Gottesdienste „unter Gewehr- und Pistolenschüssen" abhielten. Nach seinem Tod blieb die Pfarrerstelle einige Jahre vakant, der Ex-Jesuit Arnold Luyten verwaltete bis 1796 die Pfarrei als Deservitor.
Eine besondere Verbindung der Pfarre Niederkrüchten bestand zum Dominikanerkloster in Maastricht und dem Minoritenkloster in Roermond, die in früheren Jahrhunderten in der Seelsorge mitwirkten. Die Dominikaner halfen vor den vier Hauptfesten im Beichtstuhl aus und predigten Pfingsten und am Rosenkranzfest, dafür durfte das Kloster in Niederkrüchten Almosen sammeln wie etwa Butter, Weizen und Flachs[16].
Auch die Minoriten halfen vor den Hauptfesten im Beichtstuhl aus und predigten außerdem am Karfreitag, bei der Fronleichnamsprozession, am Kirchweih- und Allerheiligenfest, ihr Kloster durfte dafür ebenfalls in Niederkrüchten Spenden sammeln. Daneben waren die Schwestern der hl. Clara aus Roermond und die sogenannten „Schwarzen Schwestern" aus Roermond berechtigt, Butter und Flachs zu sammeln.
Bis zum Einmarsch der Franzosen wurde das Einkommen der Küster aus Anniversarien und einer Brotrente aufgebracht, zu der jeder Bauer 16 Pfund im Jahr zu leisten hatte neben dem sogenannten „Sommer", d. h. von Garbenkorn, das ebenfalls durch den ländlichen Teil der Bevölkerung zu erbringen war.

6.2 Die Kirche zu Oberkrüchten

Eine Kirche in Oberkrüchten erscheint bereits um 1400 als selbständige Pfarrei, sie war wahrscheinlich ursprünglich eine Filiale der Niederkrüchtener Kirche. Das Patronatsrecht lag beim Hof zu Oberkrüchten, den die Herren von Bylandt-Rheydt vom Herzog von Jülich seit 1549 zu Lehen trugen[17]. Bei Errichtung des Bistums Roermond (1559) kam Oberkrüchten zum Roermonder Dekanat Erkelenz, 1801 wieder zu Lüttich, 1815 zu Aachen, 1821 zu Köln (seit 1827 Dekanat Erkelenz) und gehört seit 1925 zum Dekanat Wegberg.
An der Stelle der heutigen Kirche stand eine im gleichen Stil erbaute Kapelle, welche später der Adelsfamilie van Dousborgh als Hauskapelle diente. Das von Bylandt'sche Hofgut ging 1810 durch Kauf auf die Venloer Kaufmannsfamilie van Dousborgh über. Nach dem Tode des Peter van Dousborgh (1846) sollte der Reinertrag der sog. „van Dousborgh'schen Stiftung" der Kirche und den Armen von Oberkrüchten zugute kommen.
Der Chor der dem heiligen Martin geweihten Kirche gehört noch einem Bau des 15.–16. Jh.s an, nachdem im Jahre 1675 die Kirche abgebrannt war und 1680 der Neubau des Langhauses und des Turmes vollendet wurde. Der alte Turm wurde 1901 abgerissen, es war ein einfacher Ziegelsteinbau in vier Geschossen, die durch Klötzchenfriese getrennt waren. Er gehörte in seinem Unterbau wahrscheinlich auch noch der gotischen Zeit an. Im Glockenstuhl waren zwei spitzbogige Fenster angebracht, das Dach bestand aus einem achtseitig geschieferten Helm. An der Westseite standen die Ziffern 167 (?).
Die jetzige Kirche ist ein einschiffiger Barockbau vom Ende des 17. Jhs. mit

18 Oberkrüchten, Kirche St. Martin, Kircheninneres

spätgotischem Chor und modernem Westbau, 23 m lang und 8 m breit.
Das Barocklanghaus ist mit ungegliederten großen Spitzbogenfenstern und einfachen Strebepfeilern ausgestattet, die beschieferte Pultabdeckungen haben, wobei vier Joche noch dem Altbau zuzuordnen sind, das fünfte mit dem Westturm jedoch neueren Datums ist.
Der Chor besteht aus zwei Jochen mit einem um die Streben verkröpften Kaffgesims aus Haustein und einfachen spitzbogigen Fenstern, von denen die drei Fenster im Chorschluß vermauert sind.
Das Innere der Kirche ist schlicht gehalten, besonders wertvoll ist der barocke Hochaltar aus dem Jahre 1728. Der Altar selbst ist mit Säulen und einem großen halbkreisförmig geschlossenen Gemälde der Kreuzabnahme, der Kopie eines Rubensgemäldes, ausgestattet, im Aufsatz befindet sich ein Gemälde des heiligen Martin mit der Jahreszahl 1728, der Altar soll nach der Säkularisation vom Kloster Dalheim übernommen worden sein.
Älter ist jedoch ein Marienaltar, der einen Kirchenbrand im Jahre 1675 überstand. Damals hatten luxemburgische und lothringische Soldaten die Pfarrkirche geplündert und dann in Brand gesetzt, nur der Marienaltar konnte gerettet werden. Er trägt das Wappen des damaligen Pfarrers Petrus von Hilsbach (1633–1646).
Der Marienaltar ist heute einer der beiden Seitenaltäre, im zweiten Seitenaltar, die beide mit einfachen Barockaufbauten versehen sind, befindet sich ein Gemälde des hl. Martin mit der Bettlerszene. Eine Barockkanzel wird auf Anfang des 18. Jh.s datiert, in den Nischen findet man die Evangelistenfiguren, während der große Schalldeckel flache Kartuschen auf dem Rand zeigt, wobei die ziemlich schweren und derben Formen auffallen. Ähnliche Ausstattungsstücke wie St. Martin Oberkrüchten weist auch die Kirche in Niederkrüchten auf.
Am 23. Juni 1646 kam Gottschalk Tilckrath als Pastor nach Oberkrüchten. Bemerkenswert ist, daß er kein Pfarrhaus vorfand und daher acht Jahre zur Miete wohnen mußte. Am 21. Juli 1677 wurde die 1675 ausgebrannte Kirche durch den Roermonder Bischof Toels besichtigt[18]. Französische Soldaten drangen 1678 in Oberkrüchten ein, steckten vier Häuser und fünf Scheunen in Brand und schleppten Einwohner und Pferde mit sich fort. Am Vortag von St. Bartholomäus 1678 stürzte der Turm der Pfarrkirche ein, zwei Arbeiter wurden getötet und mehrere verletzt. Am 10. Juli des gleichen Jahres wurden neue Glocken gegossen, die am 11. November, an St. Martin, geweiht wurden.
Mathias Pfoorten, der am 16. Juli 1642 in Oberkrüchten getauft worden war, war 1670 erster Vikar in seinem Heimatort.
Der Oberkrüchtener Pastor Schaffers berichtet im Taufbuch 1695 wieder von französischen und luxemburgischen Soldaten, die in Nieder- und Oberkrüchten hausten und ihm den gesamten Hausrat raubten.
Im Jahre 1763 war J. B. d'Hond Pfarrer in Oberkrüchten. Kirchliche Nebenämter gab es ursprünglich nicht, die Kirche hatte ihren eigenen Küster, eine Orgel war bis 1774 nicht vorhanden. Die Organistenstelle wurde von da an als provisorisches Nebenamt geführt, wofür dem damaligen Lehrer ein Gehalt von 18 Talern bezahlt wurde.

6.3 Die Pfarrkirche zu Elmpt

Wie Röttgen vermutet[19], ist die erste Kirche zu Elmpt aus einer früheren Hauskapelle der Herren von Elmpt entstanden.
Die Pfarrkirche zu Elmpt ist dem heiligen Laurentius geweiht.

19 Pfarrkirche Elmpt, Hauptaltar (Ausschnitt)

Das Kollationsrecht der Pfarre, deren Alter nicht festzustellen ist, lag bei den Besitzern der Häuser Dilborn und Elmpt. Im Jahre 1561 kam Elmpt von Lüttich an das neue Bistum Roermond.
Nach Habet's „Geschichte des Bistums Roermond“ befanden sich früher in der Pfarrkirche zu Elmpt drei Altäre, die der hl. Maria, den hl. Martinus, Barbara, Katharina sowie dem hl. Nikolaus geweiht waren. Das Register der Pfarre Kempen weist für 1400 zwei Altäre, die dem heiligen Nikolaus und der hl. Katharina geweiht waren, aus, nach 1614 war Jakob Reverius, Kaplan der Kathedrale zu Roermond, Rektor des Katharinenaltars, 1671 war Arnold Beumer Rektor des Sebastianus- und Katharinenaltars.
Die Kirche ist ein einheitlicher Bau des 15. Jh.s, der Turmaufbau stammt aus dem Jahre 1611. Nachdem 1880 ein Orkan den Turmhelm abwehte, hatte der Turm zunächst nur ein flaches Notdach. Die Elmpter Pfarrkirche wurde von 1870–1880 durchgreifend restauriert. Die dreischiffige, spätgotische Hallenkirche wurde aus Ziegelmauerwerk errichtet und ist 22 m lang und 14,50 m breit. Der vorgelagerte Westturm ist viergeschossig und teils in Ziegel, teils in Tuff ausgeführt. Das Langhaus ist dreiachsig, die Fenster sind mit zweiteiligem Maßwerk versehen. An den Westseiten der Seitenschiffe befinden sich spätgotische Türen in Blausteinumrahmung. Die Nordseite des Chors wird von einer kleinen rechteckigen Sakristei abgeschlossen[20].
Am Chor befinden sich, in Strebepfeiler vermauert, zwei Ecken eines romanischen Taufsteinbeckens, welches aus dem 12. bis 13. Jh. aus Namurer Blaustein gefertigt wurde. Das Innere der Kirche ist schlicht und mit vier schweren Säulen versehen. Von kunsthistorischem Wert sind Rokokobänke aus der zweiten Hälfte des vorigen Jahrhunderts mit geschweiften offenen Rückenlehnen sowie ein einfacher barocker Beichtstuhl des 17.–18. Jh.s.
Als ersten uns bekannten Pfarrer in Elmpt finden wir im Jahre 1443 Thomas de Elmpt, der in diesem Jahre die Erlaubnis erhielt, zur Fortsetzung seiner Studien nach Köln zu gehen. Als nächsten Pfarrer sehen wir Thomas Smeets, der 1465 erstmals erwähnt wird und bereits 1466 starb, er wurde in der Kirche begraben. Viele Jahre später erst folgten dann Gerhard Junckers (1613–1616), Arnold Neyen (1619–1645), von 1645–1655 G. van Dachverlies, Johann Tilmans (1651–1655), Wilhelm Beumer (1655–1673), der zugleich Dechant war, Heinrich Deles (1674–1703), der in Elmpt die Rosenkranzbruderschaft gründete. Ihm folgten Jakob Dolmans (1703–1739), Antonius Nopp (1739–1767), Johann Mathias Schloot (1768–1803), Mathias Sebastian Raemaeckers (1803–1805), Georg Theodor Boonen (1805–1811), Philipp Leonard Mercken (1811–1813), der von dort aus als Oberpfarrer nach Niederkrüchten ging.

6.4 Die Kirche zu Merbeck

Merbeck gehörte von jeher zur Pfarre Niederkrüchten. Bis um 1800 besuchten die Merbecker ihre Pfarrkirche in Niederkrüchten, da in ihrer kleinen Kapelle keine Messen gelesen wurden.
Nach einer Urkunde, die vom Lütticher Generalvikar Barett unterzeichnet ist, wurde Merbeck am 30. November 1818 von der Pfarrgemeinde Niederkrüchten abgetrennt und damit selbständige Pfarrei. Pfarrpatron von Merbeck ist der hl. Maternus.
In einer Eingabe der Merbecker an die Regierung in Aachen vom 26. Mai 1817 begründen die Merbecker ihren Wunsch auf eine eigene Pfarrei vor allem mit der weiten Entfernung nach Niederkrüchten. Sie weisen aber auch darauf hin, daß sie

die bisherige kleine Kapelle zu einer ordentlichen Kirche umgebaut und eine anständige Wohnung - in Stein - für einen Geistlichen erbaut hätten.
Die alte Merbecker Kirche stammte aus dem 18. Jahrhundert. An den kleinen dreiseitig geschlossenen Ziegelbau schloß sich der Chor eines Erweiterungsbaues aus dem vorigen Jahrhundert an. In der Kirche befinden sich ein Rokokoaltar und eine Barockkanzel mit Schalldecke und ornamentiertem Treppengeländer aus dem 18. Jh.
Kunsthistorisch von Bedeutung ist eine hölzerne Muttergottesfigur, die ins 15. Jh. zu datieren ist, wertvoll auch eine niederrheinische Holzskulptur aus dem 15. Jh. „Anna Selbdritt“, 2 Glöckchen aus dem Jahre 1720 tragen die Inschriften:

„HANC CIVES TRIADI PECERE CRUCIQUE REFUNDI, UT GLORIFICETUR FILIUS DEI PER EAM. JOAN ... ANNO 1270 (so statt 1720) EDMUNDUS FABRI NOS FECIT“, und „S. SEBASTIANO ET VINCENTO MARTYRIBUS DEDICATA. EDMUNDUS FABRI NOS FECIT ANNO 1720“.

Am 26. 6. 1949 wurden in Merbeck neue Glocken eingeweiht. Zwei Glocken waren im Jahre 1917 beschlagnahmt worden, dafür hatte der damalige Pfarrer Seitz später Bronzeglocken angeschafft. Auch diese mußten im II. Weltkrieg abgegeben werden, eine zurückgebliebene kleine Glocke wurde beim Beschuß des Ortes 1945 leicht beschädigt und konnte nicht mehr geläutet werden.
Im Jahre 1804 wurde die Merbecker Kirche zur Hilfskapelle erhoben, um Gottesdienste abhalten zu können, 1824 wurde die Kapelle erweitert. In einem Schreiben des Merbecker Pastors an den Erzbischof von Köln heißt es 1891: „Die alte Kirche ist 19.5 zu 8.5, im Chor 8–6.5 m, dazu kleines Türmchen, sehr wackelig. Die Gemeinde zählt 1000 Seelen, sie besteht aus Kleinbauern und armen Webern[21].
Am 13. März 1904 war die Grundsteinlegung der heutigen Merbecker Kirche, deren Einzugsbereich Merbeck, Tetelrath, Blonderath, Ven, Venheyde und Schwaam war. Die Kirche wurde am 31. Oktober 1904 fertiggestellt, wobei die Kosten, die sich auf rund 100 000 Mark beliefen, allein durch freiwillige Spenden der Gemeinde aufgebracht wurden[22].
Pfarrer in Merbeck waren Johann Norbert Breuer von 1816–1850, Josef Venth von 1851–1858, Johann Hubert Arnold Becker von 1858–1867, Peter Schiffers von 1868–1887, August Baum von 1888–1901, Josef Heyden von 1901–1920, Josef Bernhard Seitz von 1921–1942, Heinrich Fothen von 1942–1957, Roman Skrzpek, der seit 1957 als Pfarrverwalter eingesetzt war und schließlich als letzter Pfarrer der Karmeliterpater Innozenz Damhuis, ein gebürtiger Niederländer.

6.5 Die Kapelle „an der Heiden“

Neben den Pfarrkirchen bildeten kleine Kapellen in früheren Zeiten sowohl Orte religiöser Verehrung als auch Orientierungspunkte, Rastplätze oder Mittelpunkte der dörflichen Kultur[23]. Besonders in den weit auseinanderliegenden einzelnen Weilern findet man eine Vielzahl von Kapellen, die von der Volksfrömmigkeit beredt Ausdruck gaben.
Nur wenige Meter unterhalb des Diesbergs in Overhetfeld steht eine kleine Kapelle, die der Muttergottes geweiht ist und auch „St. Maria an der Heiden“ genannt wird.
Die Kapelle in Overhetfeld wird erstmals in einem Visitationsbericht 1703 erwähnt. In einem bischöflichen Bericht über die Gemeinde Elmpt heißt es da: „Eine Kapelle gibt es, dort wird die Messe gelesen donnerstags und freitags vom Pfarrer oder einem angestellten Priester ge-

mäß der vom Bischof im Jahr 1697 erteilten Erlaubnis".
Wahrscheinlich wurde sie als zweite Hauskapelle von Schloß Dilborn eingerichtet. Das in dieser Kapelle befindliche Muttergottesbild, eine bekleidete Holzfigur, soll der Sage nach an der Stelle gefunden worden sein, wo sich heute die Kapelle befindet. Die Anwohner hätten die Figur zwar mehrfach zu ihrer Pfarrkirche nach Elmpt gebracht, aber dort sei sie jedes Mal wieder verschwunden und an der gleichen Stelle wieder aufgefunden worden[24].
Bei Krankheiten oder Todesfällen zog die Nachbarschaft der gesamten Umgegend zu dieser Kapelle und erflehte den Segen der Gottesmutter.
Im Jahre 1734 wurde die Kapelle erweitert und das jetzige Kirchenschiff angebaut. Es ist ein kleiner Saalbau aus Ziegelmauerwerk mit drei einfachen Stichbogenfenstern an jeder Langseite, an beiden Seiten des Chors befinden sich kleine Sakristeibauten, ein schlichter Dachreiter bildet den Abschluß. In der Kapelle befinden sich drei kleine Barockaltäre und eine einfache Kanzel des 18. Jhs. Zwei Ölgemälde, eine Pietà und ein Gemälde der hl. Theresia, werden ins 18. Jh. datiert. Darüber hinaus findet man eine Anzahl kleinerer geschmiedeter Figürchen in der Kapelle, die wahrscheinlich aus dem 15.–18. Jh. stammen. Die beiden Glöckchen aus dem Jahre 1727 tragen die Inschriften: „AVE MARIA, GRATIA PLENA. GODFRID DENCKELMEYER GOS MICH IN CÖLLEN 1727" und: „DOMINUS TECUM. ANNO 1727".

6.6 Die Brempter Kapelle

Zum wertvollsten kulturellen Erbe Niederkrüchtens gehört die St. Georgs-Kapelle vom Brempt, die wahrscheinlich von den Herren der Burg Brempt aus gegründet wurde. Der einschiffige Ziegelbau mit dreiseitigem Chorverschluß wurde in spätgotischem Stil etwa um 1500, wahrscheinlich als Burgkapelle, erbaut. Den Abschluß des steilen geschindelten Daches bildet ein sechsseitiger offener Dachreiter, Langseiten und Chor sind mit Spitzbogenfenster versehen.
Von architektonisch großer Bedeutung ist der Westgiebel, den Kisky[25] der spätgotischen Zeit zuordnet. Dieser Giebel aus der Dürer-Zeit ist Kisky Bestätigung dafür, daß dieses „aus der profanen Architektur entlehnte Bauglied tatsächlich eine von der Burg Brempt aus angelegte Kirchenanlage" ist.
Kisky schreibt: „Der eigentliche Schmuck des gesamten Bauwerkes ist der Westgiebel, der in sich reich gegliedert ist: Über einem einfach gemauerten Sockelgeschoß erscheinen zwei gleiche Friese aus Ziegelsteinen, zwischen denen wiederum eine ungegliederte Mauerkrone mit einem ehemaligen Fenster von insgesamt fünfzehn Ziegelschichten liegt. Über dem oberen Fries erhebt sich der sechsfach abgetreppte Giebel, der im mittleren Teil zwei Blendarkaden besitzt, die in sich wiederum durch zwei Blendbogengliederungen geteilt sind. Im oberen Teil des Giebels ist nochmals eine Blendarkatur eingeordnet, die das Uhrzifferblatt enthält. Der Abschluß der einzelnen Giebelstufen ist dreieckig gemauert und durch Ziegel abgedeckt".
Hinter der Uhr der Brempter Kapelle weist die Jahreszahl 1612 auf die Entstehung der Anlage hin.
Der Innenraum wird durch eine einfache Flachdecke abgeschlossen und durch Fensteröffnungen und ein leichtes Gesims gegliedert. Mittelpunkt und Abschluß des Chorraumes bildet ein wertvoller Barockaltar mit Säulen, Aufsatz und einem Gemälde des hl. Georg, entstanden sein dürfte er um 1700. In diese Zeit ist auch das Kirchengestühl zu datie-

20 Brempt,
Kapelle St. Georg,
Innenraum früher

ren, insbesondere ein Beichtstuhl in Form eines Sessels, wie er früher vor der Einführung der festen Beichtstühle jeweils vor dem Altar aufgestellt wurde.
Ende des vorigen Jahrhunderts lebten in Brempt rund 250 Katholiken. Da sich die Kapelle für den sonntäglichen Gottesdienst als zu klein erwies, beabsichtigten die Einwohner eine Vergrößerung in Form eines zweischiffigen Anbaus und sammelten auch eine erhebliche Summe. Durch den Weltkrieg und die nachfolgenden wirtschaftlich schwierigen Zeiten zerschlugen sich jedoch diese Pläne. 1969 wurde ein Kapellen-Renovierungswerk gegründet und die Brempter Kapelle mit

Unterstützung des Landeskonservators gründlich restauriert.

6.7 Die Schloßkapelle Dilborn

Auf Schloß Dilborn hat schon sehr früh eine eigene Hauskapelle gestanden. In einem Visitationsbericht aus dem Jahre 1667 wird darauf hingewiesen[26], daß zwar eine Hauskapelle in Dilborn auf Lebenszeit für Stephan de Geloes und seine Gattin eingerichtet war; da diese jedoch inzwischen gestorben waren, sollte es den Erben verboten sein, diese weiter zu benutzen und allen Priestern, dort weiterhin zu zelebrieren. So darf man annehmen, daß die Elmpter Kapelle von den folgenden Geloes erbaut und bis 1772 als Hauskapelle genutzt wurde, denn in diesem Jahr erhielt die Baronin de Geloes die Erlaubnis, zunächst für vier Jahre die Hauskapelle auf Dilborn wieder zu nutzen.

6.8 Kleine Kapellen und Wegekreuze

Die älteste der zahlreichen kleinen Kapellen war die auf der Flur gen Nap 1683/84

21 Schloß Dilborn 1988

22 St. Magdalenen-Kapelle in Niederkrüchten

erbaute Magdalenen-Kapelle, von Pastor Cuypers errichtet. Sie wurde mit dem Bild der Büßerin Maria Magdalena ausgeschmückt, um „den Geist der Buße zu fördern“[27]. Cuypers ließ folgende Inschrift als Chronogramm anbringen: „MagDaLenae poenlienil paroChiani eXstrXerVnl.“ (Diese Kapelle der Magdalena haben die reuigen Pfarrkinder 1684 errichtet) und er schrieb dazu: ... ut sic corda fidelium ad amorem et devotionem amorosae poenitentis allicerem eiusque aspectu et exemplo peccatores resipicerent et veras poenitentiae lacrimas funderunt ... „damit die Herzen der Gläubigen zur Liebe und zum Streben nach Umkehr angespornt, aus diesem Anlaß und durch das Beispiel (der Magdalena) sich als Sünder bekennen und wahre Bußtränen vergießen.“

Sein Nachfolger Leonard Loverix ließ das Bild der Maria Magdalena zusammen mit dem Bild des hl. Petrus an seinem Beichtstuhl anbringen, das Wappen seiner holländischen Adelsfamilie befand sich an der Kanzel der Pfarrkirche später

am Hochaltar. Die Heiligenfigur der Kapelle wurde gestohlen, aber die Holzplastik am Beichtstuhl zählt jetzt noch zu den besonderen Kunstschätzen der Niederkrüchtener Pfarrkirche.
Im Jahre 1904 wurde die Kapelle durch einen Neubau ersetzt, nachdem sie baufällig geworden war. Vorbild für den Neubau war die Brempter St. Georgskapelle, deren Treppengiebel aus dem Jahre 1612 der Gliederung der Giebelwand als Vorlage diente. Leider wurde die alte Tür vor einigen Jahren gestohlen, die Pietà, die ursprünglich in der Kriegergedächtnisstätte der alten Kirche stand, ist nun von außen nicht mehr zu sehen.
In der Amtszeit des Niederkrüchtener Pfarrers Loverix (1685–1717) wurden zwei weitere Kapellen erbaut: Die Johanneskapelle op dem Veldt, die von 1694–1938 in Felderhausen stand und die Luziakapelle, die 1708 im Laarer Feld erbaut wurde.
Die Kapelle war die erste Station der jährlichen Fronleichnamsprozession, die Johannesfigur ist noch erhalten.
Im November 1938 wurde das Johannes-Kapellchen in Niederkrüchten, an der B 221 gelegen, von einem Lastkraftwagen beschädigt, daraufhin ließ der Amtsbürgermeister sie noch in der gleichen Nacht wegen angeblicher Einsturzgefahr ohne Genehmigung des Eigentümers (Kirchengemeinde) niederlegen. Ohne Zweifel hätte man durch eine Notkonstruktion die Gefahr eines sofortigen Einsturzes vorübergehend abwenden können, um zu beurteilen, ob die Niederlegung der Kapelle notwendig sei oder nicht[28].
Es handelte sich um ein besonders reizvolles und seltenes Beispiel eines kleinen polygonalen Zentralbaues mit barocker geschweifter Haube. Die Holzkonstruktion der Haube und Teile des Werksteingesimses waren ziemlich unversehrt erhalten, der Baukörper selbst war mit Ziegelsteinen gemauert. Eine Wiederaufrichtung nach dem Befund und aufgrund vorhandener Fotografien war sehr wohl möglich und wurde von der Denkmalpflege nachdrücklich gefordert. Der Amtsbürgermeister rechtfertigte sich damit, daß die Kapelle in einer unübersichtlichen Kreuzung der Provinziallandstraßen nach Erkelenz und Arsbeck stand. Nach Ansicht der Ortspolizeibehörde wäre die Kapelle ein Verkehrshindernis. Oberpfarrer Hansen vermerkte am 31. 12. 1938 in einem Schreiben an den Amtsbürgermeister Schmidt: „Nachdem die Johanneskapelle am 28. 11. 1938 durch einen Lastzug beschädigt worden war, haben Sie mir an demselben Abend bei unserer gemeinsamen Besichtigung erklärt, Sie wollten die Kapelle abstützen und einen Mauerschutz gegen die Kapelle legen lassen. Damit war ich einverstanden. Kurz nach meiner Rückkehr kam der Polizist Himmelmann in meine Wohnung und forderte mich auf, die Niederlegung der Kapelle anzuordnen. Ich habe das ganz entschieden abgelehnt und hinzugefügt, wenn die Polizei die Niederlegung anordnet, trägt die Polizei auch die ganze Verantwortung. Sie haben unmittelbar nachher die Kapelle abbrechen lassen".
Der Bürgermeister seinerseits behauptete: „Der Ortspfarrer und ich überlegten, was zu tun sei, und verständigten uns zunächst dahin, den Gebäuderest abstützen zu lassen und am folgenden Tage weitere Maßnahmen zu ergreifen. Es wäre nun Sache der Eigentümerin gewesen, die Abstützung der Kapelle zu veranlassen. Da die Eigentümerin aber nichts veranlaßte, blieb mir als Ortspolizeiverwalter nichts anderes übrig, als selbst Maßnahmen zu ergreifen, um die Gefahr zu beseitigen. Ich habe einen Bausachverständigen zu Rate gezogen und diesen um Begutachtung des Zustandes des Restgebäudes ersucht. Eine eingehende Untersuchung ergab, daß der verbliebene Gebäuderest an mehreren Stellen senkrechte

23 Die 1938 abgerissene St. Johannes-Kapelle

und waagerechte durchgehende Risse hatte. Nach Ansicht des Sachverständigen war der Zustand so, daß auch nach erfolgter Abstützung des Gebäuderestes keine Gewähr dafür übernommen werden konnte, daß damit die Gefahr des Einsturzes beseitigt war."

Ein späterer Gutachter stellte jedoch fest[29], daß die Beschädigungen der Kapelle nicht derart gewesen seien, daß eine fachgerechte Abstützung keinen Zweck mehr gehabt hätte, ein wertvolles altes religiöses Kunstwerk war vernichtet worden!

Im Laarer Feld befindet sich die Luzia-Kapelle, ein getreues Ebenbild von St. Magdalena an gen Nap im Hochstrasser Feld. Es handelt sich um einen kleinen oktogonalen Bau mit barocker Haube. Auch hier weist ein Chronogramm auf das Alter der Kapelle hin: „MDCLLVIII – LAARENSES DEO TRINO IN HONOREM B LVCIAE. Die Laarer haben dem dreieinigen Gott in Verehrung der seligen Luzia 1708 diese Kapelle gebaut."

An der Mittelstraße in Niederkrüchten befindet sich eine 1836 erbaute Wegekapelle, das Haubendach ist aus Schiefer, eine Inschrifttafel über der Tür enthält die Jahreszahl der Erbauung. Diese Muttergotteskapelle wurde erbaut, als für den Schulbau am jenseitigen Bachufer eine alte Kapelle weichen mußte.

Die 1828 abgerissene alte Kapelle stammte aus dem Jahre 1714, sie diente dem Rosenkranzgebet, wie die Widmung des Altarsteins beweist: „MARIA ROSARII REGINA AEDIFICABANT VICINI". Rosenkranzbruderschaften gehörten damals zu den bedeutendsten Bruderschaften am Niederrhein. Auch der Neubau 1836 schloß sich dem Baumuster von St. Magdalena an und trotz neuer Amtssprache heißt es in dem Chronogramm: „H. MARIA MOEDER GODS BID VOOR ONS ANNO 1836", hier hat die deutsche Sprache also noch keinen Eingang gefunden!

In Boscherhausen befindet sich eine Wegekapelle, die im Jahre 1730 erbaut

wurde. Der einschiffige Backsteinbau wurde um 1910 mit Rauhputz versehen. Im Giebel über dem Eingang befindet sich die Jahreszahl 1730, auf dem Satteldach befindet sich ein Dachreiter. Diese Kapelle ist insbesondere wegen der in ihrem Innern vorhandenen Tonverarbeitung von großem kulturhistorischen Wert. In der Mitte des Fußbodens ist aus Schmuckfliesen ein Lamm-Gottes-Bild geformt, gelbe Klinker schmücken Fenster und Türbogen.
Während der drei Bittage zogen die Flurprozessionen am ersten Tag nach Felderhausen, am zweiten am Hagelkreuz vorbei rund um St. Anna und zurück zur Kirche und am dritten Tag nach St. Georg in Brempt.
Im Jahre 1840 stiftete die in Birth verstorbene Maria Catharina Roosen 153 Taler und 20 Silbergroschen zum Neubau eines Kapellchens zu Birth „an der Stelle des dort stehenden alten Kapellchens“[30]. Die Kapelle sollte der heiligen Anna gewidmet werden, da auch die alte Kapelle dieser Heiligen geweiht war. Das alte Gebetshaus stammte mit hoher Wahrscheinlichkeit aus der Zeit vor dem 30jährigen

24 St. Anna-Kapelle in Birth

Krieg. Die neue Kapelle wurde 1840 aus Feldbrandziegel erbaut und ist mit Glokkentürmchen, Kreuz und Wetterhahn versehen. Dem rechteckigen Grundriß ist ein dreiseitiger Chorraum vorgesetzt, über der Tür befindet sich die Inschrift „Heilige Moeder Anna, bed voor ons 1840".

Die heilige Anna war Schutzpatronin der Armen, der Witwen, aber auch für Ehe und Familie, demzufolge wurde die Birther Annakapelle nicht nur bei Sterbefällen innerhalb des Dorfes, sondern auch von Pilgern der umliegenden Orte aufgesucht. Die Rosenkranzbruderschaft fand hier ihre Gebetsstätte.

Von den Niederkrüchtener Kapellen weist außer der Brempter St. Georgskapelle nur das Birther Kirchlein eine Glocke auf. Die dort befindliche Glocke wurde von Meister Gaulard im Jahre 1844 gegossen, der bereits die Glocken der Niederkrüchtener Pfarrkirche hergestellt hatte, sie trägt in französischer Sprache die Inschrift: „Der hl. Anna geweiht Vater Gaulard & Sohn, Glockengießer 1844".

Nach einer Beschädigung durch Baggerarbeiten mußte die Kapelle in den 70er Jahren völlig instandgesetzt werden, anläßlich des 150jährigen Bestehens war eine weitere Renovierung erforderlich. Um den Erhalt und die Instandsetzung der Kapelle hat sich die Kapellengemeinschaft Birth besondere Verdienste erworben, einmal jährlich, am 26. Juli, dem Namensfest der heiligen Anna, findet man sich zum gemeinsamen Rosenkranzgebet in der Kapelle ein.

Eine der heiligen Birgitta geweihte Kapelle, ein 1904 erbauter einschiffiger Backsteinbau mit dreiseitigem Chorschluß und Backsteinlisenen, mußte von der Birgittabruderschaft vor wenigen Jahren Stein für Stein abgetragen und von Grund auf neu erbaut werden, die Einweihung erfolgte im Jahre 1987.

Auch in Heyen fiel eine Kapelle der Verbesserung des Wegenetzes zum Opfer, anstelle der Kilianskapelle wurde eine neue Andachtsstätte an der Außenmauer der alten Schule errichtet.

In Oberkrüchten gab es Kapellen zu Ehren der hl. Anna, der hl. Agatha und des hl. Martin. Im Rahmen der Zusammenlegung war das St. Agatha-Kapellchen abgebrochen worden. Es wurde zum Teil mit dem alten Material und in der vorherigen Bauart an der anderen Seite des Weges 1963 wieder errichtet.

Ein denkmalswerter Bildstock befindet sich auf der Meinfelder Straße in Oberkrüchten, aus Backstein mit halbrunder Apsis wurde er in der 2. Hälfte des vorigen Jh.s errichtet. Vom Anfang des 19. Jh.s ist ein Wegestock auf der Püttstraße, ebenfalls aus Backstein, geschlämmt mit Giebel und einer Nische mit der Figur des hl. Martin. Noch hundert Jahre älter ist ein Grabkreuz aus Sandstein mit Inschrift an der Schleeker Dell in Oberkrüchten.

Auf dem Vogelschußplatz an der Schütterau in Overhetfeld befand sich seit Menschengedenken ein Wegekreuz an einer mächtigen Linde[31]. Im Sommer 1921 versuchten ein paar Halbwüchsige, ein Eulennest im hohlen Stamm dieser alten Linde auszuräuchern, beschädigten aber dabei das uralte Kreuz. Auch die prächtige alte Linde hatte stark unter dem Feuer gelitten. Genau an der gleichen Stelle wurde deshalb am Fest Christi Himmelfahrt, am 26. Mai 1927, ein neues eichenes Kreuz feierlich von Pastor Wilms eingesegnet.

Ein Wegekreuz finden wir auch in Varbrook, erbaut in der zweiten Hälfte des vorigen Jahrhunderts. Auf dem verputzten Sandstein befindet sich ein Sockel mit Inschrift und neugotischer Nische.

Ein weiteres Wegekreuz steht „An der Wae/Alter Kirchweg", welches Ende des 19. Jhs. erbaut wurde. Das Sandstein-

kreuz ist mit einem Metallkorpus versehen. Auf dem gestuften Sockel mit Inschriftentafel befindet sich eine kleine Konsole.
Ein Wegekreuz befindet sich auch in Elmpt an der Dorfstraße. Es wurde 1889 erbaut und ist mit Sandstein verputzt. Der Sockel besteht aus neugotischen Formen, auf dem Kreuz befindet sich ein Metallkorpus. Ein weiteres Wegekreuz findet man im Heinrichspark hinter Haus Elmpt, es ist verputzt und mit neugotischen Schmuckformen versehen.
Ein Wegekreuz steht ebenfalls an gen Nap, im Nordwesten Niederkrüchtens.

7. Kostbarkeiten sakraler Kunst in Kirchen und Kapellen

Die zahlreichen Kirchen und Kapellen der Altgemeinden Elmpt und Niederkrüchten bergen eine Fülle von Kostbarkeiten sakraler Kunst. Nur wenige andere rheinische Dörfer gleicher Größe können solche alten und zugleich wertvollen Kunstgegenstände aufweisen, wobei sicher den früheren Edelherren von Elmpt und Brempt in dieser Hinsicht zu danken ist, die die Gotteshäuser damit ausstatteten.

7.1 Der flandrische Altar in der Kapelle in Overhetfeld

Da ist zunächst die Kapelle in Overhetfeld, deren wunderschöne barocke Innenausstattung abgeschlossen wird durch einen kunsthistorisch außerordentlich wertvollen Schnitzaltar mit gemalten Flügeln, „wohl die größte künstlerische Kostbarkeit, um die der Kreis Viersen durch die kommunale Neugliederung bereichert worden ist“[1].
Über die Frage, von wem und wann dieser der flandrischen Schule zuzuordnende Altar in die Kapelle „an der Heide“ gelangte, ist lange gerätselt worden. Erst jüngst konnte Leo Peters nachweisen[2], daß nicht ein Freiherr von Hallberg als Eigentümer von Dilborn und Elmpt den Altar zwischen 1784 und 1854 der Kapelle geschenkt hat, wie die Forschung bisher annahm, sondern daß die Freiin Charlotte von Geldern, Äbtissin des hochadeligen Stiftes Neukloster (Gräfenthal), den Altar ihrer Schwester überlassen hatte, um „den schönen geschnitzten altar, so das gantze leben und dodt Christi unseres Erlösers vorstellet, in der Mutter Gottes Capel zu Elmpt zu veneration aufzustellen, weil sie bis dato auf ihrem Haus kein bequämes orth dazu hette“. Bei dieser Schwester handelt es sich um Adolfine von Geloes, einer geborenen von Geldern-Arcen, die Haus Dilborn 1759 von Alexander Anton von Rohe erworben hatte[3]. Sie hatte sich allerdings in dem am 9. August 1761 auf Haus Dilborn geschlossenen Vertrag vorbehalten, daß ihr der Altar wieder zurückzugeben sei, wenn sie ihn für sich selbst oder für eine andere bedürftige Kirche zurückhaben wollte.
Der wertvolle Schnitzaltar ist vielfach beschrieben worden. Lassen wir im folgenden Hans Kisky[4], einen der besten Kenner dieses Meisterwerks, zu Wort kommen, der es wie folgt beschreibt:
„Der Altar schildert in seinem geschnitzten Schrein vor allem „das bittere Leiden des Herrn“. Kreuztragung, Kreuzigung und Beweinung sind die drei Hauptszenen der Darstellung, ihnen sind Verkündigung, Heimsuchung, Geburt Christi, Anbetung der Könige, Beschneidung und Weissagung des Simeon im Tempel im unteren Teile des Schreinkastens zugeordnet. Außerdem erscheinen im Rahmenwerk weitere Nebenszenen aus dem Leben und Leiden Christi. Die gemalten Altarflügel ergänzen die Darstellung: Bei geöffnetem Zustand sind links Christus mit den Jüngern am Ölberg und die Gefangennahme, in der Mitte Ecce Homo und Auferstehung, rechts Himmelfahrt und Herabkunft des Hl. Geistes geschildert. Bei geschlossenen Flügeln wird oben Christus mit der Samariterin am Brunnen, unten zwischen dem Abendmahl und der Abraham-Melchisedech-Szene die Gregorsmesse sichtbar. Schnitzwerk und Malereien gehören zusammen, der Elmpter Altar ist in seiner Gesamtheit erhalten, eine Tatsache, die ihn über den

25 Der flandrische Altar in der Kapelle zu Overhetfeld

Wert vieler anderer Altäre ähnlicher Art weit erhebt und die umso erfreulicher ist, als auch die farbige Fassung der geschnitzten Figuren (Werk des Faßmalers, nicht des Bildschnitzers) in allen wesentlichen Teilen noch einwandfrei vorhanden ist und selbst die Schreinerleistung, der die einzelnen Gruppen aufnehmende Kasten, den Anspruch auf Originalität erheben darf.

Damit berühren wir die Frage, wann und wo der Altar entstanden gedacht werden muß. Die stilistische Untersuchung vermag eine Antwort zu geben: Es handelt sich um ein flandrisches Werk, das seiner Marke (der eingebrannten Hand) nach aus Antwerpen geliefert worden ist. Der Vergleich mit ähnlichen Altären lehrt leicht, daß auch der Schrein der Elmpter Kapelle zu den Importstücken aus der Scheldestadt zu zählen ist.

Der Elmpter Altar ist in seiner Gesamtheit „Bild" – d. h. Fortführer der altniederländischen Tradition, wie sie uns schon auf dem Höhepunkt der van Eycks beim Genter Altar von 1432 begegnet.

Damit eng zusammen geht nun auch die Eigenart seines „Antwerper Manierismus". Eine Einzelheit macht das wohl am besten deutlich: nehmen wir die Gruppe mit der unter dem Kreuz zusammenbrechenden Muttergottes, dem Johannes, der Magdalena und den rechts zur Seite stehenden Kriegsknechten. Charakteristisch ist insbesondere die unter der Last ihrer Schmerzen gleichsam zusammenknickende, das Tuch an den Kopf pressende Magdalena. Ihre innere Bewegung ist in die äußere Geste eingegangen, das Pathos der Haltung ist beinahe überbetont, wirkt wie in letzter Not erstarrt noch im Faltenwurf des Kleides nach.

Dieser Eindruck wird gesteigert durch den Kontrast zur Figur des Kriegsknechtes mit der Lanze; wendet sich Magdalena erschüttert vom Kreuze ab, so ist er dem schrecklichen Geschehen zugewandt und doch ganz unbeteiligt, breit und nachlässig bleibt er (den rechten Fuß nach vorne setzend, also im Schritt verharrend) gerade zum Gespräch mit dem Nachbarn stehen, während seine Waffe steil auf zum Kreuz weist. Es ist bezeichnend für die Sprache des Künstlers, daß er die beiden Welten so hart in ihren Gegensätzen nebeneinander stellt, dabei die eigentlich Beteiligten sich abwenden, die Unbeteiligten sich dem Geschehen auf Golgatha brutal zuwenden läßt, die in jeder Gebärde die innere Erregung, in jeder Bewegung Teilnahme oder Gefühllosigkeit auszudrücken versucht.

Die verschiedenen Szenen und Handlungen auf den Altarflügeln sind vor einer sehr ausführlich geschilderten Landschaft mit Bergen, Dörfern, Kirchen ausgebreitet, die Menschen begegnen sich und sind zueinander in Beziehung gesetzt, es geschieht viel, aber die vielfache Bewegung ist auch hier im Augenblick der bildlichen Wiedergabe jäh abgebrochen.

Dabei betont der Maler stets eine zentrale, die handelnden Figuren streng zusammenfassende Ordnung: Abendmahl, Gefangennahme, Himmelfahrt und Herabkunft des Heiligen Geistes sind ganz in diesem Sinne, sehr streng symmetrisch aufgebaut.

Wir dürfen feststellen, daß die geschilderte Eigenart des Altares ihn als Kind der niederländischen Kunst Antwerpener Prägung, als ein Kunstwerk, in dem sich eine große Tradition mit dem Geiste der Dürerzeit begegnen, zeigt. Damit gibt sie gleichzeitig einen Anhalt für die genauere Datierung, die man bisher (so Röttgen) um 1530 angenommen hat. In der Tat darf die z. T. altertümliche Auffassung der gemalten Szenen mit dem deutlich sichtbaren Bouts-Einfluß nicht darüber hinwegtäuschen, daß eine Entstehung vor 1530 aus stilkritischen Überlegungen kaum wahrscheinlich ist.

Doch kehren wir noch einmal zu der interessantesten Szene des Altares zurück. Kaum eine der Tafeln ist so eindrucksvoll und in ihren Farbwerten strahlend gemalt – das Rot des Kardinalsmantels leuchtet dem Betrachter förmlich entgegen – kaum ein Teil des Altars ist auch in der Darstellung so aufschlußreich für Art und Absicht des Künstlers. Zum Inhalt hat die Szene die Legende, daß während des Meßopfers, das Papst Gregor der Große feierte, der Heiland vom Kreuze herabstieg und dem Heiligen erschien. Diese Szene ist auch hier wiedergegeben und sehr ausführlich durch die Schilderung des Altares mit seinem Retabel, des Schmerzensmannes mit den Leidenssymbolen, des in heiligem Schrecken niederknienden Papstes und seines andächtigen Gefolges im Kirchenraum erzählt.

Fassen wir zusammen: Der flandrische Altar in der Elmpter Kapelle Overhetfeld gehört zu den Werken, die in der ersten Hälfte des 16. Jh.s aus Antwerpen bezogen und dort in großen Werkstätten hergestellt worden sind. Seine Malereien können mit dem Namen des Meisters Johannes de Valle verbunden werden, seine Datierung ist zwischen 1530 und 1540 anzusetzen. Das Wesen des Altares ist die Betonung der großen Schaufläche: Wie eine bunte Bilderwand erhebt er sich vor dem Betrachter. Wer ihn einstens bestellt hat, wo er ursprünglich gestanden hat, wissen wir nicht, wohl aber dürfen wir heute in ihm eines der wichtigsten Zeugnisse lebendiger Beziehung des Niederrheins zu den westlichen Grenzlanden sehen. Aus Schloß Dilborn wurde er der Kapelle geschenkt, als stolzester Besitz der Kapelle verdient er heute mehr denn je Pflege und Erhaltung.“

Soweit Hans Kisky zum flandrischen Altar in der Overhetfelder Kapelle.
Das Interesse der Pfarrkirche zu Elmpt an diesem Altar war anscheinend immer sehr groß, denn aus mündlichen Überlieferungen geht hervor, daß die Elmpter schon Anfang des vorigen Jahrhunderts den Altar in ihre Pfarrkirche überführen wollten[5]. Er zog die Aufmerksamkeit und Bewunderung der Kunstkenner vor allem auf sich, als er 1902 in Düsseldorf ausgestellt und auch auf einer Sonderausstellung für christliche Kunst im Jahre 1907 in Aachen gezeigt wurde.
Eine kaum glaubliche Bauernfängerei versuchte der Aachener Museumsdirektor Dr. Schweizer in jenem Jahr, als er dem Elmpter Pfarrer Olbertz am 19. Oktober 1907 vorschlug, „den Altar der Stadt Aachen zu überlassen, Aachen würde im Gegenzug eine ganz genaue Kopie des Altares herstellen und den Elmptern kostenlos überlassen, wobei eine größere Summe in bar der Kirchengemeinde darüber hinaus noch zufließen sollte." Damit sei der Gemeinde mehr gedient, als den alten, altersschwachen Altar wieder aufzustellen[6]. Gott sei Dank hat die bischöfliche Behörde damals einer Veräußerung nicht zugestimmt und darauf hingewiesen, daß er wieder in der Muttergotteskapelle an der Heide eine würdige Aufstellung finden solle.
Der Kölner Domkapitular Prof. Schnütgen, der in einem Gutachten vom 17. 2. 1908[7] den Wert mit 30 000 Mark ansetzte, schlug damals vor, den Altar in der Pfarrkirche aufzustellen, „da er in keiner Weise in die Kapelle passe". Das war offensichtlich für die Pfarre Elmpt der Anlaß, den Altar nunmehr in der Pfarrkirche aufzustellen. Die Overhetfelder, erbost über diesen Streich, verlangten in einer Eingabe an den Kirchenvorstand den Altar zurück, aber es vergingen etliche Jahre, ehe sie am 27. April 1921 die bischöfliche Entscheidung, die zu ihren Gunsten lautete, durchsetzen und den Altar wieder in ihrer Kapelle unterbringen konnten.

7.2 Der Kruzifixus in der Brempter Kapelle

Neben der Kapelle in Overhetfeld gehört die Brempter St. Georgs-Kapelle zu den zwar wenig bekannten, nichtsdestoweniger aber besonders schönen, charakteristischen und gut erhaltenen Denkmalbauten des Niederrheins.
Unter dem kunsthistorisch wertvollen Inventar der Brempter Kapelle ist einem Kruzifix der höchste Rang zuzuordnen, welches nach Kisky als ein Werk des frühen 11. Jh.s anzusehen ist, es ist damit zugleich der weitaus älteste Kunstgegenstand der heutigen Gemeinde Niederkrüchten! „Seine strenge Linienführung, die Hoheit des Ausdrucks in den Gesichtszügen, der Adel des Leidens und Sterbens, aber auch jede Einzelheit der

26 Kruzifixus aus dem 11. Jh. in der Brempter Kapelle

formalen Körper- und Gewandbehandlung läßt ihn noch als eine Schöpfung der klassischen Klarheit dieses für die deutsche und rheinische Plastik so unendlich wichtigen Jahrhunderts erkennen ... Der Kruzifixus ist nicht ottonisch, er ist in der Einzelbehandlung der Haare oder etwa der Falten des Lendentuchs zu sehr der Art der rheinischen Plastik des 12. Jh.s verwandt, als daß man darüber hinwegsehen könnte ... Er gehört in die Nachfolge des Kölner Gero-Kreuzes und anderer Kreuze der gleichen Art."[8]

Der Brempter Kruzifixus wurde im Frühjahr 1959 von E. Willemsen in der Werkstatt des Landeskonservators Rheinland restauriert. Im Anschluß an diese Arbeiten lieferte Rudolf Wesenberg[9] eine ergänzende ausführliche Beschreibung und Datierung des Kreuzes, der die folgenden gekürzten Erläuterungen entnommen sind:

„Der Kruzifix der kleinen, ehemals zu der heute nicht mehr bestehenden Burg der Herren von Brempt gehörenden Georgskapelle verdient nach Abschluß der Untersuchungen und Wiederherstellungsarbeiten besondere Beachtung. Von entstellenden jüngeren Fassungen befreit, bietet er sich nunmehr, da keine ältere bzw. ursprüngliche Fassung zutage trat, in Eichenholz dar. Seine Größe entspricht etwa der Spannweite seiner Arme, wenn man die verlorenen Finger der einen Hand berücksichtigt: Höhe 90,5 cm, Spannweite 89 cm. Der schmale, langgestreckte Körper, der von der Seite fast wie ein Relief wirkt, schwingt in einem straffen Bogen links aus, der Kopf ist, dem bogigen Lauf des ganzen Bildwerkes entsprechend geneigt, nach vorn auf die Brust gesunken. Die Arme hängen zur Schulter hin durch, die Hände sind unten abgeknickt, die Daumen stark in die Handflächen gebogen. Die Füße sind auf ein nach vorn abgeschrägtes, blockartiges Suppedaneum geheftet, mehr eine gleitende als eine ruhende Stellung einnehmend. Die Zehen sind durch keilförmige scharfe Schnitte gekennzeichnet, die Zehennägel überdies z. T. durch feine Ritzungen angedeutet. Das die Knie frei lassende Lendentuch wird durch ein breites, gleichmäßig verschlungenes, weich reliefiertes Zingulum mit einem durchgesteckten Stück an der linken Hüfte gehalten. Den linken Oberschenkel umschließt es mit regelmäßigen senkrechten Parallelfalten von welligem Charakter, den rechten mit nur noch wenig deutlich sichtbaren regelmäßigen Hängefalten, die Seite neben einer spitzwinkligen scharfen Falte teils frei lassend. An der Rückseite hängt das Tuch etwas mehr herab als vorne, wo es von der Seite des linken Knies zweimal bis zum rechten Knie nach oben abgestuft ist. Das Gesicht des Gekreuzigten wirkt unter der mächtigen Kalotte des Schädels schmal. Die Nase setzt an ihrer Wurzel mit einem weichen Vorsprung an, hat einen geraden Rücken und eine relativ spitze Endigung. Der Mund ist halb geöffnet, die Unterlippe und das Kinn springen stark vor. Die etwas linsenförmig gewölbten Augen sind durch eine scharfe Linie kreisförmig eingefaßt; sie haben weder geschnitzte Lider noch gebohrte Pupillen."

Sowohl der Typ als auch eine Reihe von Einzelheiten, formale und solche plastischen Empfindens, legen es nahe, an eine Entstehung des Brempter Bildwerkes im 11. Jh. zu denken. Die Zweifel an der Datierung von Edmund Renard und Heinrich Linssen – 14./15. Jh. bzw. 2. Hälfte des 12. Jh.s – veranlaßten Hans Kisky, 1958 in seinem Aufsatz über die Brempter Kapelle eine Entstehung in jener Zeit zu vermuten.

Wesenberg zieht Vergleiche zwischen einem Kruzifixus aus Benninghausen, welcher in das dritte Viertel des 11. Jh.s datiert wird, und den Rolf Fritz[10] beschrieben hatte, und dem Brempter Kru-

zifixus, und ordnet aufgrund der stilistischen Beziehungen diesen ebenfalls in diese Zeit ein.
Hinsichtlich des Entstehungsortes führt Wesenberg abschließend aus[11]: „Ist auch der Brempter Kruzifixus in Köln entstanden? Für den „Benninghausener“, zu dem dieser enge Beziehungen hat, wird das nicht zu bestreiten sein. Damit aber sind alle heranzuziehenden Vergleichswerke kölnischer Provenienz. Brempt, im Grenzgebiet des Lütticher und Kölner Sprengels gelegen, gehörte auch im 11. Jh. zur Kölner Erzdiözese. Das will zwar in diesem Zusammenhang nichts Sicheres besagen, aber es steht fest, wie Hans Kisky dargelegt hat, daß die Herren von Brempt, die wahrscheinlich die Gründer der dortigen St. Georgskapelle gewesen sind, im späteren Mittelalter engste Beziehungen zur Kölner Kurie hatten, teils dort hohe Ämter bekleideten. Für die Kirche in Niederkrüchten, zu der die Kapelle von Brempt gehört, ist aus dem 14. Jh. überliefert, daß das Kölner Domkapitel zeitweise Patron war. Der Kruzifixus muß nicht unbedingt zur Zeit seiner Entstehung nach Brempt gekommen oder gar für diesen Ort angefertigt worden sein – die St. Georgskapelle ist gotischen Ursprungs –, sondern kann auch zu einem späteren Zeitpunkt in Köln erworben worden sein, wofür die erwähnten Beziehungen der Herren von Brempt zu Köln durchaus die Voraussetzung gewesen sein könnten. Indessen legen die stilistischen Beziehungen zu Kölner Werken allein eine Entstehung in dieser Stadt nahe. Wo anders als an Ort und Stelle sollten auch die noch spürbaren Anklänge an den Gerokruzifixus möglich gewesen sein?“

Spätgotische Figuren in der Brempter Kapelle

In der Brempter Kapelle befinden sich weitere religiöse Kunstwerke, die als Kostbarkeiten sakraler Kunst einzuordnen sind:
An erster Stelle ist hier eine spätgotische sitzende Madonna zu erwähnen, die dem Jesuskind auf ihrem Schoße eine Birne reicht. Wenn auch eine nicht gerade ge-

27 St. Georgs-Gruppe in der Brempter Kapelle

lungene Übermalung aus dem vorigen Jahrhundert derzeit eine zeitliche Einordnung stark erschwert[12], so dürfte eine Datierung etwa um 1480–1500 doch ziemlich wahrscheinlich sein. Der besondere Rang dieser Figur „liegt in seiner künstlerischen Qualität sowie in der Tatsache, daß die ursprüngliche spätgotische Fassung unter mehreren spannungsreichen Übermalungen weitgehend erhalten ist“[13].

Als „ungewöhnlich interessant“ bezeichnet ein Kenner wie Kisky[14] auch eine spätgotische Georgsgruppe: Der Patron der Kapelle, der heilige Georg, wird dargestellt, wie er mit seiner Lanze den unter ihm liegenden Drachen durchbohrt.

„Die kühne Bewegung, die in der Gruppe zum Ausdruck kommt, die Steigerung in der Erzählung, wie der Heilige das Untier überwindet, sind so stark in die Plastik eingegangen, daß man – leider muß man auch hier sagen: trotz der unglücklichen Übermalung! – die Hand eines wenn nicht virtuosen, so doch eines aus leidenschaftlicher Anteilnahme schaffenden Künstlers erkennt. Wiederum ist die Zeit des großen Dürer, die Generation des Reformzeitalters am Werk, die jede Einzelheit des Drachenkampfes miterlebt und mitempfindet[15].

Zwei weitere Plastiken – eine hl. Barbara und ein hl. Bartholomäus – dürften nur wenig jünger sein. Auch sie zeigen die typischen Merkmale der niederrheinischen Schnitzkunst des beginnenden 16. Jh.s und sind weniger dem Erkelenzer denn dem nördlichen Niederrheingebiet zuzurechnen“.

7.3 Die Barockausstattung der Pfarrkirche St. Bartholomäus

Die Pfarrkirche St. Bartholomäus Niederkrüchten ist eine der wenigen Kirchen am Niederrhein, die heute noch eine vollständige und weitgehend erhaltene Barockausstattung besitzen[16]. Zu den besonders wertvollen Teilen gehören der Hochaltar, die beiden Seitenaltäre, eine Kommunionbank, das Chorgestühl, zwei Beichtstühle und die Kanzel.

Der Hochaltar wurde unter dem Pfarrer Michael Cuypers (1666–1684) Anfang der 70er Jahre des 17. Jahrhunderts errichtet. Dieser große Barockaltar mit Säulen und einem reichen Aufsatz reichte bis fast an das Gewölbe. Unter dem Altartisch erhebt sich ein schwerer eichener und zweigeschossiger Altaraufbau, wobei die Postamente das große Altargemälde, eine gute Kopie der Rubens'schen Kreuzabnahme, einschließen. Über diesem Gemälde befindet sich ein weiteres kleineres Gemälde, die Erscheinung des Engels im Garten Getsemani am Ölberg. Darüber, gleichzeitig die Spitze des Altars bildend, schwebt die Taube des hl. Geistes. An den Seiten des Hauptaltars sind Türen angebracht, darüber befinden sich die großen Barockfiguren der Heiligen Petrus und Paulus[17].

Älter als der Hochaltar sind die etwa um 1650 angeschafften Seitenaltäre, die der hl. Maria und der hl. Katharina gewidmet sind. Bei beiden Altären ist über der Sockelzone das von Säulenstellungen flankierte Altargemälde eingesetzt: Der Marienaltar zeigt die Verkündigung, der Katharinenaltar die Enthauptung der Heiligen. Die Nebenaltäre wurden unter Pfarrer Johannes Versseveld (1626–1665) angeschafft.

Die etwa 6,70 m lange Kommunionbank aus Eichenholz , die in dieser Form nicht mehr vorhanden ist und in den Altar eingebaut wurde, entsprach in ihrer Balustradenform dem Geschmack der Barockzeit und dürfte um 1670 zu datieren sein.

Als dritter Pfarrer ergänzte Leonhard Loverix (1685–1716) die Barockausstattung der St. Bartholomäus-Kirche um Kanzel, Chorgestühl und zwei Beicht-

28 Kirche St. Bartholomäus Niederkrüchten

stühle. Die schwere Barockkanzel, deren Körper auf Engelhermen ruht, trägt das Wappen ihres Stifters Loverix, den runden quergeteilten Schild und drei Enten in der oberen und drei Eichenblätter in der unteren Hälfte einer von einem Engel gehaltenen Kartusche. Die Wände tragen in schwerem Rahmen die Halbfiguren der Kirchenväter, die Rückwand ist mit Kartuschwerk und Posaune blasenden Engeln versehen, und auch auf dem Schalldeckel befinden sich reiche Kartuschen. Auf der Rückwand der Kanzel zeigt eine Kartusche die Jahreszahl 1692.

Beim Chorgestühl - zwei sich gegenüberstehende Teile mit je drei Sitzen - ist die Rückwand über den Sitzen durch drei Pilaster gegliedert und weist verschiedenartiges Dekor auf. Bis Mitte des vorigen Jahrhunderts war das Gestühl für ältere Männer bestimmt, die Choral sangen[18].

Von den beiden Beichtstühlen ist nur noch einer vorhanden und zwar der, der die etwa 90 cm hohen Figuren des Apostels Petrus und der hl. Maria Magdalena zeigt. Am zweiten Beichtstuhl hatten sich die Figuren von Adam und Eva befunden.

Zur Herkunft dieser unter Pfarrer Loverix angeschafften wertvollen sakralen Gegenstände führt Krings[19] an, daß man „aufgrund stilistischer Vergleiche annehmen darf, daß sie entweder im engeren Einflußbereich der flämischen Barockmetropole Antwerpen, wenn nicht in Antwerpen selbst, entstanden sind oder daß zumindest der Meister, der sie geschaffen hat, von dort stammte bzw. dort gelernt hat. Die Tatsache allein, daß die wichtigsten Stücke der Niederkrüchtener Ausstattung deutliche Beziehungen zum Werk eines der größten flämischen Barockkünstlers neben Rubens aufweisen, ist schon wichtig genug".

Es sei noch darauf hingewiesen, daß die fast genau übereinstimmende Ausstattung der Kirche in Oberkrüchten besondere Beachtung verdient.

8. Von Glocken, Prozessionen und Wallfahrten

Das von altersher katholische Land an der nördlichen Grenze des damaligen Kreises Erkelenz legte traditionell großen Wert darauf, seinen Glauben auch nach außen zu tragen.
Täglich mahnten die Glocken zu Andacht und Gebet, läuteten Alltag und Feiertag ein, kündeten von Geburt und Tod und riefen bei Unheil und Not die Einwohner zur Hilfe herbei.
In Prozessionen entfaltete sich die ganze Pracht der „heiligen römischen Kirche", erflehte man den Segen Gottes für Feldfluren und Vieh, mit Wallfahrten zu bekannten und weniger bekannten Wallfahrtsorten in nah und fern verband man die Hoffnung, sich der Gnadenerweise zu versichern, die von diesen wundertätigen Stätten ausgingen.
So gehören Glocken, Prozessionen und Wallfahrten als wichtiger Teil zum Leben der Bevölkerung und sind von daher ein bedeutsames Kapitel auch der hiesigen Religions-, Kultur- und Ortsgeschichte.

8.1 Glocken

a) Die Elmpter Glocken
Die älteste Glocke des Geläutes von St. Laurentius Elmpt trägt das Jahresdatum 1407 (?), sie stammt damit aus der spätgotischen Zeit. Von Johannes Hintem (von Huitem), der als wandernder Glokkengießer durch die Lande zog, wurde sie gegossen.
Die Inschrift auf dieser großen Marienglocke lautet: MARIA VOCOR, ANNO DOMINI MCCCCVII JOHANNES DE HINTEM ME FECIT (Maria heiße ich, im Jahre des Herrn 1407 goß mich Johannes von Hintem).
Diese 830 kg schwere Elmpter Marienglocke ist von besonderem künstlerischen und geschichtlichen Wert, da Glocken dieses spätgotischen Meisters nur noch in der Stiftskirche zu Kleve (1428), ferner in Grieth (1429) und in Kellen (1438) zu finden sind.
Gesicherte Hinweise über weitere Glocken liegen erst aus der Mitte des 18. Jh.s vor. Man darf aber davon ausgehen, daß die St. Laurentius-Pfarrkirche schon früher über weitere Glocken verfügte, die wahrscheinlich Opfer der Kriegszeiten wurden. Eine zweite und dritte Glocke jedenfalls wurden am 18. Oktober 1799 von den Franzosen geraubt.
Als Elmpt 1815, wie auch das übrige linksrheinische Gebiet an Preußen fiel, beschloß die Pfarre[1] die Anschaffung von zwei neuen Glocken. Diese wurden im Jahre 1819 von dem Aachener Johann Baptist Nikolaus Goulard (auch Jean Baptiste Nicolas Gaulard oder Gulard) gegossen. Später zeigte sich, daß die größere der beiden Glocken einen Sprung hatte; Goulard verpflichtete sich 1845 dafür, eine neue Glocke zu gießen. Es scheint so, als habe der Meisterbetrieb in diesen Jahrzehnten nicht gerade beste Arbeit geleistet, denn Anfang der 40er Jahre des vorigen Jahrhunderts traten mehrere niederrheinische Gemeinden mit Regreßforderungen an den Glockengießer heran.
Um weite Transportwege zu vermeiden, richtete er im Oktober 1844 auf dem an der Anrather Kirche liegenden Friedhof einen provisorischen Gießofen ein, der aus Ziegelsteinen und Lehm erbaut wurde, bis Mitte Dezember wurden Formen für insgesamt sieben (!) Glocken erstellt[2]. Unter den Glocken, die Mitte

29 Feierlich werden drei neue Glocken von den Elmptern am 19. 9. 1954 abgeholt

Juni 1845 gegossen wurden, befand sich auch eine Glocke für Elmpt, die 1355 Pfund wog. Jedoch – die neue Glocke disharmonierte mit den beiden bereits vorhandenen Glocken und mußte daher durch eine neue ersetzt werden. Diese erhielt die Inschrift: „Venite, exultate ac in psalmis jubilate Deo vero Salutari vestro“ „Kommet, freuet Euch und in Psalmengesängen jubelt dem wahren Gott, Eurem Heilande“, während die zweite Glocke die Inschrift trug: „HIC CanaM VIVIs et DefVnCtIs“ „Hier werde ich erklingen für die Lebenden und für die Verstorbenen“. Die drei Elmpter Glocken hatten damals die Tonfolge F, As, B.

Nur rund 70 Jahre sollte dieser Dreiklang über Elmpt erklingen, dann forderte der I. Weltkrieg seinen Tribut mit einer Verordnung, derzufolge alle Glocken ohne künstlerischen und geschichtlichen Wert einzuschmelzen waren. Im Jahre 1917 wurden die beiden jüngeren Glocken beschlagnahmt und verhüttet. Wieder sammelte die Pfarrgemeinde und schaffte es, daß bereits drei Jahre nach dem Kriege eine neue Glocke angeschafft werden konnte, die am 27. November 1921 eingeweiht wurde. Sie erhielt den Namen „Maria – Königin des hl. Rosenkranzes“. Nur sechs Jahre später, am 9. August 1927, konnte auch eine dritte Glocke eingeweiht werden, das Geläute an St. Laurentius hatte nun die Tonfolge f-g-b.

Doch auch der II. Weltkrieg forderte wieder seine Opfer auch unter den Glocken, wobei die Abgabeverordnung gegenüber früheren Zeiten deutlich verschärft worden war. Grundsätzlich mußten diesmal alle Glocken abgegeben werden und nur der Tatsache, daß in einem Gutachten der ältesten Elmpter Glocke ein bedeutender kultureller Wert beigemessen wurde, ist es zu verdanken, daß die uralte Marienglocke in Elmpt blieb, während die beiden anderen Glocken in Hamburg eingeschmolzen wurden. Beinahe wäre die einzig verbliebene Glocke am Ende des II. Weltkrieges noch mit dem Kirchturm gesprengt worden, Pfarrer Trecker konnte das in letzter Minute verhindern. An dieses Ereignis erinnerte eine jährliche Gelübde-Prozession zur Kapelle in Overhetfeld.

Nach dem II. Weltkrieg, als die dringendsten Schäden in der Gemeinde und an der Kirche behoben waren, konnte man daran gehen, für neue Glocken in Elmpt Spenden zu sammeln. Im Juli 1954 wurden drei Glocken bei der Firma Otto in Bremen zum Gesamtpreis von DM 8800,– in Auftrag gegeben und am 19. September 1954 geweiht. Die neuen Glocken waren dem hl. Laurentius, dem hl. Gabriel und Pius X. geweiht und trugen die Inschriften: Laurentius-Glocke, Gewicht 625 kg, „CANTATE DOMINO CANTICUM NOVUM, CANTATE OMNIS TERRA 1954“ (Singt dem Herrn ein neues Lied! Singt dem Herrn alle Lande!); Gabriel-Glocke, Gewicht 420 kg, „ANGELUS DOMINI NUNTIAVIT MARIAE: AVE MARIA GRATIA PLENA 1954“ (Der Engel des Herrn brachte Maria die Botschaft: Gegrüßet seist du Maria, voll der Gnaden), Pius-Glocke, Gewicht 275 kg, „CHRISTUM SANCTIFICATE IN CORDIBUS VESTRIS 1954“ (Haltet Christus heilig in euren Herzen).

Die kleinste dieser Glocken, die Pius-Glocke, konnte jedoch nicht an das elektrische Läutewerk angeschlossen werden, paßte im übrigen auch nicht in die Schlagtonstimmungslinie der anderen Glocken, so daß sie durch eine neue Glocke ersetzt werden mußte, die am 23. September 1984 der „HL. MARIA IMMERWÄHRENDE HILFE“ geweiht wurde. Diese von Johannes und August Mark neu gegossene Molloktavglocke mit einem Gewicht von 245 kg trägt die Inschrift: „MARIA WIR RUFEN ZU DIR – 1978“.

b) Die Niederkrüchtener Glocken

Es existieren nur wenige schriftliche Unterlagen über Glocken in der alten Niederkrüchtener Pfarrkirche. Eine erste Notiz in der Pfarrchronik besagt, daß am 11. Juli 1678 der Erkelenzer Dechant Johann Nyssen eine kleine Glocke weihte.

Bereits zu Beginn des 18. Jh.s hatte die Kirche kein vollwertiges Geläute mehr, da die sogenannte „Große Glocke“ bereits 1723 einen Sprung hatte und umgegossen werden sollte, wozu es allerdings nicht gekommen war. Die „Große Glocke“ trug die Inschrift: „HAEC CAMPANA PROSIT VIVIS ET DEFUNCTIS“ (Diese Glocke gereiche den Lebenden und Verstorbenen zum Heil).

Entsprechend einem „Glockengußvertrag“[3] zwischen dem Meister Jean Baptiste Nicolas Goulard und den Kirchenvorstehern der Pfarrkirche Niederkrüchten wurden am 13. Juli 1819 drei neue Kirchenglocken bestellt.

Meister Goulard, der damals eine Reihe von Glocken für niederrheinische Kirchen goß, so auch für die Elmpter Pfarrkirche, stammte aus Romain an der Maas und dürfte einer jener wandernden Glockengießer gewesen sein, die seit dem 17. Jh. vor Ort im Rheinland Glocken gegossen haben.

Für die neuen Glocken sammelte die Pfarre 1850 Taler, weitere 305 Taler steuerte die Zivilgemeinde Niederkrüchten bei, des weiteren sollte die große alte Glocke im Gewicht von 2370 Pfund als Material für die drei neuen Glocken ebenso mitverwandt werden, wie eine kleinere Glocke, die man in Dilkrath gekauft hatte.

Nach dem Glockengußvertrag sollten die drei Glocken insgesamt 3800 Pfund Kölnisch wiegen, die Kirchenvorsteher hatten außer dem nötigen Material zum Guß auch das Bau- und Brennholz, Ziegelsteine, Steinkohle und weiteres Material

zu beschaffen sowie einen Platz bereitzustellen, der zum Aufbau des Schmelzofens und zur Anlage der Glockengrube geeignet war. Dafür mietete man von Peter Bonsels an der Silverbeek ein Grundstück für zwei Jahre an[4].
Die Kirchenvorsteher verpflichteten sich, dem Glockengießer innerhalb von drei Tagen nach dem Guß der drei Glocken die Summe von 12 Franken für je 100 Pfund gegossene Glocken und ein Jahr darauf die gleiche Summe von 12 Franken je 100 Pfund, „alles in harter Währung, den Laubtaler zu 5 Franken und 8 Centimes", zu bezahlen.
Die Glocken, die zusammen 3976 Pfund wogen, kosteten danach 876 Franken, die Gesamtausgaben beliefen sich auf 1532 Taler.
Bis zum September 1819 goß Goulard in Niederkrüchten sieben Glocken, davon drei für Niederkrüchten, zwei für Elmpt, eine für Oberkrüchten und eine für Baal.
Die drei von Goulard gegossenen Niederkrüchtener Kirchenglocken wurden 1940 beschlagnahmt, eine dieser Glocken wurde jedoch nicht verhüttet und konnte nach dem II. Weltkrieg wieder zurückgeholt werden. Neben dem Glockenspruch trug sie die Inschrift: „Phillip Leonhard Mercken, Johannes Josephus Backhuys als Pate und Maria Gertrud Toerschen geb. Camberg als Patin und Johannes Reiners als Küster", darüber hinaus die Jahreszahl 1819. Auf dem Glockenmantel hatte sich der Glockengießer in französischer Sprache verewigt.
Die im I. Weltkrieg an die Heeresverwaltung abzuliefernden Bronzeglocken hatten am 15. Juli 1917 bei der Rückkehr der Prozession von Holtum zum letzten Mal geläutet. Für die beiden beschlagnahmten Glocken wurde der Pfarre eine Entschädigung von 6160 Mark gewährt.
Im Januar 1921 wurden durch die Firma Ulrich & Weule in Bockenem vier Stahlglocken mit einem Gesamtgewicht von 2238 kg gegossen und auf geschmückten Fuhrwerken am Dülkener Bahnhof abgeholt, Glockenweihe war am 6. Februar 1921.
Als 1974 der Glockenstuhl der Pfarrkirche einzustürzen drohte[5], beschloß man, neben einem neuen Glockenstuhl auch vier neue Bronzeglocken anzuschaffen. Ein außergewöhnliches Erlebnis für viele Pfarrangehörige war es, beim Glokkenguß im August 1976 in der Glockengießerei Johannes Mark & Sohn in Brockscheid bei Daun zuzusehen. Die Glocken wurden am 21. November 1976 geweiht.
Eine wertvolle erhalten gebliebene Bronzeglocke aus dem Jahre 1819 stand jahrzehntelang unbenutzt in der Halle des Turms, sie fand ebenfalls 1976 wieder ihren Platz im Kirchturm.
Die Inschriften der neuen Glocken lauten bei der Christkönigsglocke: „Wer unter Euch groß sein will, sei Euer Diener", der Bartholomäusglocke: „Verkünde das Wort, sei es gelegen oder ungelegen", der Marienglocke: „Siehe, ich bin die Magd des Herrn" und bei der St. Josefs-Glocke: „Wenn ihr betet, plappert nicht wie die Heiden".
Die Gesamtkosten beliefen sich damals auf rund DM 100000.

c) Die Oberkrüchtener Glocken[6]

Bis zum I. Weltkrieg verfügte die Kirche in Oberkrüchten über mehrere Glocken, von denen die beiden größten Bronzeglocken im Jahre 1917 abgegeben werden mußten, weil „die Heeresverwaltung Kupfer für Granaten dringend benötigte". Als Ersatz erhielt die Kirche am 5. Dezember 1920 drei Gußstahlglocken, deren größte einen Durchmesser von 1,10 m hatte. Diese Glocke war dem Pfarrpatron, dem hl. Martinus, geweiht und trug die Inschrift: „Sanctus Martinus intercedat PRO NOBIS, A. D. 1920".

Die zweite Glocke war der Muttergottes geweiht und trug die Inschrift: „Ave Maria gratia plena a. D. 1920“ (Gegrüßet seist Du Maria voll der Gnaden 1920), die dritte, der heiligen Agatha geweihte Glocke schließlich trug die Inschrift: „Mortuos clanga a. d. 1920“. Die Glokken kosteten einschließlich Glockenstuhl 15 260 Mark, am 6. Dezember 1920 wurden sie feierlich geweiht.
Im Frühjahr 1955 erhielt die Oberkrüchtener Pfarrkirche ein neues Geläut. Das alte Stahlgeläute wurde durch ein Bronzegeläute ersetzt, die Firma Feldhaus & Marschall aus Münster lieferte die Glocken zum Preis von 11 560 DM. Das Geläute erklingt in fis, ais und cis und wird durch die aus dem vorigen Jahrhundert noch vorhandene St. Agatha-Glocke mit dem Ton fis ergänzt. Die neuen Glocken sind St. Martin, St. Katharina, St. Maria vom Frieden und St. Michael geweiht.

8.2 Prozessionen

Die Frömmigkeit der Elmpter und der Ober- und Niederkrüchtener Pfarrangehörigen drückt sich auch in einer Anzahl von Prozessionen aus, die von altersher das religiöse Leben der Pfarrgemeinden geprägt haben.
Bereits im 17. Jh.[7] zogen Prozessionen am Nachmittag des Weihnachtstages und an Mariä Lichtmeß mit Lichtern über den Kirchhof, am Osterfeste führte die Prozession frühmorgens über den Kirchhof und nachmittags bis zum Bach, der mitten durch das Dorf floß. An allen Sonntagen nach Ostern war vor dem Hoch-

30 Oberkrüchten, Kirche St. Martin. Diese Bronzeglocken wurden 1813 d. Pfr. Segebert Roosen angeschafft und 1916 für Kriegszwecke eingeschmolzen. Ansicht v. d. Hauptportal am Turm. Hinter den Glocken Zimmermann Gerhard Jennissen und Schmiedemeister Josef Leven.

31 Boscherhausen. Die Prozession der Pfarre St. Martin Oberkrüchten kommt aus Kevelaer zurück

Am Feste Christi Himmelfahrt führte die Prozession bis zum Bach, wo eine Predigt stattfand, am Pfingstfest fanden zwei Prozessionen statt, eine nach dem Hochamt und die zweite nach der Vesper, sie endeten ebenfalls am Bach und am Fronleichnamsfest wiederum nach dem Hochamt. Am Oktavtag dieses Prozesses führte die eine Prozession auf den Kirchhof mit Absingen des Tedeums. Die große Fronleichnamsprozession fand vor dem Festtag des hl. Johannes des Täufers statt, hieran nahmen auch die Bewohner von Oberkrüchten und Merbeck teil.
Weeger berichtet über diese am ganzen Niederrhein bis heute durchgeführte Prozession[8]:
„Die 1. Station war op den Veldt, in der Nähe der 1694 erbauten Johanneskapelle. Nachdem hier der Segen gegeben, zog die Prozession nach Oberkrüchten, wo unmittelbar vor dem Dorfe die 2. Station war. Nachdem hier der Segen gegeben, zog die Prozession am Hof vorbei bis ans Dorf, wo gleich am Eingange der Pfarrer von Oberkrüchten die Prozession erwartete, hier den Segen gab und das Sanctissimum trug bis an den Hey Camp, wo derselbe predigte und noch einmal den sakramentalen Segen erteilte. Jetzt trug der Pfarrer von Niederkrüchten das Allerheiligste bis an gen Nap, wo 1683 die Magdalenenkapelle erbaut wurde. Hier war die letzte Station, wo ein Minoritenpater eine zweite Predigt hielt. Von hier ging die Prozession zur Kirche zurück. Ein Jahrhundert später unter Pfarrer Jansens hielt Oberkrüchten seine eigene Prozession in der jetzt üblichen Weise mit den Stationen an den drei Kapellen im Dorfe und an der Pfarrkirche am Missionskreuze. Die Predigt wurde nicht mehr unterwegs, sondern in der hl. Messe gehalten."

Auch am Feste Mariä Himmelfahrt fanden zwei Prozessionen statt: Einmal nach der Kräuterweihe bis an den Bach, dann am Nachmittag über den Kirchhof. Am Fest des hl. Bartholomäus führte nach dem feierlichen Hochamt eine Prozession hinunter ins Dorf, wo eine Predigt gehalten wurde, am Sonntag nach dem Fest des Kirchenpatrons, dem Kirchweihfest, führte erneut eine Prozession bis zum Bach. Schließlich wurde noch am Allerseelentag nach der Messe in Prozessionsform der Kirchhof aufgesucht, wo die Gräber mit Weihwasser besprengt wurden.
Alle diese Prozessionen wurden noch bis Ende des 19. Jh.s durchgeführt.
Im März 1938 waren der Gestapo Aachen althergebrachte Prozessionen und Wallfahrten zu benennen, Niederkrüchtens Amtsbürgermeister teilte folgendes mit[9a]:
„Niederkrüchten: Markusprozession am 25. April von der Kirche durch die einzelnen Feldgemarkungen und wieder zurück zum Segen der Feldfrüchte.
Niederkrüchten, Oberkrüchten, Merbeck und Elmpt: Bittprozessionen montags, dienstags und mittwochs vor Christi Himmelfahrt, ebenfalls durch Feldgemarkungen. Dann die Fronleichnamsprozession zur Verehrung des Altarsakramentes und jeweils am 1. November Prozession zum Friedhof zum Gedenken der Toten.
Elmpt meldete eine Wallfahrtsprozession im August nach Roermond zur Muttergottesverehrung (die Prozession hat 1937 nicht stattgefunden) und eine Wallfahrtsprozession im Mai von der Kirche zur Elmpter Kapelle. Weiterer Hinweis: Wallfahrtsprozessionen nach Kevelaer, Neviges usw. finden in den letzten Jahren nicht mehr statt. Die Personen, die zu

32 Flurprozession in Elmpt – lang, lang ist's her!

diesen Wallfahrtsorten wollen, schließen sich zusammen und benutzen Omnibusse. Durchschnittliche Teilnehmerzahlen etwa 30 Personen. Des weiteren finden sakramentale Prozessionen in allen vier Pfarreien an den Sonntagen von Weißen Sonntag bis Christi Himmelfahrt um die Kirche herum statt und am Weißen Sonntag von der Schule zur Kirche als Begleitung der Erstkommunikanten zur Kirche." Soweit zu den Prozessionen während der NS-Zeit!

Zu den zahlreichen Prozessionen kamen noch sogenannte „Bittgänge", etwa der Nachbarschaft zur Annakapelle in Birth, bei Todesfällen oder bei Teilnahme an Festgottesdiensten benachbarter Pfarren, zu denen man in Prozessionsform nach Oberkrüchten zur hl. Agatha, nach Rickelrath zur hl. Appolonia und nach Elmpt zum hl. Antonius zog. Die Schützenbruderschaften beteiligten sich an diesen Prozessionen, bei denen sie z. T. ihre Fahnen mitführten.

Die Elmpter zogen alljährlich im September zur Kapelle Maria im Sand nach Roermond, 1952, als man nach 15jähriger Unterbrechung erstmals nach dem Krieg wieder eine Fußprozession durchführte, nahmen daran 300 Gläubige teil.

8.3 Wallfahrten

Neben Prozessionen und Bittgängen führten zahlreiche Pilgerfahrten seit altersher nach Kevelaer, nach Overhetfeld und zur Gnadenkapelle Unserer Lieben Frau im Sand.

Besonderer Beliebtheit erfreute sich dabei die Wallfahrt nach Kevelaer zum Gnadenbild der „Trösterin der Betrübten". Schon im 17. Jh. bestand diese Wallfahrt, denn eine erste Pilgerfahrt nach Kevelaer ist aus dem Jahre 1644 bekannt. Die Herrin von Schloß Dilborn, Ferdinande von Schaesberg geb. Wachtendonk, litt an einer „Zehrungskrankheit", in „ihrem frommen Sinn versprach sie sich Heilung von einer Pilgerfahrt zur Muttergottes nach Kevelaer". Die Krankheit war jedoch bereits so weit fortgeschritten, daß sie nur noch bis Walbeck kam und dort am 29. August 1644 starb. Sie wurde in der Klosterkirche zu Brüggen beigesetzt. Im Jahre 1692 wurde die seit sieben Jahren gelähmte Maria Gerrets aus Niederkrüchten auf einem Karren (!) mit nach Kevelaer genommen, wo die Kranke dann auch tatsächlich Heilung erfahren haben soll, wie der damalige Pfarrer Leonhard Loverix und Kaplan Schaffens aus Niederkrüchten bestätigten[10].

Zeitweise wurden die Niederkrüchtener auch von Pfarrangehörigen aus Oberkrüchten begleitet, etwa im Jahre 1838, als die gemeinsame Wallfahrt unter Anführung von Brudermeistern nachts um drei Uhr von Niederkrüchten trotz des damaligen Wallfahrtsverbotes auszog. Auf dem Rückweg wurden die Teilnehmer in Kaldenkirchen von Gendarmen vernommen. Die Oberkrüchtener Brudermeister Johann Severin Rüllenradt, Gerhard Gisberts und Mathäus Mertens führten an, daß ihnen von einem Übernachtungsverbot nichts bekannt sei und daß sie sich 23 weiteren Wallfahrten angeschlossen hätten, die sogar von Geistlichen geführt worden wären. Im übrigen hatten sie offensichtlich ein schlechtes Gedächtnis, denn sie gaben zwar an, in Straelen übernachtet zu haben, konnten sich aber an den Namen des Wirtshauses nicht mehr erinnern. Lediglich, daß die Wirtin dieser „Fuhrmannsherberge" eine Frau „von starker Natur" gewesen sei und einen Geistlichen als Sohn gehabt habe.[11]

Von den Polizisten wurde ihnen, da sie keine Papiere mit sich führten, die kirchlichen Abzeichen abgenommen, dazu gehörte ein Kreuz mit einem messingfarbenen Muttergottesbild und der Umschrift „Maria K", eine Muttergottes fahne mit dem Christuskind auf dem einen und dem hl. Martinus, dem Pfarrpatron, auf der anderen Seite und ein Brudermeisterstab. Das Vorgehen der Polizisten wurde von der Düsseldorfer Regierung im übrigen belobigt!

Bis zum II. Weltkrieg wurde die Wallfahrt an zwei Tagen durchgeführt und zwar ursprünglich Mitte September, später in der Zeit zwischen August und September. An der Fußwallfahrt nahmen 1820 = 125 Pilger, 1838 = 100, 1908 = 200 und 1927 ebenfalls 200 Pilger teil. Diese machten sich frühmorgens auf den Weg über Kaldenkirchen nach Straelen, wo der sakramentale Segen erteilt wurde und man übernachtete, von dort aus ging man am nächsten Morgen früh nach Kevelaer. Die Wallfahrt wurde jeweils von einem Pfarrgeistlichen geleitet, der in Kevelaer ein Hochamt hielt, am Nachmittag ging man gemeinsam den Kreuzweg, auf dem der Pfarrer zum zweiten Mal predigte. Auf dem Rückweg wurde, einem alten Brauch gemäß, in der Pfarrkirche zu Brüggen für die Teilnehmer aus Laar, Heyen, Dam, Gützenrath und Elmpt der sakramentale Segen erteilt, da die Pilger aus diesen Orten nicht mit bis zur Niederkrüchtener Pfarrkirche zogen.

Über die erste Fußwallfahrt nach dem II. Weltkrieg nach Kevelaer berichtet die Oberkrüchtener Schulchronik, daß vom 9. bis 11. September 1947 die 150jährige Fußwallfahrt nach Kevelaer unter Leitung der Oberkrüchtener durchgeführt wurde, denen sich die Pfarreien von Niederkrüchten, Elmpt und Brüggen anschlossen. Begleitet wurde die Wallfahrt von einer 16 Mann starken Musikkapelle aus Overhetfeld. Gleich am Abend fand in Kevelaer die erste Lichterprozession nach dem Kriege statt. Sie war veranstaltet durch die Oberkrüchtener Prozession.

Bis in den 60er Jahren nahmen noch rund 80 Fußpilger an dieser Wallfahrt teil, mit den Buspilgern waren es immerhin noch rund 200 Personen, die damals nach Kevelaer wallfahrten.

Seit 1903 sind auch eigene Pilgergruppen von Elmpt aus nach Kevelaer gepilgert, von 1914–1930 und von 1932–1962 sind diese Wallfahrten allerdings nicht bezeugt. Von der St. Bonifatiuskirche auf dem Elmpter Flugplatz pilgerte am 18. Juni 1978 eine eigene Gruppe ebenfalls zum Gnadenbild.

Seit spätestens 1797, möglicherweise aber auch schon 100 Jahre eher, zog die Pfarre St. Martin Oberkrüchten nach Kevelaer. Unterlagen aus dem Jahre 1843[12] besagen, daß sich der damalige Oberkrüchtener Pfarrer Fischer an das Generalvikariat in Köln mit der Bitte wandte, die Wallfahrt begleiten zu dürfen. Der Bitte wurde nicht entsprochen, sondern der Ratschlag erteilt, „die Wallfahrer sollten sich einen anderen Geistlichen suchen, der nicht Pfarrer sei“. Die Wallfahrt wurde am Freitag vor oder nach Mariä Geburt durchgeführt, später im September/Oktober. Die größte Teilnehmerzahl erreichte man 1818 mit 300 Pilgern; anläßlich des 200jährigen Bestehens dieser Wallfahrt stifteten die Pilger ein Schild, welches noch heute in der Kerzenkapelle in Kevelaer zu sehen ist.

9. Die französische Zeit

In Frankreich war 1789 die Revolution ausgebrochen; von den Ideen der Aufklärung erfüllt, lehnten sich Bürger und Bauern gegen die Vorrechte des Adels und der Geistlichkeit auf. Durch langwierige Kriege und maßlose Verschwendung des königlichen Hofes war das Land tief in Schulden geraten.

Durch den Umsturz wurden auch die linksrheinischen Gebiete wieder in kriegerische Auseinandersetzungen verwickelt, als sich im Jahre 1792 Preußen und Österreich zum Schutz des französischen Königs zusammenschlossen und die vereinigten Armeen in Frankreich einrückten. Anfänglich gelang es ihnen, die Revolutionsarmeen zurückzuwerfen, sie mußten sich aber bis an die Roer zurückziehen, als der französische General Dumouriez sie am 5. November 1792 unweit Mons schlug, Roermond fiel den Franzosen kampflos in die Hand. Bis Mitte Dezember 1792 waren die Franzosen bis zu einer Linie Wassenberg-Kaldenkirchen vorgedrungen und bezogen in Roermond, Niederkrüchten und Brüggen Winterquartiere[1], während sich preußische Einheiten in Oedt, Süchteln, Dülken und Venlo einquartierten und österreichische Truppen in Odenkirchen und Erkelenz überwinterten.

Als am 21. Januar 1793 Ludwig XVI. hingerichtet wurde, wandten sich alle europäischen Staaten einmütig gegen Frankreich. Nicht zuletzt dies Ereignis sollte der Anlaß für die preußischen und österreichischen Truppen zu einem Gegenstoß im Frühjahr 1793 sein. Folgen wir J. Deilmann[2], der die Kämpfe im hiesigen Raum anschaulich schildert:

„Am 2. März 1793 gab Herzog Friedrich August von Braunschweig-Öls den Befehl, am nächsten Tag in fünf Heeresgruppen den Gegner auf der ganzen Linie anzugreifen. Während sich die erste Kolonne gegen das Dorf Swalmen wenden würde, sollte die zweite von Bracht her geradewegs auf Brüggen zu marschieren, den dort vermuteten Feind vertreiben und der ersten Kolonne bei Swalmen zu Hilfe eilen. Die dritte Abteilung mit dem Oberkommando sollte über Waldniel vorgehen und dann von Niederkrüchten her bei Brüggen in den Kampf eingreifen. Zwei weitere vorwiegend österreichische Gruppen sollten von Erkelenz aus nach Wassenberg vorrücken.

General von Knobelsdorff, der Führer der ersten Gruppe, stieß bei Swalmen schon bald mit den Franzosen zusammen, ließ sich aber, um der zweiten Abteilung genügend Zeit zum Aufmarsch zu verschaffen, nur auf ein hinhaltendes Gefecht ein. Diese hatte mittlerweile Brüggen erreicht, fand aber den Ort vom Feinde bereits geräumt. Statt nun die nicht zerstörte Schwalmbrücke zu überschreiten und über Dilborn, Overhetfeld und Boukoul vorzurücken, um dem Gegner den Rückweg nach Venlo zu verlegen, machte Generalmajor Graf von der Goltz den Fehler, auf dem rechten Ufer der Schwalm weiter zu marschieren, und mußte schließlich im Angesicht der Feinde eine Brücke über den stark angeschwollenen Fluß schlagen lassen, auf der die Infanterie hinüberging, während die Kavallerie durch die Fluten watete. Gemeinsam mit der ersten Gruppe erfolgte nun ein ungestümer Angriff auf die französische Stellung bei Hillenrad und Swalmen.

Die übrigen Abteilungen hatten inzwischen Krüchten, Orsbeck und Wassen-

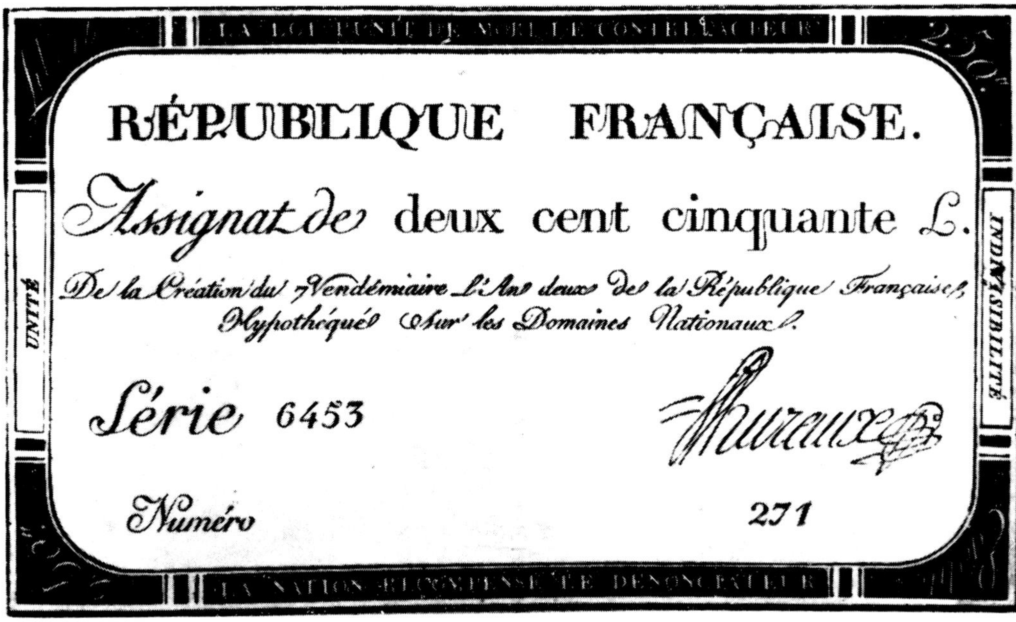

33 Assignaten, französisches Inflationsgeld

berg erreicht, ohne einen Schuß zu tun. Oberst Blücher, der spätere Generalfeldmarschall, nahm am Abend des 3. März 1793 Quartier in Elmpt und blieb dort bis zum 6. Juni 1793, also etliche Zeit, wie aus Berichten hervorgeht, die der spätere „Marschall Vorwärts", wie ihn eine begeisterte Nation voller Stolz nannte, an den Großen Generalstab sandte[2a]. Er erhielt nun nach seinem Eintreffen den Auftrag, mit sechs Schwadronen auf der Straße von Elmpt nach Roermond zur Aufklärung vorzurücken. Als er aus nordwestlicher Richtung Geschützdonner vernahm, schickte er dem Oberbefehlshaber, der bis Brempt gefolgt war, Meldung zurück und eilte selbst mit der Reiterei dem Schlachtenlärm entgegen. Bevor noch der Herzog von Braunschweig die dritte Kolonne, die unter Generalleutnant von Reppert stand, in den Kampf eingreifen lassen konnte, war der Sieg entschieden und der Gegner im vollen Rückzuge auf Roermond begriffen."

Die Kavallerie versuchte zwar die Franzosen zu verfolgen, diese zerstörten jedoch

alle Brücken hinter sich. Wie Röttgen[3] berichtet, wurden Mitte des vorigen Jahrhunderts auf dem Boeklerberg noch Menschengerippe gefunden, die wahrscheinlich aus diesen Gefechten herrühren.

In den nächsten Monaten blieb es am Niederrhein verhältnismäßig ruhig, bis am 9. Oktober 1794 die Franzosen in einer zweiten Schlacht bei Aldenhoven siegreich blieben und nach und nach das gesamte linke Rheinufer besetzen konnten. Besonders die einheimische Bevölkerung hatte unter der neuerlichen Besetzung schwer zu leiden, neben Pferden und Kühen wurden Brot, Bier, Hafer, Heu, Stroh und Holz requiriert, dazu mußten die Bauern Hand- und Spanndienste leisten, wurden zu Schanzarbeiten herangezogen, kurzum, wurden gänzlich ausgesogen.

Im Herbst 1794 trat dazu eine Hungersnot ein, die durch einen strengen Winter wie er seit Jahrzehnten nicht mehr geherrscht hatte, noch verschärft wurde. Den eroberten Ländern wurde eine Kriegssteuer von 25 Millionen Livres auferlegt, da diese jedoch nicht eintreibbar war, wurde sie zwar auf 8 Millionen ermäßigt, dennoch drückte die Gemeinden eine ungeheuere Steuerbelastung. Als Preußen im Jahre 1794 alle Männer im Alter von 17 bis 45 Jahren zu den Waffen rief, reagierten die Franzosen mit der Einberufung aller wehrfähigen Männer und brachten so ein Heer von 600 000 Soldaten zusammen, das von einem neuen, einem revolutionären Geist beseelt war. Das Heer war geradezu besessen von der Idee, den „unterdrückten Völkern Europas" die Freiheit zu bringen.

Preußen schloß 1795 einen Sonderfrieden mit Frankreich und erklärte sich mit der Abtretung des linken Rheinufers einverstanden; die französische Republik entbot der rheinischen Bevölkerung ihren Gruß: „Den eroberten Ländern zwischen Rhein und Maas Freiheit, Gleichheit und Brüderlichkeit! Tod den Tyrannen, Heil den Hütten, Krieg den Palästen. Wir geben Dir die Freiheit, glückliches Land!"

Nachdem die Franzosen 1793 auch die spanischen Niederlande besetzt hatten, mußte der deutsche Kaiser Franz am 17. Oktober 1797 diese Gebiete im Frieden zu Campoformio förmlich an die französische Republik abtreten.

Elmpt und Niederkrüchten kamen zum Departement de la Roer mit dem Sitz in Aachen. Die Dörfer gehörten zum dritten Bezirk dieses Departements, mit Roermond als Hauptort gewann Niederkrüchten die Bedeutung eines Kantonsortes. Das niederrheinische Land erhielt eine Verwaltung, die den Verhältnissen in Frankreich angeglichen war, wobei die Grenzen der neuen Verwaltungsbezirke ohne Rücksicht auf die vormalige, oft seit Jahrhunderten bestehende alte Landeseinteilung gezogen wurden[4].

Auch in Elmpt und Niederkrüchten ließ die Agrarverfassung des ausgehenden 18. Jh.s noch die Grundlagen erkennen, die im 12. bis 14. Jh. gelegt worden waren, nämlich die Grundherrschaft mit Fronhöfen und abhängigen Hufen (Bauernlehen).[5]

Die grundherrlich gebundenen Güter hatten an den Grundherrn Abgaben und Dienste zu leisten, wenn auch die Bauern persönlich frei waren. In den letzten Jahren vor dem Einmarsch der französischen Truppen hatte die Elmpter Bürgerschaft jährlich 7911 Gulden an Steuern für Grund und Boden abzuführen. Da die meisten Einwohner ziemlich arm und deshalb nicht in der Lage waren, die auf sie entfallende Steuer aufzubringen, war die Gemeinde gezwungen, Anleihen aufzunehmen.

Mit Einführung der Franzosenherrschaft wurden die Bauern nun völlig befreit und die Gewerbefreiheit eingeführt. Am 5. April 1795 wurden alle Vorrechte des Adels und der Geistlichkeit aufgehoben und drei Jahre später alle Zins-, Zehnt- und Kurmudpflichten für ungültig erklärt. Die „Bauernbefreiung" stand jedoch für die unmittelbar Betroffenen nur auf dem Papier, denn waren bisher von der französischen Besatzung Abgaben vom einfachen Mann in unvorstellbarer Höhe erpreßt worden, so wurde von 1798 an durch ein mehr als hartes Steuersystem

auch die Last für die Gemeinden und den Einzelnen nur noch drückender, denn neben Grund- und Bodensteuern wurden nun auch Kopf-, Gebäude-, Mobiliar- und Luxussteuern erhoben[6].
Am 23. Janaur 1798 wurde für den gesamten Niederrhein eine neue Gerichtsordnung erlassen, in jedem Kanton wurde ein Friedensrichter für die bürgerliche Rechtspflege ernannt; die alten bewährten Schöffengerichte hatten ausgedient. Auch Niederkrüchten erhielt damals ein Friedensgericht, welches auch zuständig für Elmpt war.
Mit Einführung der französischen Verwaltung wurde auch eine neue, republikanische Zeitrechnung eingeführt. Die 7tägige Woche wurde abgelöst durch eine Dekade, jeder 10. Tag war nunmehr ein Ruhetag. Aber nicht nur die Sonntage fielen weg, sondern auch die christlichen Festtage, die Namen der Heiligen mußten den Namen von Tieren, Pflanzen und Mineralien weichen. Das Jahr 1 begann am 22. September 1792. Die Monate, die unterschiedslos 30 Tage oder 3 Dekaden umfaßten, wurden nach der Witterung oder den Feldarbeiten benannt. Die Herbstmonate hießen nun Vendémaire, Brumaire, Frimaire (Wein-, Nebel- Reifmonat), die Wintermonate Nivôse, Pluviôse, Ventôse (Schnee-, Regen-, Windmonat), die Frühlingsmonate Germinal, Floréal, Prairial (Keim-, Blüten-, Wiesenmonat) und die Sommermonate Messidor, Thermidor, Fructidor (Ernte-, Hitze- und Fruchtmonat). Am Schlusse des Jahres wurden fünf oder sechs Schalttage zum Ausgleich eingeschoben[7].
Während unter dem alten Regime die Kirchenbücher Geburts-, Heirats- und Sterbeeintragungen enthielten, wurden 1794

34 Grenzstein in Elmpt an der deutsch-niederländischen Grenze

bzw. 1798 erstmals Zivilstandsregister eingeführt, die nunmehr alle standesamtlichen Daten aufnahmen.
Mit dem Einmarsch der Franzosen wurden auch die bis dahin gültigen Währungen durch Revolutionsgeld ersetzt. Die Papierwährung, Assignaten, mußte von der einheimischen Bevölkerung als vollgültig angenommen werden, obwohl sie schnell im Wert sank, d. h. praktisch wertlos war. Es war unter schwerer Strafe verboten, die von den Behörden aufgestellten Richtpreise zu umgehen oder den französischen Truppen Waren vorzuenthalten. Erst am 25. April 1795 wurde der Zwangskurs aufgehoben[8], nachdem die Papierschnitzel inzwischen völlig wertlos geworden waren.
Am schlimmsten traf es jedoch die Kirche, denn durch die Revolution war das religiöse Leben in Frankreich völlig unterbunden worden. Nach anfänglicher Zurückhaltung dehnten die Franzosen ihren blinden, fanatischen Haß gegen Priester und Kirche auch auf die von ihnen besetzten linksrheinischen Gebiete aus. Im Mai 1797 wurden alle Pfarrer und im September des gleichen Jahres alle übrigen Geistlichen aufgefordert, „Haß gegen das Königtum und Treue gegen die Republik" zu schwören[9]. Wer sich der Anordnung widersetzte, mußte das Land verlassen. Während der Generalvikar von Lüttich die Priester seines Bistums zur Abgabe des Eides ermunterte, um den Gottesdienst sicherzustellen, verweigerte der Bischof von Roermond den Eid, ihm folgte die größte Anzahl der Geistlichen. Auch die Pastöre von Niederkrüchten, Oberkrüchten und Elmpt schlossen sich der Auffassung ihres Bischofs an und verweigerten den Eid, die Folge war, daß in den beiden erstgenannten Orten alle geistlichen Handlungen verboten und die Kirchen geschlossen wurden. Den Elmptern wurden am 22. Januar 1799 von den Franzosen zwei Glocken geraubt[10]. Grundsätzlich wurde den Priestern nun verboten, in Kirchengewändern die Straßen zu betreten, alle Prozessionen, Wallfahrten und Bittgänge mußten unterbleiben, die Toten durften nur noch in der Kirche, nicht jedoch im Grabe eingesegnet werden. Alle Kreuze und Fußfälle an Straßen und Wegen waren zu entfernen[11].
Einer der ersten, der die Auswirkungen dieses Kirchenhasses zu spüren bekam, war Johann Theodor Herbrordt (nach Weeger: Herbordt), der bereits seit 1771 Kaplan in Niederkrüchten gewesen war und im Februar 1796 als Pfarrer eingesetzt wurde. Wie Weeger berichtet[12], hatte auch Herbrordt den Eid verweigert, er war, als seine Kirche geschlossen und ihm die Ausübung seiner geistlichen Funktionen verboten worden war, über die Schwalm ins jülich'sche Gebiet geflohen, in welchem die Restriktionen nicht so hart durchgeführt wurden und das deshalb zur Zuflucht für viele verfolgte Priester der spanischen Niederlande wurde. In einer Scheune auf dem Luysberg bei Lüttelforst hielten er und sein Kaplan Rousseau heimlich Gottesdienste ab und spendeten dort auch die Sakramente. Als Herbrordt am 12. September 1798 verhaftet werden sollte, um deportiert zu werden, floh er zum Pfarrer von Heumen, wo sich auch Pfarrer Roosen von Oberkrüchten aufhielt, und dann weiter nach Gronsbeck, wo er bis Mai 1800 als Kaplan wirkte. Auch Dechant Sloot von Elmpt mußte fliehen.
Kaplan Rousseau spendete in diesen Jahren als Bauer verkleidet im blauen Kittel während der Nacht in Niederkrüchten Pfarrangehörigen die Sakramente – immerhin wurden von 1798–1800 von ihm 54 Paare kirchlich getraut! – ohne Einkünfte und unter Opferung seiner Gesundheit hielt er das kirchliche Leben aufrecht. Am 22. April 1798 gingen sogar 44 Kinder von Elmpt in der Klosterkirche

zu Brüggen zur ersten Heiligen Kommunion.
Wie die Not erfinderisch macht, zeigt die Mitteilung des Pfarrers Nybelen, der 1845 Vikar in Niederkrüchten war[13]. Er schreibt: „Ich habe einen alten Schreiner in Niederkrüchten gekannt, der als kleines Kind in der Werkstätte seines Vaters auf der Hobelbank getauft worden war. Ferner: In einem Hause hatten die Bewohner unter der Treppe, die zum Speicher führte, einen Bretterverschlag. In diesem Raume empfingen die Kinder ihre erste hl. Kommunion.
Und wie erging es den Kranken? Der Pfarrer ging verkleidet als Handelsmann, ein buntes Tuch um den Hals gebunden, den Mispelstock mit dem Riemen daran in der Hand. So blieb er der Besatzung unbekannt.
Mit einem Wirte hatte er heimlich verabredet, wie er erfahren könnte, wo die Kranken sich befanden. In der Kleidung eines Handelsmannes trat der Pfarrer in die Wirtsstube. Er setzte sich an einen Tisch und fragte laut den Wirt: ‚Hätt je og Schope (Schafe) te verkope?' Antwortete der Wirt: ‚Nein', so wußte der Pfarrer, daß keine Kranken angemeldet waren. Sagte aber der Wirt: ‚Joo', so sagte der Pfarrer: ‚dann lott se mech ens kieke'. – Die Schafe, das waren ja seine Pfarrkinder und selbstverständlich auch die Kranken der Pfarre.
Beide gingen hinaus. Der Wirt verkaufte, d. h. er übermittelte seinem Pfarrer die Namen der Kranken und der Wohnungen. Pfarrer Nybelen sagte: ‚In dieser Zeit ist keiner aus der ganzen Pfarre Niederkrüchten ohne Empfang der hl. Sakramente in die Ewigkeit gegangen'. So hat Niederkrüchten in schwerer Zeit ausgehalten und die Prüfungen mit Ergebung in Gottes hl. Willen ertragen."
Die antikirchlichen Maßnahmen der französischen Revolution richteten sich vor allem aber auch gegen das kirchliche Eigentum. In Frankreich waren bereits 1789 alle Kirchengüter und Zehnten als National- und Domänengut beschlagnahmt worden, vier Jahre später wurden das sog. „Fabrikvermögen" und alle Dotationen eingezogen[14]. Diese Gesetze wurden später auf die linksrheinischen besetzten Gebiete ausgedehnt.
Unter dem Generaldirektorium wurden durch Gesetz vom 31. August 1796 alle kirchlichen Güter, die sich im Besitz der Bischöfe, Äbte, Pfarrer und Ordensleute befanden, und die Benefizien jeder Art beschlagnahmt und diesem unterstellt. Die Betroffenen mußten eine genaue Aufstellung ihrer Güter, Einnahmen aus Pachten usw. abliefern[15], den Pfarrern und Vikaren wurde ein geringes Gehalt als Entschädigung ausgezahlt. So erhielt der Pfarrer von Niederkrüchten ein Staatsgehalt in Höhe von 1000 Francs oder umgerechnet 800 Mark jährlich[16].
Die katholische Kirche hatte somit bereits im Jahre 1797 ihren gesamten Besitz verloren.
Weeger berichtet[17], daß „sich in Niederkrüchten dieselben Auftritte wiederholten, die das Erscheinen der Franzosen an anderen Orten im Gefolge hatte. Die Kirche wurde geplündert, das Silber (Gold war nicht aufzutreiben) überall aufgespürt und abgebrochen, die Glocken zerschlagen und als Material für Kanonen weggeführt, die Möbel in der Kirche öffentlich versteigert." Von den 62 Morgen, die Eigentum der Pfarre Niederkrüchten waren, wurden so 56 Morgen verkauft.
Der nächste Schlag richtete sich gegen die Klöster, deren Besitz zunächst beschlagnahmt, später versteigert wurde, sie durften keine Novizen mehr aufnehmen und durch Dekret vom 19. Dezember 1800 wurden alle Klöster aufgehoben, aus denen beim Einmarsch der Franzosen mehr als die Hälfte der Insassen geflüchtet war.

35 Ansicht auf Niederkrüchten um 1800 - Wandmalerei im Haus Mittelstraße 98, entdeckt im Jahre 1976

Eine Änderung trat ein, als im Jahre 1799 Napoleon Bonaparte Erster Konsul in Frankreich wurde. Er schlug eine politisch klügere Kirchenpolitik ein, indem er sich Rom wieder annäherte und sich durch ein Konkordat 1801 mit dem Papst aussöhnte und die Kirchenverfolgung beendete, ohne jedoch der Kirche Selbständigkeit und Macht zu gewähren.[18]

Die Organisation der Kirche wurde umgestaltet, Bistümer und Pfarreien entsprechend der neuen Landeseinteilung umgeschrieben und die Pfarren in Kantonal- und Succursalpfarren (Bei- oder Nebenkirchen) eingeteilt. Das alte Erzbistum Köln wurde aufgelöst und ein neues Bistum Aachen gegründet, dessen erster Bischof Marcus Antonius Berdolet wurde. Diesem neuen Bistum wurden auch Niederkrüchten und Elmpt unterstellt, wobei der Niederkrüchtener Pfarrer zugleich Kantonalpfarrer wurde, seither nennen sich die Niederkrüchtener Pfarrer auch Oberpfarrer. Die Unterscheidung von Kantonal- und Succursalpfarren fiel in der Rheinprovinz erst 1873 weg, nachdem bereits am 16. Juli 1821 durch die Bulle „De Salute Animarum" das Bistum Aachen aufgehoben wurde und Niederkrüchten und Elmpt wieder zum Erzbistum Köln gelangten.

Napoleon Bonaparte ließ in seinen Departements am linken Niederrhein bereits im Jahre IX, d. h. vom 23. September 1800 an, Aushebungen zum französischen Militärdienst vornehmen, um sein Revolutionsheer zu verstärken[19]. Die allgemeine Wehrpflicht begann mit dem 20. Lebensjahr, alle nach dem 22. September 1779 geborenen Männer wurden nach und nach militärpflichtig. Jährlich wurden Listen von Konscribierten, d. h. Gestellungspflichtigen, von den Maires der Gemeinden zusammengestellt und dann die jungen Männer zur „Ziehung" aufgerufen. Da nicht alle Wehrpflichtigen eingezogen wurden, erfolgte die Ziehung in der Weise, daß in zwei Gefäßen einmal die Namen der Gestellungspflichtigen und zum andern entsprechende Nummern niedergelegt wurden. Die Konscribierten zogen nach dem jeweiligen Namensaufruf aus dem zweiten Gefäß eine Nummer, die, wenn sie niedrig lag, eine Einberufung nach sich zog, lag sie jedoch hoch, konnte sie Befreiung vom Wehrdienst bedeuten.

Eine solche Konscribiertenliste liegt für Niederkrüchten aus dem Jahre 1809 vor, die vom Niederkrüchtener Maire Johann Anton Roosen zusammengestellt wurde. In den Bürgerbüchern waren alle Männer im Alter von 17–45 Jahren eingetragen, die auszulosen waren. 75 Namen weist die Liste für das Jahr 1809 auf, von denen für den Kanton Niederkrüchten zwölf Mann für den aktiven Militärdienst und vier Mann für die Reserve-Armee eingezogen werden sollten. Diese konnten sich aber auch freikaufen, oder, falls sie minderbemittelt waren, auch durch die Gemeinde freigekauft werden.

Im allgemeinen wurden die Ziehungen in Roermond vorgenommen, am 7. März 1809 fanden sie jedoch in Niederkrüchten statt. Damals waren die jungen Männer im allgemeinen sehr viel kleiner als heute, was daraus hervorgeht, daß die Mindestgröße der zukünftigen Soldaten auf 1,50 m festgesetzt wurde! Dennoch erreichten eine Reihe der Gemusterten nicht einmal diese Körpergröße.

Es gab – wie übrigens auch im französischen Mutterland selbst – viele Deserteure. Die jungen Leute suchten sich entweder dieser Dienstpflicht zu entziehen oder flohen. Napoleon legte dafür aber den Eltern oder Verwandten der Flüchtlinge die sogenannte „Colonne mobile" solange als Einquartierung ins Haus, und diese sorgte dann für den nötigen Druck, bis sich die Entflohenen wieder eingefunden hatten.

Neben den Deserteuren gab es auch eine große Zahl von Refraktairen, von Leuten also, die sich dem Heeresdienst zu entziehen versuchten. Eine Namensliste aus dem Jahre 1808 weist allein die Namen von 20 Deserteuren und 34 Refraktairen aus der Gemeinde Niederkrüchten auf – ein Beweis dafür, daß auch am linken Niederrhein nur wenige mit Begeisterung im französischen Heer dienten[20].

Aus Niederkrüchten sind allein im Jahre 1808 vier Soldaten – Goswin Gerardts, Johann Matthias Veger, Peter Anton Gisberts und Johann Matthias Brouwers – für Frankreich gefallen.

Eine einschneidende Maßnahme besonders für die Elmpter Bürger bedeutete im Jahre 1807 die Verordnung der französischen Regierung, die kollektive Nutzung des Elmpter Waldes zu beenden und die Flächen zu privatisieren. Holz, Steine und Weiderechte gingen damit dem einfachen Mann zunächst einmal verloren.

Preußen hatte sich im Sonderfrieden von Basel 1795 eine Ruhepause von zehn Jahren erkauft. Lange hatte es gezögert, im Kampf um Europa klar Partei zu ergreifen. Als es sich endlich zum Kampf gegen Napoleon entschloß, erlitt es in der Doppelschlacht von Jena und Auerstädt im Jahre 1806 eine völlige Niederlage, das preußische Heer löste sich auf, Napoleon, der sich 1804 zum Kaiser krönen ließ, zog in Berlin ein. Als das deutsche Reich sich auflöste, befand er sich auf dem Höhepunkt seiner Macht.

Napoleon versuchte jedoch vergeblich, mit seiner Kontinentalsperre den wirtschaftlichen Ruin seines stärksten Gegners England herbeizuführen. Als Rußland sich offen weigerte, seine Häfen für neutrale Schiffe zu schließen, entschloß sich der französische Kaiser, Rußland niederzuwerfen. Mit einem Heer von mehr als 700 000 Soldaten aus allen europäischen Ländern, davon allein 180 000 Deutschen, marschierte er im Sommer

1812 nach Rußland. Von den Österreichern rechts und den Preußen links flankiert, führte er das Hauptheer der „Großen Armee“ über Warschau bis nach Moskau. Als die Russen jedoch ihre Hauptstadt nach der Besetzung anzündeten und dem französischen Heer damit die Winterquartiere vernichtete, bot Napoleon dem Zaren den Frieden an, dieser aber blieb die Antwort schuldig. So mußte das französische Heer in der eisigen Winterkälte – das Thermometer zeigte im Dezember 1812 minus 37° an! – zurückmarschieren, es erfroren viele der durch Hunger und Krankheit geschwächten Soldaten. Die große Niederlage bahnte sich an! In versprengten Gruppen versuchte sich die ehemals glorreiche „Grande Armee“ nach Westen durchzuschlagen.

„Mit Mann und Roß und Wagen hat sie der Herr geschlagen“, Europa hielt den Untergang der „unschlagbaren“ Armee für ein Gottesgericht über den vermessenen Kaiser! In Preußen war es der Freiherr vom Stein, der zum Kampf gegen die Franzosen aufrief. In der Völkerschlacht bei Leipzig im Jahre 1813 wurde das Schicksal der Franzosen endgültig besiegelt. Diese Völkerschlacht forderte auch Opfer unter den Soldaten, die aus Elmpt für die französische Armee rekrutiert worden waren. Damals fielen Heinrich Botz, Heinrich und Konrad Brouwers, Hermann Lütters, Theodor Gerecht, Konrad Houx, Gottfried und Wilhelm Hamackers, Gerhard Polms, Theodor Coenen und Nikolaus Thyssen, ein gewaltiger Blutzoll für die damals noch kleine Gemeinde.

Am 11. Januar 1814 gingen russische Vortruppen unter General Witzingerode bei Düsseldorf über den Rhein, es folgten Kosaken, Lützower, Schweden, Sachsen und Preußen, die nun begannen, die linksrheinischen Gebiete von den Franzosen zu befreien. Nachdem Napoleon endgültig besiegt und der Pariser Friede vom 30. Mai 1814 geschlossen war, wurden die Rheinländer aus dem französischen Heer entlassen, dies waren aus den niederrheinischen Gebieten etwa 18 000 Mann.

In der Baseler Konvention vom 12. Januar 1814 teilten die Verbündeten die befreiten linksrheinischen Gebiete in die Generalgouvernements Nieder- und Mittelrhein, die am 10. Juni desselben Jahres in der Hand des preußischen Staatsrates Sack mit dem Sitz in Aachen vereinigt wurden. Der Wiener Kongreß sprach am 10. Februar 1915 das Rheinland und Westfalen dem Königreich Preußen zu, das am 5. April 1815 von seinen neuen Gebieten Besitz ergriff.

10. Unter den „Preußen" von 1815–1871

10.1 Die neuen Grenzen

Die Neugestaltung der staatlichen Verhältnisse bei der Grenzfestsetzung nach den napoleonischen Kriegen erfolgte auf dem Wiener Kongreß unter den Gesichtspunkten der großen europäischen Politik. Was die heimische Region anbetraf, so sollten nach dem Plan Englands die Niederlande eine Barrierestellung an der Nordgrenze Frankreichs einnehmen und das Königreich Preußen die linksrheinischen Gebiete erhalten, nachdem es das niederrheinische Herzogtum Kleve schon seit dem 17. Jh. besessen hatte. Dabei sträubte sich gegen diese neue Landzuteilung an Rhein und Maas anfänglich der preußische Minister Hardenberg, der eine Landgewinnung nach Osten (Sachsen) bevorzugte.

Das Land zwischen Maas und Schwalm, ein Jahrtausend lang zusammengehörend, wurde so auf dem Wiener Kongreß willkürlich auseinandergerissen. Mitten durch diesen einheitlich geprägten und durch Natur, Volk und Geschichte zusammengewachsenen Raum verlief nunmehr eine neue Landesgrenze parallel zur Maas. Der alte Kanton Erkelenz wurde zum neuen Kreis gebildet, der sich aus dem ehemaligen Herzogtum Jülich (Holzweiler, Keyenberg, Immerath, Lövenich, Baal, Doveren, Hückelhoven, Kleingladbach, Gerderath, Erkelenz, Körrenzig und Beek), aus den österreichischen Niederlanden (Wegberg, Nieder- und Oberkrüchten, Elmpt) und aus der Reichsgrafschaft Wickrath (Schwanenberg) zusammensetzte.[1]

Die alten Territorial- und Gemeindegrenzen wurden jedoch übernommen wie etwa die Schwalm als ehemalige Grenze zwischen den Herzogtümern Jülich und Geldern, jetzt als Grenze zwischen den preußischen Regierungsbezirken Düsseldorf und Aachen.

1815 wurde der neue Kreis auch Grenzkreis: Auf einer Länge von 24 km war seine Grenze Landesgrenze mit den Niederlanden. Auf englische Intervention hin war diese Grenze bestimmt worden, sie sollte aus strategischen Gründen 1000 Rheinische Ruten (1½ englische Meilen) = einen „Kanonenschuß" weit von der Maas entfernt sein. Diese Forderung trennte den Kreis Erkelenz von seinen alten maasländischen Verbindungen und wirkte sich auch auf den Absatz der hiesigen Flachs- und Getreideproduktion nachteilig aus.

Der neuen Grenzführung lag ein französischer Aufteilungsplan für den Meinweg aus dem Jahre 1807 zugrunde. Damals hatte die französische Regierung die Aufteilung aller Gemeinschaftswälder im linksrheinischen Gebiet angeordnet. Die Vermessung wurde durch den Ingenieur Lemire durchgeführt, der zum französischen „Ingenieur-Geografencorps" gehörte, an dessen Spitze Oberst Tranchot stand, dessen Kartenauszüge noch heute begehrte Unterlagen darstellen.

Lemire hatte den über 10 000 Morgen großen Meinweg auf vierzehn berechtigte Dörfer aufzuteilen, nämlich Vlodrop, Herkenbosch, Melick, Roermond, Maasniel und Herten, die an die Niederlande fielen, sowie an die preußischen Gemeinden Wassenberg, Steinkirchen, Ophoven, Birgelen, Arsbeck, Kerken, Oberkrüchten und Niederkrüchten. Diesen Dörfern wurden die ihnen zustehenden je rund

750 Morgen so zugewiesen, daß sie auf dem kürzesten Weg ihren Waldbesitz erreichen konnten.
Die neue Grenzziehung wurde von Edmund Knorr detailliert beschrieben:[2]
„Um die 1½ Meilen-Zone einzuhalten und gleichzeitig der Stadt Roermond ein erforderliches Hinterland zu verschaffen, wurden die Dörfer Melick, Herkenbosch und Vlodrop den Niederlanden zugeschlagen, die Grenzlinie folgte hier der natürlichen Gebietsgrenze des Rothenbaches bis hinauf zur Dalheimer Klostermühle.
Hier verließ man das Tal, dem alten Salzweg folgend, und erreichte das große Gebiet des Meinwegs. An den „Sechseichen“ bog die Grenze nach Nordwesten ab und folgte damit der alten Grenze des Amtes Wassenberg, um dann wiederum fast im rechten Winkel nach Nordosten auf Niederkrüchten zu abbiegend, vor Oberkrüchten abermals in fast rechtem Winkel nach Nordwesten gradlinig weiterführend bis zum Hillenkamp zu führen. Hier traf sie auf die Elmpter Grenze und bog nach Südwesten entlang der historischen Grenze der alten „Herrlichkeit Elmpt“ auf die natürliche Grenze der Boschbeeke im dortigen Talzuge haltend bis zum „Blanken Water“ vor der Südspitze des Elmpter Waldes.
Am „Blanken Water“ schlug sie wieder die nordwestliche Richtung ein und folgte der natürlichen Linie am Fuße des Elmpter Maas-Höhenrandes, überquerte die alte Zollstraße am Galgenberg und bog um letzteren herum zum unteren Schwalmtal mit dem letzten Grenzstein 418 ein.“
Bei dieser Grenzführung entstanden zwischen den „Sechseichen“ und der Boschbeekquelle am Südrand des Elmpter Waldes die zwei so auffallenden geometrischen Figuren: ein fast rechtwinkliges, gleichschenkeliges Dreieck sowie das tief in den Kreis Erkelenz hineinragende „Herkenboscher Handtuch“ als Viereck.
Die ursprünglichen Besitzer dieses „Herkenboscher Handtuchs“ waren die Gemeinden Roermond und Herten, die natürlich ihren Besitz behielten.

10.2 Der Meinwegwald und seine Aufteilung

Der ehemals etwa 10 000 Morgen große Meinwegwald, zwischen Elmpt, Niederkrüchten, Arsbeck und Vlodrop sowie Herkenbosch und Melick gelegen, war eine Allmende, ein Gemeinschaftswald, dessen Anfänge man bis tief ins Mittelalter zurückverfolgen kann. Das riesige Waldgebiet wurde erstmals im Jahre 1021 erwähnt, als die Flamensesbrüder Gerardus und Rutgerus von Wassenberg von König Heinrich I. mit dem Meinweg belehnt wurden.[3]
Die gesamten großen Waldgebiete entlang der Maasniederung waren solches Königsgut, die „Schenkungen“, die bis ins 8. Jh. zurückreichen, bestanden wahrscheinlich nur im Verzicht auf gewisse Hoheitsrechte, waren in Wirklichkeit aber darauf gerichtet, dieses Gut dem König zu erhalten.[4]
Dabei bildete der Meinweg-Wald nur die Mitte eines größeren Waldreviers von dem, wie die schnurgeraden Grenzlinien beweisen, schon sehr früh große Teile abgesondert worden sind[5], wahrscheinlich schon zum Zeitpunkt der Errichtung der Herrschaft Wassenberg. So werden die Herren von Elmpt, um ihre Unabhängigkeit bemüht, bereits im 11. Jh. den heutigen Elmpter Wald aus diesem Verbund herausgelöst haben. Dasselbe gilt im übrigen für Merbeck, Wegberg und Tüschenbroich.
Da der Meinweg zum Lande Wassenberg gehörte, hatten die Schöffen von Melick und Herkenbosch die Gerichtsbarkeit über dieses Waldgebiet inne. Alljährlich

fand am Servatiustag in Melick das Holzgeding, eine Versammlung aller Waldgenossen, statt. Den Schöffen stand zwar die Entscheidung über Bestimmungen zu, die in der „Waldrolle" nicht genau festgelegt waren, jedoch führten die Herren zu Wassenberg und später deren Amtsleute als Inhaber der grundherrlichen Gewalt den Vorsitz.

Die Bezeichnung „Waldrolle" ist darauf zurückzuführen, daß der ursprüngliche Text auf Pergament- bzw. Papierrollen niedergeschrieben wurde. Die älteste Waldrolle für den Meinweg dürfte schon im 15. Jh. niedergelegt worden sein. In ihr wurden die Anrechte und die Ausübung der Nutzungsrechte geregelt, dazu die Rechte der Wassenberger Herren, die Aufgaben der Förster, die Auflistung der Berechtigten und das Holzschlagrecht.[6]

Das alte, sehr einfache Recht gestattete ein fast beliebig freies Schalten und Walten, einzige wesentliche Einschränkung in der Nutzung war allein das Verbot, „nicht mehr als 3 oder 4 Heister von jedem Stock oder Strauch zu fällen".[7] Das Fehlen weiterer einschränkender Bedingungen ist darauf zurückzuführen, daß Eicheln und Eckern als Triebfedern für eine Waldschonung kaum geerntet wurden und die Nutzung des Holzes zurückstand hinter dem Weidgang und der Streunutzung. Erst als der Überfluß an Holz zurückging und die kriegerischen Zeiten dazu zwangen, planmäßig Holz, Eckern und Eicheln zu Geld zu machen, um Requisitionen abzulösen, wurde auch der vom einfachen Mann zu nutzende Gemeinwald stärker bewacht, zumal sich die Holzdiebstähle mehrten, wie die Schöffengeding-Protokolle[8] von Arsbeck beweisen. So findet man bereits 1572 eine Beschwerde über den „ungebührlichen Gebrauch des Meinwegs durch die beiden Crüchten und umliegenden Dörfer des Gelre-Landes".

Die alte Waldrolle war offenbar nicht mehr in der Lage, die Nutzungsrechte wirksam zu regulieren, sie wurde 1633 durch eine neue ersetzt[9], die bis Ende des 18. Jh.s gültig blieb. In der neuen Waldordnung, die die Gemeinden Wassenberg, Roermond, Melick, Herkenbosch, Steinkirchen, Ophoven, Birgelen, Arsbeck, Kerken, Vlodrop, Oberkrüchten, Niederkrüchten, Maasniel und Herten als „auf dem Busch beerbte" bezeichnete, wurde im wesentlichen die Schonung des Holzbestandes angestrebt. Die Schonung des Waldes sollte durch eine gleichmäßige Beschränkung der Holzentnahme auf sechs Tage im Jahr erzielt werden. An diesen „Buschtagen" durfte jeder Berechtigte nur einen Wagen oder eine Karre Holz abfahren. Auch die Entnahme von Streu, Wacholder und Ginster wurde eingeschränkt, fortan durfte nur soviel entnommen werden, wie im eigenen Haushalt benötigt und an einem Tage mit dem Fuhrwerk heimgefahren werden konnte. Berechtigt war im übrigen von jeher jedes Haus, wo Rauch aufging, Mietshäuser waren vom Waldrecht ausgeschlossen![10]

Die am Meinweg beteiligten Dörfer durften diesen als Waldweide nutzen und trieben Rinder, Schafe und Ziegen in den Wald. Das hatte zur Folge, daß der Wald vom Vieh verbissen und schließlich weitgehend vernichtet wurde, denn das Vieh mit seiner Vorliebe für junge Baumtriebe und Zweige fraß alles Erreichbare ab, ließ keinen Jungwuchs mehr aufkommen und begünstigte jene Arten wie Wacholder und Ginster, die nicht gern gefressen wurden. Durch die Auflichtung des Waldes wurde eine Vergrasung und Verkrautung des Bodens begünstigt, durch Streurechen und Plaggenhieb (plaggen = Entfernen der oberen Erdschicht) für die Stallstreu wurden dem Boden wertvolle Mineralstoffe entzogen. An einigen Stellen wurde im Meinweg auch Torf gestochen, wovon die „turfkuilen" noch heute

Zeugnis geben ebenso wie „Flinken“, ein minderwertiger Rasentorf. Alle diese Eingriffe des Menschen wirkten sich negativ aus, so daß Ende des 18. Jh.s das Waldgebiet des Meinwegs nur noch spärlich zu nutzen war, nicht zuletzt ein Anlaß für die französische Herrschaft die Allmende aufzulösen und den Meinweg auf die berechtigten Gemeinden aufzuteilen.
Der Meinweg war auch ein bevorzugtes Jagdrevier der Jülicher Landesherren, so weiß man vom Herzog Wilhelm III. von Jülich (1539–1592), daß er meist dreimal im Jahr das Waldgebiet aufsuchte, um insbesondere Wildschweine und Wölfe zu jagen[11]. Es wurden aber auch Hirsche, Rehe, Hasen, Kaninchen, Reb-, Birk- und Haselhühner, Reiher, Enten und Tauben erlegt, wobei die Jagd in der Regel damals eine volle Woche andauerte. Die Bauern hatten dabei die Jägerknechte zu unterstützen. Bis um 1500 sollen im übrigen auch Wildpferde im Meinweggebiet vorhanden gewesen sein.
Nicht übersehen werden darf die Bienenzucht, die früher eine wesentliche Erwerbsquelle bildete, als Honig noch den Zucker ersetzte und Wachskerzen für die Beleuchtung unersetzlich waren. Die riesigen Heideflächen des Meinwegs dienten Tausenden von Bienenvölkern, die mit Karren in den Wald gefahren wurden, zur Nahrung. Viele Häuser hatten damals Bienenschuppen.
Von 1818 an arbeiteten die limburgische Regierung in Maastricht und die preußische Regierung in Aachen gemeinsam daran, die Teilung des Meinweggebietes abzuschließen. Man wollte die Allmenden vor allem veräußern, um die hohen Kommunalschulden der beteiligten Gemeinden zu tilgen. Auf deutscher Seite erfolgte die Überweisung an die Gemeinden am 24. September 1822, im übrigen gegen Proteste aus Niederkrüchten und Arsbeck!
Melick behielt im Gegensatz zu den meisten Gemeinden seinen Anteil, die Arsbecker versuchten, den Anteil unter sich aufzuteilen und an die Einwohner auf 99 Jahre zu verpachten[12]. Auf deutscher Seite wurden größere Waldstücke von Regierungspräsident Reimann und Regierungsrat Ritz aus Aachen erworben, der 1827/28 auch den Rest des Dalheimer Waldes kaufte, nach ihm wurde der Forstbezirk Ritzrode benannt.
Im Jahre 1858 ging der gesamte Besitz in das Eigentum der Grafen von Schaesberg-Thannheim zu Krickenbeck über, die vier Jahre zuvor Schloß Dilborn gekauft hatten und dort die Gesamtverwaltung einrichteten. Von Schaesberg ließ die meisten Parzellen mit Kiefern aufforsten, er kaufte in den 90er Jahren aber noch weitere große Parzellen an der Grenze auf. Seinen in den Niederlanden gelegenen Grundbesitz im Bereich Vlodrop verkaufte er dagegen im Jahre 1909 dem deutschen Franziskanerorden, der dort das Colleg St. Ludwig erbaute und größere Waldflächen rodete[13].
Von den Gemeinden Arsbeck, Niederkrüchten und Oberkrüchten wurden noch Ende des vorigen Jahrhunderts 1000 Morgen Waldfläche in Ackerland umgewandelt.
In den Niederlanden kam der Waldbesitz in viele Hände, große Teile wurden an Bauern verkauft, die Weiden anlegten oder in der Ortsnähe von Melick und Herkenbosch die Wälder in Äcker umwandelten. Um 1950 begann man im Roermonder Zipfel mit dem Abteufen eines Schachtes der Staatsmine Beatrix, 1964 wurde die Zeche jedoch wieder stillgelegt[14].

10.3 Der Elmpter Wald

Erstmals wird der Elmpter Wald in einer Urkunde aus dem Jahre 1276 erwähnt. Er war ein Teil der riesigen Waldungen

diesseits der Maas, die zum Königsgut gehörten, von den Elmpter Edelherren jedoch bereits im 11. Jh. aus dem Allmendegut des Meinwegs herausgenommen worden waren. Große Teile des Waldes gehörten ursprünglich auch den Herren von Brempt.
Bereits in der Jungsteinzeit hatte die ackerbautreibende Bevölkerung Holznutzung und Beweidung vorgenommen, aber da, wo Siedlungsflächen aufgegeben wurden, breitete sich wieder Heide und Wald aus. So hatte sich bis etwa zum Jahre 1000 wieder der ursprüngliche dichte Laubwald aus Eichen und Buchen das Terrain zurückerobert.
Mit Beginn der Gemeindegründungen wurden die Bäume in den damaligen Waldflächen mehr oder weniger ungeregelt abgeholzt, so daß seit dem Ende des 13. Jh.s die Wald-Feld-Verteilung so war, wie wir sie heute kennen. Durch wahllose Rodungen verlichtete sich der ursprüngliche Eichen- und Buchenwald jedoch immer mehr. Holz war aus dem täglichen Leben nicht wegzudenken, es wurde benötigt als Bauholz für Häuser und Stallungen, als Heizmaterial, später aber auch zum Bau von Schiffen und zur Verhüttung von Erzen sowie zur Herstellung vieler Haus- und Ackergeräte. Da die Bevölkerung rapide zunahm und zur Ernährung der Menschen die Nutztierhaltung stark stieg, verarmten die ohnehin gelichteten Wälder durch Überweidung und Streunutzung immer mehr – der Wald wurde wieder zur Heide. Bis zum 16./17. Jh. war auch der Elmpter Wald stark gelichtet, so daß das Vieh wahllos in die Flächen eingetrieben werden konnte und nur noch hier und da einzelne Bäume übriggeblieben waren. Die entstandene Heide wurde in Abständen von wenigen Jahren mit Hacken samt der

36 Verträumte Dorfidylle: Niederkrüchten im vorigen Jahrhundert

obersten Erdschicht entfernt (= abgeplaggt) und als Streu in die Viehställe gebracht. Die Heideplaggen, vermengt mit den natürlichen Ausscheidungen des Viehs, dienten damals als Düngemittel, die auf die landwirtschaftlich genutzten Flächen aufgebracht wurden. Dabei wurde die Wirkung der Plaggennutzung verstärkt durch den Vieheintrieb, durch die Weide.
Erst unter der französischen Herrschaft wurde 1807 auch der Elmpter Wald als Allgemeingut aufgeteilt und die kollektive Nutzung der Flächen aufgegeben, seit 1815 trennt die deutsch-niederländische Grenze das Waldgebiet, weshalb man auch heute vom Grenzwald spricht, obwohl das Elmpter Schwalmbruch vorher jahrhundertelang die Landesgrenze zwischen den Herzogtümern Jülich und Geldern gebildet hatte.
Unter den Preußen wurde der Grenzwald zum Verkauf freigegeben und es entstanden größere und kleinere Privatwaldbesitzungen. Die nunmehr preußische Gemeinde Elmpt entschied sich, ihre Anteile als Gemeindegebiete zu übernehmen und vor allen Dingen die in den vergangenen Jahrzehnten verwüsteten Waldflächen zunächst einmal wieder aufzuforsten. Elmpt ist damit die einzige (!) deutsche Gemeinde, die seit dem Mittelalter ihren Waldbesitz hält!
Erhebliche finanzielle Mittel mußte die Gemeinde Elmpt aufwenden, um die ausgeplünderten Wald- und Heideflächen nach 1815 wieder aufzuforsten. Der preußische Staat gab unter Federführung angelernter Offiziere und Geometer die entsprechenden Hilfen; in diese Zeit fällt die bis heute bekannte Waldeinteilung in große Quadrate, die durch Bahnen (= Wege) unterteilt und offensichtlich auf dem Reißbrett entworfen wurde. Vorrangig waren es Kiefern, die angepflanzt wurden, weil ihr Holz in den Bergwerken als Grubenholz Verwendung fand und außerdem auch als Bauholz für Neubauten und Industrieanlagen abgesetzt werden konnte.

10.4 Verwaltung und Bevölkerung

In den letzten Jahren vor dem Einmarsch der französischen Truppen hatte die Elmpter Bürgerschaft jährlich 7911 Gulden an Steuern für Grund und Boden abzuführen. Da die meisten Einwohner ziemlich arm und deshalb nicht in der Lage waren, die auf sie entfallende Steuer aufzubringen, war die Gemeinde gezwungen gewesen, Anleihen aufzunehmen.
Nachdem die linksrheinischen Gebiete an Preußen gefallen waren, versuchte der Staat nun, die enorme Schuldenlast der Gemeinden abzutragen. Die Gemeinde Elmpt schuldete dem Staat 33 527 Taler, wovon allein 12 317 Taler rückständige Zinsen waren. Die Forderungen wurden teilweise erlassen, teilweise gestundet, dennoch hatte die Gemeinde 13 720 Taler zu zahlen. So war sie gezwungen, im August 1822 insgesamt 1085 Magdeburgische Morgen ihres Waldbesitzes öffentlich zu versteigern, der königliche Landrat als Regierungskommissar erzielte dabei einen Erlös von 14 737 Talern.[15]
Bei der Übernahme der Gemeindeverwaltung wurden durch die preußische Regierung die Beamten aus der französischen Zeit fast ausnahmslos übernommen, das gilt auch für Elmpt und Niederkrüchten.
In Elmpt war Johann Wilhelm Adams seit 1807 Maire unter der französischen Verwaltung – nach seiner Aussage war auch bereits sein Vater Bürgermeister in Elmpt –; er blieb in seinem Amt bis zu seinem Todestag am 9. September 1848.
In Niederkrüchten wurde der französische Maire Johann Joseph Roosen nun erster preußischer Bürgermeister, der bis 1834 im Amt blieb, ihm folgte Bürgermeister Johann Mathias Louven bis zum Jahre

1848. Anschließend übernahm Jakob Michiels die Amtsgeschäfte als Bürgermeister bis zum Jahre 1886; von 1861 an hatte dieser auch die Bürgermeisterei in Elmpt mitverwaltet.
Die einheimische Bevölkerung[16] hatte ein gespaltenes Verhältnis zu ihren neuen preußischen Herren:
Auf der einen Seite erwartete man mit Sehnsucht einen deutschen Nationalstaat, auf der anderen Seite hatte man unter französischer Herrschaft bereits wesentliche politische, gesellschaftliche und wirtschaftliche Entwicklungen kennengelernt und befürchtete nun, von dem „armen" Agrarstaat der Preußen wieder in wirtschaftliche Not zurückgeworfen zu werden.
Wie als Bestätigung gab es zu Beginn der Preußenzeit im Schwalmgebiet einen Hungerwinter: „Dieser Winter brachte eine traurige Lage für Menschen und Vieh, alles schreit nach Brot, es war nicht mehr auszuhalten", berichtete die Ruricher Chronik des Bürgermeisters Mertens[17] und fährt fort: „Die Jahre 16 und 17 waren die traurigsten und unglücklichsten für unsere Gegend. Die Monate März, April, Mai, Juni und Juli waren kalt und naß, so daß man anhaltend heizen mußte; zudem bedrohte ein anhaltender Regen die Feldfrucht aufs schlimmste. Wolkenbrüche überschwemmten in einzelnen Gegenden die Äcker und beraubten den größten Teil der Früchte. Die Preise für Kartoffeln und Korn stiegen zusehends, und Brot war beinahe nicht zu haben. Zu dem Elend der täglich zunehmenden Teuerung gesellte sich der Mangel eines hinreichenden Verdienstes. Die Fabrikanten machten mit Seide, Kattun und Leinen kaum ausreichende Geschäfte. Die Aussichten waren trübe.
Die Landwirte brachten inzwischen das Korn nicht ganz trocken in die Scheune. Anfang September regnete es immer noch, nachdem man noch am 30. August hatte heizen müssen. Draußen wurde der Weizen schwarz in den Garben oder er wuchs aus. Der Preis des alten Weizens stieg jetzt schon bis 100 Thaler für 1200 Pfd., der neue 80 bis 90 Thaler und taugte beinahe nichts. Die Heuernte mißriet beinahe ganz. Noch am 12. September wurde unfertiger Weizen gemäht. Der Hafer stand noch ganz im Felde und man fürchtete, daß er gar nicht reifen würde. Der Buchweizen gab wenig; die Weber konnten ihn nicht gebrauchen, da das Gebackene nicht zusammenhielt. Die neugesäte Herbstfrucht war in der Nässe verfault oder die aufgekeimte Saat war von den Schnecken vertilgt. Der Brotpreis stieg weiter. Mitte November war die Erde schon ½ Fuß tief gefroren, und ganze Morgen Kartoffeln, die man noch nicht hatte ausmachen können, verdarben. In diesem Monat wurden über 3000 Pfund Brot an die Notleidenden verteilt. Nach einer genauen Aufnahme hat es in dem halben Sommerjahre 136 Tage geregnet (vier Tage weniger als im Jahre 1772).
Das Jahr 1817 kam wieder mit Regen, Schnee und Sturm. Am 14. Februar donnerte ein Gewitter über die gedrückten Gemüter. Die Brunnen stiegen so hoch, daß einige unbrauchbar wurden. Fast überall stand das Wasser in den Kellern. Die Wiesen waren, wie man aus dem April berichtet, nur als Streu zu gebrauchen, was dem Vieh tödlich war.
Die Aufheiterung im Mai erleichterte die allgemeine Bedrängnis, aber doch nur vorübergehend. Vom 28. Mai gab es wieder nasse und kalte Tage wie im Vorjahr. Die Fruchtpreise stiegen wiederum. Im Juni geriet die Not aufs höchste. Korn war fast nicht mehr zu haben, und was man noch erhielt, war in den Fässern verdorben oder sonst verstickt. Der Weizen galt um diese Zeit 130 bis 140 Rthlr. für 1200 Pfd.

Zu dieser schlimmen Zeit kam endlich das schon lange versprochene, aber immer wieder verzögerte preußische Korn an, nicht allzuviel, aber es drückte schon auf die Preise. Den Armen verschaffte man inzwischen durch freiwillige Zuschüssige billiges Brot. Dann kam neues Korn und endlich der günstige Wettermonat Juli. Die Sommersaat entsprach allen Erwartungen. Man durfte aufatmen. Die schlimmsten Zeiten waren vorbei. Ein freudiges Erntedankfest krönte am 3. September den gedeihlichen Ausgang des unter so schweren Anzeichen begonnenen Jahres."

Weiteres Ungemach kam auf die Einwohner zu, als der König von Preußen im April 1815 die Rheinische Landwehr aufrief[18]. Hatte man noch bis 1814 unter den Fahnen Napoleons gekämpft, so mußte man jetzt die französische Uniform gegen die preußische umtauschen, alle Männer im Alter von 17–40 Jahren waren zum Dienst in der Landwehr verpflichtet und mußten eine dreimonatige Ausbildung mitmachen. Die Elmpter und Niederkrüchtener Männer wurden zum 205. Aachener Landwehrregiment gezogen, wobei feststeht, daß sie vielfach nur ungern „des Königs bunten Rock" anzogen. Manche gingen einfach über die nahe niederländische Grenze und entzogen sich so dem Waffendienst, sie zogen ein Arbeitsverhältnis in den Niederlanden dem preußischen Kasernenhofdrill vor. Dieser oft maßlose Drill der preußischen Offiziere rief Verbitterung und Empörung bei der Bevölkerung hervor, zumal man auf militärische Tradition hier am Niederrhein nicht zurückgreifen konnte.

Auch für die Landwirte gestalteten sich die ersten Jahre unter den Preußen außergewöhnlich schwer, einmal aufgrund von Mißernten, zum anderen aber auch aufgrund der Bestrebungen der neuen Regierung, auf die Bauern einzuwirken, die Erträge zu steigern und besseres Vieh zu züchten. Manche Fehlgriffe der „Preußen" trugen dazu bei, die Vorurteile der einheimischen Bevölkerung zu bestätigen, erst im Laufe der nächsten Jahrzehnte verschwanden die Gegensätze.[19]

Die Niederkrüchtener Schulchronik berichtet, daß „zu Beginn des 19. Jh.s die Ackerwirtschaft noch auf tiefer Stufe stand, daß der Bauer fast gar kein Geld besaß und deshalb die Gemeinde wirklich bedürftig war.[20]

Ein großer Teil des Gemeindeareals bestand in Busch und Heide und Bruch. In den 40er Jahren wurde dieses Land in Parzellen eingeteilt und den Bewohnern in Erbpacht überlassen." Weil aber der Gemeinde infolge neuer Schulbauten und anderer Bedürfnisse immer größere Aufgaben erwuchsen, wurde bald nachher den Erbpächtern und jedem Einwohner freigestellt, die genannten Busch- und Bruchparzellen als Eigentum zu erwerben durch Zahlung des 20fachen Betrages der Erbpacht. Hierdurch vermehrte sich der Besitzstand und hob sich der Wohlstand der Bauern. Man fing an, die Brücher zu kultivieren, es entstanden schöne Wiesen, infolgedessen der Bauer seinen Viehbestand vermehren konnte. Auf diese Weise gewann er mehr Dünger für seinen Acker. Gebüsch- und Heideland wurden ausgerodet und in Ackerland verwandelt. Hunderte Morgen Ackerland wurden auf diese Weise gewonnen. Einzelne Bauern rodeten 20 bis 30 Morgen. Der Bauer florierte, hatte Geld in der Kiste, aber er wurde auch üppig. Die Gemeinde kam zu Wohlstand, aber ihre Bewohner verloren viel von ihrer Eigenheit. Ihre alten, durchräucherten, mit Stroh oder Rieth gedeckten Wohnhäuser verwandelten sich nach und nach in saubere, schöne Häuser. Jetzt hat fast jeder Bauer sein schön möbliertes und tapeziertes Staatszimmer. Die sogenannten Tummelkutschen (Betten in den Wänden) sind ver-

schwunden und er schläft in hochgelegenen Zimmern auf stattlichen Betten[21]".
Wie sah das Leben in einer kleinen Bauernfamilie im vorigen Jahrhundert aus?
Folgen wir Hans Wolters, der deren Alltag vor der Jahrhundertwende wie folgt beschrieben hat[23]: „Die Zeit hatte so gar nichts von dem, was man gern als ‚gute, alte Zeit' bezeichnet. Ebenso wie die brotlosen Weberfamilien gerieten auch die Kleinbauern in immer größere wirtschaftliche Not. Trotz harter Arbeit vom frühen Morgen bis zum späten Abend, trotz Plackerei und Schinderei lebten sie stets am Rande des Existenzminimums. Man spricht heute oft mitleidig von der Lebensweise jener Kleinbauernfamilien, die so gar nichts von Wohlstand und Vergnügen gekannt haben. Vielfach nur über 8–10 Morgen Grund und Boden verfügend, wobei noch berücksichtigt werden muß, daß die kargen und ausgemergelten Böden nur wenig Ertrag abwarfen, hatte der Kleinbauer eine vielköpfige Familie zu ernähren. Seine bescheidene Wirtschaftsgrundlage bildeten eine große Anzahl von Hühnern, ein paar Schafe, deren Wolle an den langen Winterabenden am eigenen Spinnrad verarbeitet wurde, ein paar Kühe, die in der Regel Milch- und Nutzvieh zugleich waren, und zwei Schweine, eins diente der Ernährung der eigenen Familie und eines wurde an den Metzger verkauft. Von dem Erlös wurden die im Winter anfallenden Unkosten wie Kohlen und Winterkleidung bestritten.
Selbst die heranwachsenden Kinder wurden eingespannt, um bei der Existenz-

Wacholderheide im Elmpter Bruch

37 Kaffeetisch am Tage der Erstkommunion 1888, Familie F. H. Polmans aus Elmpt

sicherung mitzuhelfen. Für sie begann im Sommer der Tag schon sehr früh. Morgens um 4 Uhr ging es mit den Kühen hinaus auf die Weide. Und da nur wenige Kleinbauern über eigene Wiesen verfügten, ließ man die Tiere an den Wegrändern oder auf den Ackerrainen grasen, manchmal kilometerweit vom Stall entfernt.

Auch in bezug auf das Essen wurden die Leute nicht verwöhnt. In mancher Familie aß man in der Woche nur Schwarzbrot. Nur bei besonderen Anlässen oder bisweilen sonntags gönnte man sich Weißbrot.

Ebenso bescheiden wie die Mahlzeiten fiel auch die Kleidung der Leute aus. Schuhe trug man nur sonntags zum Besuch der Kirche.

In manchen Familien wurden schön lackierte „Klompe" vorgezogen, weil sie billiger waren und auch im Winter warmhielten. Ein Anzug hielt ein Jahrzehnt, da er nur sonntags getragen wurde. Nicht selten wurde er nach zehn Jahren gewendet und man trug ihn noch einmal zehn Jahre. Dem Bräutigam verpaßte der Schneider bei der Hochzeit einen schwarzen Anzug. Der langte gewöhnlich fürs ganze restliche Leben, da er nach dem Hochzeitstag nur noch bei Beerdigungen oder festlichen Anlässen angezogen wurde. Einen Mantel, oder wie man ihn damals nannte, einen Überzieher trug man kaum. Junge Burschen bekamen den ersten Überzieher, wenn sie ihre Militärzeit hinter sich hatten. Genau so verhielt es sich mit den Unterhosen. In der Regel

lernten sie diese erst beim „Kommis“ kennen. Neue Kleider gab es für die heranwachsende Jugend selten, nach der Schulentlassung trug man die Kleidung, die Vater oder Mutter abgelegt hatte.
Die Leute waren genügsam und bescheiden in ihren Ansprüchen, Urlaub oder Reisen kannten sie nicht. Die Tugend der Arbeitsamkeit verband sich mit einer unbedingten Ehrlichkeit. Wer einer Schlechtigkeit überführt wurde, war der allgemeinen Verachtung preisgegeben, die man sogar auch auf die heranwachsenden Kinder übertrug.“

10.5 Der heimische Dialekt

Die nieder- oder plattdeutsche Sprache war bis zu Beginn des 19. Jh.s auch die Amtssprache der einheimischen Bevölkerung, bedingt durch die politische Verbindung mit den spanischen Niederlanden und die seit 1543 andauernde Zugehörigkeit zum Oberquartier Geldern. So sind auch die meisten der Gerichtsprotokolle und Gerichtsbücher aus dieser Zeit in niederländischer Sprache abgefaßt.
Erst nachdem die „Preußen“ nach 1815 die hochdeutsche Sprache als offizielle Amtssprache auch in Elmpt und Niederkrüchten einzuführen begannen, verschwand im Verlaufe der nächsten Jahrzehnte nach und nach der bisher hier gesprochene niederländisch-limburgische Dialekt aus den Schulen und auch aus dem täglichen Leben.
Hinsichtlich dieser sprachlichen Verhältnisse meldete die Oberkrüchtener Schulchronik noch im Jahre 1880, daß, „da wir der holländischen Grenze sehr nahe sind und das gesamte Gesinde hier zum größten Teil aus Holländern besteht, die sich meistens hier niederlassen und verheiraten, die Kinder vielfach holländische Ausdrücke und Dialekt mit zur Schule bringen, wodurch für deren Lehrer große Schwierigkeiten besonders beim Sprachunterricht entstehen.“
Es war offensichtlich so, daß gerade die Lehrpersonen mit dem Sprachenproblem am meisten konfrontiert wurden, denn die Gützenrather Schulchronik ergänzt diese Ausführungen: „Die Volkssprache der hiesigen Gegend ist ein niederdeutsches Platt und der holländischen Sprache nahe verwandt. Zwar hat die holländische Sprache viele Ausdrücke, die unserer Mundart fremd sind, es sind dieses aber Wörter, die in den zwei letzten Jahrhunderten aus der französischen, englischen und lateinischen Sprache entlehnt sind. Vergleicht man die Mundart mit der hochdeutschen Büchersprache, so trifft man auf sehr große Abweichungen. In bezug auf das Geschlecht der Hauptwörter herrscht beinahe Übereinstimmung, aber die Mehrzahlbildung ist so sehr verschieden, weshalb die Kinder Mühe haben, die hochdeutsche Mehrzahlbildung richtig anzuwenden. Von den vier Fallformen des Hochdeutschen kennt die Mundart hauptsächlich nur zwei. Der zweite Fall wird selten gebraucht, er wird meistens umschrieben, statt: Der Rock des Vaters – gebraucht man: der Vater seinen Rock. Für den dritten und vierten Fall ist nur eine Form vorhanden, daher der richtige Gebrauch der beiden Fälle im Hochdeutschen sogar große Schwierigkeiten bereitet. Bei der Konjugation der Zeitwörter wird die Zukunft meistens nicht mit werden gebildet, sondern mit sollen. Die Satzbildung ist einfach, man verbindet nur einen Nebensatz mit dem Hauptsatz. Adjektivsätze kennt die Mundart nicht, sie werden umschrieben oder in einen Hauptsatz ausgedrückt. Bildliche und uneigentliche Ausdrücke, an denen das Hochdeutsche so reich ist, werden in der Volkssprache selten gebraucht, daher rührt es auch, daß den Kindern die Lehrstücke so unverständlich

sind, wenn sie in einer bilderreichen Sprache abgefaßt sind."
Und die Schulchronik fährt in den 90er Jahren fort:
„Weil endlich die Mehrzahlbildung der Hauptwörter ganz abweichend vom Hochdeutschen geschieht, so hat die Schule in dieser Hinsicht mit großen Schwierigkeiten zu kämpfen. Wie der Schulunterricht bildend und veredelnd auf alle Verhältnisse wirkt, so veredelt er auch die gewöhnliche Ausdrucksweise, verdrängt jedoch auch manche alten, der hiesigen Mundart eigentümliche Wörter. Ähnlich wirkt die erleichterte Verbindung mit der weiteren Umgegend. In den 30er und 40er Jahren waren hier noch viele Wörter im Gebrauch, die man jetzt nur selten oder gar nicht mehr wahrnimmt."
Es sollte noch etliche Jahre dauern, bis auch die einfachen Bürger Hochdeutsch ganz allgemein als ihre Muttersprache anerkannten.
Gerade im ländlichen Bereich bildete bald die Kenntnis der hochdeutschen Sprache die Voraussetzung dafür, von den (preußischen) Kirchenoberen weiterhin anerkannt zu werden. Philipp Leonard Merken[24] wurde es im Jahre 1818 untersagt, künftig in seiner Muttersprache, dem „Brabändischen", d. h. Niederländischen zu predigen. Aber noch bis zum Jahre 1826 wurde das Kirchenvorstandsprotokoll von Niederkrüchten dem Generalvikariat in Köln in niederländischer Sprache zugeleitet[25], am 9. August 1827 berichtete der Kirchenvorstand an das Kölner Generalvikariat, „daß der jetzige Kirchenempfänger, dem die deutsche Sprache und Schreibart fremd sind, für die Rechnungslegung durchaus „unfähig" sei. In einem weiteren Schreiben des Vorstandsmitgliedes und Notars Heinrich Reiner Roosen vom 9. November 1827 heißt es: „Da hier die niederländische Sprache und Schreibart die gewöhnliche Landessprache ist, daher unter den übrigen Mitgliedern sich keine Subjekte befinden, die die deutsche Sprache und Schreibart verstehen, und es auf dem platten Lande nicht aufgebürdet werden kann, daß Mitglieder sich fähige Sekretäre auf eigene Rechnung anschaffen ..."
Am 29. Mai 1828 stellte das Generalvikariat beim Oberprokurator in Aachen den Antrag, den Kirchenrendanten zur Aufstellung der Kirchenrechnungen in der durch Dekret vom 30. Dezember 1809 vorgeschriebenen Form anzuhalten. Durch Erkenntnis der I. Kammer des Landgerichts in Aachen vom 13. August 1828 wurde der Rendant aber freigesprochen, weil er die Rechnungen „nach der dort geltenden Form damals bereits abgelegt hat".
Erwähnt sei schließlich noch, daß die Türinschriften der 1836 erbauten Mutter-Gottes-Kapelle in Niederkrüchten und der 1840 erbauten St. Anna-Kapelle in Birth in niederländisch abgefaßt wurden – vielleicht spiegelt sich darin auch ein gewisser Trotz der Einwohner Niederkrüchtens wieder, die so gegen die antikonfessionell agierenden Preußen demonstrieren wollten.

10.6 Vom Flachs und den Mühlen an der Schwalm

Wie bereits in den Schulchroniken ausgeführt, war der Flachs bis Mitte des vorigen Jh.s für die einheimische Bevölkerung von besonderer Bedeutung.
Vor vielen Jahrhunderten hatte sich zwischen Schwalm, Niers und Nette bereits das „niederrheinische Flachsland" entwickelt. Neben den kleinen Flüssen, die für die Flachsverarbeitung von Bedeutung waren, erwiesen sich die leichten Böden nördlich der Lößgrenze als zweite wesentliche Voraussetzung. Dieses Flachsland, „het Vlaeslandt", weltberühmt im In- und Ausland, erstreckte sich von Erkelenz über Schwalm- und Nettegebiet nord-

wärts bis nach Kaldenkirchen und entlang der Niers zwischen Mönchengladbach und Viersen.
Wie römische Geschichtsschreiber berichten, wurde Flachsanbau bereits zur Zeit Cäsars in den besetzten germanischen Ländern betrieben. Über das Mittelalter hindurch konnte er seine Stellung hier am Niederrhein halten, wie Urkunden etwa aus Rickelrath aus dem Jahre 1505 oder Brüggen (1585/1586) nachweisen[26].
Da die kargen Böden nur bescheidene Getreideernten hervorbrachten, waren die Bauern gezwungen, sich durch die Flachsverarbeitung ein zusätzliches Einkommen zu sichern[27], denn von jeher war der Flachs für den Bauern, der selten bares Geld besaß, so viel wie Gold wert. In allen Dörfern zwischen Rur, Schwalm und Maas war das Leinenweben heimisch, der Flachshandel stand damals von Erkelenz bis Dülken und Viersen in voller Blüte. Das Leinen des Erkelenzer Landes besaß eine hervorragende Qualität und kam nach seiner Veredelung mit Hilfe des Salzwassers in den Niederlanden als „Brabanter Stulpenleinen“ in den europäischen Handel. So wurde Flachs zu einem wesentlichen Träger der seit dem Mittelalter bestehenden Wirtschafts- und Handelsverbindungen mit den Niederlanden, die erst durch die Grenzziehung von 1815 unterbrochen wurden.
Flachs wurde im März, am 100. Tag des Jahres gesät, nach einer alten niederrheinischen Bauernregel sollte er am 200. Tage geerntet werden. Er sollte möglichst dicht stehen, je dichter der Stand war, um so feiner und wertvoller wurde die Leinenfaser. Er wuchs schnell und erreichte bald eine Höhe von etwa ¾ Metern, „in lauen Juninächten wuchs der Flachs über Nacht eine Handbreit“. Er reichte somit „dem Bauern in die untere

38 Bei der Flachsbearbeitung im Winter

Westentasche, vorzüglicher Flachs sogar in die obere Westentasche". Der Flachs wurde nicht geschnitten, sondern noch vor der Getreideernte gerupft, zu Garben gebunden und zum Trocknen aufgestellt. Den Samen gewann man, indem man die Bündelköpfe durch die kammartige „Reep" zog und damit die Kapseln abstreifte. Die Samenkapseln wurden durch mehrmaliges Dreschen in Leinsamen und Spreu geschieden. Während die Spreu verfüttert wurde, wurde der Leinsamen in geringem Umfang verbacken oder als Heilmittel bei Mensch und Tier verwandt. Hauptsächlich wurde jedoch aus dem Leinsamen Öl geschlagen.

Im Flachsstroh befinden sich Fasern, die zu Fäden gesponnen und dann zu Leinen gewebt werden. Dazu wurde das Flachsstroh sorgsam gebündelt und in die Flachsröste gebracht. Die Flachsgarben kamen zunächst in das Wasser der „Ruet", einem etwa zimmergroßen Teich. Hier blieben sie aufrecht stehend bis zu 14 Tagen unter Wasser, wobei die Qualität des Wassers eine große Rolle spielte. Die Nässe weichte die holzigen Stengelteile durch Gärung auf, schadete jedoch den Fasern nicht.

Zu den bedeutenden noch erhaltenen Bodendenkmälern Niederkrüchtens gehören solche Flachsrösten, die 0,8 km westlich der Niederkrüchtener Kirche in den Niederungen des Lütterbaches liegen. Am nördlichen Ufer findet man noch ein System von über 40 rechteckigen Gruben mit den Maßen 3 × 5 m bis 6 × 10 m. Diese sind einheitlich von Nordwesten nach Südosten ausgerichtet und auch noch mit Wasser gefüllt.

Im Gützenrather Bruch befindet sich ebenfalls noch ein System von 35 Flachsrösten.

Auf einem Stoppelacker wurden die Bündel wieder getrocknet, die holzigen Teile wurden hart und spröde und sprangen beim Knittern, Reiben und Schlagen des Strohes leicht ab. Der Flachs war jetzt „schraap" und konnte als Garben in die Scheune gefahren werden. Im Winter wurden diese weiter verarbeitet, die Flachsbündel wurden nun mit der „Braake" gebrochen und der „Schwinge" geschlagen, so daß die holzige Spreu zur Erde fiel. Zuletzt zog man die Bündel dann durch die spitzen Zähne der „Hechel", um die letzten Stengelteile herauszukämmen.

Durch Spinnen wurden die Fasern zu einem langen Faden, zu Garn, zusammengedreht. An den langen Winterabenden schnurrten dann in den Häusern die Spinnräder, versammelten sich Frauen und Mädchen zu gemeinsamer Arbeit in einer Spinnstube. Die selbstgesponnenen Garne wurden von den Männern auf der „Getau" zu feinem Leinentuch verwebt. Dieser Webstuhl nahm einen großen Teil der Stube ein. Am schwierigsten war es, die Kette, die vielen Längsfäden, richtig zu spannen oder „auszumachen". Die Fäden der Spulen, die mit dem Schiffchen quer durch die Kette gewebt wurde („gewunden", daher Leinwand), hießen Einschlag oder Schuß. Das selbstgefertigte Leinen benötigte man für Hemden, Bettücher oder Wäschestücke, gröberes Zeug wurde blau gefärbt und diente zur Herstellung von Kitteln oder Schürzen.

Zu Ostern gab es wohl keine Familie, die nicht manches teure Stück Leinwand an Händler verkaufen konnte. Die Leinenhändler wiederum ließen die rohe Ware auf den Bleichen in Wegberg, Waldniel, Dülken oder Viersen bleichen, ganz besonders feine Stücke wurden auf den berühmten Bleichen in Haarlem in Holland gebleicht und als schneeweißes Linnen verkauft. Breyeller „Kiepenträger" trugen übrigens die kostbare Ware bis nach Italien![28]

Als nach 1800 immer mehr Baumwolle aus Amerika eingeführt wurde, die billiger als Flachs war, und sich zur Herstellung der verschiedensten Gewebe eignete, bedeutete das das Ende der Leinenweberei; die Flachsverarbeitung wurde nach und nach von der Baumwolle verdrängt, auch die Zeit der schönen blauen Flachsfelder ging damit zu Ende.

Aber neben dem Leinen hatte der Flachsanbau noch ein weiteres Produkt von großer wirtschaftlicher Bedeutung hervorgebracht, das Leinöl. Der beim „Reepen" des Flachses gewonnene Leinsamen wurde in den Wassermühlen an der Schwalm zu Öl „geschlagen", also nicht gemahlen. Die Schwalm trieb seit dem Mittelalter über 25 Ölmühlen an, von denen die ältesten schon im 13. und 14. Jh. bestanden. Die an den Mühlen anfallenden großen Mengen Leinöl bestimmten den Preis etwa an den Märkten in Köln, Brügge, Antwerpen und Gent, wo sofort die Preise anzogen, wenn die Schwalmmühlen im Winter wegen Eisgang aussetzen mußten[29]. Erst Ende des vorigen Jahrhunderts erlag die Ölmüllerei des Schwalmtals der erdrückenden Konkurrenz der Neußer Großmühlen[30].

Das Schwalmtal war von jeher das „Tal der Mühlen". Auf ihrem etwa 32 km langen Lauf von Tüschenbroich bis zur Mündung in die Maas bei Swalmen, nördlich von Roermond, trieb sie mit einer gleichmäßigen Wasserführung die sechs bis acht Meter großen unterschlächtigen Wasserräder auch in Trockenzeiten an. In den Schwalmmühlen wurde Leinsamen, aber auch Rübsamen vom Raps zu Öl geschlagen, die Ölmüllerei war wirtschaftlich bedeutender als die Getreidemüllerei, die erst mit dem Rückgang des Ölfruchtanbaues in der zweiten Hälfte des vorigen Jahrhunderts dazukam.

Die meisten Mühlen waren mit großen Mühlrädern versehen. Das Wasser wurde durch die „Arche" gegen das Mühlrad geleitet, welches ursprünglich aus Holz gefertigt war, später vielfach auch aus Eisen. Die Arche war meist aus Basaltlava gemauert[31], von dort floß das Wasser über eine steinerne Rinne gegen die Radschaufeln. Oft mußten auch Mühlweiher, sog. Kolke, angelegt werden, damit genügend Wasser auf oder gegen die Mühlräder geleitet werden konnte. An diesen Kolken bei der Pannenmühle oder auch der Lüttelforster Mühle entstanden sogar Badeanstalten oder es konnte Kahn gefahren werden. Die meisten Mühlweiher wurden in den 20er Jahren zugeschüttet, nachdem im Zuge der Melioration den Müllern das Staurecht gekündigt worden war.

Die Begradigung des Schwalmlaufes und eine zunehmende Verlandung leitete schließlich ein dunkles Kapitel der Flußgeschichte ein, die Schwalmseen wurden trockengelegt oder verlandeten, alle Proteste der Naturfreunde verhallten ungehört.

Im örtlichen Bereich lag zunächst die Neumühle in Schwaam, die bereits 1397 erwähnt wird und nach der Schwalmmeloration in den 20er Jahren verfiel, als das Flußbett der neuen Schwalm weitab von der Mühle neu verlegt wurde.

Die Schwalm bildete jahrhundertelang die Grenze zwischen den spanischen Niederlanden und dem Herzogtum Jülich. So kam es, daß die größte der Ölmühlen an der Schwalm, die Pannenmühle, zu beiden Seiten hin abgabepflichtig war. Zwischen dem 1806 errichteten Ziegelsteinbau und einem angrenzenden Fachwerkhaus lag das als Zollhaus benutzte „Spansch Hüske", so benannt, weil Niederkrüchten von 1543 bis 1793 zu den spanischen Niederlanden gehörte.

Die Mühle wurde 1847 erweitert, wechselte dann 1882 ihren Besitzer, mußte aber bereits 1890 den Mahlbetrieb einstellen. Der damalige Eigentümer Gotzes baute sie 1913 zu einer „Sommerwirtschaft mit Badeanstalt" aus, im Querhaus zur Mühle befand sich ein Badehaus mit Wellen- und Schwimmbädern.

39 Blick auf die Pannenmühle

Das ehemalige zweigeschossige Mühlengebäude mit Krüppelwalmdach ist im unteren Teil aus Naturstein erbaut. Der Ansatz der Mühlradachse ist noch ablesbar. Im heutigen Wohnhaus hat sich früher das Mahlwerk der Mühle befunden. Der Baukörper aus Fachwerk ist mit seinem gesamten Ständerwerk und Kaminblock erhalten, Kamine befinden sich im Erd- und Obergeschoß, schließen aber an den gleichen Zug an. Sie sind massiv gemauert.
Hinter der Pannenmühle war die Schwalm früher zu einem See gestaut, die Überreste bilden heute das Raderveekes Bruch. Hier befindet sich die Radermühle, eine „Bannmühle", erstmalig 1317 als Rathermühle urkundlich erwähnt. Sie war Eigentum des Herzogs und wurde 1598 neu erbaut.
Der Neubau erfolgte in kunstvollem Barock, noch heute fällt das „spanische Dach" der unmittelbar an der Bundesstraße gelegenen Mühle auf[32]. Die Waldnieler waren der Mühle zu Hand- und Frondiensten verpflichtet. Die stattliche Mühle verfügte über zwei Mühlräder, die sowohl die Keilpresse wie die Mahlwerke antrieben.
Auch die Anfänge der weiter unten liegenden Brempter Mühle reichen bis ins

BAD

Niederkrüchten

Pannenmühle Eintauschend neun hundert ein.

Kommet und sehet!

Wir **Friedr. Aug. Gotzes** und dessen Ehefrau thün kund und fügen hiermit zu wissen, daß wir an unserer Mühle zu Nutz und Frommen der badenden und schwimmenden Menschheit eine

Bade- u. Schwimmanstalt

errichtet haben.

Wir thun ferner kund und fügen zu wissen, daß wir für das geistige und leibliche Wohl unserer Badegäste auf das Beste sorgen werden und haben dementsprechend unsere Vorrathskammern eingerichtet.

Neben andern Leckerbarkeiten führen wir auch die von Alters her bekannten und beliebten Butterhamen oder Lotten von Fürlocksmeck mit Schinken, Flöttert oder Kletsch u. s. w. Da wir unsere Jugenderziehung auf der hohen Akademie in Dülken genossen, so sind wir selbstverständlich aufs Beste vertraut mit den Geheimnissen des jungen und alten Lichtes, sowie mit dem Geheimniß des Wannes.

Derothalben haben wir angeordnet und befohlen, da ‹/ **grossen Bestellungen von Butterhamen oder Lotten** in unserer Badeanstalt dieselben tu alter frommer Site, in einer Wanne zur Strecke gebracht werden sollen und zwar in folgender Ordnung, die mit Schinken rechts und die mit Flöttert oder Kletsch links.

Wir bitten alle unsere Badegäste, sich aller und jeder Falschheit zu enthalten, namentlich der Verausgabung von falschem oder gar keinem Gelde, sintemalen wir dadurch auf das Schwerste geschädigt würden.

Die Mühle liegt in herrlicher, gesunder Lage, umgeben von Tannen-, Eichen- und Buchenwaldungen, eine halbe Stunde von der Bahn in Waldniel und Schier entfernt. Angenehme natürliche Wellenbäder, reinstes Flußwasser.

Sommerfrischler, welche längere Zeit hier Aufenthalt nehmen wollen, finden in den hiesigen Hotels billige und gute Unterkunft.

Hochachtungsvoll!

Gotzes & Frau.

Buchdruckerei des „General-Anzeiger" Dülken.

16. Jh. zurück, urkundlich wird die Mühle erstmals 1575 erwähnt und gehörte den Grafen von Bylandt zu Brempt. Der jeweilige Müller mußte sowohl an die Pfarrkirche zu Niederkrüchten als auch an die Brempter Kapelle Öl liefern. Mitte des 19. Jh.s wurde die gesamte Anlage erneuert. Sie besteht aus einer offenen, vierflügeligen Hofanlage mit zweigeschossigem Wohnhaus mit fünf Achsen und dem eigentlichen Backstein-Mühlengebäude in zweigeschossiger Ausführung und dem rückwärtigen Mühlrad. Auch diese Mühle mußte um 1900 den Mahlbetrieb einstellen und wurde fortan als Restaurantbetrieb weitergeführt.
Unter Denkmalschutz steht heute die Dilborner Mühle, welche Mitte des 19. Jh.s als zweigeschossiger Backsteinbau errichtet wurde. Das Wohnhaus ist in den meisten Räumen mit Kölner Decken ausgestattet. Von der Treppe aus zugänglich ist eine sog. „Obkammer", die an der hinteren Seite des Wohntraktes liegt. Diese Raumaufteilung ist noch original erhalten. Der Mühlentrakt ist wohl der älteste Teil des Backsteinbaues und in vier Achsen mit klassizistischer Eingangstür mit Blausteingewände gebaut. Der Mühlentrakt ist in einem sehr guten Zustand. Das gesamte dreizügige Mahlwerk ist noch vollständig erhalten, ebenso das Getriebe und die Nebengeräte. Über beiden Gebäuden sind auch der Dachstuhl und die Reste zweier Kaminblöcke erhalten. Wohnhaus und Mühlentrakt sind wichtige Zeugnisse für die Orts- und die Siedlungsgeschichte der näheren Heimat.
Unmittelbar hinter der Dilborner Mühle lag früher noch die Bockler Mühle, die auf französischen Karten Anfang des vorigen Jahrhunderts noch als „Bocklermühle" aufgeführt wird. Das anschließende sumpfige Gelände war der Grund dafür, daß von dort aus bis ins Niederländische hinein keine weiteren Mühlen errichtet wurden.

10.7 Die Entwicklung des Schulwesens

Am 20. 6. 1826 wurde von der Königlichen Regierung in Aachen eine neue Schulordnung erlassen, „deren pünktliche Ausführung den wohltätigsten Einfluß auf die geistige Bildung unserer Jugend bezweckt".[33] Mit dieser Schulordnung reagierte der Staat auf die wahrhaft katastrophalen Verhältnisse im Schulwesen.
Bis zum Ende des 18. Jh.s gab es keinen Schulzwang und auch keine strenge Abgrenzung der Schulbezirke. Im allgemeinen scheint die Abgrenzung der Pfarrei auch die Grenze für die Schulbezirke gewesen zu sein. So kam es vielfach vor, daß Eltern ihre Kinder zur Ausbildung in benachbarte Schulen schickten, weil dort ein besserer Lehrer war. Ärmere Leute schickten ihre Kinder erst gar nicht in die Schule, andere nur im Winter, weil sie dann die Kinder nicht für die Arbeit benötigten. Im allgemeinen aber besuchten nur Kinder zwischen 8 und 12 Jahren die Schule, in der sie hauptsächlich lesen lernten, auch ein wenig schreiben und rechnen, wobei ein ABC-Buch und der Katechismus die üblichen Schulbücher waren.
Die Lehrer wurden vom Pfarrer im Einklang mit der Gemeinde eingesetzt, wobei der Pfarrer sie prüfte, den Eid abnahm und sie ins Amt einführte. Das Einkommen der Lehrer war mehr als gering, bis um 1750 erhielt etwa ein Lehrer in Niederkrüchten 18 Jüliche Reichstaler und von jedem Schüler ein Schulgeld. Zu dieser Zeit bestanden eine Schule in Niederkrüchten, eine in Gützenrath mit dem Einzugsgebiet Brempt und Laar und eine in Heyen, zugleich für Birth und Dam. Ein Zubrot konnte sich ein Lehrer damit verdienen, daß er auch zugleich als Organist tätig wurde.

Von einer ersten Schule in Elmpt wird im Jahre 1667 berichtet, sie befand sich an der Stelle, an der später das erste Bürgermeisteramt und das Pflegehaus errichtet wurden. Bis 1868 besuchten auch die Kinder von Overhetfeld diese Schule, erst dann erhielt dieser Ortsteil eine eigene Schule.
Bereits im 17. Jh. findet man Urkunden über Schulen in Niederkrüchten.[34] So heißt es im Visitationsprotokoll des Dechanten Cuypers aus dem Jahre 1683: „Schule wird gehalten, aber dieselbe ist nicht gestiftet. Der Lehrer Martinus Jakobs hat vor mir und den Zeugen vor seiner Zulassung zum Lehramte den Eid geleistet."
In einem Visitationsprotokoll des Dechanten Leonhard Loverix aus dem Jahre 1715 heißt es: „Der Lehrer Johannes Meerts ist zugleich Organist. Für das Schulehalten bekommt er von der Gemeinde jährlich 18 Reichstaler, außerdem das Schulgeld, für das Orgelspielen 14 Reichstaler und 20 Stüver. Aus der Fundation der Messe vom hl. Altarssakrament hat er 5 Reichstaler."
Auch die Schulchronik Niederkrüchten berichtet, daß bis zu Beginn des 19. Jh.s das Schulwesen auf einer sehr niedrigen Stufe stand und es Gemeindeschulen im allgemeinen nicht gab."
Nach Einführung der Schulpflicht unter den „Preußen" wurde ein Lehrer namens Leuffer, der früher bereits als Privatlehrer tätig war, „erster, offiziell bestellter Gemeindelehrer."
Im Jahre 1827 wurde die erste Schule erbaut. Zum Schulbezirk gehörten Niederkrüchten mit Brook, Rieth, Silverbeek, Blonderath, Varbrook, Birth, Felderhausen und ein Teil von Boscherhausen. Neben Niederkrüchten gab es Schulen in Gützenrath, in Oberkrüchten und in Merbeck. 1863 wurde in Heyen eine weitere vierte Schule gebaut. Im Jahre 1870 wurde in Niederkrüchten eine neue Schule errichtet, die zugleich Lehrerwohnungen enthielt.
Interessante Einblicke in das Schulwesen Anfang des 19. Jh.s gewährt auch die Schulchronik Gützenrath.[35] Es heißt dort:
„Bis in das zweite Decenium (20er Jahre) dieses Jahrhunderts befand sich in dieser Gegend das Schulwesen noch auf einer sehr niedrigen Stufe. In den Ortschaften der Pfarre Niederkrüchten, wozu auch der Ort Gützenrath gehört, wurde nur zeitweilig Unterricht erteilt und, wie aus den Aussagen älterer Leute zu entnehmen ist, von solchen Personen, die sich dazu befähigt glaubten und Neigung dafür besaßen. Mit Schulhalten befaßten sich gewöhnlich Handwerker, deren Arbeit eine Beschäftigung mit Kindern erlaubte. So hat ein Schuster in Dam, ein anderer in Heyen, ein Bäcker in Gützenrath zu gewissen Zeiten Unterricht erteilt. Als Schullokal diente die Wohnstube der Familie. Lehrgegenstände waren Lesen, Schreiben und Rechnen, letzteres aber nur ausnahmweise und gegen besondere Vergütung. Von den Kindern, welche die Schule besuchten, bezog der Lehrer ein monatliches Schulgeld, das jedoch nicht immer für den ganzen Monat entrichtet wurde, weil der Schulbesuch, besonders im Sommer, sehr unregelmäßig war. Daher bezahlte man auch für einen halben, ja sogar für einen viertel Monat. Weil zur damaligen Zeit wenig bares Geld vorhanden war, wurde auch häufig der Betrag des Schulgeldes in Naturalien vergütet. Die Schulbücher waren in holländischer Sprache verfaßt, enthielten nur Gebete und die Hauptwahrheiten des Christentums. Als die hiesige Gegend 1815 zum preußischen Staate gekommen, begannen die Bemühungen der königlichen Regierung für das Schulwesen bald wohltätige Einflüsse zu äußern. Die Einführung von Sozial-Schulvorständen und Kreis-Schulinspektoren bewirkte einen

regelmäßigeren, beständigen Unterricht und brachte auch geeignetere Lehrpersonen in das Schulamt. Mitglieder des ersten Socialvorstandes waren hier Herr Pfarrer Merken zu Niederkrüchten, Bürgermeister Roosen, M. Geerkens und Franz Lütters. Für die Personen, welche sich dem Schulamte widmen wollten, oder welche schon eine Schulstelle übernommen hatten, wurden zur theoretischen und praktischen Ausbildung Lehrkurse in Erkelenz gehalten. Im Herbst 1818 eröffnete Johann Wilhelm Hendricks, der auch an dem genannten Lehrkurs in Erkelenz teilgenommen hatte, hier in Gützenrath in seinem Privathause eine Schule. Zwar zählte diese anfangs nur wenige Schüler, allein bald vermehrte sich die Zahl derselben und ermöglichte einen regelmäßigen beständigen Unterricht. Als durch allerhöchste Kabinetts-Order vom 14. Mai 1825 die allgemeine Schulpflichtigkeit ausgesprochen war, gestaltete sich auch das Einkommen besser. Für das Jahr 1826 wurde zuerst eine Liste sämtlicher zum Schulbezirk Gützenrath gehörigen Kinder aufgestellt und dem Lehrer ein monatliches Schulgeld von drei Silbergroschen pro Kind nebst drei Silbergroschen jährlich als Entschädigung für Reinigung und Heizung des Schulhauses bewilligt, welche Beträge von den Zahlungsfähigen selbst, für die Armen aus der Armenkasse bei dem Steuerempfänger entrichtet wurden. Außer diesem Schulgeld bezahlte die Gemeindekasse noch ein Gehalt von 40 Talern. Der Schulbezirk Gützenrath wurde gebildet aus den Ortschaften Gützenrath, Dam, Heyen, Laar und Brempt, er zählte im Jahre 1826 = 114 schulpflichtige Kinder. Mit der Schulstelle sind kirchliche Nebenämter nie verbunden gewesen."

Bis zum Jahre 1841 diente als Schullokal immer noch ein großes Zimmer im Haus des Lehrers. Der Raum reichte allerdings nicht mehr aus, als die Schülerzahl um diese Zeit bis auf 140 anstieg. Im Jahre 1842 schied Lehrer Hendricks aus und sein Sohn Peter Jakob übernahm die Schulstelle. Die Schülerzahl stieg jedoch ständig an, auch nach der Ausgliederung Brempts nach Niederkrüchten waren es im Jahre 1854 noch 130 Kinder, die in der einklassigen Schule unterrichtet werden mußten. So wurde 1863 in Heyen ein weiteres Schulgebäude errichtet, welches von den Kindern aus Heyen, Dam und Laar besucht wurde. Als 1873 ein neues Schulgebäude in Niederkrüchten fertiggestellt wurde, besuchten die Kinder aus Birth diese neue Schule.

Im Jahre 1877 wurde eine Fortbildungsschule eingerichtet, an welcher schulentlassene Jungen in den Sommermonaten jeweils sonntags unterrichtet wurden.

An Schulfesten wurden jährlich gefeiert der Geburtstag S. Majestät des Königs und Kaisers, und der Tag zur Erinnerung an die Schlacht bei Sedan am 2. September. „An diesen Festtagen wird vom Lehrer die Bedeutung des Tages klargemacht durch einen Vortrag, die Kinder deklamieren Gedichte und singen Vaterlandslieder. Zur Erhöhung der Festfreude erhalten die Kinder Geschenke, bestehend in Festbüchlein, Liedertexten, Bildern, Brötchen, wobei die Kosten aus der Gemeindekasse bestritten werden."

Wann die erste Schule in der Pfarre Oberkrüchten gegründet worden ist, läßt sich nicht feststellen. Die Erwähnung einer Schule finden wir erstmals im Jahre 1672, später in einem schriftlichen Visitationsbericht vom 14. Mai 1705, in dem der damalige Niederkrüchtener Pfarrer Loverix, der zugleich Landdechant des Dekanates Erkelenz war, bemerkte, daß die Oberkrüchtener Schule mit der Vikarie-Stelle verbunden sei, jedoch nur im Winter abgehalten werde. Die älteste Schule stand in unmittelbarer Nähe der Kirche

41 Schulen in Oberkrüchten: rechts das Schulgebäude 1847–1953, links das Schulgebäude 1878–1953

und umfaßte nur einen kleinen Schulsaal.[36]
Patron der Oberkrüchtener Kirche waren bis zum Einzug der Franzosen die Herren von Bylandt, welche wahrscheinlich auch das Patronat der Schule hielten; in einem Bericht des Schulvorstandes Anfang des 19. Jh.s ist angegeben, daß der damalige Lehrer vom Maire de Bylandt angestellt worden sei.
Mitte des 19. Jh.s trug die Zivilgemeinde Niederkrüchten die Kosten für Lehrergehälter und Schulbauten.
Über die ersten Lehrer der Pfarrschule Oberkrüchten liegen keine Angaben vor, es ist aber wahrscheinlich, daß die ersten Lehrer die Vikare der Kirche waren. So finden wir als ersten weltlichen Lehrer Johann Gerhard Quasten, einen gebürtigen Oberkrüchtener, „ohne Vorbildung", der 1806 angestellt wurde. Da bis zur Franzosenzeit kein Schulzwang herrschte, so war dementsprechend auch der Schulbesuch sehr mangelhaft.
Die Schulstelle in Oberkrüchten war zunächst durch eine Fruchtrente dotiert, welche gemäß einer „Lyste van Broggen an de Schoole van Obercruchten annex" aus dem Jahre 1672" ein mald. 4 Veerd" betrug, an einer anderen Stelle wird diese Roggenrente mit sieben Sester angegeben. Weiter war zugunsten der Schule ein Kapital von 111 Pattakons oder 446 Franken zu Lasten der Gemeinde Niederkrüchten gestiftet, dazu kam noch das Schulgeld von monatlich 6 Stüber pro Kind.
Als im vorigen Jahrhundert die alte Schule an der Kirche abgebrochen werden mußte, erwarb die Gemeinde einen Bauplatz in der Mitte des Dorfes von Gottfried Bonsels, auf dem ein neues Schulgebäude für etwa 100 Kinder verbunden mit einer einfachen Lehrerwohnung errichtet wurde. Nun konnte eine zweite Schulklasse eingerichtet werden, die von dem Aspiranten Josef Coenen aus Oberkrüchten besetzt wurde, dieser

provisorische Zustand dauerte bis 1877. Am 18. 7. 1876 war der Grundstein zu einem neuen Schulgebäude gelegt worden.

Im Jahre 1817 wurde das Einkommen des Oberkrüchtener Lehrers auf 75 Gulden festgesetzt, dafür durfte er allerdings von den Kindern kein Schulgeld mehr fordern. Von 1838 an erhielt der Lehrer als Wohnungsentschädigung jährlich 8 Taler, zu den bisher bezogenen 27 Talern einen Zuschlag von jährlich 6 Talern und ein Schulgeld von 3 Silbergroschen je Kind.

Als 1864 ein neuer und zwar der erste geprüfte Lehrer die Stelle antrat, bezog dieser ein Gehalt von jährlich 200 Talern nebst freier Wohnung und Garten. Von 1894 an wurde das Gehalt von der Gemeinde auf 1000 Mark für definitiv angestellte und auf 900 Mark für provisorisch angestellte Lehrer festgesetzt.

Der erste ausgebildete Lehrer hieß Wilhelm Schüller und stammte aus Breinig bei Aachen. Bis zum Jahre 1869 stand er der ersten Schulklasse vor.

Die Kinder des Elmpter Bezirks An der Wae besuchten bis zum Jahre 1898 die Schulen zu Elmpt und Overhetfeld[37]. 1897 wurde die Schule An der Wae gebaut mit einem Kostenaufwand von 14500 Mark, zum Schulbezirk gehörten die Bereiche An der Wae, Venekoten, Gen Rae und In dem Sande. Die Schule wurde mit 70 Schülern eröffnet, erster Lehrer war Franz Debiel, dessen Jahresgehalt von 900 Mark zunächst ganz von der Gemeinde Elmpt aufzubringen war. Die Lehrpersonen wechselten damals oft, allein bis zum Jahre 1907 fanden fünf Wechsel statt. Diese dürften nicht zuletzt darauf zurückzuführen sein, daß die Gemeinden Zuschüsse zu den offiziellen Grundgehältern gewähren konnten. So sah sich die Gemeinde Elmpt im Dezember 1900 gehalten, das Grundgehalt auf 1200 Mark zu erhöhen, „auf Gesuch der Lehrer hin, welche nachwiesen, daß sie mit einem Gehalt von 900 Mark bzw. 1050 Mark nicht standesgemäß leben konnten, ohne unter den hiesigen Verhältnissen Schulden zu machen.“ Wenn auch die Gehälter in den folgenden Jahren nach und nach angehoben wurden, so muß man dennoch davon ausgehen, daß Lehrpersonen zur damaligen Zeit keinem finanziell besonders attraktiven Berufsstand angehörten.

Nachdem in Overhetfeld 1920 eine zweite Klasse eingerichtet wurde, besuchten viele Kinder der Schule Wae nunmehr die Schule in Overhetfeld, wodurch die Schülerzahl An der Wae, die teilweise bei 70 bis 80 Kindern gelegen hatte, drastisch abfiel. Wenn man allerdings bedenkt, daß das einzige Klassenzimmer der Schule Wae nur 61 qm groß war, wird man verstehen, daß die Verminderung der Schülerzahl nur zum Wohle der Kinder sein konnte – abgesehen davon, daß der einzige Schullehrer mit 70 Kinder zumindest aus heutiger Sicht weit überfordert war.

Nicht allzugut war die Lehrerschaft auf die niederländischen Nachbarn zu sprechen, so heißt es etwa in der Schulchronik An der Wae um 1900: „Da An der Wae an der holländischen Grenze liegt und aus Holland fast alle Dienstboten bezogen werden, welche sich darum hier häuslich niederlassen, so nehmen die meistens der untersten Stufe angehörenden holländischen Elemente immer mehr zu, was für die sprachliche und überhaupt für die gesamte Ausbildung von großem Nachteil ist.“ Allerdings dürften hier die sprachlichen Schwierigkeiten größer gewesen sein als der soziale Status, denn der Unterricht erfolgte ausschließlich in deutsch!

Der erste namentlich bekannte Lehrer in Merbeck war Johann Heinrich van Gansewinkel, der zugleich Küster war und am 22. 8. 1821 in Aachen sein Schulexamen bestand[38]. Pfarrer Breuer ergriff im Jahre 1836 die Initiative für den Bau einer ersten Schule. Im Jahre 1858 wurde die Schule von 85 Schulkindern besucht, das Lehrergehalt belief sich auf 185 Taler. Als die Schülerzahl weiter anwuchs, wurde 1867 ein neues Schulgebäude errichtet, in dem zwei Klassen unterrichtet werden konnten. 1898 mußte diese Schule in eine dreiklassige umgewandelt werden, der Bau einer weiteren Schule in Schwaam war unabdingbar geworden.

10.8 Kirchliches Leben

Nach der ältesten Diözesaneinteilung gehörten Arsbeck, Beeck, Elmpt, Niederkrüchten (mit Merbeck), Oberkrüchten und Wegberg zum Dekanat Wassenberg im Archidiakonat Kempenland der Diözese Lüttich[39]. In den Jahren 1561 bis 1801 kamen Niederkrüchten und Oberkrüchten zum Dekanat Erkelenz des Bistums Roermond, in der gleichen Zeit gehörte Elmpt zum Dekanat Montfort, ebenfalls Bistum Roermond. 1802 kamen Elmpt, Niederkrüchten, Oberkrüchten und Merbeck zum Kanton Niederkrüchten im Arrondissement Roermond, Departement Niedermaas (Diözese Lüttich).
Durch Apostolisches Breve vom 22. Januar 1819 wurde die Kantonalpfarre Niederkrüchten mit Succursalen und Annexkirchen dem Generalvikar Fonck als Apostolischem Administrator überwiesen.
Bei der neuen Dekanatsordnung der Erzdiözese Köln von 1827 gehörten Beeck, Elmpt, Merbeck, Niederkrüchten, Oberkrüchten, Rickelrath und Wegberg zum Dekanat Erkelenz. 1925 wurden diese Orte zum Dekanat Wegberg zusammengefaßt.
Nach der „Franzosenzeit" kehrte auch im kirchlichen Bereich zunächst wieder Ruhe ein. Pfarrer in Elmpt war nach Alardius Laurentius Smulders (1813–1815) der gebürtige Elmpter Johann Adams (1815–1820). Ihm folgten Johann Joseph Thomassen (1820–1824) und Johann Severin Kayser (1825–1863), der später „ein nicht unbedeutendes Vermögen der Kirche und den Armen von Elmpt vermachte". Ihm errichtete die Pfarrgemeinde ein Grabdenkmal, welches hinter dem Chor der Kirche stand und die Inschrift trug: „Denkmal des Hochwürdigen Herrn Pfarrers Severin Kayser, geboren am 5. Oktober 1788 zu Wassenberg, gestorben am 11. Juli 1863 zu Elmpt – errichtet von der dankbaren Gemeinde Elmpt –."
Heinrich Hubert Heinrichs (1863–1877) war der nächste Elmpter Pfarrer, nach seinem Tod verhinderte der Kulturkampf zunächst die Besetzung der Pfarrstelle.
1865 bewilligt der Gemeinderat dem Kaplan von Elmpt ab 1866 ein Gehaltsfixum von 200 Talern pro Jahr, es wurde darauf hingewiesen, daß die Stelle noch mit erheblichen Nebeneinnahmen versehen war[40].
Erst ab Juli 1884 versah Franz Heinrich Löhrer wieder Pfarrerdienst.
Auf den Pfarrer Wilhelm Otto Wolff (1887–1892) folgten Augustin Olbertz (1892–1918), Hermann Wilms (1919–1929) und Anton Czerwonka (1931), dann Theodor Trecker bis 1951, und von 1951 an bis 1979 Eduard König, seitdem Hermann-Josef Baumanns.
Der Elmpter Bürgermeister Johann Baptist Adams (1807–1861) hatte in seinem Testament einen Betrag von 1600 Talern der Elmpter Pfarrkirche St. Laurentius hinterlassen, um einen Kreuzweg auf dem Kirchhof, der damals noch unmittelbar an der Kirche lag, zu errichten. Unter etlichen Angeboten wählten die Geschwister Adams und der Elmpter Vikar Josef Frohn das Bildhaueratelier Lenaerts & Houtermans aus Roermond aus, für 1470 Taler einen 14teiligen Kreuzweg zu erstellen. Die Firma hatte versichert, „viele Figuren anzubringen, um die Leidensgeschichte vollständig darzustellen," wobei die Figuren der Zeit Dürers entspre-

42 Elmpt, Pfarrkirche nach der Erweiterung im Jahre 1904

chen und in den Nischen fast freistehen sollten[41].
Die etwa 3 m hohen und 63 cm breiten Standsäulen wurden bis 1864 fertiggestellt, wobei die 12. Station aus einem Hauptkreuz von 5 m Höhe bestand, dessen etwa 1,50 m großer Korpus fast menschliche Größe erreichte. Ein Kunstkritiker[42] würdigt die am 9. 4. 1865 eingeweihten und aus Trierer Sandstein geschaffenen Kreuzwegstationen wie folgt: „Jede einzelne Station endigend in Giebelform, dessen Spitze eine Kreuzblume ziert. Die Figuren-Gruppe befindet sich in einer ½ Fuß vertieften Nische in Form eines stumpfen Spitzbogens, welcher nach vorn gesäumt ist, mit einer kleinen Archivolte, welche durch zwei Säulchen gestützt wird. Jede in dieser Nische befindlichen Figurengruppe zählt 5, meist 6 und 7 Figuren. Die Figuren selbst sind sauber gearbeitet, reich in ihrer Gewandung, frei und ungezwungen in ihrer Bewegung. Auch die Verschiedenheit der Charaktere der handelnden Personen findet lebendigen Ausdruck. Allein trotz des reich belebenden Ausdrucks der einzelnen Personen in Mine und Gebärde liegt doch auf dem Ganzen eine tiefernste Ruhe. Besonders zeigt sich dies am Bilde Christi. Die einzelnen Figuren erscheinen nicht mehr als todter Stein, die Hand des Künstlers hat ihnen Leben gegeben, so daß sie reden zum Herzen des Beschauers."
Seit 1904 wurden die Begräbnisse auf dem Kirchhof zwar eingestellt, die Stationen waren dennoch viele Jahrzehnte hindurch Ort der Anbetung und stillen Verehrung. Erst in den 60er Jahren wurden die Figuren zum großen Teil mutwillig zerschlagen und beschädigt, ob eine

Restaurierung noch möglich ist, erscheint fraglich.
Diesem ersten Werk in Elmpt ließ die Herstellerfirma wenig später einen neuen Altar in St. Laurentius folgen. Auch diesen gaben die beiden Schwestern des verstorbenen Bürgermeisters, Anne-Sibille und Josepha-Isabella, in Auftrag[43]. Ursprünglich hatte die Elmpter Pfarrkirche 3 Altäre, die in der französischen Zeit verkauft wurden: Einer war St. Maria, St. Martin und St. Barbara geweiht, der zweite St. Katharina und St. Nikolaus und der dritte allein dem hl. Nikolaus. Nun wurde über dem alten Altartisch ein neuer neugotischer Hochaltar errichtet, der 5,90 m hoch, 3,05 m breit und 1,33 m tief war. Ursprünglich in weißem Stein geschaffen, hatte er einen Wert von 600 Talern.[44]
„In der Mitte der einfach gestalteten Predella steht der Tabernakel, der von einem Ciborium überdacht ist. Zu beiden Seiten kniet je ein betender Engel unter einem Baldachin. Von der Mitte des Retabels erhebt sich hoch über den Altar hinaus ein Triumphkreuz mit Corpus, unter ihm stehen Maria und der Lieblingsjünger Johannes.

43 Kreuzweg an der Elmpter Kirche, Inschrift auf dem Sockel des Kreuzes

Zwei Halbreliefs befinden sich auf gleicher Ebene wie das Ciborium und sind außen von je einer Fiale begrenzt. Die linke Seite zeigt den Diakon St. Laurentius, wie er in Rom die Armen betreut, die rechte stellt den Heiligen dar, wie er auf dem glühenden Rost gemartert wird."[45]
Im Jahre 1821 wurde im Königreich Preußen die kirchliche Verwaltung neu geordnet, 1821 das Bistum Aachen aufgelöst, fortan gehörten Elmpt und Niederkrüchten zur Erzdiözese Köln, bis im Jahre 1930 das Bistum Aachen erneut errichtet wurde.
Erster Pfarrer von Niederkrüchten war unter den „Preußen" seit 1813 Philipp Leonard Mercken.[46]
Von 1829 bis 1866 war Johann Mathias Siemes (bei Weeger: Simes) Pastor in Niederkrüchten. Er stammte aus Waldniel und galt als leutselig, aber sehr gewissenhaft. Anläßlich seines 50jährigen Priesterjubiläums erhielt er im Jahre 1865 den Königlich-Preußischen Adlerorden III. Klasse.[47]
Der Kirchenchor St. Cäcilia Niederkrüchten wurde im Jahre 1862 gegründet, während des Kulturkampfes und der Vakanz der Pfarrstelle ruhte seine Tätigkeit von 1879 bis 1887. Nach der Neugründung war Wilhelm Neuhs Küster, Organist, Chorleiter und Schriftführer zugleich. Ihm folgten als Chorleiter 1897 Hubert Schiffer und 1902 Peter Kern, der dies Amt bis 1948 ausübte. Nach dem II. Weltkrieg wurde der Chor um Damen verstärkt und unter dem Elmpter Willi Cuypers 1950 auch ein Kinderchor gegründet, dem 1971 ein Jugendchor folgte.
Der erste Kindergarten in Niederkrüchten wurde von der katholischen Pfarrgemeinde am 26. März 1903 in dem 1899 erbauten St. Josef-Krankenhaus eingerichtet. Die Leitung übernahmen die „Armen Dienstmägde Christi" der Derndorfer Genossenschaft, die zunächst 14 Kinder versorgten.

44 Kreuzwegstation an der Elmpter Kirche

Am 9. August 1926 wurde ein Neubau bezogen. Mit 22 Kindern fing man 1945 wieder an, 1970 wurden insgesamt 70 Kinder dort betreut.
Im Jahre 1971 mußten die Dernbacher Schwestern der Armen Dienstmägde Christi das Josefshaus, das sie seit 1899 als Krankenhaus, später als Altenheim führten, wegen Nachwuchsmangel aufgeben. Nach der Übersiedlung der Bewohner in das neue Altenheim in Elmpt wurde das Haus im Jahre 1974 abgebrochen. Auch der Kindergarten mußte 1970 aufgegeben werden.
Im Jahre 1901 erhielt die Pfarrkirche von Oberkrüchten anstelle des alten schiefergedeckten Turms einen neuen Turm von etwa 35 m Höhe. Die Deckengemälde oberhalb der Altäre, die das Abendmahl zeigen, wurden von einem Düsseldorfer Maler geschaffen.
Ende Februar 1929 verzichtete Pfarrer Wilhelm Bieger, der seit 1914 als Pfarrer in Oberkrüchten wirkte, auf seine Stelle,

unter seinem Nachfolger, Pfarrer Peter Jungen, erhielt die Kirche neue Fenster und wurde ausgemalt. Pfarrer Jungen, der sich um die Verschönerung der Kirche verdient gemacht hatte, starb am 8. Februar 1933. Neuer Pfarrer wurde am 21. Mai 1933 Suitbert Schmitz.
Im Oktober 1934 erhielt die Kirche eine neue Orgel, sie wurde von den Geschwistern Bartholomäus, Quirin und Margarethe Coenen gestiftet. Durch einen Bombenabwurf am 7. 1. 1944 wurde die Oberkrüchtener Kirche schwer beschädigt.
Nach dem Tode von Pfarrer Schmitz beim Einmarsch der Amerikaner wurde Jakob Müllender bis 1954 Pfarrer in Oberkrüchten, ihm folgten noch Dr. Franz Müller (1954–1956) und Josef Niesemann (1956–1988), seither ist auch die Oberkrüchtener Pfarrerstelle nicht mehr besetzt.

10.9 Die Entstehung der „Brand-Corps"

Nachdem die preußische Regierung die Verwaltung in den linksrheinischen Gebieten übernommen hatte, sahen sie eine ihrer ersten Aufgaben in der Neuorganisation des Brandschutzes. Sie konnten dabei zurückgreifen auf Bestimmungen über den Feuerschutz, die rund 60 Jahre zuvor erlassen worden waren.
Die älteste Nachricht über Feuerschutz in den Altgemeinden Elmpt und Niederkrüchten findet man nämlich in einem „Generalreglement zur Verhinderung jeglichen Feuer- und Brandunglücksfällen", welches die „Untertanen von ihrer Kaiserlichen und Königlichen Majestät im Oberquartier des Herzogtums von Geldernland auf dem flachen Land" zum Brandschutz anwies, „also da Unglücksfälle von Feuer und Brand offenbar oft und meistenteils aus Unvorsichtigkeit, Unachtsamkeit der Bewohner und aus zu wenig Sorge und Vorsorge vorkommen und entstehen".
Die österreichische Kaiserin Maria Theresia, zugleich Herzogin von Geldern, gab in dieser Verordnung vom 19. 7. 1755 ihren Untertanen genaue Richtlinien an die Hand, wie dieser Feuerschutz anzuwenden war und drohte bei Nichtbefolgung mit Strafen „wie es uns beliebt"!
Fortan sollten alle Lehmschornsteine aus Holzwerk durch steinerne Schornsteine und Feuerstätten ersetzt werden, verboten wurde, in der Nähe von Stroh und Heu Feuer zu machen, das Verbrennen von Grassoden oder Schanzen in der Nähe der Häuser, verboten wurde sogar, in der Dunkelheit Flachs zu bearbeiten und St. Martinsfeuer anzuzünden! Jeder Einwohner wurde verpflichtet, im Brandfall „versehen mit einem guten Eimer oder dergleichen voller Wasser sich am Brandplatz einzufinden" – ein früher Vorläufer der späteren Feuerwehren.
Die Dörfer und Honschaften des Oberquartiers wurden verpflichtet, ihre Brandgerätschaft um Brandspritzen, Brandleitern und Brandhaken zu ergänzen, wobei die Aufsicht dem jeweiligen Vogt oblag. Es wurde auch geregelt, wieviel die einzelnen gemeindlichen Zusammenschlüsse an Mindestgerät vorhalten mußten: Niederkrüchten eine gute Brandspritze, 12 Leitern und Haken, Oberkrüchten 8 Leitern und Haken, Brempt 6 Leitern und Haken, dazu jede Honschaft je 4 Leitern und Haken, Elmpt schließlich 8 Leitern und Haken. Innerhalb eines Monats waren diese Geräte zu besorgen und „in gutem Zustand zu erhalten, bei Verderben und Verlust der Geräte droht Strafe".
Das also war die erste offizielle Brandschutzordnung für den heimischen Bereich, insofern von besonderer Bedeutung, da beide Gemeinden unmittelbar an riesige Waldgebiete angrenzten.
Bereits am 14. November 1816 wandte sich nun die Königliche Regierung wegen einer Feuerverordnung an die Gemeinden

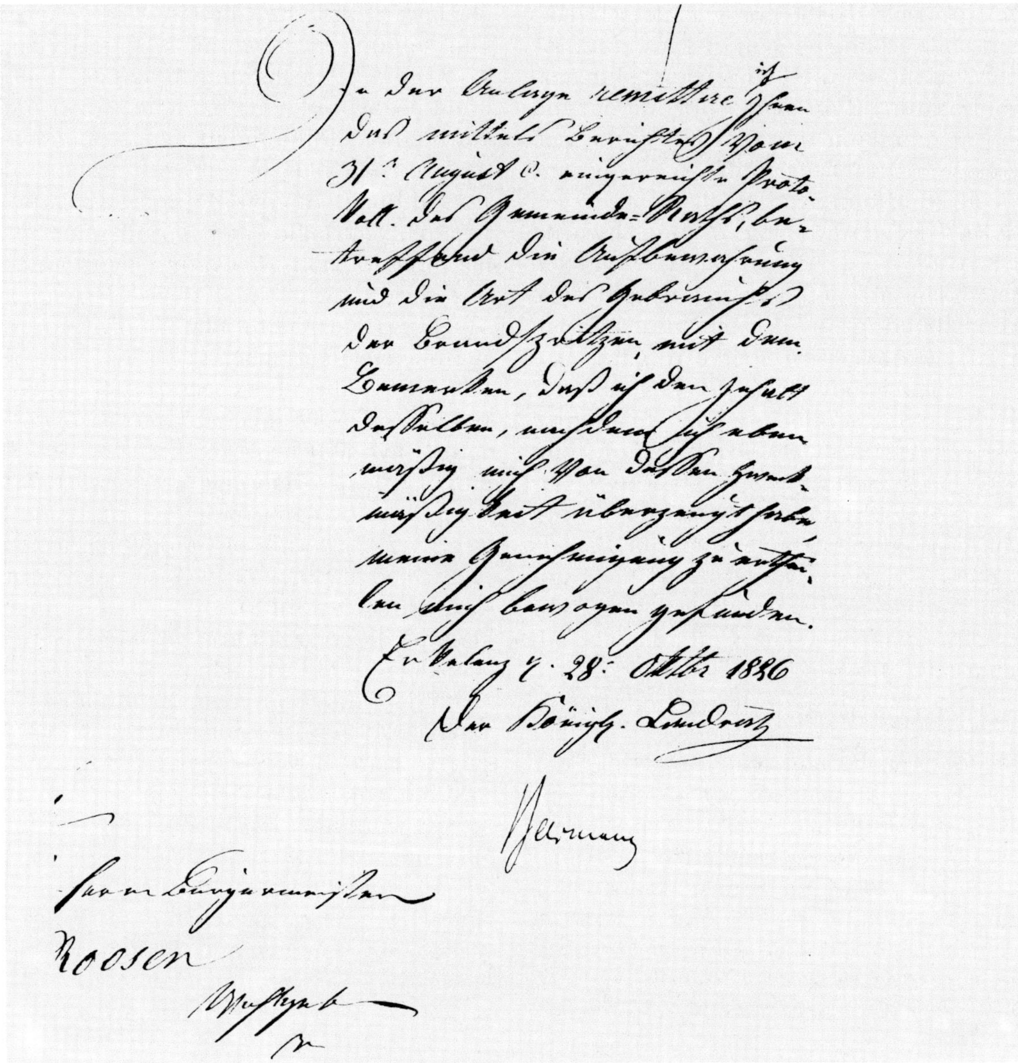

45 Ältestes Dokument über das Bestehen eines „Brand-Corps“ in Niederkrüchten vom 28. Oktober 1826

und erkundigte sich nach den vorhandenen Gerätschaften. Nach einem Gemeinderatsprotokoll[48] vom 28. 10. 1828 war der Niederkrüchtener Gemeinderat auf Anordnung des Landrats zusammengetreten, um festzulegen, welche Entschädigung man den „Führern und Aufsehern der Brandspritze für die Ausfahrt beim Entstehen von Feuerbränden in und außerhalb dem Orte“ gewähren sollte.

In dem Protokoll heißt es dann wörtlich: „In Erinnerung, daß es billig sei, den Aufsehern der Brandspritzen Peter Peters und Wilhelm Stevens eine Entschädigung zuzuerkennen und es nötig ist, daß für jede Ausfahrt der Brandspritzen eine solche Entschädigung bestimmt wird, daß darum gewetteifert werden möge, damit beim Entstehen von Feuersbrünsten nicht nach der Brandspritze gewartet werden braucht. Trägt diesen nach darauf an, daß dem Peter Peters und Wilhelm Stevens für das Aufbewahren resp. der Brandspritzen-Gerätschaften von Ober- und Niederkrüchten und Führen derselben beim Entstehen von Feuerbrunst einem jeden von ihnen eine Entschädigung von 1 Taler jährlich und zwar für das 1. Mal für 1827 zuerkannt werden möge und daß für jede Ausfahrt beim Entstehen von Feuersbrünsten, wenn es nicht ¼ Stunde außer dem Ort ist, für das Pferd, welches am ersten der Brandspritze zur Ausfahrt sich nähert, 2 Taler, und für das 2. Pferd 1 Taler, wenn es eine Stunde und mehr wird, ¼ Stunde ist, für das erste Pferd 4 Taler und für das 2. Pferd 3 Taler gezahlt werden sollen."[49]

Das ist also der erste schriftliche Nachweis über das Bestehen einer Pflichtfeuerwehr nach preußischen Vorgaben in Niederkrüchten; da eine gleiche Verfügung an alle Gemeinden ging, ist davon auszugehen, daß auch Elmpt bereits zu diesem frühen Zeitpunkt über eine Pflichtfeuerwehr verfügte. Ein Beweis für das Bestehen von „Brand = Corps" auch in Elmpt und Overhetfeld ist weiterhin die Tatsache, daß die Gemeinde bereits 1832 ein Spritzenhaus in Elmpt für 132 Taler erbauen ließ, dem 1842 der Bau eines Spritzenhauses in Overhetfeld folgte.

Aus dem Jahre 1832 liegt eine Aufstellung des „Brand = Corps der Bürgermeisterei Niederkrüchten" vor, die nachweist, daß damals bereits sowohl die Gemeinde wie alle Honschaften über Brandschutzeinrichtungen und Feuerwehrleute verfügten.[50] So bestand eine Feuerlöschkompanie für Niederkrüchten mit 28 Aktiven und einer Feuerwacht- und Stellungskompanie mit 32 Bürgern, für Oberkrüchten 28/26, Boscherhausen 4/6, Steinkenrath 4/7, Brempt 8/10, Laar 8/12 Gützenrath 8/12, Heyen 8/6, Dam 8/10, Birth 8/6, Merbeck 8/26, Vaarbrook 8/8, Tetelrath 8/8 und Schwaam 8/8. Niederkrüchten verfügte damals über 12 Pferdebesitzer und Oberkrüchten 21 Halter von Pferden, die im Brandfalle herangezogen werden konnten.

In einem Vermerk[51] vom 22. Februar 1844 teilt der Merbecker Brandmeister Geerkens dem Bürgermeister Louven mit, daß er eine Brandspritze in Erkelenz hat abholen lassen, „zugleich beehre ich mich, Ihnen die Personen des zu organisierenden Brandcorps für unsere Gemeinde mit Namen gehorsamst vorzustellen" und führt dann 30 als „tüchtig bekannte Personen" namentlich an, die als Mitglieder des für Merbeck organisierten Brandcorps gewählt wurden. Das dürfte die Gründung der Merbecker Feuerwehr gewesen sein. In Merbeck besaßen 11 Bauern Pferde, die zum Brandschutz mit herangezogen werden konnten.

Am 27. November 1833 stellte der Wegberger Kaminfeger Janssen eine Aufstellung der Feuerlöschgerätschaften in seinem Kaminfegerbezirk zusammen,[52] derzufolge die Gemeinde Elmpt über ein Spritzenhaus, eine Spritze, einen Schlauch, 2 Leitern, 6 Haken und 40 Eimer verfügte, ein weiterer Beweis für das Vorhandensein eines „Brand-Corps" auch in Elmpt.

Für die Feuerlöschkompanie Niederkrüchten wurden am 4. 4. 1850 = 28 Männer gewählt, die die Feuerlöschkompanie unter Leitung des Spritzenmeisters Wilhelm Beekmanns bildeten, weitere 32 Personen bildeten die Rettungskompanie. Die einzelnen Brandcorps waren nach § 93 der Feuerwehrordnung durch die Gemeindevertretung zu wählen und zu ergänzen, indem an Stelle der „abgegangenen und gestorbenen" Mitglieder andere ernannt und zugesetzt wurden.

Am 14. 8. 1863 wurden durch den Landrat die Brandspritzen und Löschgerätschaften in Elmpt überprüft. In Elmpt wurden die Spritzen beanstandet, in Overhetfeld ebenfalls. In der Gemeinderatssitzung vom 27. 6. 1877 wurde beschlossen, eine zusätzliche Waldfeuerwehr zu organisieren! Aufgrund der häufigen Waldbrände hatte sich die Notwendigkeit zur Bildung einer besonderen Feuerwehr gestellt. Es sollten unter 2 Hauptwehrführern und mehreren Sektionsführern eine angemessene Anzahl von Löschmannschaften angestellt und verpflichtet werden.

Nach einer langen Friedenszeit kam es Mitte des vorigen Jahrhunderts zu neuen kriegerischen Auseinandersetzungen, in denen auch Elmpter und Niederkrüchtener Wehrpflichtige erstmals als Soldaten Preußens ihre Pflicht taten. So nahm am Krieg 1848/49 Johann Albert Coenen aus Elmpt teil, der die Tapferkeitsmedaille erhielt[53].

Im Sommer 1866 beteiligten sich die Elmpter und Niederkrüchtener Schulkinder in patriotischer Gesinnung an der Herstellung von Lazarettgegenständen für die verwundeten Krieger.

Im Krieg von 1866 starben zwei Elmpter Soldaten: Johann Wilhelm Tosquoine von der 5. Kompanie des 1. Rheinischen Infanterieregiments und Peter Josef Veger von der 8. Kompanie desselben Regiments, welcher am 4. August 1866 in Niederösterreich an der Cholera starb.

Der nächste Krieg ließ nicht lange auf sich warten. Nachdem Bismarck sein erstes Ziel erreicht hatte und Preußen die führende Großmacht in Deutschland geworden war, wurde als nächstes Ziel die deutsche Einheit angestrebt.

Am 16. Juli 1870 wurden etwa 50 Krieger der Gemeinde Elmpt eingezogen. Gleich nach Ausbruch des Krieges wurden in der Gemeinde mehrere Vereine gebildet sowohl zur Unterstützung der hilfsbedürftigen Familien und der bedrängten deutschen Grenzgemeinde als auch zur Anschaffung und Sammlung von Lazarettgegenständen.

Wiederum schickten die Heimatgemeinden den im Felde stehenden Soldaten Geld- und Sachwerte: Die Geldmittel stammten zum einen aus Gemeindemitteln, zum anderen handelte es sich aber auch um solche, die aufgrund freiwilliger Sammlungen zusammen kamen, ferner Leinwand und Verbandsgegenstände.

An dem Krieg 1870/71 zwischen Preußen und Frankreich nahmen auch Niederkrüchtener Soldaten teil, die jedoch wie die Elmpter alle heil zurückkehrten.

11. Die Gründerjahre 1871–1914

11.1 Die Lage der Bevölkerung

In der zweiten Hälfte des 19. Jh.s hatten beide Altgemeinden einen großen Bevölkerungszuwachs zu verzeichnen, der beträchtliche Probleme mit sich brachte. Hatte die Gemeinde Elmpt beispielsweise 1816 nur 1193 Einwohner, so stieg deren Zahl bis 1880 immerhin auf 1654 Einwohner an.

Mehr als 400 Personen, d. h. rund 25%, waren außerhalb geboren, von denen allein 62 Knechte und Mägde die niederländische Staatsangehörigkeit besaßen[1], – ein „Ausländerproblem" bereits vor mehr als einhundert Jahren, welches zu lösen wohl nicht ganz einfach war, da auch damals durch eine gleichzeitige Rezession die wirtschaftliche Not der alteingesessenen Bevölkerung schwer zu schaffen machte.

Auch die übrigen Ortsteile verzeichneten einen starken Bevölkerungszuwachs. So berichtet die Chronik der Schule Gützenrath im Jahre 1873, daß „in den letzten 30 Jahren die Bevölkerung merklich gestiegen ist. Bis dahin sind wohl ebenso viele Häuser abgebrochen worden als Neubauten ausgeführt wurden. Isoliert liegende Wohnhäuser sind jetzt vielfach verschwunden, denn die ackerbautreibende Bevölkerung vermied stets die Errichtung vieler neuer Haushaltungen. Man fand früher viele Haushaltungen, wo mehrere Geschwister mit dem verheirateten Bruder oder der Schwester in gemeinschaftlicher Hauswirtschaft vereinigt blieben. Aus dieser Ursache sind die einzelnen Ackergüter vielfach in den alten Größen erhalten geblieben."[2]

Im Jahre 1885 besaß Elmpt 331 Wohnhäuser, von denen zwei dreistöckig, siebzehn zweistöckig und der Rest einstöckig gebaut waren[3].

Während bis zur Mitte des vorigen Jahrhunderts die Ackerwirtschaft Haupterwerbszweig der einheimischen Bevölkerung war, machte ihr in den folgenden Jahrzehnten die Weberei Konkurrenz. Die Oberkrüchtener Schulchronik berichtet:

„In früheren Zeiten verarbeiteten die Weber nur Garn, welches aus dem hier gezogenen Flachs gesponnen war. Die fertige Leinwand wurde teilweise zu den verschiedenen Kleidungsstücken verarbeitet. Später fand die Baumwollen-Manufaktur mehr Verbreitung. Die Kaufleute der nahen Industriestädte Viersen, Gladbach und Rheydt lieferten das Material und damit viel Verdienst. Als aber die Hausarbeit immer mehr durch Maschinen verdrängt wurde, traten an die Stelle der Webstühle für Baumwolle solche für Sammet, Seide und Band. Diese Sammet- und Seidenweberei hat in den letzten Jahren eine große Ausdehnung genommen, so daß es den Ackerwirten schwer geworden ist, für die Landarbeit die nötigen Kräfte zu finden. Man mußte sich ganz mit Dienstboten behelfen, die aus dem Holländischen kommen. Diese verheirateten sich meistens hier und dadurch ist die Bevölkerung in der letzten Zeit mehr als früher gestiegen. Zu dieser Zunahme der Bevölkerung trägt aber auch die veränderte Beschäftigung bei. Zur Errichtung einer Haushaltung für Weberei sind nicht so viele Räumlichkeiten nötig, als wie für Ackerwirtschaft. Daher kommt es, daß jetzt mehrere Haushaltungen in einem Hause sind, das früher nur eben Raum für eine hatte. Auch ist die innere Einrichtung der Neubauten eine andere

46 Ansichtskarte aus dem Jahre 1907, die Postkarten durften damals nur auf der Vorderseite beschrieben werden!

als früher, bedingt durch die veränderte Beschäftigung. Die älteren Häuser in den kleineren Ortschaften sind alle nach einem Stil, dem niedersächsischen, eingerichtet, wie er für Ackerwirtschaft geeignet ist. In der Mitte des großen, gewöhnlich einstöckigen Hauses steht eine Brandmauer, die das Haus in zwei gleiche Teile teilt. Jede Hälfte hat einen großen Hausflur und an beiden Seiten die kleinen, niedrigen Wohnräume. Hinter dem Hause ist eine große Düngerstätte und daneben die Scheune mit den Viehställen, soweit sich diese nicht im Hause befinden. Dagegen werden neue Häuser für Weber mit großen, hellen Wohnstuben gebaut und die alten Hausflure, die fast die Hälfte des Hauses einnehmen, sind beseitigt. Aus den alten zweiteiligen Häusern sind jetzt vielfach zwei Wohnungen hergestellt worden."

In den 40er Jahren war die Sammetweberei als Hausindustrie auch in Elmpt eingeführt worden. Im Jahre 1880 waren 245 Sammetwebstühle und nur vier Jahre später bereits 350 Webstühle in Betrieb. Die Blütezeit sollte jedoch nicht lange andauern, denn mit Einführung des mechanischen Webstuhls waren die Hausweber nicht mehr konkurrenzfähig. Innerhalb eines Jahres wurden fast alle arbeitslos, am 1. Dezember 1885 liefen nur noch 25 Webstühle im Dorf. Dabei verdienten die übriggebliebenen Weber kaum noch so viel, daß sie ihren Lebensunterhalt sichern konnten. Die Handelskammer zu M. Gladbach stellt in ihrem Jahresbericht für 1885 bereits in Aussicht, daß die Handweberei zukünftig ganz zum Erliegen kommen würde[4]. Tatsächlich kam dieser Erwerbszweig, der wenige Jahre zuvor so vielversprechend

eingeführt worden war, innerhalb der nächsten Jahre zum völligen Erliegen.
Lehrer Heinrich Houx, der diese Jahre miterlebte, schildert die Lage der Arbeiter[5]:
„Eine fast gleiche Kalamität unter den Webern wegen Arbeitsmangels bestand hier und anderwärts im Winter 1887/88. Die Weber, die noch Arbeit hatten, mußten vom frühen Morgen bis zum späten Abend fleißig schaffen, wenn sie für sich und ihre Familien den Unterhalt verdienen wollten, weil die Löhne in dieser Zeit sehr gedrückt waren. Das Meter Stoff wurde mit 80 Pfg. bis 1 Mark bezahlt und Lohnabzüge hatte man auch noch häufig zu erwarten. Hatte der Weber geliefert, so mußte er oft 14 Tage und noch länger warten, bis er ein neues Werk bekam, das kaum mehr als 20 Meter lang war. Die Sammet-Ausfuhr nimmt zudem immer mehr ab, in England und auch in Amerika wird immer mehr selbst fabriziert. Ausländer besuchen unsere Webschulen, nehmen tüchtige Werkmeister mit in ihre Heimat und gründen dort Sammetfabriken. Im Jahre 1887 zählte die Webschule zu Crefeld unter 176 Schülern 57 und die zu Mülheim a. Rhein unter 62 Schülern 15 Ausländer."
Vor allem die Schulchroniken spiegeln eindrucksvoll die damalige Situation der Bevölkerung wider. So heißt es etwa in der Chronik der Schule zu Gützenrath zum Jahre 1890: „Die heranwachsende Jugend, die im elterlichen Hause bei der Ackerwirtschaft entbehrt werden kann, verdingt sich nicht mehr als Dienstboten bei den größeren Ackerwirten. Diese müssen sich nun mit ausländischem Gesinde behelfen, das große Löhne fordert und doch vielen Anlaß zu Klagen gibt. Selbst die übrigen Handwerke werden vernachlässigt, so daß die vorhandenen Handwerker für die obwaltenden Verhältnisse kaum ausreichen und auch nur gegen hohe Löhne zu haben sind. Die hohen Arbeitslöhne haben in diesem Mißverhältnis hauptsächlich ihren Grund. Aus diesen Zuständen entspringt auch die gegenwärtige üble Lage des Landwirten, dessen Produkte nicht in gleichem Maße mit seinen Auslagen gestiegen sind."
Ein aufschlußreiches Stimmungsbild über die wirtschaftliche und soziale Lage der Bevölkerung Ende des 19. Jh.s vermittelt auch die Schulchronik von Overhetfeld[6], aus der im folgenden zitiert wird:
„Ein großer Teil der Einwohner treibt Samtindustrie. In den Jahren 1870 bis 1880 blühte die Handweberei und die Weber verdienten einen riesigen Tagelohn. Die leichte Art der Arbeit sowie das schöne Verdienst lockte selbst die weiblichen Personen auf den Webstuhl, so daß man fast in jedem Hause das Geklapper vernehmen konnte. Die Blüteperiode zog aber traurige Folgen für die hiesige Gegend groß. Zunächst war es dem Landmann selbst bei hohem Lohn nicht möglich, Dienstpersonal aus der hiesigen Gegend zu bekommen. Daher sah er sich genötigt, aus unserem Nachbarlande Holland seine Knechte und Mägde zu beziehen. Diesen gefiel meistens das Leben auf preußischem Boden und sie gründeten sich einen eigenen Herd. So ist die untere Klasse des Arbeiterstandes vielfach vermischt, welches namentlich insbesondere der Sprachbildung der Kinder ein großer Übelstand und Nachteil ist. Durch das reichliche Verdienst verschwand allmählich die frühere Sparsamkeit und es trat an ihre Stelle ein zu großer Vergnügungssinn. Bei vielen dieses Standes bewährte sich die Wahrheit des Sprichwortes: ‚Wie gewonnen, so zerronnen'. Nachdem die mechanischen Stühle ins Leben getreten sind, verschlechterte sich die Handweberei zusehends von Jahr zu Jahr. Bei äußerst gedrücktem Lohn fehlt es den Leuten häufig in der kalten Jahreszeit an Arbeit. Daher herrscht unter dieser Klasse vielfach Mangel und Not."

Ein Zeitungsartikel vom 2. 2. 1899[7] schildert ebenfalls eindrucksvoll die soziale Lage weiter Kreise der Elmpter Bevölkerung um die Jahrhundertwende und wie man versuchte, durch billigen Einkauf in den Niederlanden die finanzielle Lage aufzubessern.

„Wie in allen Ortschaften längs der holländischen Grenze, so wird auch hier nicht minder Mehl und Petroleum bei unsern Nachbarn herübergeholt, wo diese Consumartikel im Preise bedeutend niedriger sind wie bei uns zu Lande.

Da aber nur ca. 800 Gramm Petroleum frei eingehen und die Gefäße mitgewogen werden, ist man hier auf den originellen Einfall gekommen, dasselbe in Schweinsblasen zu tragen, und so sieht man hier Tag für Tag jung und alt (darunter auch zahlreiche, welche die Petitionen um Erhöhung der Kornzölle mitunterzeichnet haben!) mit einem Säckchen Mehl à 3 Kilo und einer Blase Petroleum vom Holländischen herüber kommen. Den Geschäftsleuten bringt dies zwar viel Schaden und Aerger, aber für die armen Leute, deren es hier in Folge des fast gänzlichen Einganges der Sammetweberei sehr viele gibt, ist es von sehr erheblichem Vorteil, und es wäre gewiß zu bedauern, wenn es gelingen sollte, diese Ausnahmebestimmungen einzuschränken. Hoffentlich wird auch die Petition des Landwirtschaftlichen Vereins zu Geilenkirchen abgelehnt werden, denn es wäre Unrecht, einen Stand auf Kosten eines anderen noch ärmeren Standes aufzubessern. Wenn man aber den Bezug von Mehl und Colonialwaren vom Holländischen verbieten will, so sollte man aber nicht vergessen, den davon betroffenen Grenzbewohnern vorher ein solch auskömmliches Verdienst zu verschaffen, daß sie auch die hiesigen theuren Preise bezahlen können. Bei dem jetzigen Verdienst ist dieses den meisten Leuten geradezu unmöglich, zumal wenn sie von einzelnen Geschäftsleuten ausgesogen werden, wie dies leider nur zu häufig geschieht. Der Centner Korn kostet hier 7 Mark und das 12 pfündige Schwarzbrod 95 Pfg. Da wäre Abhülfe doch gewiß auch dringend geboten."

Infolge der schlechten Lage auch der Bandweberei sank die Zahl der Bevölkerung, die in Elmpt 1887 noch 1746 Personen betrug, bis 1890 auf 1631 Personen. Schon im Winter 1887/88 hatte sich die Lage so verschlechtert, daß „viele, die in der Heimat keine lohnende Beschäftigung fanden, mit Kind und Kegel meistens nach M.Gladbach zogen, um dort auf den Fabriken zu arbeiten. Einigen geht es gut dort, andere haben auch dort nicht ihr Glück gefunden".[8]

Um 1890 befanden sich in der Gemeinde Elmpt 3369 Morgen Ackerland, 252 Morgen Wiesen und 45 Morgen Gärten.[9] Da die natürliche Düngung nicht mehr ausreichte, einen auch nur mittelmäßigen Ertrag zu sichern, mußte man in zunehmendem Maße auch Kunstdünger einsetzen. Im Jahre 1878 wurde daher ein landwirtschaftlicher Zusammenschluß, das „Casino" in Elmpt, gegründet, dem bald über 100 Mitglieder angehörten. 1882 bezog man allein für rund 16000 Mark Kunstdünger. Dieses Casino genoß bald ein sehr hohes Ansehen innerhalb des landwirtschaftlichen Vereins für Rheinpreußen, ihm wurde 1887 eine bronzene Medaille und 1891 in einer lobenden Erwähnung auch ein Geldpreis in Höhe von 100 Mark zuerkannt, der zum Ankauf einer Viehwaage benutzt worden ist.[10]

Die Schulchronik Niederkrüchten führt 1882 aus, daß „neben der Ackerwirtschaft gewerblicher und geschäftlicher Fleiß einen größeren Wohlstand in der Gemeinde hervorgerufen hat, als jemals bekannt gewesen ist. Niederkrüchten ist wirklich wohlhabend. Es hat gegenwärtig ein ganz anderes Aussehen als vor 30 Jah-

47 Gasthof Hillekes in Laar Anfang dieses Jahrhunderts

ren. Es ist eins der schönsten Dörfer im Kreise. Es hat breite und reichliche Straßen, schöne steinerne Häuser und ist regelmäßig gebaut. Die Leute wohnen gesund und reinlich, leben viel besser als früher, und kleiden sich nicht nur gut, ja sogar prächtig. Bei vielen ist Aufwand und Putz gar zu groß!"[11]
Bereits 1914 wird vermerkt, daß der Wohlstand für manche Familie erheblich zurückgegangen war. Vermögende Leute hatten durch Beteiligung an Dachziegeleien erhebliche Beträge verloren, dennoch blieb der Hang zu Putz und Aufwand und genußreicher Lebensweise erhalten. Zu den Gemeindefinanzen wird 1911 bemerkt, daß die Gemeinde Niederkrüchten 29 km Gemeindewege und 6 Schulen mit 11 Klassen zu unterhalten hatte. Da sie über nennenswerten Grund- und Waldbesitz nicht verfügte, war sie steuerlich immer schwer belastet. Nach dem ersten Weltkrieg sollte sich die finanzielle Lage durch Änderung der Steuergesetze noch weiter verschlechtern.
Bürgermeister in Niederkrüchten waren in den sog. „Gründerjahren" von 1850 bis 1886 Peter Jacob Michiels, von 1886 bis 1890 Emil Roosen, von 1890 bis 1895 Paul Claesen, von 1896 bis 1900 Heinrich Zielgers, vorher Stadtsekretär in Ruhrort, von 1900 bis 1908 Heinrich Hoffmeister, ein früherer Regierungssekretär aus Köln, und von 1908 bis 1915 Johann Spitzlei, der aus Neunkirchen kam.
In Elmpt war Johann Baptist Adams von 1850 bis 1861 Bürgermeister. Als er starb, wurde die Bürgermeisterei Elmpt von 1861 bis 1886 vom Niederkrüchtener Bürgermeister Peter Jacob Michiels mitverwaltet – der erste kommunale Zusammenschluß dieser beiden Gemeinden bereits im vorigen Jahrhundert! Mit Wilhelm Heinrichs hatte Elmpt dann von

1886 bis 1919 wieder einen „eigenen“ Bürgermeister, dem sein Sohn Paul von 1919 bis 1933 folgte.

11.2 Die Auswirkungen des Kulturkampfes

So sehr nach dem erfolgreichen Feldzug von 1870/71 und der Reichsgründung die Sympathien weitester Kreise der Bevölkerung Kaiser und Reich auch galten, so sehr wirkte sich dennoch der damals einsetzende Konflikt zwischen Reichskanzler Bismarck und der katholischen Kirche negativ insbesondere bei den fast ausschließlich katholischen Bevölkerungsteilen des linken Niederrheins aus.
Der als „Kulturkampf“ in die deutsche Geschichte eingegangene Streit gründet sich auf den Gegensatz zwischen den vom Zentrum und den katholischen Kirchenführern vertretenen kirchenpolitischen Auffassungen und dem von Bismarck entwickelten Anspruch des Staates im Zusammenhang mit der durch das Unfehlbarkeitsdogma entstandenen Lage, die zu gesetzgeberischen Maßnahmen des Staates führte. Die Kampfgesetze waren der Kanzelparagraph (1871), das Verbot des Jesuitenordens (1872), die sog. „Maigesetze“ (1873) über Vorbildung und Anstellung der Geistlichen und über die kirchliche Disziplinargewalt und das Verbannungsgesetz (1874). Die katholische Kirche leistete passiven Widerstand; trotz eines 1879 erreichten Ausgleichs wurden das Jesuitengesetz, die staatliche Schulaufsicht und das Gesetz über die obligatorische Zivilehe beibehalten. 1886 stimmte die Kurie der Anzeigepflicht zu, wonach die Besetzung geistlicher Ämter der Staatsbehörde gemeldet werden mußte.[12]
Die Folgen des Kulturkampfes schlugen sich auch unmittelbar in den Gemeinden Niederkrüchten und Elmpt nieder. So vermerkt die Chronik der Gemeinde Niederkrüchten im Jahre 1873:[13] „Die kirchenpolitischen Gesetze vom 11., 12. und 13. März haben auf die Volksstimmung einen sehr niederschlagenden Eindruck hervorgebracht, indem man dafür hält, daß solche zur Unterdrückung der römisch-katholischen Religion führen werden. Die dadurch entstehenden Wirren werden sich in der Folge großartig gestalten und ist das Ende davon garnicht abzusehen. Auch die Hoffnung der Einwohner auf friedliche Zustände in den kirchlichen Angelegenheiten liegt sehr ferne“.
Und weiter: „So heiter und befriedigt das Volk im katholischen Lande vom Anfang des Jahres 1871 über die glänzenden Siege gegen den übermütigen Feind und über den darauf errungenen segensreichen Frieden auch war, ebenso betrübt und unzufrieden ist dasselbe jetzt infolge der neuen strengen und tief einschneidenden Gesetzgebung auf dem Gebiete der Kirchenpolitik und besonders wegen Beschränkungen der Freiheit des Kultus in der römisch-katholischen Kirche.“
Auch die Ortschronik Elmpt, immerhin eine „amtliche Quelle“, geht mit den kirchenpolitischen Zuständen im Jahre 1873 arg ins Gericht:
„Die Volksstimmung findet sich sehr getrübt, da die Konflikte zwischen der katholischen Kirche und dem Staate fortwährend größere Dimensionen annehmen und auf eine Beilegung keinerlei Hoffnung besteht.
In die Zeit des Kulturkampfes fiel auch der Brand der Elmpter Kirche als Folge eines schweren Gewitters, die farbige Schilderung der Gemeindechronik gibt ein anschauliches Bild:
„Am 24. Juli 1874 nachmittags wurde der hiesige Kirchturm vom Blitzschlag eines vorüberziehenden schweren Gewitters getroffen und in Brand gesetzt. Das Feuer brach oben in der Spitze des Helms aus und war seine Löschung nicht zu ermög-

lichen, obschon mehrere kühne Arbeiter oben in den Helm stiegen und mit Handspritzen zu löschen versuchten, denn der Wasserstrahl konnte die Feuerstelle nicht erreichen, weil das dicht durchwirkte hölzerne Werk darunter solchen abhielt. Das Feuer gewann an Ausdehnung und fiel das Kreuz mit dem Apfel bald herunter auf das Kirchendach. In dieser großen Verlegenheit kamen die die Arbeit leitenden Personen auf den sinnigen Gedanken, unter der Brandstelle ein Stück vom Helm abzuschneiden und mit Seilen herunterzureißen, welches dann auch nach etwa siebenstündigen schweren und gefährlichen Arbeiten gelang zur allgemeinen Freude der sehr beängstigten Einwohner.

Mehrere Handwerker aus den Gemeinden Elmpt und Niederkrüchten haben sich hierbei besonders ausgezeichnet, indem sie die Arbeiten des Abschneidens des Helms unter Feuerregen ausführten. Nachdem der abgeschnittene Teil in der Länge von etwa 5½ Metern mit den Feuerklumpen heruntergerissen war, war alle Gefahr für den übrigen Teil des Turmes und die Kirche vorüber. Dieses Brandunglück ist umso merkwürdiger, als am 26. 7. 1870 gegen Abend auch ein Blitzschlag in diesen Turm gefahren ist ohne zu gründen und erheblichen Schaden darin verursacht hat, der damals bald wieder hergestellt war, bei dem jetzigen Fall ist aber die Schädigung sehr bedeutend um so mehr, als sich auch das Unterholzwerk im Turm sehr verletzt findet. Wegen ausgezeichneter Leistungen bei der Feuerlöschung wurden durch Verfügung königlicher Regierung zu Aachen vom 4. August 1874 eine lobende Anerkennung zuteil: Gerhard Wolters, Wagner zu Elmpt, Peter Wolters, Schmied, Wilhelm Gerhards, Gemeindediener, Wil-

48 Marktplatz in Elmpt um 1900

helm Hinzen, Dachdecker, Gustav Leven, Schmied zu Niederkrüchten und Laurenz Gerhards, Dachdecker zu Birth."

In Elmpt sollten sich die Folgen des Kirchenkampfes bald katastrophal auswirken:

Als im Jahre 1877 Pfarrer Heinrich Hubert Heinrichs gestorben war, wurde durch den Kulturkampf die Besetzung der Pfarrstelle zunächst verhindert. Die Pfarrei verwaiste vollends, als 1879 auch der einzige Vikar Hengstenbeck starb. Nun übernahmen aushilfsweise die Geistlichen der benachbarten Pfarreien von Nieder- und Oberkrüchten den Seelsorgedienst, die Pfarrchronik berichtet, daß „in dieser schweren Zeit, welche den Pfarreingesessenen von Elmpt große Opfer auferlegte, der greise Pfarrer Frankeser von Brüggen sich in diesen Jahren große Verdienste namentlich dadurch erwarb, daß er als Beichtvater den Elmptern jederzeit zu Diensten stand."[14]

Als 1884 die im Ausland geweihten und dort tätigen Geistlichen erst vereinzelt, dann in größerer Anzahl in ihre Heimat zurückkehrten, wandte sich Bürgermeister Heinrichs mit allem Nachdruck an die maßgebenden Stellen, um die verwaiste Pfarre wieder besetzen zu können. Im Juli 1884 konnte er erreichen, daß der in Erkelenz geborene Franz Heinrich Löhrer den Dienst in Elmpt aufnahm.

Der junge Geistliche gab sich große Mühe, das kirchliche Leben in Elmpt zu einer neuen Blüte zu bringen, er fand mit seiner Arbeit auch großen Anklang in der Bevölkerung. Dennoch konnte er dort nicht Pfarrer werden, da er seine Examina noch nicht abgelegt hatte. Am 1. März 1887 mußte er Abschied nehmen. Der Kirchenvorstand Wilhelm Heinrichs, ein Bruder des verstorbenen Pfarrers, und der Gräfliche Rentmeister Friedrich Schüller aus Dilborn, die die hervorragendsten Mitglieder des Gemeinderats waren, trafen gleich Anstalten, um der ganz verwaisten Pfarre, soweit es unter dem Damoklesschwert der Preußischen Kulturkampfgesetze möglich war, den Segen einer möglichst geregelten Seelsorge zu verschaffen.

Am 1. März 1887 wurde Wilhelm Otto Wolff zum Hilfsgeistlichen in Elmpt ernannt. In seiner „Chronik der Pfarre Elmpt", die dieser im Jahre 1891 anlegte[15], führt er aus, daß „die Leiden des Kulturkampfes, der mit den Jesuitengesetzen und dem sog. „Lutz'schen Kanzelparagraph" (1871) einsetzte, unsägliches Leid über die katholische Kirche gebracht hat".

Von der Vakanz vieler Pfarrstellen wurde auch Niederkrüchten betroffen, auch hier blieb nach dem Tod des Pfarrers Lindemann im Jahre 1879 die Pfarrstelle bis 1887 unbesetzt. Wenngleich 1879 beide Seiten eingelenkt hatten und die Auseinandersetzungen nach außen hin beendeten, fanden sich zunächst kaum Priester, um die entstandenen Lücken zu füllen. Kaplan Peter Mommer war in dieser Zeit Pfarrverwalter. Erst 1887 wurde Michael Dernen, der wegen der sog. „Maigesetze" zu mehrmonatigen Gefängnisstrafen verurteilt worden war, zum Pfarrer bestellt. In seine Dienstzeit fiel der Neubau eines Krankenhauses im Jahre 1899, welches der Genossenschaft der „Armen Dienstmägde Christi" anvertraut wurde.

Nach seinem Tode wurde im Mai 1900 Josef Frühling aus Mülheim zum Pfarrer ernannt, dem allerdings auch nur drei Jahre priesterlicher Tätigkeit in Niederkrüchten vergönnt waren. Seinem Nachfolger Edmund Weeger, von 1903–1927 Pastor, verdanken wir die erste Pfarrgeschichte Niederkrüchtens, die zugleich Ortsgeschichte ist.

Unter dem Mönchengladbacher Peter Michael Hansen wurden Hauptaltar und Chorgestühl restauriert, Hansen wurde am 1. März 1945 kommissarisch zum Bürgermeister ernannt. 1957 konnte er

sein Diamantenes Priesterjubiläum feiern, aus diesem Anlaß wurde er zum Ehrenbürger der Gemeinde Niederkrüchten ernannt. Als er 1951 in den Ruhestand trat, folgte ihm Heinrich Moortz, in seine Amtszeit fiel die Beschaffung einer neuen Orgel.
Josef Franz Sloun wurde 1967 als Oberpfarrer eingeführt. Unter seiner Regie wurde die Renovierung der Pfarrkirche, des Jugendheims und der Brempter Kapelle fortgeführt. Er starb 1974 im Alter von nur 48 Jahren. Sein Nachfolger Johannes Thelen wurde am 14. 7. 1974 als Oberpfarrer eingeführt.
Überall blühte nach Beendigung des Kirchenstreits das religiöse Leben mächtig auf, ein Beispiel dafür ist der Kirchengesang, der in Elmpt bis dahin nicht besonders gepflegt wurde, „obwohl im Gottesdienst im allgemeinen die liturgischen Vorschriften beachtet wurden". Der neue Pfarrer Wolff gründete deshalb 1887 den Kirchenchor mit Hilfe der Lehrer Peetz und Houben sowie des Küsters Hermann Smets. Im Jahre 1889 wurde die Rosenkranzbruderschaft erneuert, „mehrere Hunderte sind Mitglieder derselben" heißt es in der Pfarrchronik[16]. Die Kinder wurden am Tage ihrer ersten hl. Kommunion in diese Bruderschaft aufgenommen. Auch die Michaelsbruderschaft, die damals fast „eingeschlafen war", wurde wieder ins Leben gerufen, sie zählte bald 500 Mitglieder.
Aber am 21. März 1889 traf die Elmpter Kirche ein erneutes Unglück. Die Kirchenchronik berichtet: „Pfarrer Wolff sah dichten Rauch aus dem geöffneten Klappfenster hervordringen und ging in die Kirche. Diese war ganz schwarz von Rauch, so daß kaum die Stelle der Fenster erkannt werden konnte. Vom Hochaltar her ertönte, was er schon draußen mit Schrecken vernommen, ein starkes Knattern wie von vielen Raketen. Noch immer ganz allein ging er, obwohl fast nicht imstande zu atmen, wegen des erstickenden Rauches hinter den Altar und dort erst, in unmittelbarer Nähe, sah er eine 2–3 Fuß breite dicke Flamme sowohl aus dem mit den verschiedensten Kirchenutensilien gefüllten Schrank als auch aus dem in der Kirchenmauer angebrachten Wandschrank hervorbrechen. Rasch öffnete er die Sakristei, bekleidete sich mit Röckel und Stola und brachte dann durch die mittlerweile in Menge herbeigeeilten Bewohner hindurch die Heiligen Gefäße mit dem Hochwürdigsten Gute auf das nahe Kastell, die Wohnung des Bürgermeisters Heinrichs, wo sie in dem Saale in geziemender Weise untergebracht wurden. Das Feuer wurde bei der raschen Hilfe bald gelöscht, doch war der Schaden nicht gering."
Eine zweite, größere Heimsuchung traf die Elmpter am 21. August des selben Jahres. Ein Augenzeuge berichtet: „Den ganzen Tag hatte es hier geregnet. Gegen 8 Uhr erscholl plötzlich, nachdem es unmittelbar vorher ungewöhnlich still gewesen war, ein gewaltiges Brausen; nur wenige Augenblicke dauerte dieses an, dann war es wieder still. Aber welche Zerstörung in diesen kurzen Momenten! Bald wurde es lebendig auf den Straßen, man rief sich zu. Der Helm des Kirchturms war umgestürzt, hatte das ganze Kirchendach zerschmettert und war dann in Trümmern hinter dem Chor der Kirche zur Erde gekommen. Außerdem waren mehrere Häuser eingestürzt, Türen eingedrückt, Dächer abgehoben, zahllose Bäume entweder entwurzelt oder abgebrochen, Getreidemieten weithin zerstreut. Eine Windhose hatte all dieses Unheil in wenigen Augenblicken angerichtet, etwa eine Stunde südwestlich von Elmpt in dem Elmpter Busch waren die ersten Spuren zu entdecken, von dort nahm die Windhose in ziemlich geringer Breite ihren Weg fast in gerader Richtung über Elmpt, Beek, Laar, Amern nach Krefeld."

Am 2. August 1900 spendete der Kölner Erzbischof Fischer in der Pfarrkirche zu Elmpt die hl. Firmung. Ganz so herzlich, wie man es eigentlich erwarten konnte, dürfte allerdings der Empfang des Geistlichen nicht ausgefallen sein, denn die Chronik der Schule An der Wae berichtet darüber:[17]

„Der Hochwürdige Herr kam nachmittags am 1. August von Krüchten im Wagen des Herrn Raki aus Erkelenz. Zum Empfange desselben waren sämtliche Lehrer aus den Ferien nach Elmpt geeilt. Der Empfang war nichts weniger als schön. Zunächst war die Beteiligung eine sehr schwache. Die Ausschmückung ließ viel zu wünschen übrig. Eine berittene Eskorte, welche sich nur aus acht Bewohnern von Overhetfeld rekrutierte, empfing den hohen Herrn vor Steinkenrath. Am Kreuze empfing unser Herr Pfarrer den hohen Herrn. Während der Ansprache bildeten Reiter, Schützengilden, Kinder und Zuhörer ein ernstes Chaos."

Die Niederkrüchtener Pfarrkirche wurde 1909 erweitert, die feierliche Konsekration nahm der Kölner Erzbischof Kardinal Antonius Fischer am 28. 6. 1910 vor.

Auch in sozialer Hinsicht versuchte man nun verstärkt, die Voraussetzungen für eine positive Entwicklung zu schaffen. So hatte sich bereits 1908 Bürgermeister Heinrichs an verschiedene Genossenschaften gewandt mit der Bitte um Entsendung einiger Schwestern zur Ausübung der Krankenpflege in der Gemeinde Elmpt. Im Jahre 1912 bestand die hiesige Niederlassung der „Genossenschaft der Christenser Schwestern vom Mutterhaus zu Aachen", die allein diesem Ruf gefolgt war, aus drei Schwestern. Sie übten ambulante Krankenpflege aus und richteten eine Kinderbewahranstalt sowie eine Haushaltungs- und Handarbeitsschule ein[18].

Später, im Jahre 1919, schloß Dr. Busch einen Ärztevertrag mit dem Pflegehaus von der Heiligen Familie Elmpt ab. Das Pflegehaus der Christenserinnen war nun ein Altersheim geworden, in dem sich alte, kranke und blinde Menschen befanden[19]. Im Jahre 1920 finden wir hier 7 Schwestern in dieser Niederlassung der Christenserinnen[20].

11.3 Dr. Wilhelm Lindemann, Pfarrer von Niederkrüchten

Bevor das Kapitel „Kulturkampf" endgültig abgeschlossen werden kann, muß man aber einer Persönlichkeit gedenken, die für das religiöse und politische Leben weit über die Grenzen Niederkrüchtens, wo er von 1866 bis 1879 als Pfarrer wirkte, bekannt war, des Gelehrten, Literaturhistorikers, Dichters und Politikers Dr. Wilhelm Lindemann, der sich ein bleibendes Ansehen erwarb.

Wilhelm Lindemann wurde am 17. 12. 1828 in Stoppenberg bei Essen geboren und studierte in Bonn und Köln. Als er 1866 Oberpfarrer in Niederkrüchten wurde, war er bereits Rektor der Stadtschule in Heinsberg und Pfarrverwalter in Rheinbreitbach gewesen.

Wilhelm Lindemann war Sprachforscher nach Begabung und aus Neigung. Von früher Jugend an sammelte er die Schätze der deutschen Poesie. Seine Forschungen erstreckten sich von den Anfängen der deutschen Dichtung bis zur Gegenwart. Mit wissenschaftlicher Genauigkeit und sprachlichem Einfühlungsvermögen übersetzte er die alt- und mittelhochdeutschen Gedichte in die heutige Sprache. Die Ergebnisse seiner Forschungen drängten zu einer zusammenfassenden Darstellung einer Geschichte der deutschen Dichtung. Seine „Geschichte der deutschen Literatur von den ältesten Zeiten bis zur Gegenwart"[21] erschien im Jahre 1866. Das Buch wirkte bahnbrechend und bildete den

49 Pfarrer Dr. Wilhelm Lindemann

Ausgangspunkt der Entwicklung, welche die Behandlung der deutschen Literaturgeschichte auf katholischer Seite genommen hat[22].

Diese Literaturgeschichte fand ihre Anerkennung durch die Verleihung der Ehrendoktorwürde an den Verfasser durch die Universität Freiburg.

Viele weitere Publikationen legen Zeugnis von den umfassenden Kenntnissen des Dorfpfarrers ab, der auch durch eine volkstümliche Lieder- und Gedichtsammlung seine Nähe zur niederrheinischen Bevölkerung unter Beweis stellte.

Einen Beitrag zur kirchlichen Heimatgeschichte leistete er mit seiner Schrift „Ein Stück Pfarrleben aus dem 17. Jahrhundert" in den „Annalen"[23].

Sein besonderes Engagement galt darüber hinaus der Politik. Von 1870 bis 1879 war Lindemann Abgeordneter im Königlich-Preußischen Landtag zu Berlin als Vertreter der Wahlkreise Geilenkirchen - Heinsberg - Erkelenz war er Mitglied der neugegründeten Zentrumsfraktion, in einer Zeit also, in der der preußische Staat der katholischen Kirche den Kampf angesagt hatte.

Das Verhältnis zwischen preußischem Staat und der katholischen Kirche war von starken Spannungen überschattet, die ihren Ausdruck fanden im sog. „Mischehenstreit" und in den „Hermesianischen Wirren", auch die sozialen Umschichtungen, die sich aus der industriellen Entwicklung ergaben, blieben nicht ohne Einwirkung insbesondere auch auf das Gebiet des heutigen Bistums Aachen.

Lindemann war durchaus kein Hinterbänkler, sondern er tat sich bald durch richtungweisende Redebeiträge hervor, wovon noch heute Protokolle des Preußischen Landtags zeugen, in denen er als Sprecher der Schul- und Unterrichtskommission auftrat. „In den Sielen" starb der rastlose Pfarrer am 20. 12. 1879 im Alter von nur 51 Jahren, sein Grabstein mit der Statue vom „Guten Hirten" auf dem Niederkrüchtener Friedhof und eine nach ihm benannte Straße erinnern an diese überragende Persönlichkeit.

11.4 Ein Elmpter als Kölner Weihbischof

Erinnert man sich mit Stolz an den bedeutenden Priester Lindemann, so sollte man nicht den einzigen in Elmpt geborenen Bischof vergessen, Dr. Wilhelm Stockums, der am 15. 10. 1877 als Kind einfacher Eltern geboren wurde. Sein Vater war der damalige Posthalter Gerhard Stockums. Wilhelm besuchte acht Jahre lang die zweiklassige Volksschule in Elmpt und erhielt weitere drei Jahre lang Privatunterricht von Pfarrer Wolff, nach dessen Versetzung vom Pfarrer in Oberkrüchten. Er besuchte anschließend

das Humanistische Gymnasium in Neuss, studierte später in Bonn und Köln und wurde am 15. März 1902 im Kölner Dom zum Priester geweiht.
Nach der Kaplanszeit an Herz-Jesu in Köln wurde er 1912 zum Direktor am Collegium Leoninum in Bonn ernannt, nachdem er am 22. 10. 1910 in Freiburg zum Doktor der Theologie promoviert hatte.
20 Jahre lang blieb er Direktor des Leoninums, in dem Priesteramtskandidaten ausgebildet wurden. Am 9. Februar 1932 ernannte ihn der Papst zum Titularbischof von Erythrae und zum Weihbischof von Köln, die Bischofsweihe erhielt er am 20. April 1932.
In demselben Jahr wurde er Domkapitular und Generalvikariatsrat, 1948 ernannte ihn der hl. Vater zum Domdechanten in Köln. Neben seiner Haupttätigkeit als Weihbischof versah Wilhelm Stockums

50 Weihbischof Dr. Wilhelm Stockums aus Elmpt

wichtige kirchliche Nebenämter, so war er 22 Jahre lang Präsident des Vereins zum hl. Karl Borromäus, viele Jahre hindurch Leiter des Hilfswerks für Priesterberufe im Erzbistum Köln und 34 Jahre lang Synodal-Examinator.
Trotz seiner herausragenden Stellung vergaß Wilhelm Stockums nie, wo er herkam und bewahrte seinem Heimatort stets die Treue. Anläßlich seiner Bischofsweihe im Jahre 1932 schrieb er dem Elmpter Bürgermeister: „Wenn die Gemeinde, wie Du meinst, mit Stolz und Freude zu gratulieren Anlaß zu haben glaubt, so darfst Du versichert sein, daß ich meinerseits mich mit ebensolchen Gefühlen alle Zeit einen Sohn der Elmpter Erde nennen werde. Ich will der Heimat die Treue halten und will gerne hoffen, daß die Heimatgemeinde auch mir ein treues Andenken bewahren wird. Es kommt gerade nicht alle Tage vor, daß der Sohn eines schlichten Dorfes zur bischöflichen Würde erhoben wird, davon bin ich auch selbst überzeugt. Umsomehr aber darf ich auf ein frommes Gedenken meiner Heimatgenossen im Gebete hoffen."
Am 5. 8. 1956 starb Weihbischof Dr. Stockums, er wurde auf dem Domherrenfriedhof hinter dem Chor des Kölner Domes beigesetzt.

11.5 Die Entwicklung der Tonindustrie

Nach dem Frankreich-Krieg entstanden in Elmpt und Niederkrüchten die ersten größeren Industriebetriebe, wobei der Schwerpunkt entsprechend der von der Natur vorgegebenen Bodenbeschaffenheit bei der Tonindustrie lag. Entlang der deutsch-niederländischen Grenze birgt die Erde gewaltige Tonlager, von den Menschen der Jungsteinzeit über die Römer bis zu unseren mittelalterlichen Vorfahren sind Verarbeitungsspuren und Scherben heute noch zu finden[24]. Die hellen Tongruben allenthalben verraten,

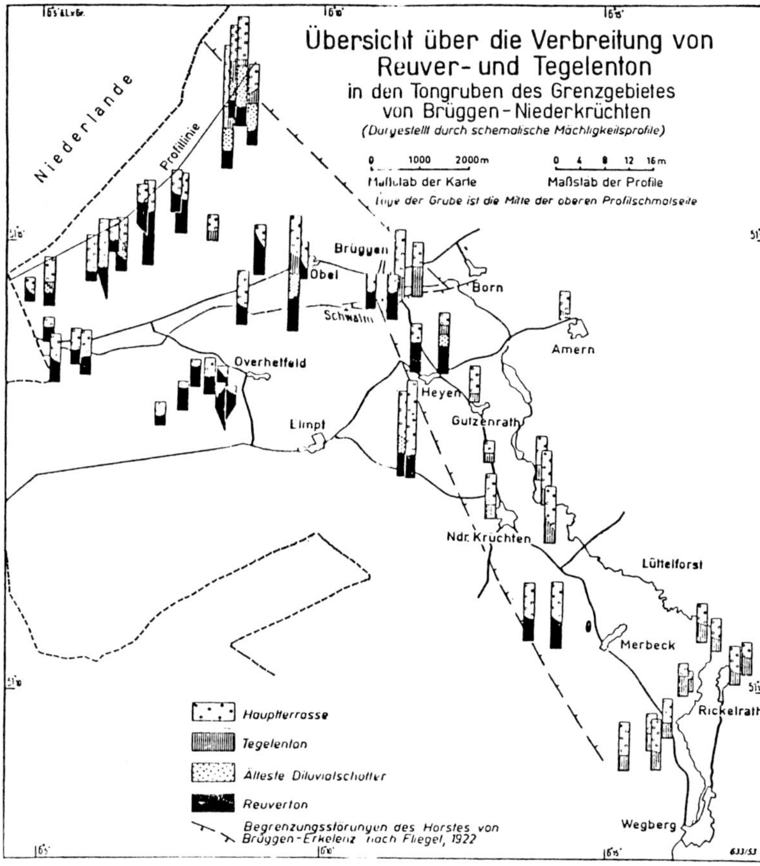

51 Übersichtskarte der Tonvorkommen

daß die hier leicht abzubauenden Tone ausschlaggebend für die seit der Jahrhundertwende entstehende Tonindustrie waren[25]. Als Bodendenkmal ist die Abfallhalde einer Töpferei erhalten geblieben, die 2,5 km nordwestlich von Elmpt bei der Ortslage in „gen Rae“ liegt. Sie hat eine Länge von 23 m, eine Breite von 5 m und eine Höhe von ca. 1,0 m. An ihrer Oberfläche sind heute noch mittelalterliche und frühneuzeitliche Scherben von Fehlbränden in großen Mengen sichtbar. Leider ist der südliche Teil der Halde bereits von der Beackerung angegriffen und auseinandergepflügt worden. In der Gemarkung Elmpt befindet sich an der Dorfstraße eine weitere Töpferhalde, deren Länge etwa 75 m und deren Breite ca. 45 m beträgt. Es handelt sich dabei um Gruben, die engräumig zur Tongewinnung ausgehoben und anschließend mit Keramikbruch und ausgehobenem Bodenmaterial wieder verfüllt wurden. Die Halde ist von Westen her angegraben worden, dort sind an der Oberfläche auch noch Scherben des Mittelalters und der frühen Neuzeit wiederholt gefunden worden. Die Halde bildet heute ebenfalls eine wichtige Quelle zur archäologischen Erforschung des Töpfereihandwerks und seiner Produkte.

Die Erfindung der Dampfmaschine und des Ringofens Mitte des vorigen Jahrhunderts schufen später die Voraussetzungen, die „Panne-Bäckerei" in den älteren Hand-Ziegelschuppen durch eine industrielle Verarbeitung abzulösen[26].

Bereits im Jahre 1874 wurde als erste Firma eine Dachziegelei in Overhetfeld unter dem Namen „Dampfziegelei von Hammans & Co. zu Brüggen und Busch – einen zu Overhetfeld", später Dachziegelei Theodor Hammans & Cie, Elmpt, errichtet[27].

Ihr folgten in schneller Folge im Jahre 1893 die Dachziegelfabrik der Kaldenkirchener Gebrüder Rassaerts, die von der Gemeinde Elmpt eine 1,5 ha große Parzelle im Kapellenbruch für 720 Mark (!) erwarben und 80 Arbeiter beschäftigten[28], 1898 die Dampffalzziegelei Elmpt an der unteren Beek, die Ziegelei von Anton Jacobs in Overhetfeld[29] und die Niederkrüchtener Dampffalzziegelfabrik zu Heyen. 1900 entstanden das Falzziegelwerk Brimges & Co. in Laar, 1904 die Brempter Tonwerke in Gützenrath.

Die Schulchronik Overhetfeld berichtet über jene „Gründerjahre":[30]

„In dem benachbarten Brüggen entstanden mittlerweile mehrere Dachziegelfabriken und manche unserer jungen Leute beeilten sich, dort um Arbeit anzuhalten, die ihnen auch gerne gewährt wurde. Da wurde im Jahre 1893 plötzlich die Nachricht kolportiert (verbreitet), eine holländische Familie beabsichtige, auch in unserer Gemeinde eine solche Fabrik anzulegen, deren Bedarf an Thonerde aus dem nahen Venecoten würde gedeckt werden. Das klang den meisten unglaublich, aber die Nachricht sollte sich bestätigen. Die Herren Gebr. Rassaerts aus Roermond trafen hier ein und nach längeren Verhandlungen mit dem Gemeinderate, dessen Elmpter Mitglieder aus naheliegenden Gründen dem Plane zumeist widersprachen, erwarben sie an der Kapelle ein mehrere Morgen großes Terrain. Hier erbauten sie eine geräumige Fabrik, die von Jahr zu Jahr immer mehr an Umfang zunimmt. Es liegt auf der Hand, daß das Arbeitspersonal sich hauptsächlich aus der Bevölkerung Overhetfelds rekrutiert. Auf diese Weise kommt zwar wieder Geld unter die Masse, aber man lebt sozusagen von der Hand in den Mund. Und was das Schlimmste ist, die gute Zucht und Sitte schwindet immer mehr. Hat man's doch erlebt, daß selbst in unserem, der Landstraße so fernem Dorfe, diejenigen, die durch ihre Stellung Respekt zu fordern ein Recht haben, von halbwüchsigen Burschen in ihrer Erwartung bitter getäuscht wurden."

Soweit die Schulchronik, die nicht versäumt, auf die „sittlichen Gefahren", die durch die Industriealisierung drohen, hinzuweisen.

In Niederkrüchten entstanden um diese Zeit Topfbäckereien, in denen Töpfe und zwar hauptsächlich Blumentöpfe maschinell hergestellt wurden.

Durch den Regierungspräsidenten waren die Ortspolizeibehörden im Jahre 1887 darauf hingewiesen worden, die bis dahin beim Hausbau verwendeten Strohdocken aus Gründen des Brandschutzes durch Ziegeldächer zu ersetzen; sicher mit ein Grund für das Aufblühen der Tonziegelindustrie.

Zusammen mit einer Holzsägerei, einer Dampfschreinerei und Stuhlfabrik in Felderhausen, einer Dampf-Bierbrauerei, verschiedenen kleineren Gerbereien und einer großen Molkerei in Niederkrüchten baute sich um die Jahrhundertwende allmählich eine Industrie auf, die vielen Einwohnern Arbeit und Brot gab.

Als im Sommer 1902 die Gebr. Rassaerts ihre Dachziegelfabrik an den Fabrikanten Rosbach in Waldniel verkauften, lag der Betrieb zunächst für zwei Jahre still, erst als er der Niederkrüchtener Dampffalzziegelei angegliedert wurde, konnte 1905 die Produktion auch dort wieder anlaufen[31].

52 Dachziegel stapeln sich in den Brempter Tonwerken

Am 31. Januar 1908 brannten die Brempter Tonwerke nieder, wodurch viele Arbeiter auch der umliegenden Orte arbeitslos wurden. Der Schaden belief sich auf rund 230 000 Mark, der Wiederaufbau gelang aber noch im gleichen Jahr.
Klemens Wallrafen[32] hat die Arbeit in einem „Panne-Schopp“ anschaulich beschrieben:
„Von den Tongruben, in denen der Ton gestochen oder gebaggert wird, gelangt er auf Lastkraftwagen zur Fabrik. Nach dem Wiegen wird er in den Koller gekippt. Hier wird der Ton gemahlen und kommt dann in den Sumpf. Beigegebenes Wasser sorgt für die Knetfähigkeit des Rohstoffes. Vier Wochen muß der Ton in den kellerartigen Räumen lagern, wird dann wiederum von Arbeitern gestochen und auf Loren verladen. Mit Hilfe eines Kettenaufzuges wird der Ton jetzt in den Betrieb gefahren, wo er in einen Beschicker gekippt wird, der ihn nun gleichmäßig einem Walzwerk zuführt. Ein kleinerer Beschicker führt gleichmäßig geringe Mengen Rotschlamm, ein Abfallprodukt der Aluminiumindustrie, zu. Im Walzwerk wird der Ton nochmals fein gemahlen und gelangt jetzt durch den Doppelwellmischer in die Kuchenpresse. In walzförmigen Kuchen kommt der Ton aus dieser Presse und wird in Stücke geschnitten. Ein solcher Tonbatzen wiegt etwa 10 Pfund. Arbeiter heben jeweils drei Batzen auf einen Transporteur, der sie zu den Pressen bringt. Männer, Aufleger genannt, schlagen jeden Arbeitstag ungefähr 7000 solcher Tonkuchen in die Pressen. Auf der anderen Seite der Ziegelpresse stehen die Ableger. Sie legen den gepreßten Ziegel auf ein Trockenrähmchen, dieses wird wiederum auf den Transporteur gelegt, der an den Pressen vorbeiläuft. Der Trockenraum ist die nächste Station. Da jeder Ziegel nach dem Pressen noch 1 Liter Wasser enthält, muß er im Trockenraum etwa 10 bis 12 Tage bei einer Temperatur zwischen 20 und 22 Grad trocknen. 300 000 Ziegel liegen hier schön geordnet auf den Regalen. Der getrocknete Ziegel wird dann in den Ofen eingesetzt, der aus einem 200 m langen, ringförmigen Kanal besteht. In einzelnen Kammern werden nun die Ziegel aufgestapelt. Eine Papierschicht trennt Kammer von Kammer. Die eingesetzten Ziegel werden vorgewärmt, vorgeglüht und auf Hauptglut gebracht. Schürapparate regeln von oben die Zufuhr der Kohlen. Bei der Hauptglut schwankt die Temperatur zwischen 950 und 960 Grad. In dieser Hitze schrumpft der Ziegel zusammen. Ist eine bestimmte Schrumpfung erreicht, so muß der Brenner die Zufuhr an Kohle stoppen, um keinen Schmelzbrand zu erzeugen. Der Brennprozeß vom Ein- bis Aussatz dauert 10 Tage. 50 Stunden befinden sich die Ziegel in

Rotglut. Aussetzer fahren die nun rot gebrannten Ziegel aus der Ofenkammer zum Lagerplatz. Hier wird jeder Ziegel auf Klang abgeklopft und sortiert. Allgemein gelten 3 Qualitätsgruppen: 1., 2. und 3. Wahl. Auf dem Lagerplatz werden die Dachziegel teils mit der Hand, teils mit dem Förderband auf Lastwagen verladen."

So stellte sich die Arbeit in den Dachziegelfabriken noch bis in die 50er Jahre dar –, gewiß kein „Zuckerschlecken" für die Arbeiter, die dort ihr Brot verdienten.

11.6 Zoll und Verkehr

Die unmittelbare Lage an der deutsch-niederländischen Grenze brachte es mit sich, daß für Elmpt das Zollwesen von besonderer Bedeutung war. Als der Ort „preußisch" wurde, richtete die neue Regierung hier zunächst ein Nebenzollamt an der Straße nach Roermond ein, welches allerdings 1833 wieder aufgehoben wurde[33].

Im Jahre 1853, so berichtet die Elmpter Gemeindechronik blumig, war es dann endlich soweit – eine Straße sollte von Elmpt durch den Wald nach Roermond gebaut werden und zwar als Hauptstraße von M. Gladbach in die Niederlande. Wörtlich heißt es dort:

„Bereits sind mehrere hundert Jahre in das Meer der Ewigkeit geflossen. Blicken wir auf sie zurück, so ergibt sich, daß während derselben nichts Bedeutendes zur Verbesserung der hiesigen Gemeinde geschehen ist. Nun kam auch das Jahr 1853. Dieses bildet für die hiesige Gemeinde eine neue Periode, einen neuen Zeitabschnitt. Bisher war die hiesige Gemeinde ohne alle Straßenverbindung und daher auch ohne Verkehr. Sie lag bis dahin fast ganz isoliert in der Welt. Doch in diesem Jahre erhielten wir Hoffnung, daß dieser Übelstand alsbald beseitigt werden sollte. Gemäß Kabinettsorder vom 8. Juni 1853 hat seine Majestät der König den Bau einer Gemeindechaussee von Gladbach über Waldniel und Elmpt bis zur niederländischen Grenze in der Richtung auf Roermond genehmigt und zur Ausführung dieses Straßenbaues eine Prämie von 5000 Talern pro Meile bewilligt. Mit dieser Ausführung wird in 1854 angefangen werden" – was dann auch geschah! Im Jahre 1856 war die Straße, die Elmpt mit der Welt verbinden sollte, fertiggestellt, Grund genug für Roermond, Elmpt und Niederkrüchten, nunmehr beim Preußischen Staat die Wiedererrichtung eines Zollamtes zu beantragen.

Der Preußische Finanzminister lehnte 1857 die Errichtung jedoch ab, er bevorzugte den Ausbau der Straße Waldniel über Amern und Born nach Brüggen und weiter ins Niederländische hinein. Der Regierungspräsident stellte dagegen eine Realisierung in Aussicht, wenn die anliegenden Gemeinden die Kosten bzw. Leistungen übernehmen würden, diese reagierten auf diesen Vorschlag allerdings nicht.

Im Jahre 1893 wurde die Idee erneut aufgegriffen, und zwar sollte ein von dem Aachener Jakob Tobben der Gemeinde Elmpt geschenktes Grundstück zur Errichtung eines neuen Zollgebäudes verwendet werden. Es sollte nunmehr ein Nebenzollamt II. Klasse in Elmpt erbaut werden. Am 23. 6. 1893 ermächtigte der Finanzminister in Berlin das Hauptzollamt in Kaldenkirchen, mit der Gemeinde Elmpt einen Vertrag abzuschließen, durch welchen die Gemeinde sich verpflichtete, „behufs Unterbringung eines in Elmpt zu errichtenden Zollamts II. Klasse und zur Beschaffung einer Dienstwohnung für den Zolleinnehmer am Ausgang der Ortschaft an der Chausseé von Elmpt nach Roermond ein Wohnhaus mit Nebengebäuden zu errichten und vom 1. 4. 1894 ab für 10 Jahre für den Preis

53 Zollamt an der Straße nach Roermond 1910

von 350 Mark jährlich an die Verwaltung der indirekten Steuern zu vermieten". Der Kostenvorschlag für den Neubau belief sich auf 6800 Mark. Die Kölnische Zeitung vom 16. 6. 1842 berichtet: „Der Hauptzweck des Projekts Roermonder Straße ist die zweckmäßigste Verbindung des Herzogtums Limburg der niederländischen Provinz Nordbrabant über den Hauptort Roermond mit den an Maas und Rhein gelegenen Fabrikorten einerseits und mit den nächsten Handelsstädten am Rhein Neuss, Düsseldorf, Elberfeld, Krefeld und Köln, zu bilden."

Der Zeitungsbericht fährt fort:

„Unter der französischen Regierung noch war ein 32 Fuß breiter Erddamm von Elmpt nach Roermond aufgeworfen worden für den Straßenbau. In Anbetracht, daß das Zollamt in Brüggen kaum den Betrag des Gehaltes für den Beamten aufbringt, ferner, daß das niederländische Zollgesetz von 1839 die Richtung der Zollstraße von Roermond nach dem Rhein über Elmpt bezeichnet und daß in diesem Sinne die Niederländische Regierung bereits mit dem Ausbau der Straße nach Elmpt sich beschäftigt, käme nur ein Zollamt in Elmpt in Frage".

Im Jahre 1892 war die Bahnstrecke Dülken–Brüggen eröffnet worden, Anlaß für die Gemeinde Elmpt, im Jahre 1900 bei der Continentalen Eisenbahn Bau- und Betriebsgesellschaft in Berlin die Fortsetzung der Linie Kaldenkirchen–Brüggen nach Elmpt zu beantragen[34]. Der Bau scheiterte vornehmlich an Grundsatzfragen, aber auch daran, daß die Gemeinde Elmpt eine Mindestausnutzung garantieren sollte. Die Sache erschien der Continentalen Eisenbahngesellschaft nicht rentabel.

1904 hatte man den Gedanken an eine Eisenbahn in Elmpt aufgegeben, dafür in Erwägung gezogen, die vier Firmen Elmpter Dampfziegelei, Dampfziegelei

54 Der Elmpter Postkutscher Arnold Schöpgens

Niederkrüchten, Dampfziegelfabrik Laar und Dampfziegelei Gützenrath mit Fabrikbahnanschlüssen bis zum Bahnhof Brüggen zu versehen. Dafür verlangte aber die Eisenbahngesellschaft Garantien von jährlich mindestens 4000 Wagenladungen auf die Dauer von wenigstens 10 Jahren, Grund und Boden mußten zudem kostenlos zur Verfügung gestellt werden.

Im Jahre 1905 ging vom Niederkrüchtener Bürgermeister Hoffmeister die Anregung zum Bau einer Eisenbahnverbindung als Nebeneisenbahn von Burgwaldniel über Niederkrüchten und Arsbeck nach Dalheim aus. Die übrigen von dem Projekt tangierten Gemeinden unterstützten den Antrag zwar, dem jedoch vom Minister für öffentliche Arbeiten in Berlin nicht stattgegeben wurde.

Trotzdem gab man das Projekt auch nach vielen Jahren nicht auf: Am 15. 2. 1933 wandte sich Niederkrüchtens Bürgermeister Roosen in dieser Angelegenheit an den Landrat in Erkelenz. Der Krieg hätte die Ausführung vereitelt, Roosen regte nunmehr an, im Wege des Arbeitsbeschaffungsprogramms den Bau durchzuführen[35].

Die Deutsche Reichsbahn wollte den Antrag prüfen hinsichtlich der Vorbedingungen für den Bau dieser Bahn, wies aber bereits am 11. Mai 1933 darauf hin, daß für den Bahnbau kein dringendes Verkehrsbedürfnis bestehe. Die Kosten würden so hoch sein, daß irgendeine Verzinsung des Anlagekapitals nicht zu erwarten wäre, selbst wenn der Bahnbau im Rahmen des Arbeitsbeschaffungsprogramms ausgeführt werden könnte.

Günstiger gestalteten sich dagegen Pläne für eine Omnibusverbindung:

1924 beantragte die Rheinische Bahngesellschaft M.Gladbach, eine Kraftfahrzeuglinie von M.Gladbach über Waldniel, Niederkrüchten, Elmpt oder Brüggen an die niederländische Grenze zu führen. Diese Genehmigung wurde im Mai 1925 erteilt. Zum gleichen Zeitpunkt erhielt auch die Oberpostdirektion die Genehmigung, eine Autolinie von Elmpt über Niederkrüchten und Waldniel nach

Erkelenz zu führen, nachdem die Firma Vogels aus Gillrath 1925 ihre Autoverbindung durch den Kreis Erkelenz eingestellt hatte.
Niederkrüchtens Bürgermeister vermerkte am 3. 2. 1931:[36] „Nachdem die Omnibuslinie Niederkrüchten-Erkelenz auch nach Elmpt verkehrt, bestehen nunmehr die Omnibuslinien Elmpt-Erkelenz und Elmpt-Gladbach bzw. Roermond. Damit ist den hiesigen Verkehrsinteressen hinreichend Rechnung getragen."

11.7 Die Post

Die Bemühungen, für die Gemeinden Elmpt und Niederkrüchten einen Anschluß an das Postnetz zu erreichen, waren im vorigen Jahrhundert nur von geringem Erfolg begleitet.
Bereits im Jahre 1848 hatte Bürgermeister Adams versucht, für Elmpt die Einrichtung einer Poststelle zu erreichen. Am 12. April des selben Jahres hatte er sich an das Generalpostamt in Berlin gewandt. Er erhielt am 19. 10. 1848 bereits eine negative Antwort:[37]
„Euer Wohlgeboren haben in der Vorstellung vom 12. April dieses Jahres die Einrichtung einer Briefsammlung in Elmpt beantragt. Der Antrag hat Veranlassung gegeben, die Verhältnisse von Ort und Stelle genau zu prüfen, und mit Ihnen den Gegenstand des Antrages durch den Kommissarius mündlich besprechen zu lassen. Dabei hat sich ergeben, daß die nach und von Elmpt vorkommende Korrespondenz nicht so bedeutend ist, um das Vorhandensein einer Briefsammlung im Orte für dringlich erachten zu können. Die Gemeinde unterhält einen Boten, welcher täglich regelmäßig die Briefe und Zeitungen von der nächstgelegenen, nur 1 Stunde entfernten Postanstalt in Niederkrüchten abholt und dahin besorgt. Viel mehr, als durch diesen Boten gewährt ist, würde auch durch die Einrichtung einer Briefsammlung und einer für Rechnung der Postkasse täglichen Botenpost in Elmpt und Niederkrüchten für die Korrespondenten nicht zu gewinnen sein. Jener Gemeindebote aber, außerstande, sich auf andere Weise zu ernähren, würde der Gemeinde zur Last fallen, wenn er seinen jetzigen Dienst und Verdienst verlöre. Auf diese Bedenken haben Sie selbst bei der Unterredung aufmerksam gemacht. Das Generalpostamt kann unter diesen Umständen dem eingangs besprochenen Antrage keine Folge geben und auch Sie werden mir ohne Zweifel darin beistimmen, daß die Beibehaltung der jetzigen Einrichtung zur Zeit noch als genügend anzusehen sei."
Am 28. 11. 1859 teilte der Oberpostdirektor in Aachen Bürgermeister Adams mit, daß „ich auf Ihre gefällige Zuschrift bezüglich der Erhöhung der Besoldung des Briefträgers bei meiner nächsten Anwesenheit in Niederkrüchten diese Angelegenheit ordnen werde."
Dieser Postzusteller Gatzen scheint aber nach wie vor zu wenig Sold erhalten zu haben, mit einem Schreiben vom 30. September 1870 wandte er sich an den Bürgermeister: „Hierbei erlaube ich mir, Ehrwürdigen Wohlgeboren mitzuteilen, daß ich die amtlichen Sachen für Elmpt pro 1871 besorgen werde wie früher. Auch will ich das Publikum gegenüber aus meinem Bestellbezirk die Zeitungen und Briefe informiert, als sie mir in Händen sind, von Niederkrüchten mitbringen und können sie an Sonn- und gesetzlichen Feiertagen an meinem Hause selbst abholen oder auch abholen lassen. Die 5 Mark, welche ich früher dafür erhalten habe, ist zu wenig und stelle es Sie anheim, zu veranlassen, mir nach Belieben etwas dazu zu geben, wo auch garnicht kein Vernünftiger etwas gegen sagen kann. Damit hoffe ich auch, daß alle mit mir zufrieden sind. Mit Hochachtung ergebenst Gatzen, etatmäßiger Landbrief-

55 Nachfolger von Arnold Schöpgens war Wilhelm Frenken als Postfahrer bis 1926

träger." Und am 1. 12. 1870 wandte er sich erneut an Bürgermeister Michiels:[38]
„Wohlgeboren ...
Wie Ihnen sehr wohl bekannt ist, darf ein Landbriefträger an Sonn- und gesetzlichen Feiertagen weder Post- noch Wertsendungen bestellen."
Am 6. 1. 1888 wandte sich die Kaiserlich Preußische-Ober-Post-Direktion Aachen an den Bürgermeister in Elmpt: „Nachdem der bisherige Inhaber der dortigen Posthülfsstelle Johann Peters gestorben ist, beabsichtige ich, die erledigte Stelle dem ältesten Sohn des Verstorbenen, Adolf, welcher in dem Hause seines Vaters wohnt, zu übertragen."
Der Bürgermeister wies in seiner Antwort jedoch darauf hin, daß Adolf Peters erst 19 Jahre alt sei, man hielt ihn für zu jung. Daraufhin die Oberpostdirektion: „Ich beabsichtige, die Verwaltung der Geschäftsstelle Elmpt nunmehr dem Militärinvaliden Gerhard Stockums zu übertragen. Die Inhaber von Posthülfsstellen haben sich mit dem Verkaufe von Postwertzeichen, der Annahme und Ausgabe von gewöhnlichen Briefen, Zeitungen und Paketen zu befassen. Dieselben werden außerdem zur Wahrung des Briefgeheimnisses verpflichtet." Stockums war 44 Jahre alt, er besaß das Vertrauen der Behörde und Gemeinde und trat die Stelle an.
Am 16. September 1890 meldete sich die Oberpostdirektion erneut:
„Es sind mehrfach Wünsche dahin laut geworden, daß die zur dortigen Bürgermeisterei gehörigen Orte Elmpt, An der Wae usw. dem Postbezirk von Brüggen zugeteilt werden. Das Bürgermeisteramt ersuche ich um gefällige baldige Mitteilung ergebenst, ob die Abzweigung der genannten Orte vom Bezirke des Postamtes in Niederkrüchten und Zuteilung derselben zum Bezirk des Postamtes in Brüggen den Wünschen der Mehrheit der betreffenden Postbewohner entsprechen würde".

Der Bürgermeister befürwortet das Anliegen seiner Einwohner unter der Bedingung, daß eine Wagenverbindung von Elmpt nach Brüggen (Personenpost) eingerichtet würde, weil dort 1890 die Bahnlinie Dülken-Brüggen dem Verkehr übergeben worden war. Im Januar 1891 wurde jedoch mitgeteilt, daß nach dem Ergebnis von Ermittlungen „von Änderungen in den Landbestellungsverhältnissen des Postamts Niederkrüchten Abstand genommen werden muß, da die Landbestelleinrichtungen den Verkehrsbedürfnissen entsprechen."
Des weiteren teilte die Oberpostdirektion mit, daß die wiederholte eingehende Prüfung der Sachlage Ihrer Anträge - auf Einrichtung einer Postagentur in Elmpt und einer Personenpost zwischen Brüggen und Elmpt - „vom Standpunkte des Verkehrsbedürfnisses als nicht gerechtfertigt sowie mit Rücksicht auf die Kosten, welche dafür aufzuwenden sein würden, als z. Zt. nicht durchführbar erkennen lassen."
Der damalige Inhaber der Posthülfsstelle, Stockums, wandte sich am 8. 6. 1891 an den Gemeinderat und teilte mit: „Die von mir seit dem 14. März 1888 verwaltete Posthülfsstelle ist von der Oberen Postbehörde fast ganz unbesoldet. Von der genannten Behörde beziehe ich an jährlichem Gehalte 50 Mark. Für Hingabe des Postzimmers, für meine Mühen und Arbeiten erhalte ich von der Postbehörde keine Vergütung. Auch sind gegenwärtig schlechte Aussichten vorhanden, daß eine Besoldung seitens der Behörde eintritt. Das mir durch den Postdirektor Jacobs im Dezember vorigen Jahres gegebene mündliche Versprechen, daß ich von der Postbehörde besoldet würde, ist bis jetzt ganz erfolglos geblieben. Zudem ist die Posthülfsstelle ein sehr beschäftigendes Amt und daß ich den hiesigen Leuten mehr Gefälligkeiten erzeige, wozu ich eigentlich nicht verpflichtet bin, wird manchen unbekannt sein. Ich erlaube mir daher die ganz ergebene Bitte, daß der Gemeinderat mehr Besoldung für künftige Verwaltung der Posthülfsstelle aus der Gemeindekasse bewillige. Sollte aber von der Postbehörde die hiesige Posthülfsstelle zu einer Agentur erhoben werden, so wolle der Gemeinderat das Gehalt wieder einziehen". Der Gemeinderat beschloß zwar, das Gehalt zu erhöhen, jedoch teilte der Kreis Erkelenz am 7. 9. 1891 mit, „dem Beschluß des Gemeinderates, nach welchem der Inhaber der dortigen Posthülfsstelle Gerhard Stockums in Anerkennung seiner guten Dienstleistungen eine Gratifikation von jährlich 60 Mark aus Gemeindefonds bewilligt werden, haben wir aus prinzipiellen Gründen die Genehmigung zu versagen beschlossen".
1894 sollte dann für Elmpt endgültig eine Postagentur eingerichtet werden. Trotzdem keine Bedenken gegen Stockums vorlagen, wurde 1898 der Schreinermeister Hubert Op den Berg aus Elmpt als Postagent eingesetzt, der die Agentur bis 1929 verwaltete und sie seinem Sohn Heinrich übergab.
Landbriefträger war seit 1894 Arnold Schöpgens, der als Postfahrer zwischen Elmpt, Niederkrüchten und Waldniel verkehrte, ihm wurde ein ständiger „Posthülfsbote" an die Seite gestellt. Auf Schöpgens folgte Wilhelm Frenken, der auch mit der Postkutsche Personen vom Bahnhof „Schier" nach Niederkrüchten beförderte - immerhin bis 1926 einziges öffentliches Beförderungsmittel.
1880 hatte dagegen Niederkrüchten bereits ein Postamt und auch Telefon- und Telegrafenverbindung.
Die Postagentur Niederkrüchten hatte von 1910-1914 zwei Orts- und drei Landzusteller, die die Post täglich 4 mal zustellten (!), dazu kamen der Vorsteher und eine Schalterdienstkraft.
Bis nach dem I. Weltkrieg befand sich die Niederkrüchtener Poststation im Haus

von Leo Smeets auf der Erkelenzer Straße 3[39]. Niederkrüchten gehörte noch im Jahre 1923 zur Reichspostdirektion Aachen mit einem Postamt III. Klasse und wurde zusammen mit Elmpt in diesem Jahr der Reichspostdirektion Düsseldorf unterstellt[40]. Vorsteher war um 1900 der Postverwalter Lechner, ihm folgte bis 1923 der Postbeamte Zaunbrecher. Von 1923 bis 1924 erledigte der Postbedienstete Wolters die Geschäfte, ihm folgte der Gastwirt Laumanns, der das Postamt in seine an der Hauptstraße gelegenen Gastwirtschaft verlegte. Zweimal täglich fuhr damals ein Postwagen nach Waldniel. In den Honschaften wurde die Post später täglich durch Kraftwagen zugestellt und durch Hilfsboten ausgetragen. Am 1. 7. 1930 wurde auch in Overhetfeld eine Posthilfsstelle eingerichtet.
Merbeck erhielt erst 1934 eine eigene Poststation und war noch 1920 nur durch eine einzige öffentliche Telefonverbindung mit der Außenwelt verbunden. Die letzte Personenfahrt von Erkelenz nach Merbeck erfolgte 1911, der letzte Paketpostwagen von Wegberg nach Merbeck fuhr 1923.
Das Fernsprechamt Amern St. Georg wurde am 1. Dezember 1899 eröffnet. Die ersten Anschlüsse in Elmpt wurden bei der Postagentur Op den Berg, bei Elisabeth Smeets (öffentliche) und beim Bürgermeisteramt in den ersten Jahren nach 1900 eingerichtet. 1929 bestanden in Elmpt erst 32 Anschlüsse[41].

11.8 Die Gründung der Freiwilligen Feuerwehren

Bereits 1870 hatte sich der Landrat an die Gemeinden gewandt mit der Aufforderung, auf freiwilliger Basis gemeindliche Feuerwehren zu bilden: „Es ist die Überzeugung, daß nur von wohlorganisierten Feuerwehren, die unter einheitlichem Kommando durch fortgesetzte Übungen sich zu einem sicheren Ineinanderarbeiten herangebildet haben, mit Erfolg einem Brand entgegengetreten werden kann. Besoldete ständige Feuerwehren, wie sie in den größeren Städten eingerichtet wurden, können sich Gemeinden aus finanziellen Gründen nicht halten. Im Falle der Unzulänglichkeiten der bestehenden Löscheinrichtungen muß es eine Ehrensache für die Bürger sein, freiwillig mit der Bildung von Feuerwehren vorzugehen, freiwillig sich zum Zusammenwirken einzuwirken ...“
Im Ortsstatut Niederkrüchten vom 21. 12. 1901 heißt es noch, daß Freiwillige Feuerwehren dort nicht bestehen und daß daher Brandwachen zu bilden seien, in denen jeder männliche Einwohner vom 17. bis zum 50. Lebensjahr dienstpflichtig war.
Doch drei Monate später nur, am 28. März 1902, hatte sich in Niederkrüchten eine Freiwillige Feuerwehr gebildet, im Gründungsstatut ist deren Zweck „die Aneignung der nötigen Fertigkeit in Bedienung, Handhabung und Anwendung der Löschgerätschaften sowie geordnetes und einheitliches Zusammenwirken bei Bränden, um diesen wirksam entgegentreten und dadurch Leben und Eigentum der Mitbürger schützen zu können.“[43]
Die Wehr verfügte über 45 aktive Mitglieder und 4 Hauptabteilungen, 1 Steigerabteilung mit 12 Mann, eine Spritzenabteilung mit 19 Mann, eine Wasserversorgungsabteilung mit 8 Mann und eine Ordnungsabteilung mit 4 Mann, des weiteren über 3 Hornisten. Brandmeister war Fabrikbesitzer Gerhard Wolters. Es wird darauf hingewiesen, daß im Orte sich 2 große Teiche und fließendes Wasser befinden. Die Wehr verfügte über eine Saugspritze, eine kleine Druckspritze und 6 Druckspritzen in den einzelnen Honschaften, 94 Feuereimer, 40 m Druckschlauch. Gerätehäuser befanden sich neben Niederkrüchten in Varbrook,

56 Briefkopf der Niederkrüchtener Molkerei

57 Molkerei in Niederkrüchten. Parade der Milchkarren, um 1900

Brempt, Gützenrath, Laar, Heyen und Birth.
Die Oberkrüchtener wollten den Niederkrüchtenern in puncto Feuerwehr nicht nachstehen! Am 23. 8. 1902 berichtet Bürgermeister Hoffmeister dem Landrat: „In Verfolg meines Berichts vom 20. Juli 1902 berichte ich, daß ich mich auf Drängen der Bewohner von Oberkrüchten veranlaßt gesehen habe, auch dort am 17. 8. 1902 eine Freiwillige Gemeinde-Feuerwehr ins Leben zu rufen. Die Statuten

entsprechen im übrigen denen der Freiwilligen Feuerwehr in Niederkrüchten."
Bürgermeister Hoffmeister hatte, wie es heißt, ein sehr gutes persönliches Verhältnis zur Freiwilligen Feuerwehr Oberkrüchten.[44] Diese Wehr verfügte damals über 35 aktive Mitglieder mit insgesamt 7 Unterführern, aufgeteilt war sie ebenfalls in 4 Hauptabteilungen: Steigerabteilung 8 Mann, Spritzenabteilung 14 Mann, Wasserversorgungsabteilung 7 Mann und Ordnungsabteilung 4 Mann. Leiter der Wehr war Heinrich Coenen. Die Alarmierung der Feuerwehr erfolgte durch 3 Hornisten, vorhanden waren damals 1 Spritze, eine kleine Druckspritze in Oberkrüchten und eine große fahrbare Druckspritze in Steinkenrath, weiterhin 26 Feuereimer, 3 Strahlrohre, 42 m Druckschlauch, 3 Hakenleitern, 5 Aufstelleitern und 6 Feuerhaken. Es bestanden Gerätehäuser in Oberkrüchten und in Steinkenrath.
Das Interesse der Bevölkerung war sehr groß, so daß die Feuerwehr schnell wuchs und bereits vor 1910 einen eigenen Musikzug bilden konnte. Die ersten Uniformen waren ebenso wie die der Niederkrüchtener und Merbecker Feuerwehr von oliv-grüner Farbe.

Am 31. 10. 1906 wies der Bürgermeister darauf hin, daß er eine dritte Freiwillige Feuerwehr im Ort Merbeck gründen möchte und erbat vom M. Gladbacher Oberbürgermeister dafür weitere ausrangierte Gerätschaften! Die Freiwillige Feuerwehr Merbeck wurde am 13. 1. 1907 gegründet, erster Brandmeister war Peter Houben.
Die Wehr hatte 36 aktive Mitglieder, 6 bekleideten davon Führerstellungen: Ein Löschzug mit 4 Abteilungen, davon 11 Mann Steigerabteilung, 11 Mann Spritzenabteilung, 9 Mann Wasserabteilung und 3 Mann Ordnungsabteilung, ebenfalls 3 Hornisten. Die Feuerwehr verfügte über 2 kleine Spritzen, eine große fahrbare Druckspritze und einen Wasserwagen sowie 28 Feuereimer, 3 Strahlrohre und 2 Schlauchbrücken, 50 m Druckschlauch, 3 Hakenleitern, 6 Feuerhaken, zwei Gerätehäuser waren in Merbeck und Schwaam. Es bestanden somit drei Freiwillige Gemeindefeuerwehren und zwar in Niederkrüchten, Oberkrüchten und Merbeck.
Lediglich in Elmpt fand sich niemand bereit, eine Freiwillige Feuerwehr ins Leben zu rufen. So erließ der damalige Bürgermeister Wilhelm Heinrichs am

58 Oberkrüchten, Weg zur Burg

25.2.1902 ein Ortsstatut über das Feuerlöschwesen in der Gemeinde Elmpt „welches die Einwohner zur Hilfeleistung bei Bränden verpflichtete".[45] Diesem Ortsstatut verdanken wir genaue Kenntnis dieser frühen kommunalen Pflichtfeuerwehr, die als „Brandwehr zu Elmpt, Brandwehr zu An der Wae und Brandwehr zu Overhetfeld" in drei Feuerwehren gegliedert war. Jede dieser Brandwehren bestand aus einer Retter- und Steigerabteilung zu 6 Mann, einer Abteilung zur Bedienung der Spritze zu 16 Mann, einer Abteilung zur Wasserzuführung zu 8 Mann und einer Abteilung zur Handhabung der Ordnung zu 8 Mann. Den „Oberbefehl über sämtliche vorhandenen Brandwehren" hatte der Bürgermeister, jeder männliche Einwohner vom vollendeten 17. bis 50. Lebensjahr war – mit wenigen Ausnahmen – zur Dienstleistung verpflichtet und wurde neben Brandeinsätzen auch zu jährlich 2 Übungen herangezogen. In jeder Ortschaft befanden sich damals 4 lange Feuerleitern, 6 Feuerhaken, 2 Laternen, eine Axt und ein Alarmhorn sowie Feuerspritzen und weitere Löschgerätschaften. Nach Auskunft des damaligen Bürgermeisters „entsprach die Ausrüstung der Feuerwehr vollständig den damaligen ländlichen und örtlichen Verhältnissen."
Brandmeister waren 1910 Hubert Op den Berg für Elmpt, Mathias Pollmanns für den Bezirk Wae und Wilhelm Heynckes für Overhetfeld. Während sich die Freiwilligen Feuerwehren von Oberkrüchten und Merbeck und die Pflichtfeuerwehr von Elmpt in den 20er Jahren eines großen Zulaufs erfreuten und insgesamt eine positive Entwicklung nahmen, gab es in Niederkrüchten damals erhebliche Schwierigkeiten.
Am 28.4.23 schreibt der Bürgermeister:[46] „Die Freiwillige Feuerwehr Niederkrüchten ist eingegangen, die Beiträge für die Wehren Oberkrüchten und Merbeck wurden überwiesen. Die Freiwillige Feuerwehr Oberkrüchten unter Brandmeister Wynand Gotzen besteht aus 30 Aktiven, die Freiwillige Feuerwehr Merbeck unter Brandmeister Hubert Mertzbach ebenfalls aus 30 Aktiven". Ein Jahr später allerdings existierte die Niederkrüchtener Wehr offensichtlich wieder, ihre Zahl wird mit 24 Aktiven angegeben. Aufgrund eines am 7. Janaur 1925 der Feuerversicherungsanstalt eingesandten Verzeichnisses wird die im Jahre 1923 wegen Auflösung im Verzeichnis der angeschlossenen Wehren gelöschte Freiwillige Feuerwehr Niederkrüchten vom 1.1.1925 ab wieder in die Feuerwehrunfallkasse aufgenommen.
Ende der 20er Jahre sah sich jedoch Ehrenbürgermeister Roosen gezwungen, mit Schreiben vom 20. 2. 1929 eine in der Feuerwehr „angeblich herrschende Mißstimmung" zu bereinigen. Damals scheint man viel gefeiert zu haben, denn Roosen sah sich zu den bemerkenswerten Hinweisen genötigt: „Nachdem der Fastnachtstrubel verrauscht ist, der manchem Mitglied der Wehr erhöhte Auslagen verursacht hat, würde ich es sehr begrüßen, wenn damit auch die Reihe der Vergnügungen und vereinlichen Veranstaltungen für längere Zeit geschlossen würde. Ich glaube nicht, und ich habe es schon bestätigt gefunden, daß allen Wehrmitgliedern die vielen Versammlungen mit ihren erhöhten Ausgaben angenehm sind ... Ich möchte gerade an die hiesige Feuerwehr die dringende Bitte richten, des Ernstes der Zeit eingedenk zu sein und zu beherzigen, daß in manchen Familien bittere Not herrscht und daß auch an die Gemeinde Niederkrüchten infolge der großen Arbeitslosigkeit erhöhte Anforderungen gestellt werden ... Ich werde wie bisher die Bestrebungen der Wehr nach jeder Richtung hin unterstützen, muß es aber ablehnen, an jeder Versammlung der Wehr teilnehmen zu müssen."

59 Eine Kutschfahrt des Bürgervereins Anfang des Jahrhunderts

Offensichtlich hatte sich die Feuerwehr über mangelnde Unterstützung der örtlichen Behörde beschwert, denn Roosen teilte dem Generaldirektor am 24. 9. 1929 mit, daß er keinen Hehl daraus gemacht habe, daß ihm das viele „Feste feiern“ der Feuerwehr Niederkrüchten nicht gefiele, die Wehr habe sein Nichterscheinen verübelt und daraus Interessenlosigkeit hergeleitet. „Ohne mich zur Generalversammlung einzuladen, hat sich die Wehr aufgelöst. Inzwischen bereut die Wehr diesen Beschluß; sie hat durch eine Mittelsperson bereits eine Anbahnung in die Wege geleitet, so daß mit einer baldigen Wiederaufnahme der Tätigkeit gerechnet werden kann.“
Aber erst im Jahre 1930 hatte man sich wieder zusammengerauft und benannte 50 Aktive für die Versicherung. Brandmeister wurde Carl Couhoren. Im Jahre 1932 werden allerdings wiederum nur die Wehren von Oberkrüchten und Merbeck genannt, Niederkrüchten hatte sich erneut aufgelöst! In einem weiteren Vermerk für die Versicherung heißt es, daß die Mitglieder der Freiwilligen Feuerwehr Niederkrüchten an die Gemeinde alle ihre Uniformstücke abgeliefert hätten!

11.9 Der große Waldbrand 1911

Beim großen Waldbrand 1911 konnten sich die neugegliederte Pflichtfeuerwehr Elmpt und die Freiwilligen Feuerwehren von Niederkrüchten, Oberkrüchten und Merbeck erstmals positiv in Szene setzen und wirksam in das Brandgeschehen eingreifen. Waldbrände hatte es in den großen Beständen nahe der niederländischen Grenze schon immer gegeben, so wurden am 9. August 1904 bei einem Waldbrand im Elmpter Wald ungefähr 100 ha Kiefern vernichtet. Erst vierzehn Tage zuvor waren 20 Morgen Waldbestand einem Großbrand zum Opfer gefallen. Der Brandherd befand sich in der Nähe der niederländischen Grenze auf einem Gebiet, welches rechts der Landstraße von Elmpt nach Roermond liegt. Wegen der großen Dürre und eines starken Windes verbreitete sich das Feuer mit rasender Geschwindigkeit und konnte damals erst gegen Abend unter vereintem Einsatz von Feuerwehr und Bürgern gelöscht werden.

Die größte Katastrophe, von der die Altgemeinde Elmpt heimgesucht wurde, war aber der Brand, durch den im Jahre 1911 große Teile des Elmpter Waldes vernichtet wurden.

Der frühere Elmpter Lehrer Franz Debiel hat die zeitgenössischen Berichte über diesen Brand nach Zeitungsberichten in der Chronik der Schule An der Wae zusammengestellt und ausführlich geschildert.[47]

Danach entstand am Morgen des 28. August 1911 zwischen 9 und 10 Uhr in den Tannenwaldungen auf niederländischem Gebiet in der Gegend von Melick-Herkenbosch ein Waldbrand, der sich rasend schnell ausdehnte und auf deutsches Gebiet in westlicher und nördlicher Richtung übergriff. Bei Dalheim und Ritzrode standen die Besitzungen des Grafen Schaesberg in Flammen, von denen bis zum Abend desselben Tages bereits rund 1000 Morgen vernichtet waren, nördlich wurden vor allem der Elmpter Gemeindewald sowie die benachbarten Privatdistrikte ein Raub der Flammen. Die gewaltigen Rauchmassen waren weithin sichtbar und verdunkelten den Himmel, der „gleichsam wie mit schwerem Gewittergewölk überhangen schien“. Mehrere An der Wae liegende Häuser wurden vom Feuer bedroht und ein Haus von den Flammen vernichtet. Da man mit Wasser dem sich immer weiter ausbreitenden Feuer nicht beikommen konnte, wurden unter Leitung des Gemeindeförsters Heynen Gegenfeuer gelegt. Neben allen Feuerwehren der benachbarten Gemeinden wurden auf niederländischer Seite die Garnisonen von Roermond und Venlo zur Brandbekämpfung eingesetzt. 300 Soldaten eines in Köln-Deutz liegenden Pionierbataillons wurden noch am Abend desselben Tages zur Brandbekämpfung eingesetzt, konnten jedoch nicht verhindern, daß sich der Brand immer weiter ausdehnte und bis zum Abend des nächsten Tages weitere rund 5000 Morgen Waldbesitz vernichtete, wovon 3000 Morgen auf deutschem und 2000 auf niederländischem Gebiet den Flammen zum Opfer fielen.

Am Nachmittag hatten sich der Aachener Regierungspräsident von Sand und Landrat Dr. von Reumond unmittelbar ein Bild vom Brandgeschehen gemacht; zu Tausenden waren die Zuschauer herbeigeströmt, die teilweise nur mit Gewalt daran gehindert werden konnnten, sich zu nahe an den Brand und damit in Lebensgefahr zu begeben. Der Brandgeruch drang bis Mönchengladbach und Viersen, sogar in Köln und Essen will man ihn verspürt haben.

Das Unglück war natürlich eine Sensation für die Presse, in der am folgenden Tag zu lesen war, daß „mehrere Bahnhöfe an der Gladbach–Roermonder Strecke vernichtet worden wären und drei, sogar sechs Personen im Feuer umgekommen seien“. Das war natürlich weit übertrieben, dennoch war der eingetretene Schaden immens groß, hatte doch allein die Gemeinde Elmpt etwa 2400 Morgen ihres Waldbesitzes verloren.

Ein Augenzeuge berichtete: „Ein schöner Sommertag, der erste Tag der Woche. Die Sonne schien heiß, der Wind war lebhaft. In der Frühe stiegen am südwestlichen Himmel weiße, für den kundigen Bewohner aber bedenkliche Rauchwolken auf.

Von Vlodrop-Herkenbosch stürmte das verheerende Element der preußischen Grenze zu. Gegen 10 Uhr brach hier eine Panik aus. Das Brandhorn verkündete Unheil, die Glocken läuteten. Lange schauten die Bewohner von Elmpt zum Himmel. Die Rauchmassen wurden dichter und schwärzer. Rauch drängte sich vor den Blick der Sonne. Das war uns ein Zeichen, daß das Feuer Nutzholz erfaßt hatte. Violett-rötlich durchschaute die Sonne die unendlichen Feuergrauben und Rauchmassen. „Der ganze Wald geht ab", so war gegen Mittag die Stimmung. Auf einer kleinen Anhöhe hatte man den „Genuß", wenn man das so sagen darf, dem furchbaren Schauspiel zuzusehen. Ein rasendes Flammenmeer durchfuhr die herrlichen Kulturen. Furchtbares Getöse, ein Keuchen, Krachen und Heulen erfüllte die Luft. Furchtbar war der Anblick zwischen 3 und 5 Uhr nachmittags. Feuerwehren, Autos, Wagen, Reiter, Radfahrer durchrasten den Ort. Nie hatte Elmpt einen solchen Verkehr gesehen. Gegen 5 Uhr war das Feuer bis zu den Häusern gekommen. Die Randbewohner flüchteten mit ihrer Habe auf das offene Feld. Gleichschon stand ein Haus von Peters in Flammen, ein zweites war zum Teil zerstört. Trotz heldenhafter Gegenwehr sprang das Feuer über die Chaussée Elmpt–Roermond auf die rechte Seite, wurde aber hier bald auf seinen Herd beschränkt. Auch für das Zollamt war um diese Zeit die Situation recht gefährlich, die Kasse war schon in Sicherheit gebracht worden. Mehrere Grenzbeamte harrten der Dinge, die da kommen sollten. Indessen rasten die Autos die Straßen herauf und herunter. Die Arbeiten am Feuerherd beschränkten sich auf Gegenbrennen. Heldenmütig wurde gekämpft gegen das rasende Element. Versengt brach mancher Brave zusammen, der noch zur rechten Zeit vom Feuerherd weggebracht werden konnte. Todesfälle sind Gott sei Dank nicht zu beklagen. In Roermond war das Militär alarmiert, es besetzte die Grenze. Hin und wider kam auch ein holländischer Kavallerist, um sich von der Ausdehnung und Gefährlichkeit des Brandes zu überzeugen. Indessen drangen im Inneren des Waldes die Flammen immer weiter vor ...

Schnell verbreitete sich auch die Nachricht: „Pioniere kommen", um 20.10 Uhr trafen sie in Dalheim ein. Elmpt ließ es sich nicht nehmen, für die Soldaten gut zu sorgen. Auf der Straße waren Tische aufgestellt, mit Brot und durchwachsenem Speck ... Mit Gesang gings ins Feuer. Tränenden Auges stand mancher da. Mächtiger loderte die unbändige Flamme gerade jetzt den anrückenden Pionieren entgegen. Da gab es Arbeit. „Erdwälle aufwerfen", „Gegenfeuer anlegen", waren die ersten Kommandos. Gegen Anbruch des Tages am Dienstag wurde das Feuer kleiner. Die Braven hatten ihre erste Aufgabe erfüllt. Manche konnten den Weg bis zum Quartier nicht mehr machen. Ermattet mußten viele mit Fuhren vom Feuerherd heimgeholt werden. Dienstagnachmittag 6.30 Uhr traf die Dalheimer Kompanie hier ein, so daß das ganze Bataillon zur Stelle war ... Die noch brennende Fläche wurde durch Militär abgesperrt. Kaum zu schildern war der Verkehr am Montag, Dienstag und Mittwoch. Tausende Menschen wogten dem Walde zu. 22 Wagen und 15 Autos standen auf Reihe auf der Chaussée, die innerhalb einer Stunde wieder ausgewechselt waren. Die ganze Nacht von Montag auf Dienstag rasten Gefährte herauf und herunter, zum und vom Walde. Dienstag gegen 5 Uhr durchschritt ich die Brandfläche. Hier und da glimmten noch Erdfeuer. Kein grünes Keimchen war mehr zu sehen, alles still, öde, und schwarz verkohlte Tierleichen von Hasen, Kaninchen, Rehen und Fasanen sind gefunden worden ... Der Gemeindewald war bis Dienstag 12 Uhr Nachmittag bei der M.Gladbacher Gesellschaft versichert, nach diesem Zeitpunkt trat die „Provinzial" ein. Diese hat auch genug Betroffene zu entschädigen durch Vergütung der Privatbesitze. Viele, ja sehr viele Kulturen sind überhaupt nicht versichert, so brannten dem einen 80 Morgen, dem anderen 60, vielen anderen 20 mehr oder weniger ab ... Schauerlich ist der Anblick über die schwarze Ebene. Doch fehlt kein treues Haupt, das ist unser Trost."

Soweit der Augenzeuge, der leider namentlich nicht bekannt ist.

Auch im Jahre 1922 brannte es wieder im Elmpter Wald. Dieser Brand war durch die Unvorsichtigkeit niederländischer Waldarbeiter entstanden, die die Aufgabe hatten, auf niederländischem Gebiet eine Heidefläche zu Kultivierungszwecken abzubrennen. Dabei griff das Feuer jedoch auf die deutsche Seite über und vernichtete 600 Morgen Kiefernwald. Weitere 700 Morgen Waldbestand der Diergardt'schen Waldungen wurden ebenfalls vernichtet[48].

12. Der I. Weltkrieg 1914–1918

Rund 40 Jahre nach dem für Deutschland so wichtigen Krieg von 1870/71, der in einen großen Sieg mündete, brauten sich erneut Kriegswolken zusammen. Wesentlich war, daß das Mißtrauen zwischen Deutschland und Frankreich unverändert groß war. Aber seit 1892, seit der Militärkonvention zwischen Rußland und Frankreich, hatten sich die außenpolitischen Verhältnisse zum Nachteil Deutschlands gewandelt. England hatte seine ablehnende Haltung gegenüber Frankreich aufgegeben und eine „Entente cordiale", also einen herzlichen Bund, geschlossen. Rußland schloß sich diesem Bündnis an. Deutschland fühlte sich, trotz seiner Einbeziehung als Weltmacht, eingekreist. Österreich-Ungarn wurde mit seinem Nationalitätenproblem nicht mehr fertig. Hier wurde auch die Lunte an das Pulverfaß gelegt, als am 28. Juni 1914 der österreichische Thronfolger in Sarajewo ermordet wurde. Das Attentat löste den größten Krieg aus, den bis dahin die Welt gesehen hatte.

Bald sahen sich Deutschland, Österreich-Ungarn, Italien, Rumänien, Türkei und Bulgarien einer Allianz von England, Frankreich, Rußland und vielen anderen Mächten gegenüber.

Obwohl der Weltkrieg im Leben des einzelnen und der Dorfgemeinschaft eine gewaltige Zäsur bedeutete und es in vielfacher Weise beeinflußte, finden wir aus Elmpt und Niederkrüchten keine privaten Notizen, die Einblick gewähren, in welcher Form sich die Konfrontation des einzelnen mit dem Kriegsgeschehen bemerkbar machte.

Zu den wichtigsten Quellen wurden daher die Schulchroniken, die aus jenen Tagen berichten und aufschlußreiche Hinweise auf die Haltung der damaligen Zeit geben. So berichtet etwa die Chronik der Schule An der Wae[1]:

„Die Erregung und Empfindlichkeit unter den Leuten in den Tagen der Mobilmachung war ziemlich groß. Alles, was an unglaublichen Gerüchten, gewichtigen geheimnisvollen Plänen und fabelhaften Maßnahmen einer manchmal belustigenden Nervosität entsprang und sich für Glaubenswürdigkeit und schnellste Verbreitung nicht zu bemühen brauchte, beschäftigte vielleicht hier noch mehr als im Innern des Vaterlandes die Menschen Tag und Nacht. Ein Gerücht jagte das andere."

In der Nacht vom 31. Juli zum 1. August 1914 traf in Elmpt und Niederkrüchten der Mobilmachungsbefehl ein. Nachts um 2 Uhr wurde Alarm geblasen und den Bewohnern eröffnet, daß Krieg war.

Am Sonntag, dem 2. August 1914, mußten sich nachmittags um 3 Uhr die Aktiven der Landwehr und sämtliche Landsturmmannschaften bis zum 45. Lebensjahr in Erkelenz stellen. Diese Mannschaften wurden zur Bewachung von Brücken, Bahnen, Tunnels und wichtigen Gebäuden eingesetzt.

Aufgrund eines Gerüchtes, daß eine feindliche Autokolonne in Anmarsch sei, hatte der Elmpter Förster Heynen an der Grenze rund zwanzig Bewaffnete um sich geschart und harrte dort vier Tage mit diesen aus – die feindliche „Armada" ließ jedoch auf sich warten. Ein Oberzollinspektor seinerseits hatte an der Grenze Barrikaden errichten lassen und Stacheldrahtverhaue angelegt.

Die Schulchronik Oberkrüchten berichtet über die ersten Tage des Weltkriegs 1914/18[2]: „Am 1. August 1914, Samstagsnachmittags gegen 5 bis 6 Uhr, wurde durch die Schelle hier die Mobilmachung bekanntgegeben. Alle männlichen jungen Leute zogen zu den Plakaten, welche das Generalkommando Koblenz einige Tage vorher mit der Erklärung in den Kriegszustand hatte aufhängen lassen, um den Tag und die Stunde ihrer Abreise zu ersehen. Nachts vom Samstag zum Sonntag, dem 2. August und ersten Mobilmachungstag, verkündete die Dorfschelle, daß der 2. August zugleich der Mobilmachungstag des gedienten Landsturmes sei.

Alle Landsturmleute hatten sich also am Sonntagnachmittag 3 Uhr in Erkelenz zu stellen. Die Trennung von Weib und Kindern fiel den alten Männern bis zum 45. Lebensjahr sehr schwer. Die Freiwillige Feuerwehr aus Oberkrüchten hatte es unternommen, die Dorfeingänge und die Wege an der Grenze unseres geliebten deutschen Vaterlandes (Meinweg) zu besetzen. Nachts wurden die Dorfeingänge mit Karren und landwirtschaftlichen Geräten verschlossen. Am Montag wurden auf Geheiß des Oberkontrolleurs, eines Hauptmanns der Landwehr, bei der deutschen Grenze Gräben ausgegraben und Verschanzungen gemacht. Am Mittwochmorgen wurden unsere Feuerwehrleute abgelöst durch den Landsturm des Landsturmbataillons Rheydt. Die alten Soldaten bezogen die Wache in der Oberklasse, da der Unterricht wegen der Hilfeleistung der Schulkinder bei der Extraarbeit im Monat August in beiden Schulklassen ausgesetzt wurde."

Die Landsturmleute waren bei Bauersleuten in Oberkrüchten, Ritzrode und Boscherhausen untergebracht, später, im Januar 1916, bezogen sie das Massenquartier im Tanzsaal des Hotel Welters zu Niederkrüchten. Jeden Tag zogen Wachen auf zu den Wachlokalen an der deutschen Grenze.

Am 4. August 1914 empfing der Kaiser Vertreter aller Parteien des Reichstages, der Konfessionen und vieler Organisationen, um die Einigkeit der Nation zu

60 Bild aus dem 1. Weltkrieg aus Malmedy mit Niederkrüchtener Soldaten

beschwören. Hier sprach er die berühmt gewordenen Worte: „Ich kenne keine Parteien mehr, ich kenne nur noch Deutsche."

Über die Mobilmachung 1914 berichtet schließlich die Niederkrüchtener Schulchronik:

„Bei der Mobilmachung zeigte die hiesige Volksseele eine verhältnismäßig starke Nervosität, die hauptsächlich auf die Grenznähe zurückzuführen war. Allenthalben zeigte sich Arbeitsunlust schon in den Tagen der politischen Spannung. Gruppen und Grüppchen standen während des Tages zusammen und schmiedeten Kriegspläne. Bei Verhängen des Kriegszustandes am 31. Juli zeigte sich manche Begriffsverwechslung. War bisher noch Zeit und Raum zu Scherz gewesen, so brachte die bittere Stunde der Mobilmachung den tiefsten Ernst. Noch in der Nacht zum 1. Mobilmachungstage floß manche Träne, da dieser Tag auch erster Landsturmtag war.

Katholische Männer und Jünglinge wollten vor der allgemeinen Abrechnung ihre Rechnung mit dem Himmel machen ...

Verschiedene Ortseingesessene stellten Pferd und Wagen zur Verfügung, die Gestellungspflichtigen zu ihren Sammelplätzen zu bringen. Ergreifende Szenen boten der Abschied der am 1. Mobilmachungstage eintretenden Landsturmleute.

Im November 1914 wurde ein Vaterländischer Frauenverein gegründet, der schnell über zahlreiche Mitglieder verfügte. Die Militärverwaltung übernahm schon in den ersten Tagen der Mobilmachung die Grenzwache, die Wachlokale befanden sich in den Schulen zu Oberkrüchten, auf dem Pierig-Hof, auf Meinweg und beim Forsthaus Ritzrode. Die Mannschaften wurden in Bürgerhäusern untergebracht, sie gehörten zur 2. Kompanie des 2. Landsturmbataillons. Im ersten Weltkrieg waren 45 gefangene Russen, die im Brempter Tonwerk einquartiert wurden, als Arbeitskräfte den Bauern zur Verfügung gestellt worden."[3] Soweit also die Schulchroniken zum Kriegsausbruch 1914.

Zum kriegerischen Verlauf: Nachdem Rußland am 30. Juli 1914 die Mobilmachung angeordnet hatte, die auch Deutschland bedrohte, befahl der Deutsche Kaiser am 1. August 1914 die Generalmobilmachung und erklärte Rußland den Krieg; zwei Tage später folgte die Kriegserklärung an Frankreich.

Im Westen stieß das deutsche Heer nach raschem Vormarsch durch Belgien vor und bedrohte Paris; durch das „Wunder an der Marne", erreicht durch eine französische Gegenoffensive, kam es zum Stellungskrieg. Im Osten wurden zwei russische Armeen, die Ostpreußen überflutet hatten, bei Tannenberg und an den Masurischen Seen geschlagen und über die deutsche Grenze zurückgeworfen. Trotz einzelner Offensiven erstarrten die Fronten. Mit ungeheurem Einsatz an Menschen und Material versuchten sowohl die Deutschen als auch die Alliierten, diese Fronten wieder in Bewegung zu bringen und eine Entscheidung herbeizuführen. Ein Beispiel dafür ist der Kampf um die Festung Verdun, der im Februar 1916 begann und nach sechs Monaten mehr als 500000 Soldaten den Tod gebracht hatte!

Im Sommer des gleichen Jahres traten Engländer und Franzosen zu einer großen Offensive an der Somme an, aber es gelang ihnen ebenfalls nicht, die deutschen Linien zu durchbrechen. Mehr als eine Million (!) Soldatenleben kosteten allein diese Kämpfe.

„Das religiöse Leben nahm durch den Krieg einen großen Aufschwung. Der Besuch des Gottesdienstes und der Sakramentsempfang nahmen sehr zu. Insbesondere versäumten es die scheidenden Krieger nicht, vorher ihre Sache mit unserem Herrgott in Ordnung zu bringen.

Manche notwendigen und z.T. in reichem Maße vorhandenen Lebensmittel erreichten schier unerschwingliche Preise. Besonders galt das für Kartoffeln und Fleisch. Darüber entstand allenthalben große Erbitterung. Diesem wucherischen Treiben setzte der Bundesrat durch Festsetzung von Höchstpreisen, besonders bei Kartoffeln, Schweinefleisch und Butter, ein Ziel. Erzeugerpreis für Kartoffeln 2,55 bis 3,05 Mark je Zentner, frisches Schweinefleisch 1,40 Mark, Butter 2,20 Mark je Pfund.
Zu den knapp gewordenen Dingen gehörte auch das Leder. Um auch dessen Verbrauch einzuschränken, wurden die Kinder veranlaßt, in noch ausgiebigerem Maße als Fußbekleidung sich der Holzschuhe zu bedienen. Während der Sommermonate kam auch das Barfußgehen wieder zu Ehren.
England hatte gleich zu Beginn des Krieges die Nordsee zum Sperrgebiet erklärt und damit eine Blockade herbeigeführt, die Deutschland nicht durchbrechen konnte."
Unter dem Eindruck der grausamen Wirklichkeit verblaßten die heroischen Bilder vom Krieg. Die Materialschlachten und der nervenzermürbende Stellungskrieg ernüchterten die Frontsoldaten; aber auch die Heimat hatte ihre besondere Not. Die Deutschen lernten infolge der Blockade den Hunger kennen; im Winter 1916/17 ernährten sich viele hauptsächlich von Steckrüben. Männer und Frauen hatten in der Rüstungsindustrie härteste Arbeit zu leisten. Darüber hinaus schwächten Seuchen und Mangelkrankheiten die Gesundheit. Menschen und Güter wurden ausschließlich Kriegszwecken untergeordnet, die Front stand im Waffendienst, die Heimat in der Waffenproduktion. Dennoch wurden nicht allen die gleichen Opfer abverlangt, die sozialen Spannungen verschärften sich. Die Bewohner der Großstädte blickten neidisch auf die weniger hungernde Landbevölkerung, empört registrierte man, daß Kriegsgewinnler an der Produktion gut verdienten. Diese Spannungen führten dazu, daß radikale sozialistische Bewegungen Zulauf hatten, die ein internationales Proletariat aufzubauen versprachen und in allen Völkern für einen Verständigungsfrieden warben.
Die Friedensvermittlungen des amerikanischen Präsidenten Wilson und des Papstes Benedikt XV. fanden allerdings kaum Widerhall.
Die englische Blockade veranlaßte Deutschland, am 1. Februar 1917 einen uneingeschränkten U-Boot-Krieg zu eröffnen; Anlaß für Amerika, Deutschland im April 1917 den Krieg zu erklären. In Rußland hatte sich die Kriegsbegeisterung vom August 1914 bald in Niedergeschlagenheit gewandelt. Im Februar 1917 wurde der Zar zur Abdankung gezwungen, die Petersburger Arbeiter- und Soldatenräte verlangten die Beendigung des Krieges.
Über die kriegerischen Ereignisse des Jahres 1917 in der Gemeinde Elmpt berichtet auch die Chronik der Schule in Overhetfeld[4]: „Hier an der Grenze liegt seit Anfang des Krieges das Landsturm-Bataillon Rheydt 8/24 zwecks Absperrung der Grenze gegen Schmuggel und Spionage. Seit Anfang dieses Jahres steht die II. Komp. in Elmpt. Die Soldaten sind untergebracht im Saale „Peters" und in der Kleiderfabrik Houx. Elmpt hatte seit dieser Zeit ein kriegerisches Bild. Überall sieht man Soldaten, hört man den schweren Landsturmschritt. Die Küche für die Soldaten ist eingerichtet in der Wirtschaft Achten. Der Kompanie-Führer, Hauptmann Sil (Amtsrichter von Wittlich an der Mosel), hatte sein Quartier im Restaurant Smets (Marktplatz), wo auch der Feldwebel Peters (Kaufmann aus Erkelenz) wohnt. Auf dem Hillenkamp, ganz nahe an der holländischen Grenze,

ist ein Übungsplatz für die Soldaten angelegt worden. Dort erstreckt sich ein Wirrwarr von Schützen-, Lauf- und Verteidigungsgräben, zwischendurch Drahtverhaue und Festungswerke, dann überall markierte Granatlöcher. Die Schulkinder sind dagewesen zur Besichtigung und Übung mit den hölzernen Übungshandgranaten. Soldaten aus Rheydt und Gladbach sind dort zwecks Übung und zur militärischen Besichtigung durch Generäle gewesen. Augenblicklich befindet sich in Overhetfeld einquartiert eine Abteilung von Gladbach, geführt von Leutnant Wagner. Selbige ist untergebracht in den Arbeitsräumen der Sommer-Fabrik (Dachziegelfabrik). Die Soldaten machen einen Kursus im Handgranatenwerfen durch. Dann erschallt manchmal vom Hillenkamp herüber die dumpfe Detonation der Handgranaten, begleitet von dem monotonen „Tak tak" der „Todesorgeln", die dort auch fleißig benutzt werden von den Soldaten der Maschinengewehr-Kompanie, die in Niederkrüchten liegt."

In Overhetfeld wurde auch eine Anzahl Landstürmer einquartiert, die zum Grenzschutz abgestellt waren. Sie gehörten dem Landsturmbataillon Rheydt Nr. 29 an. Ihre Wachen waren an der Kapelle bei Bereths und in gen Rahe in der Wirtschaft Bonus, darüber hinaus war bereits im Januar 1915 auf dem Diergardtshof in der Nähe des Zollhauses eine weitere starke Wache eingerichtet worden.

Aus Spionagegründen, aber auch wegen des einsetzenden Schmuggels, wurde die Grenze stark bewacht. Des öfteren wurden Gefangene, welche aus den Gefangenenlagern entwichen waren, hier festgenommen. Die Straßen waren durch Schlagbäume getrennt, kein Zivilist durfte sich der Postenkette nähern. Die im deutschen Grenzland lebenden Holländer mußten sich in den Niederlanden zum Militärdienst stellen.

Bereits mit dem Beginn des letzten Kriegsjahres 1918 hatte sich die Not angekündigt, die durch die Unterversorgung mit Lebensmitteln und Verbrauchsgütern hervorgerufen wurde.[5] Am 4. Januar wurde die Zusammenlegung der Bäckereien beschlossen, die vom Kriegswirtschaftsamt gefordert wurde. Dadurch geriet die Brotversorgung arg ins Stokken. Hinzu kam ebenfalls noch ein großer Kohlenmangel, die Einschränkung bei den Tabakerzeugnissen, die Kartoffelstreckung und die Zusammenlegung der Schuhindustrie. Schon in den ersten Monaten des Jahres 1918 bahnte sich immer stärker die große Not an, die in der Mitte des letzten Kriegsjahres offen ausbrach. Im Sommer wurden sogar fleischlose Wochen eingeführt. Dazu stand in der „Niederrheinischen Landeszeitung" am 13. Juli: „Wir werden in den folgenden Wochen ganz auf den Bezug von Fleisch verzichten müssen: Vom 19. bis 25. August, vom 9. bis 15. September, vom 29. September bis 6. Oktober und vom 20. bis 27. Oktober. Die augenblickliche Ration von 250 Gramm Fleisch soll nur noch bis zur zweiten Hälfte des August geliefert werden. Dann tritt die angekündigte Herabsetzung auf 200 Gramm, und zwar für Städte mit über 100 000 Einwohnern, in Kraft; die kleineren Städte sollen noch weniger Fleisch erhalten ..."

Durch die Einschränkung der verschiedenen Lebensmittel und Gebrauchsgegenstände blühte in jener Zeit natürlich der Schleichhandel und der Schwindel bei der Herstellung einzelner Erzeugnisse. Das kam besonders bei der Herstellung von Tabakerzeugnissen zum Ausdruck. In einer Meldung der „Niederrheinischen Landeszeitung" vom 22. Februar 1917 hieß es: „Die neuen Verfügungen über die Tabakstreckung haben dem Schwindel Tür und Tor geöffnet. Bekanntlich brauchen die neuen ‚Fabrikate' nur mehr über

61 Reserve hat Ruh' – in der Bildmitte der Oberkrüchtener Soldat Heinrich Polmans

fünf Prozent Tabak enthalten, um noch als solche in den Handel zu kommen. So ist hierorts sogenannter ‚Deutscher Tabak-Ersatz' in Aufnahme gekommen, der nichts anderes als Heu- und Wiesenblumen enthält, die man allenfalls in den Teekessel stecken oder als ‚Heilkräuter' zu Umschlägen verwenden mag."

Die Not wurde von Woche zu Woche größer. Die Bauern wurden gezwungen, nicht nur festgelegte Mengen an Heu und Stroh für die Front bereitzustellen, sondern sogar Brennesseln und abgeerntetes Schilfrohr. Die Brauereien wurden zusammengeschlossen, damit die Front mit Kupfer und anderen Metallen versorgt werden konnte. Leder für die Herstellung von Schuhen fehlte vollends, so daß die Holzpantinen wieder hoch im Kurs standen. Die Brotrationen wurden immer mehr eingeschränkt und die Bevölkerung zur Kartoffelstreckung aufgefordert.

In Rußland drängten inzwischen die an die Macht gekommenen Bolschewisten zum Frieden, denn er war Voraussetzung, um die Gesellschaft im kommunistischen Sinne umzuwandeln und die Weltrevolution vorzubereiten. Im Frieden von Brest-Litowsk kam es am 3. März 1918 schließlich zum Waffenstillstand mit den Mittelmächten.

Im Westen, in der Champagne und in Flandern, hatten sich von 1917 an Materialschlachten bisher unbekannten Ausmaßes entwickelt. Im Frühjahr 1918 mußten sich die deutschen Truppen dem alliierten Gegenstoß, der von mehr als einer Million Amerikanern unterstützt wurde, beugen und zurückziehen. Deutschlands Verbündete legten zum großen Teil die Waffen nieder. Innenpolitische Unruhen führten dazu, daß Arbeiter- und Soldatenräte die Macht an sich rissen. Auch Berlin stand im Zeichen der Revolution. Der Kaiser verzichtete auf den Thron und dankte am 9. November 1918 ab; am gleichen Tag rief Scheidemann in Berlin die Republik aus.

8,7 Millionen Soldaten und Zivilisten starben im Ersten Weltkrieg, davon allein 7,5 Millionen Europäer. Im Friedensvertrag von Versailles wurde Deutschland die Rechnung der Sieger quittiert, überharte Bedingungen, die, wären sie erfüllt worden oder zu erfüllen gewesen, die totale Ausblutung Deutschlands zur Folge gehabt hätten und die deshalb bereits den Kern künftiger Auseinandersetzungen in sich bargen. So wurde der Friedensvertrag vom 28. Juni 1919 von der deutschen Bevölkerung fast einhellig als ungerecht empfunden. In der Tat war die moralische Selbstgerechtigkeit der Sieger, die in der einseitigen Wiedergutmachungspflicht und in der Wegnahme der Kolonien zum Ausdruck kam, kaum zu ertragen.

Ein niederrheinischer Chronist zog später eine Bilanz, die zwar den Empfindungen

vieler Rheinländer entsprach, aber dennoch betroffen macht[6]:
„Die vielen harten Siege unserer tapferen Soldaten wurden nicht mit Erfolg gekrönt. Aufstände im Innern des Landes entstanden. Wir mußten nachgeben und vom Feind den Frieden erbitten. Zurück mußten unsere Feldgrauen aus dem nach hartem Kampf eroberten und mit Blut getränkten Feindesland, und unsere Gegner rückten mühelos nach bis an den Rhein.
Mag auch der Abschied von der Heimat vielen schwer gefallen sein, vielen wurde die Heimkehr der Soldaten noch schwerer. Den Hinterbliebenen, die sich nach der schrecklichen Nachricht von dem Tod ihrer Angehörigen in ihr Leid ergeben hatten, riß die Heimkehr die geschlagenen Wunden wieder auf, und neues Weh und Weinen entströmte der neuen Wunde. Bitterlich sah ich eine Mutter, die zwei Söhne geopfert hatte, weinen, ein Anblick, der nicht schnell zu vergessen ist. Die anderen sahen ihre Lieben zurückkehren, diese konnten sie nicht mehr wiedersehen. Ein Gebet für den lieben gefallenen Helden mag ihnen Trost gegeben haben."
Mit Eintritt der kalten Jahreszeit stiegen 1919 wieder alle Lebensmittelpreise, besonders die der so notwendigen Kartoffeln. Nach deren Freigabe stieg der Preis von 9 Mark pro Zentner (1919) auf 28 bis 35 Mark (1920). Ende August, noch völlig unreif, wurden diese ausgegraben und für unerhörte Preise in die benachbarten Städte geliefert. So kam es, daß Hunderte von Familien die Kartoffeln von auswärts zu 40 bis 47 Mark beziehen mußten. Saatkartoffeln 52 Mark. Kohlen (wenn zu haben) 30–50 Mark, Briketts 26 Mark, Brennholz pro Zentner 18 Mark, Torf 22 Mark, Anzug 1000–1500 Mark, Butter 30 Mark, Rindfleisch 14 Mark, Schweinefleisch 24–30 Mark, Zucker 14 Mark, Käse 24 Mark, Speck 26 Mark, Fett 22 Mark, Kraut 4,50 Mark, Kaffee 24–30 Mark, Öl 25 Mark, Mehl 7,50 Mark, Brot (4 Pfd.) 4,40 Mark, Schellfisch 4 Mark, Hering 1,80 Mark, Eier 2,50 Mark, Salz 0,40 Mark, Petroleum je Liter 6 Mark, Zwiebel (Zentner) 120 Mark, Seife (Pfd.) 7 Mark, Tabak 24–30 Mark, Zigarren 0,80–3,50 Mark, Margarine 14 Mark, Honig 15 Mark, Erbsen 3,50 Mark, Roggen 150 Mark, Weizen 300 Mark, Stroh 25 Mark, Heu 40 Mark, Rüben 12 Mark, Möhren 20 Mark, Kappes 10 Mark.
Kein Krieg ohne Orden und Ehrenzeichen – dementsprechend wurden auch im I. Weltkrieg etliche Orden verliehen. Neben zahlreichen Tapferkeitsauszeichnungen der im Felde stehenden Soldaten – so erhielt Bürgermeister Dr. Teven aus Elmpt neben dem Eisernen Kreuz I. und II. Klasse auch das Ehrenkreuz der Frontkämpfer – erhielten die Pfarrer Weeger von Niederkrüchten, Heyden von Merbeck und Bieger von Oberkrüchten das Verdienstkreuz für Kriegshilfe ebenso wie der Molkereidirektor Josef Vrangenberg aus Niederkrüchten.[7]
„Des Kaisers und Königs Majestät geruhten allergnädigst, der Frau Kaufmann Heinrich Fervers in Gützenrath die Rote-Kreuz-Medaille III. Klasse zu verleihen", so begann ein Schreiben des Erkelenzer Landrats vom 26. September 1918 an den Niederkrüchtener Bürgermeister. Die Kauffrau erhielt diese Auszeichnung für ihre Verdienste um die freiwillige Krankenpflege.
Allerdings – diese Orden waren nicht für die Ewigkeit verliehen, denn in der späteren NS-Zeit mußten alle vom früheren König von Preußen verliehenen Orden und Ehrenzeichen an den Staat zurückgegeben werden, wer das nicht konnte oder nicht wollte, mußte den Materialwert ersetzen! Darunter fielen in Niederkrüchten etwa der Kronenorden IV. Klasse, der am 3. Oktober 1906 dem Gemeindeför-

62 Haus „Van Tulden“ in Niederkrüchten um 1920

ster Albrecht Frembgen und am 18. Januar 1913 Bürgermeister Wilhelm Heinrichs verliehen worden war.
Als im Jahre 1918 Deutschland den Krieg verloren hatte und das Kaiserreich kapitulieren mußte, flüchteten Ende November die deutschen Truppen zurück, es begannen Masseneinquartierungen.
Zieht man eine Bilanz der Menschenverluste, die die Gemeinden Elmpt und Niederkrüchten erlitten haben, so ist diese verheerend: Im I. Weltkrieg 1914–1918 sind gefallen:

a) Altgemeinde Elmpt[8]
Achten Gerhard, Achten Heinrich, Achten Wilhelm, Achten Wilhelm P., Bonsels Wilhelm, Bonus August, Botz Michael, Botz Wilhelm, Bongartz Bernhard, Bongartz Johann, Brouwers, Wilhelm, Coenen Hermann, Coenen Peter, Coenen Wilhelm, Cuypers Johann Lorenz, Delißen, Mathias, Drathen Peter Josef, Erkens Theodor, Föhles Lorenz, Frantzen, Karl, Griese Fritz, Hammes Johann, Hammes Michael, Harwardt Andreas, Heinen Heinrich, Heinen Mathias, Heinrichs Otto, Heynckes, Heinrich, Hinsen Mathias Heinrich, Houx Wilhelm, In der Smitten, Josef, In der Smitten Bernhard, In der Smitten Theodor, Jans Franz, Jansen Hermann Gottfried, Laemes Hermann, Lankes Johann, Lenhsen Wilhelm, Lenßen, Heinrich, Mooren August Clemens, Mühlenbruch Heinrich, Peters, Mathias, Peters, Heinz, Rammackers Wilhelm, Reugels Josef, Roosen Peter, Schillings Kl., Schmitt Lorenz, Seidensticker, Armin, Smeets Martin, Smeets Wilhelm, Smets Hubert (2), Tappeser Michael Josef, Thyssen, Wilhelm, Timmermanns Heinrich, Veger, Heinrich, Vogels Wilhelm, Vossen Franz, Weertz Johann Matthias, Wilms Johann, Wolters Heinrich (2), Zillen Peter.

b) Altgemeinde Niederkrüchten[9]
Laurenz Banritz, Wilhelm Beenen, August Berger, Peter Bierbaum, Johann Bohnen, Peter Bohnen, Heinrich Bongartz, Wilhelm Bongartz, August Bonus, Matthias Bonus, Constantin Botz, Heinrich Brouwers, Theodor Brouwers, Leonhard Claßen, Johann Clemens, Heinrich Clingen, Heinrich Christians, Gottfried Cloudt, Stefan Coenen, Hubert Cormanns, Gerhard Cüsters, Karl Cüsters, Leopold Daniels, Heinrich Dannen, Balthasar Deimann, Theodor Dohmen, Wilhelm Dohmen (2), Michael Dörenberg, Peter Josef Drahten, Peter Evertz, Leo van Essen, Wilhelm Feger, Leonhard Forger, Heinrich Gerads, Wilhelm Gotzen, Josef Goertz, Heinrich Heepen, Jakob Heepen, Alfons Heinrich, Gerhard Hemin, Wilhelm Hemin, Kornelius Hommen, Franz Henrix, Wilhelm Henrix, Wilhelm Houx, Wilhelm Hubertz, Wilhelm Hummen, Laurenz Indersmitten, Peter Indersmitten, Theodor Inder-

smitten, Johann Ingenrieth, Heinrich Ingenrieth, Anton Jans, Friedrich Jans, Johann Jans, Joseph Jans, Mathias Jansen, Wilhelm Jansen (2), Werner Jansen, Josef Jeurißen, Daniel Jörihsen, Johann Jörihsen, Peter Kersten, Theodor Klauke, Jakob Kleinen, Johann Klingen, Wilhelm Klinkemer, Franz Knops, Johann Kohlen, Gustav Hermann Krause, Peter Küppers, Peter Theodor Küppers, Wilhelm Küsters, Franz Lamertz, Wilhelm Lamertz, Johann Lamers, Heinrich Lütters, Johann Lütters, Johann Mestrom, Johann Meuters, Mathias Müller, Andreas Nicasius, Gottfried Peters, Heinrich Peters, Gerhard Pey, Franz Pielen, Josef Pielen, Michael Pielen, Peter Pielen, Johann Pollmanns, Wilhelm Pütz, Wilhelm Platvoetz, Peter Reul, Josef Reuter, Wilhelm Reuter, Gerhard Reyer, Anton Rütgens, Heinrich Rütgens, Wilhelm Rütgens, Franz Scheeren, Josef Schilling, Johann Schöpgens, Mathias Schöpgens, Paul Schreinemacher, Wilhelm Schuffels, August Slabbers, Heinrich Smets, Jakob Smeets, Gustav Stevens, Wilhelm Stevens, Josef Straver, Wilhelm Terstappen, Kaspar Theloy, Josef van de Kraan, Johann Viethen, Konrad Viethen, Mathias Viethen, Franz Vohsen, Wilhelm Wallrafen, Ferdinand Waahsen, Jakob Waahsen (2), Joseph Waahsen, Jakob Welters, Johann Welters, Franz Weuthen, Ferdinand Willms, Peter Willms, Wilhelm Willms, Wilhelm Wolfs, Johann Wolters, Theodor Wolters, Wilhelm Zohlen.

Vermißt wurden:

Anton Büttgens, Theodor Derix, Josef Feger, Heinrich Gerichhausen, Peter Gotzen, Franz Hemin, Franz Jans, Mathias Jans, Johann Jansen, Johann Moll, Ferdinand Peters, Gerhard Smets, Michael Smets, Heinrich van Horrick, Heinrich Viethen, Johann Weertz, Mathias Wolters.

13. Die Weimarer Republik 1918–1932

13.1 Besatzungszeit und Inflation

Der große Krieg war zwar zu Ende, aber die Not der einheimischen Bevölkerung keineswegs behoben, im Gegenteil – die wirtschaftliche Not setzte erst richtig ein, die französische und später die belgische Besatzung erzeugten bald einen Druck, der von Monat zu Monat unerträglicher wurde.

Aufgrund des Waffenstillstandsabkommens vom 11. 11. 1918 besetzten alliierte Truppen das gesamte linksrheinische Gebiet der Rheinprovinz und errichteten rechtsrheinisch Brückenköpfe im Umkreis von 30 km der Städte Köln und Koblenz. Das Besatzungsgebiet wurde in vier Zonen auf Großbritannien, Frankreich, Belgien und die USA aufgeteilt. Die belgische Zone umfaßte den linksrheinischen Teil des Regierungsbezirks Köln sowie Teile des Regierungsbezirks Aachen mit dem Landkreis Erkelenz.

Nach Abschluß des Waffenstillstands lag zunächst etwa 14 Tage lang deutsche Einquartierung in Oberkrüchten, manchmal bis zu 200 Soldaten. Einzelne trugen kleine rote Fähnchen, andere aber auch noch Schwarz-Weiß-Rot.[1] In den Schulzimmern mußten etwa acht Tage lang vierzig bis sechzig Mann auf Stroh schlafen. Größer als die Zahl der einquartierten Soldaten aber war die Zahl derjenigen, die täglich durch Niederkrüchten weiterzogen. Während die Infanteristen ihre Gewehre in den Niederlanden hatten abgeben müssen, hatte die Artillerie ihre Kanonen behalten dürfen.

Nachdem bereits Ende 1918 Niederkrüchten von französischen Soldaten besetzt wurde, quartierten sich Anfang April 1919 französische Soldaten auch in Oberkrüchten ein, im Sommer 1919 wurden sie durch belgisches Militär abgelöst.

Obwohl nach dem Haager Abkommen sich die Besatzungstruppen auf Reichskosten selbst verpflegen mußten und das Requisitionsrecht sich nur auf Gegenstände beschränkte, die für den Unterhalt der Truppen erforderlich waren, wurden darüber hinaus an die Verwaltung und Bevölkerung große Anforderungen zur Befriedigung der Besatzungsbedürfnisse gestellt. Neben den Leistungen und Lieferungen aller Art wurden den Einwohnern auch für das Verkehrswesen große Beschränkungen auferlegt. Die erste generelle Verordnung des belgischen Truppenkommandanten, der in Mönchengladbach stationiert war, lautete:

1. Alle Einwohner waren verpflichtet, in der Zeitvon 8 Uhr abends bis morgens 6 Uhr zu Hause zu bleiben. Jeder Verkehr während dieser Stunden war untersagt.
2. Alle Versammlungen und Ansammlungen jeder Art waren verboten.
3. Sämtliche Wirtschaften, Theater usw. mußten geschlossen bleiben.
4. Zeitungen und Bekanntmachungen aller Art durften ohne schriftliche Genehmigung des Kommandanten nicht erscheinen. Alle genehmigten Schriftstücke mußten in französischer und deutscher Sprache ausgefertigt werden.
5. Sämtliche Geschäfte mußten von 5 Uhr abends bis 9 Uhr abends beleuchtet sein. Die Beleuchtung des Ortes mußte während der ganzen Nacht aufrechterhalten werden . . .

Mit besonderer Sorgfalt mußten die Bestände an Pferden, Rindvieh, Karren, Wagen, Kraftfahrzeugen und Fahrrädern

63 Belgische Besatzung 1918/19 in Niederkrüchten, Mittelstraße, Bäckerei und Wirtschaft von Heinrich Smets

ermittelt und mit dem Namen der Besitzer mitgeteilt werden. Auch eine Reihe sonstiger statistischer Zählungen und wirtschaftlicher Auskünfte wurde überflüssigerweise verlangt.
So mußte z. B. auf Veranlassung eines Interalliierten Wirtschaftsausschusses eine Zählung von Bierfässern, Wein- und Likörflaschen in allen Wirtschaften, Geschäften und Privathäusern vorgenommen werden!
Recht schwierig war es, eine Ein- oder Ausreisegenehmigung für das unbesetzte Deutschland zu erhalten, die in der ersten Besatzungszeit nur in äußerst dringenden Fällen (z. B. Sterbefälle) erteilt wurde. Am 10. Januar 1919 nahm belgische Infanterie in Niederkrüchten Quartier, später lösten jedoch französische Jäger die belgischen Truppen wieder ab, deren Hauptkommando hatte seinen Sitz in Wegberg. Am 14. 7. 1919, dem Nationalfeiertag der Franzosen, hielten die Besatzungstruppen am Nordausgang Merbecks eine große Parade ab, die Schulkinder mußten mit ihren Lehrpersonen erscheinen und zusehen.[2]
Gegen Ende des Jahres 1922 änderte sich aber die Situation vollständig. Die langsam fortschreitende Geldentwertung brachte die minderbemittelte Bevölkerung in große Bedrängnis; auch die Industrie hatte unter der Entwertung des Geldes schwer zu leiden und sah sich gezwungen, teilweise ihre Betriebe stillzulegen. Die sprunghafte Verteuerung der Lebenshaltung und auch die durch die Verkehrslähmung hervorgerufene Lebensmittelnot brachten unvermeidliche Unruhen und Plünderungen mit sich.
Bereits im März 1919 hatte die Gemeinde Niederkrüchten 32 500 Mark an Requisitionskosten zahlen müssen für die Einrichtung von Quartieren, einer Krankenstube sowie einer Badeeinrichtung, für Brandmaterialien, Lieferung von Fourage und die Anbringung eines Drahtverhaues an der deutsch-niederländischen Grenze. An Quartierentschädigungen für französische Besatzungstruppen wurden bis Anfang 1921 weitere 28 000 Mark in Rechnung gestellt, die Gemeinde versuchte verzweifelt, vom Reich Entschädigung zu erhalten. Bis zum Juli 1921 wurden später tatsächlich auch Entschädigungen in Höhe von 884 000 Mark gezahlt.
Die Polizei wurde in jenen Jahren außergewöhnlich viel von Obdachlosen in Anspruch genommen. Bis zum Jahre 1918

64 Niederkrüchten, Pannenmühle. Die französischen Besatzungsgruppen führten ihre Mulis zur Schwalm, hier vor der Gaststätte Pannenmühle

hatte eine Abmachung mit den Geschwistern Cronen, Inhaber einer Gastwirtschaft in Elmpt-Wae, bestanden, wonach diese den damaligen sogenannten „Handwerksburschen" für eine Nacht Unterkunft und Verpflegung gewährten. Seitdem hatten sich aber in dieser Hinsicht die Verhältnisse von Grund auf geändert. Das ganze Land wurde sommers und winters durchzogen von einer Unmenge von Obdachlosen, einer Folge der allgemeinen Arbeitslosigkeit. Den Leuten war jedoch seitens der Polizei Unterkunft und Verpflegung zu gewähren. Diese Unterkunft wurde hier nun im Polizeigefängnis (!) gewährt, welches aus zwei Zellen bestand und sich seit Einrichtung des Pflegehauses von der Heiligen Familie in der Privatwohnung des Polizeihauptwachtmeisters Thyssen in Elmpt befand.
Am 6. Juni 1920 hatten die ersten Reichstagswahlen nach dem Weltkrieg stattgefunden. In Niederkrüchten lag die Wahlbeteiligung bei 77%, von den 1707 gültigen Stimmen entfielen auf das Zentrum 1595, die Unabhängigen Sozialdemokraten (USPD) 53, die Vereinigten Sozialdemokraten (VSPD) 46 und die Deutsche Volkspartei (DNP) 9 Stimmen.[3]
Bei den folgenden Reichstagswahlen 1924 erhielten das Zentrum 1458 Stimmen, die zweitstärkste Partei war die erstmals aufgestellte Liste der Deutschnationalen Volkspartei mit 87 Stimmen vor der Deutschen Volkspartei mit 62 Stimmen. Ergänzend heißt es in dem Bericht des Bürgermeisters, daß „hinsichtlich der rheinischen Frage keinerlei Meinungsverschiedenheiten bestanden und sämtliche Wähler auf dem Standpunkt der Zugehörigkeit des Rheinlandes zum deutschen Reich und zu Preußen standen" – die Separatisten hatten hier also keine Chancen!
Das Zentrum verfügte nach wie vor über die absolute Mehrheit.[4]
War die Stimmung in der Bevölkerung seit 1920 schon aufgrund der allgemeinen Notlage gedrückt, so wuchs die Unruhe angesichts der ständig wachsenden Teuerung und der Unsicherheit der politischen Lage immer mehr. Die Arbeiter der Falzziegelfabriken verlangten im Januar 1922 angesichts der Teuerung eine 100%ige Lohnerhöhung, der Lohn wurde daraufhin von 6,25 Mark um 9 Mark erhöht. Infolge der einsetzenden Inflation stieg er im August bereits auf 56, drei Monate später auf 135, im Dezember auf 200, nochmals 14 Tage später auf 338 Mark.

65 Inflation – zuletzt wurde nur noch in Millionen und Milliarden bezahlt – und jeder gab Banknoten aus!

Im Januar erreichte er 475 Mark, hier heißt es aber: „Für einen großen Teil der Bevölkerung ist die Beschaffung der Lebensmittel der großen Teuerung wegen sehr erschwert und daher kaum ausreichend".[5]
Im Februar 1923 stellten die Falzziegelfabriken schließlich die Arbeit ein. Im August 1923 wird von kleineren Unruhen berichtet, im gleichen Monat betrug die Zahl der Arbeitslosen in Niederkrüchten 735 Leute. Die Unterstützung für Verheiratete betrug im September 1923 schon 120 000 000 Mark, für Ledige 96 000 000 Mark.[6]
Die kritische Lage wurde noch außerordentlich verschärft, als die französischen und belgischen Truppen am 10. Januar 1923 in völkerrechtswidriger Weise den Rhein überschritten und vom Ruhrgebiet Besitz ergriffen.
Die Folge war der sogenannte „passive Widerstand". Als erste deutsche Gegenmaßnahme war die Einstellung des Eisenbahnverkehrs zu verzeichnen. Die Besatzungsmächte versuchten, nun in eigener Regie den Betrieb zu organisieren und wieder in Gang zu bringen. Den deutschen Eisenbahnbeamten wurde aber verboten, bei der sogenannten „Regiebehörde" Dienste aufzunehmen.
Am 25. September 1923 erfolgte auf Veranlassung der deutschen Regierung der Abbruch des passiven Widerstandes, jedoch nahmen die separatistischen Unruhen ihren Fortgang. In einigen größeren Städten fanden die Führer des Separatismus großen Anhang. Ende Oktober 1923 wurde in Aachen die Rheinische Republik verkündet. In Krefeld und M.Gladbach kam es zwischen den Separatisten und den Polizeimannschaften zu schweren Kämpfen. Der Separatismus erlitt jedoch insgesamt eine klare Niederlage und brach in sich zusammen.
Infolge des dauernden Sinkens der deutschen Papiermark waren die Landwirte dazu übergegangen, ihre Erzeugnisse nur noch im Wege des Umtausches oder gegen Goldmark abzugeben. Im Oktober 1923 betrug die Arbeitslosenunterstützung bereits 126 Milliarden Mark, 1 Zentner Brotmehl kostete mehr als eine Billion Mark! Die Arbeitslosenentschädigung wurde jeweils für eine Woche berechnet und ausgezahlt. Zu unterstützen waren im Februar 1924 in der Gemeinde Niederkrüchten 1262 Personen. Schwindelerregende Zahlen erreichte die Inflation im März 1924; für eine männliche Person waren 730 Milliarden Mark Unterstützungsgeld pro Woche zu zahlen! Den Höhepunkt erreichte die Inflation im Mai/Juni 1924, 730 Milliarden Mark waren nunmehr dem Unterstützungsempfänger pro Woche zu zahlen.[7]
In den 20er Jahren, als die Währung immer mehr verfiel und die Inflation einsetzte, hatten Elmpter und Niederkrüchtener Kinder in der Schule das Rechnen mit Billionen geübt! Lohn- und Gehaltsempfänger mußten ihr Geld sofort umsetzen, da es manchmal bereits am nächsten Tag um mehr als die Hälfte entwertet war. Viele Familien verloren damals ihre gesamten Ersparnisse.
Dem ersten Lichtblick in der schweren Besatzungszeit mit der Niederschlagung des Separatismus folgte bald ein zweiter: Die Mark wurde stabilisiert. Während der Jahre 1924 und 1925 hatte sich auch das Verhältnis mit der Besatzung nach Klärung der politischen Lage gebessert.
Am 1.4.1923 waren immer noch 5 Unteroffiziere und Mannschaften der belgischen Armee in Niederkrüchten untergebracht. Es handelte sich um belgische Gendarmerie-Unteroffiziere, die in der Molkerei fünf Räume belegt hatten. Erst im März 1924 wurde dieser belgische Posten abberufen.
Als mit der Einführung der Reichsmark wieder eine Deckung vorhanden war, konnte sich der Geldwert stabilisieren.

Nun sanken auch schnell die Arbeitslosenzahlen, zumal die einheimischen Tonwerke wieder produzierten. Am 8. April 1925 konnte der Bürgermeister berichten: „Die allgemeine wirtschaftliche Lage kann als zufriedenstellend angesehen werden. Der Geschäftsgang der hiesigen Falzziegelfabriken ist gut. Das übrige Gewerbe, insbesondere das Bauhandwerk, erfreut sich eines guten Geschäftsganges".

Feierliches Glockengeläute der Kirchen von 12 bis 1 Uhr verkündete am Montag, dem 1. Februar 1926, daß die Räumung der gesamten Rheinlandzone Tatsache geworden war. Herzliche Glückwünsche wurden von den Reichs- und Staatsbehörden übermittelt. Die langersehnte Stunde der Befreiung wurde wie im ganzen Rheinland auch in den Gemeinden Elmpt und Niederkrüchten festlich begangen.

13.2 Schmuggel an der deutsch-niederländischen Grenze und Zigeunerwesen

Der Schmuggel hatte in den Dörfern an der niederländischen Grenze eine lange Tradition, die insbesondere während des I. Weltkrieges und in den Nachkriegsjahren wieder auflebte.

Über einen tragischen Zwischenfall mit tödlichem Ausgang berichtet die Chronik der Bürgermeisterei Elmpt aus dem vorigen Jahrhundert:

„Am 16. 1. 1856 ging der Maurer Leonhard Klever von hier mit seinem Sohne nach Swalmen, um dort Ziegelsteine zu kaufen. Am Abend des gleichen Tages auf der Heimreise begriffen und eine wahrscheinlich für ihren häuslichen Bedarf bestimmten kleinen Quantität unversteuerten Kaffee bei sich tragend, donnerte den beiden Personen plötzlich am sogenannten Galgenberge im Elmpter Wald ein ‚Halt' entgegen. Klever, die ihm drohende Gefahr nicht ahnend, nimmt die Flucht, wird aber von drei Grenzaufsehern verfolgt und stürzt unter dem Krachen zweier Schüsse im selben Augenblicke von einer Kugel in der unteren Bauchgegend durchbohrt und an der Hand verletzt zu Boden. Er gab ca. eine Stunde später seinen Geist auf."

Besonders das Gebiet des Meinwegs, in dem der niederländische Teil weit in das deutsche Gebiet hineinragt, bildete seit jeher ein ideales Schmuggelparadies. Einer der ersten, der das Preisgefälle vieler Verbrauchsgüter zwischen Deutschland und den Niederlanden ausnutzte, war Nikolaus Houben, von den Leuten „Kloas" genannt, der sich Ende des vorigen Jahrhunderts an der äußersten Grenze auf niederländischem Boden niederließ und hier sein Schmugglernest aufbaute.[8] Als um 1890 Kleinmengen wie Kaffee, Kakao und Zigarren unverzollt eingeführt werden durften, setzte eine wahre Völkerwanderung in die Niederlande ein, so daß bald weitere Familien Kaufbuden errichteten. Die niederländische Ware war um die Hälfte billiger als im Deutschen Reich. Als die preußischen Finanzbehörden die beschränkte Erlaubnis zurückzogen, hatte sich die Grenzbevölkerung an die verbilligten Einkaufsmöglichkeiten bereits so gewöhnt, daß man die Vorteile nunmehr illegal nutzte. So nahm der Schmuggel besonders nach dem I. Weltkrieg ungeahnte Ausmaße an. Damals war die Anziehungskraft so groß, daß selbst aus den Großstädten des Niederrheins und des Ruhrgebietes Tag für Tag größere Gruppen nach Arsbeck kamen, um vom Meinweg aus Waren herüberzuholen.

Bereits 1914 wurde ein Landsturm eingerichtet, der die Grenze zu sichern hatte und in Elmpter Bürgerhäusern Quartier bezog, die Zöllner wurden kriegsmäßig bewaffnet. Man fürchtete sich vor allem vor Spionage; größere Gefahr ging jedoch von den Schmugglern aus, die be-

reits im zweiten Kriegsjahr immer mehr von sich reden machten. Trotz verschärfter Gesetze erreichte die Schmuggelei im Jahre 1916 einen Höhepunkt.
Die starke Schmugglertätigkeit hielt auch an, als die Niederländer die Preise für Lebensmittel drastisch erhöhten: 1 Pfd. Butter kostete 4 Mark, Margarine 3 Mark, Speck 3,50 Mark und eine Flasche Salatöl 8 Mark. Deutsches Papiergeld wurde in den Niederlanden bevorzugt. Mehrere deutsche Schmuggler wurden bei ihren „Beutezügen" von niederländischen Grenzsoldaten getötet.
Bald verlegte sich der Schmuggel jedoch auf ein anderes einträgliches Produkt, auf holländischen Tabak. Der hohe Gewinn, der mit diesem Artikel erzielt wurde, lockte, denn hier waren in einer Nacht bis zu 100 und 200 Mark zu verdienen und, so berichtet die Chronik[9], es gab „tatsächlich nicht wenige, welche sich für ihr Tabakschmuggel-Verdienst ein Pferd kaufen konnten." Schmuggel wurde damals von arm und reich, von jung und alt eifrig betrieben.
Über die „Organisation" des Hollandschmuggels heißt es: „Der Tabak gelangte aus Holland heraus fuhrenweise zu den hierorts sogenannten „Buden", das waren Verkaufshäuser, gewöhnlich mit Wirtschaftsbetrieb, die an der Grenze gelegen sind. Nicht ohne Schwierigkeiten von seiten der Grenzwachen und Zollbeamten wurde derselbe dann von den Schmugglern aufgekauft und entweder mit einem durchschnittlichen Verdienst von 1 Mark aufs Pfund gleich im Ort an auswärtige Abnehmer verkauft oder aber mit dem größeren Verdienst, wenngleich mit mehr Gefahren, zur Stadt geliefert. Bis zu 100% Verdienst kam bei letzterem Geschäft heraus! Gegen Ende der Blütezeit des Tabakschmuggels erzielte man in der Stadt Preise von 7–8 Mark fürs Pfund."
Im Sommer 1919 erlebte der Zigarettenschmuggel einen weiteren Höhepunkt, nachdem zuvor bereits der Schokoladenschmuggel eine Blütezeit erlebt hatte. Dennoch – die Sache war nicht ungefährlich, manchmal mußten Schmuggler dafür mit dem Leben zahlen, daneben lief man aber auch Gefahr, von den Verkäufern übervorteilt zu werden. So holte einmal eine Frau 20 Liter Öl und brachte dafür 18 Liter Wasser und 2 Liter Öl für teures Geld mit nach Hause! Ein und dieselbe Ware wurde in den Niederlanden sogar vier- bis fünfmal verkauft, nämlich dann, wenn der Grenzposten, ein Verwandter oder Freund der Geschäftemacher, den Schmuggler schon vom Laden aus verfolgte und ihm die Ware abnahm.
Selbst der verstärkte Zollgrenzschutz war bald nicht mehr in der Lage, der Schmuggler Herr zu werden. Es kam zur Eskalation, als die Zöllner auf fliehende Schmuggler das Feuer eröffneten, wenn diese nicht auf Anruf stehenblieben. So wurde 1920 ein 15jähriges Mädchen in der Nähe des Forsthauses Ritzrode erschossen, Oberkrüchtener Einwohner errichteten später an dieser Stelle ein Kreuz. 1931 wurde in Dalheim-Roedgen ein junger Mann aus Köln erschossen, 1933 ein 30jähriger aus Wickrath im Arsbecker Wald.
Noch einmal gewann das Thema „Schmuggel" an Bedeutung, als nach der Machtübernahme ein Devisenschutzgesetz erlassen und Juden verdächtigt wurden, in den nahen Niederlanden Devisenschiebungen vorzubereiten.
In einem Bericht des Niederkrüchtener Bürgermeisters an den Landrat zur Weiterleitung an die Geheime Staatspolizei (Gestapo) in Aachen vom 23. 8. 1934 heißt es bezeichnenderweise:[10]
„Juden sind hier keine ansässig. Wohl wissen wir aus Vernehmungen von Festgenommenen, daß im nahen Holland

(Roermond) verschiedene Juden sitzen, welche die Ausländer (das dortige Reisepublikum) auf die Möglichkeit der Devisenschiebung mit Reiseschecks aufmerksam machen. Das Resultat davon ist, daß in letzter Zeit mehrere Personenkraftwagen und ein Omnibus an der Grenze bei versuchtem Devisenschmuggel sichergestellt worden sind."
Und nur wenig später, am 25. 10. 1934, dann: „Der Schmuggel einheimischer Banknoten durch Holländer hat in diesem Monat erheblich nachgelassen, dagegen beginnt der Grenzschmuggel zu wachsen. Es werden insbesondere Tabak und Kaffee geschmuggelt. Die auftretenden Schmuggler sind vielfach bekannte Personen, die wegen Strafverbüßung oder aufgrund der Amnestie wieder aus dem Gefängnis heraus sind und ihr altes Handwerk wieder aufgreifen."[11]
Während der folgenden Jahre kam der Schmuggel weitgehend zum Erliegen, er lebte erst nach dem II. Weltkrieg vorübergehend wieder auf, ohne jedoch noch einmal an die „Blütezeit" zwischen den beiden Weltkriegen heranreichen zu können.
In Preußen hatte man wie in den übrigen Bundesländern dem Zigeunerwesen stets besondere Beachtung geschenkt und immer versucht, die Wandernden möglichst schnell abzuschieben. Eine rigorose Gesetzgebung sorgte dafür, daß jeder Dorfpolizist die Fahrenden umgehend vertreiben konnte. Jährlich waren von den Bürgermeistern, die „Anweisungen zur Bekämpfung des Zigeunerwesens" erhielten, Berichte über die ergriffenen Maßnahmen zu erstatten.
So berichtet die Chronik der Bürgermeisterei zum Jahre 1886:
„Eine Zigeunerbande von 46 Personen wurde am 29. November von der holländischen Behörde über die Landesgrenze in das diesseitige Gebiet im Gemeindewald gesetzt, die von allen Lebensmitteln

66 Paul Heinrichs, Bürgermeister von Elmpt

entblößte Bande kampierte dort, da ihr das Weiterziehen in das diesseitige Gebiet untersagt wurde, mit polizeilicher Bewachung bis zum 7. Dezember, wo sie mit Hilfe von Gendarmerie wieder zurück nach Holland gebracht wurde. Die der Gemeinde durch die Bewachung und den Rücktransport verursachten Kosten wurden aus Staatsmitteln erstattet."
Der Elmpter Bürgermeister notierte am 6. 12. 1899:
„Es kommt selten vor, daß sich hier in Elmpt Zigeuner niederlassen und wenn, dann dauert deren Aufenthalt nicht länger als einen Tag. Von dem Treiben derselben ist daher hier wenig bekannt, weshalb ich auch nicht in der Lage bin, mich darüber zu äußern."[12]
Im Jahre 1926 heißt es in einem Bericht:[13]
„Es ist in den letzten Jahren hier selten vorgekommen, daß sich Zigeuner in

meinem Verwaltungsbereich aufgehalten haben. Wenn dies jedoch der Fall war, sind die Wagen und Transporte stets unter polizeilicher Beobachtung gehalten worden".

Wehe aber, wenn sich eine Zigeunersippe doch einmal nach hier verirrte, dann gab es sogleich eine ausführliche Situationsschilderung, wie sie etwa der Dilborner Förster im Mai 1926 dem Bürgermeister Roosen zusandte:[14]

„Im Ort des Herrn Grafen Max von Westerholt berichte ich folgendes: Dilborn hat stetig unter Zigeunern und ähnlichem Gelichter zu leiden. Schon vor einigen Wochen lagerte eine größere Bande an der Beeker Straße, die ordentlich unter dem dort noch stehenden ausgemusterten Brennholz aufgeräumt hat.

Am Samstag, dem 22. gegen Abend traf ich nun wieder eine große Bande, die mit Wagen und 20 Pferden auf der Chaussee nach Dilborn lagerten, direkt unter dem dort hängenden Schild:

„Das Aufstellen von Wohnwagen ist verboten. Die Polizeiverwaltung".

Die 20 Pferde wurden gleich der Freiheit übergeben und verteilten sich in die umliegenden Fichtenkulturen und Eichenbestände, in denen reichlich Gras wächst. Nur mit großer Mühe konnte ich die Zigeuner veranlassen, ihre Pferde einzufangen und die Wagen wenigstens auf der Beeker Straße aufzustellen. Mit Hilfe zweier zufällig anwesenden Reichswehrsoldaten und Drohung mit der Waffe habe ich dann das Pack aus den Wiesen herausbugsiert. Meine Forderung auf Schadenersatz wurde mit Hohn zurückgewiesen und meine Drohung mit Polizei und Landjägerei mit den Worten abgetan: „Sie essen auch nur Brot".

Die Polizei der Nachbarorte bringt einfach die Zigeuner bis an die Ortsgrenze und kümmert sich dann nicht mehr darum. Sie müßten doch wenigstens die Gemeinde benachrichtigen, wohin die Bande abgeschoben wird". Soweit der Dilborner Förster.

Der Bürgermeister nahm es gelassen: „Die hiesige Stelle hat es sich bisher angelegen sein lassen, Zigeuner und andere Wegelagerer baldmöglichst wieder aus dem Gemeindegebiet zu entfernen, jedoch erhält sie gewöhnlich von dem Vorhandensein derartiger Leute in den abgelegenen Ortschaften zu spät Mitteilung. Damit nun für die Folge das Weiterfahren veranlaßt werden kann, empfehle ich Ihnen sofortige Nachricht telefonisch der hiesigen Stelle und auch das Landjägeramt Niederkrüchten".[15]

13.3 Die Melioration der Schwalmtal-Niederung

Ein bedeutsames Kapitel der einheimischen Geschichte stellt für die Gemeinden Elmpt und Niederkrüchten die Melioration, d. h. die Bodenverbesserung der Schwalmtal-Niederungen dar.

Seit urdenklichen Zeiten waren bis weit nach dem I. Weltkrieg die Schwalmniederungen sumpfige, ertraglose Bruchflächen. Der Grobwuchs in den Niederungen bestand aus Schilf, Heidekraut, Moosen und aus Schlagholz, größtenteils Erlen und Weiden. Die etwas höher gelegenen Flächen waren meist schon zu Wiesen kultiviert, die aber auch nur saure Gräser und Binsen brachten, gute Wiesen und Weiden waren hier nicht vorhanden. Deshalb mußten die Bauern große Mengen Trockenfutter aus den Niederlanden beziehen[16]. So war es nicht ausgeblieben, daß im Bereich des Bezirks Elmpt kein Privatmann an der Schwalm Grundstücke erworben hatte und die Gemeinde einzige Anliegerin des Gebietes war.

Für die nur gelegentlich hier weilenden Gäste und Fachleute war „dieses einzigartige Feuchtgebiet mit seinen Moosen, Sümpfen und Seen eine unglaublich

67 Bei Notstandsarbeiten der Schwalmmelioration

urwüchsige Naturschönheit", die sich nicht zuletzt durch die ausgedehnte Wacholderheide an der Terrassenkante auszeichnete[17]. So standen sich hier von Anfang an ökonomische und ökologische Betrachtungsweisen kontrovers gegenüber.

Bis nach der Jahrhundertwende verursachte die Reinigung der Schwalm im gesamten Bereich der Gemeinde Elmpt nur jährliche Kosten von 1000 Mark, die zur Hälfte auch noch von den anderseitigen Anliegern gezahlt wurden.

„In Elmpt ist nie jemand auf den Gedanken gekommen, an der Schwalm kostspielige Arbeiten vorzunehmen."[18]

So stieß das Projekt einer Schwalm-Melioration, welches in den Jahren 1910/11 von der Bezirksregierung Düsseldorf entworfen wurde, auf keine Gegenliebe, erst als Sonderkonditionen eingeräumt wurden, entschloß man sich, der 1913 gebildeten Schwalm-Meliorations-Genossenschaft beizutreten, der weiter die Gemeinden Amern, Brüggen, Born, Waldniel, Lüttelforst, Niederkrüchten und Wegberg angehörten.[19] Ziel der Melioration war es, die in der Schwalm-Niederung liegenden ertraglosen Bruchflächen bei geregelter Entwässerung, Bearbeitung und Düngung ertragreich zu gestalten.

Der I. Weltkrieg zögerte den Beginn der Arbeiten bis zum Jahre 1919 hinaus. Schon zu Anfang verzeichneten diese Arbeiten jedoch derartige Fehlschläge, daß die in die Finanzierung weitgehend einbezogenen Gemeinden, insbesondere Elmpt, die Auflösung der Genossenschaft mit Nachdruck forderten. Elmpt war infolge der großen Flächenbeteiligung und dem hier besonders minderwertigen Boden nicht geneigt, ein unbegrenztes Risiko einzugehen. Erst als 1924 die Staatsregierung das Gesamtprojekt in vier Einzelabschnitte teilte und im nächsten Jahr auch im Rahmen von Notstandsarbeiten förderte, stimmte man, wenn auch widerstrebend, der Fortführung zu.

Im Sommer 1924 wurde mit der Regulierung des 4. Teilprojekts in der Nähe der niederländischen Grenze begonnen. Durch den Umbau der zahlreichen Mühlen und den Erwerb der Mühlenstaue entstanden jedoch so hohe Kosten, daß die Genossenschaft in Geldschwierigkeit geriet und ihren Verpflichtungen nicht nachkommen konnte. Wegen des offensichtlichen Mißerfolges der Melioration lehnte der Gemeinderat von Elmpt die Zahlung der Genossenschaftsbeiträge in der veranlagten Höhe ab, so daß von 1925 bis Ende 1930 die Rückstände über 26 000 Reichsmark erreichten. Der für die Folge zu zahlende Beitrag belief sich auf jährlich 7453 Reichsmark; weil diese Forderungen rechtskräftig festgestellt wurden, kam es zu einem Zwangsetat. Die Gemeinde war nun genötigt, die Beitragsrückstände, die begreiflicherweise nicht aus ordentlichen Einnahmen gedeckt werden konnten, durch eine Anleihe abzutragen. Wenn auch die Verweigerung dieser Zahlungen rechtlich und finanzpolitisch nicht vertretbar gewesen sein mag, so ist sie angesichts des Mißerfolges der von der Gemeinde stets für verfehlt gehaltenen Melioration immerhin verständlich. Die mit der Verweigerung erstrebte Auflösung der Genossenschaft scheiterte jedoch erneut am Widerstand der Behörden.

Einen Mitstreiter hatten die Gegner des Meliorationsprojektes in den Naturschützern gefunden. Vor allem der Vorsitzende des Naturschutzvereins Mönchengladbach, Prof. Dr. Gottschalk, bemühte sich unentwegt, wenn auch vergeblich, die Schwalm-Niederungen als herausragende Naturdenkmäler zu erhalten[20]. So konzentrierten sich die Schutzbemühungen im folgenden nur noch auf Einzelobjekte wie Wiesenmoore, den Hariksee und

68 Ein Motorrad war damals der ganze Stolz seines Besitzers

nicht zuletzt das Elmpter Bruch. Aufgrund ihrer hydrogeologischen Situation waren dort etwa 70 Hektar der Trockenlegung entgangen und hatten sich so ihren ökologischen Wert bewahren können.
Dramatisch verlief der Kampf der Naturschützer, zu denen auch Rektor Knorr als Naturschutzbeauftragter gehörte, als in der NS-Zeit der Reichsarbeitsdienst (RAD) im Jahre 1935 mit der Anlage neuer Entwässerungsgräben in diesem Gebiet begann. Erst als zugunsten des Elmpter Bruches der Liplaken geopfert wurde, wies man das Elmpter Bruch 1941 als Naturschutzgebiet aus.
Im Zusammenhang mit der Auflösung des Amtes Niederkrüchten nahm die Gemeindevertretung Elmpt 1948 nochmals Stellung zu ihrem früheren Verhältnis zur Schwalm-Meliorationsgesellschaft, dem späteren Bodenverband der Schwalm. Danach habe sich die Gemeinde von jeher sowohl gegen das Projekt der Schwalm-Melioration als auch gegen die Höhe der Beitragsleistung gesträubt. In Elmpt sei man schon damals der Auffassung gewesen, daß die Melioration der Gemeinde keine Vorteile bringen würde, darüber hinaus habe man frühzeitig vor einer Verschandelung der Landschaft gewarnt.
Nach einer Bilanz des Jahres 1947 erwiesen sich die Befürchtungen nun als berechtigt: Die Erträge der meliorierten Grundstücke deckten bei weitem nicht die Aufwendungen, daneben war die Verunstaltung der Naturschutzgebiete Wirklichkeit geworden. Es wurde auch nochmals darauf hingewiesen, daß sich die Gemeinde wegen der hohen finanziellen Belastung im Jahre 1930 entschlossen hatte, das von der Melioration betroffene Gelände zu verkaufen, trotz der niedrigen Kaufpreisforderung hatte sich jedoch kein Käufer gefunden, so daß das Gelände verpachtet werden mußte, wobei die besten Parzellen nicht einmal 40 Reichsmark je Hektar erbrachten.

Nachdem die Meliorationsarbeiten an der Schwalm nach dem Ende des II. Weltkriegs immer noch nicht abgeschlossen waren, und das Wasserbauamt II in Düsseldorf für das Schwalmtal und den Hariksee „bedrohliche Pläne“ entwickelte,[21] kam es im November 1947 zur Gründung der „Schutzgemeinschaft für Hariksee und Schwalmtal“ mit dem Ziel einer großzügigen Landschaftsgestaltung für das gesamte Schwalmtal. Eine Einigung mit der Regierung und der Meliorationsgenossenschaft war jedoch nicht zu erzielen.
Die Entwässerung der Schwalm-Niederungen ging unterdes weiter. Von 1951 bis 1959 wurden etwa 170 Hektar Niederwaldfläche geräumt, 52 km Gräben angelegt und die Gebiete aufgeforstet mit einem Gesamtaufwand von etwa 500 000 DM.
Auch am Oberlauf der Schwalm wurde zwischen Molzmühle und dem Grenzlandring noch zu Beginn der 60er Jahre weiter „reguliert“ und die Schwalm begradigt und stellenweise eingedeicht. Wenn es auch in einer Stellungnahme der Regierung hieß, daß „die neue Linienführung der Schwalm in schlanken, weiträumigen Kurven gefällig und großzügig vorgesehen ist und dabei das neue Bett tunlichst an die tiefsten Talstellen gelegt wurde und dieser Lauf sich gut in das natürliche Landschaftsbild einfügt, wobei der alte vielfach gekrümmte und gewundene Lauf vollständig verschwinden soll“[22], so erwies sich diese idealisierte Planung als Hirngespinst, denn die „schlanken, weiträumigen Kurven“ wirkten eher wie ein schnurgerader, langweiliger Kanal mit Rasenufern.
Bei der Gründung des Schwalmverbandes 1971 erkannte man erst, was bei dieser Begradigung an erheblichen Fehlern gemacht worden war und versuchte dann seit 1975/76 zu retten, was zu retten war.

Als negative Folgen der Melioration stellten sich später heraus: Die Begradigung hatte die Fließgeschwindigkeit des kleinen Flusses erheblich erhöht und das Flußbett vertieft, so daß das Oberflächenwasser der umliegenden Gebiete in das tiefer gelegene Flußbett abfloß und den Boden entwässerte. Das Land drohte zu versteppen, die Vegetation änderte sich durch die Anlage von Äckern, die Sumpf und Wald verdrängten. Bei starken Regengüssen trat eine ständige Bodenerosion ein, die obere Fläche wurde undurchlässig, es floß noch mehr Wasser ab. So gerieten nach amtlichen Messungen auf diese Weise von 1940 bis 1950 allein 140 000 Kubikmeter Schlamm in den Hariksee, der zu verlanden drohte. Allein die Ausbaggerung dieses Sees kostete in den Jahren 1962/63 465 000 DM.[23] Die zahlreichen Eingriffe des Menschen in die Natur erwiesen sich als Fehlgriffe. Die negativen Begleiterscheinungen werden, wenn überhaupt, nur unter großem Aufwand beiseitigt werden können.

13.4 Die Teilung der van Dousborgh'schen Stiftung

Am 10. Februar 1846 war Peter van Dousborgh in Lüttich gestorben. In seinem Vermächtnis hatte er den Armen der Gemeinde Oberkrüchten und der Pfarre Oberkrüchten eine Stiftung hinterlassen, diese bestand aus 187 Morgen Land und vier Gebäuden.[24]

Von Anfang an kam es zwischen der Kirchengemeinde und der Zivilgemeinde zu Zwistigkeiten über die Aufbringung und Verwendung der Geldbeträge, die jährlich aus der Verpachtung der Ländereien an einheimische Landwirte erzielt wurden. So hatte das Erzbischöfliche Generalvikariat bereits im Jahre 1864 die Teilung der Stiftung angeregt und im Jahre 1875 den Vorstand dazu ermächtigt und die Pfarrgemeinde Oberkrüchten aufgefordert, diese Aufteilung zu akzeptieren. Dazu kam es jedoch nicht, wie der Haushaltsplan der Stiftung der Jahre 1905/06 beweist, der Gesamteinnahmen von 2198 Mark für verpachtete Ländereien und vermietete Häuser ausweist. Dem standen Ausgaben in Höhe von 1113 Mark gegenüber, es verblieb somit ein Betrag von je 542,50 Mark für die Kirche und für die Armenkasse. Pfarrer war damals in Oberkrüchten Peter Leurs. Die Verwaltung der Stiftung lag später bei einer eigens dazu bestimmten Kommission, die Rechnungsführung erfolgte durch den Kirchenrendanten zu Oberkrüchten.

Vorsitzende der Stiftung waren der jeweilige Oberkrüchtener Pfarrer und der Vorsitzende des Kirchenvorstandes auf der einen Seite und auf der anderen Seite der Bürgermeister und der jeweilige Bezirksvorsteher von Oberkrüchten. Diese hatten die erzielten Überschüsse auf die Armen Oberkrüchtens aufzuteilen.

Da die Streitigkeiten zwischen der Katholischen Kirchengemeinde und der Zivilgemeinde jedoch nicht abrissen, griff 1924 auch der Regierungspräsident Aachen erneut ein und schlug vor, diese Stiftung nunmehr endgültig zu teilen. Sie umfaßte damals noch ungefähr 150 Morgen Land und 4 Wohnhäuser.

Niederkrüchtens Bürgermeister als Vertreter der Zivilgemeinde führte in einem umfangreichen und nicht gerade schmeichelhaften Situationsbericht an den Regierungspräsidenten aus:

„Die Stiftung ist seit Jahren die Ursache von Streitigkeiten und bereitet namentlich dem Pfarrer die größten Schwierigkeiten. Die Grundstücke sind parzellenweise verpachtet, Pächter sind in der Hauptsache zwei Familien, die vermöge ihres großen Verwandtenkreises zu den einflußreichsten Personen der Pfarrgemeinde gehören. Anderes Pachtland steht ihnen kaum zur Verfügung. Der

Pfarrer ist darauf bedacht, einen angemessenen Betrag aus dem Stiftungsvermögen zu erzielen, sein Bestreben wird von den Pächtern vereitelt. Sie haben sich untereinander verpflichtet, bei einer Verpachtung über einen bestimmten Betrag hinaus nicht zu mieten, ja es ist vorgekommen, daß überhaupt kein Gebot abgegeben wurde. Die Pächte sind infolgedessen auffallend niedrig, die Bezahlung der Pacht geschieht sehr saumselig. Man will eben nur dem Pfarrer trotzen. Das ist die Überzeugung aller Unbeteiligten, es mußte das Pachteinigungsamt angerufen werden. Wenn die Gemeinde ihren Anteil selbständig unabhängig von der Kirchengemeinde verwalten könnte, würde sie dafür sorgen, daß sie früher in den Besitz der Pacht käme. Ohne Zweifel wäre es das Beste, wenn das gemeinsame Vermögen geteilt würde. Der Gemeinderat hat sich vor einigen Jahren dafür ausgesprochen. Die Teilung ist bisher unter allerlei Vorwänden unterblieben, die eigentliche Ursache ist die Furcht vor dem Widerstand der Oberkrüchtener Pächter. Ich bin mir bewußt, daß der Pfarrer oder der Bürgermeister, der die Teilung durchzuführen versucht, eine schwierige Aufgabe zu lösen hat. Ebenso bin ich aber auch überzeugt, daß die unermüdlichen Streitigkeiten in Oberkrüchten niemals ein Ende nehmen werden, so lange die Stiftung in ihrer jetzigen Form besteht. Ich würde es daher begrüßen, wenn die Aufsichtsbehörde die Teilung anordnen würde". Unterschrift: Ehrenbürgermeister Roosen.

Im Gegenzug dazu stellte Pfarrer Wilms aus Elmpt im Jahre 1928 im Auftrag des Kirchenvorstandes von Oberkrüchten bei der Regierung in Aachen den Antrag, die beabsichtigte Teilung nicht durchzuführen, da der Gemeinderat in seiner Sitzung vom 5. 4. 1928 beschlossen habe, zunächst die Stellungnahme des Generalvikariats abzuwarten. Bürgermeister Roosen bemerkte dazu am 10. 5. 1928 an den Landrat: „Der Gemeinderat, der im Jahre 1923 der Aufhebung der Gemeinschaft zugestimmt hat und sie auch heute noch für wünschenswert hält, will vor erneuter Beschlußfassung die von Pfarrer Wilms in Aussicht gestellte Entschließung des Generalvikariats abwarten. Daß der Kirchenvorstand die Teilung ablehnen würde, konnte jeder, der die Verhältnisse kennt, voraussehen. Die Teilung verträgt

69 Niederkrüchten, Hochstraße, Tankstelle Houben

sich eben mit der von den maßgebenden Personen verfolgten Politik nicht. Die Gründe, die der Kirchenvorstand für das Verhalten ins Feld führt, sind nicht stichhaltig. Es wird zunächst bezweifelt das Eigentumsrecht der Zivilgemeinde an der Stiftung . . ."

Des weiteren: „Jeder Eingeweihte weiß, daß Oberkrüchten noch keinen Pfarrer gehabt hat, zu dem sämtliche Pfarrangehörige ein gutes Verhältnis unterhalten haben. Immer wieder sind es die Pächter gewesen, die dem jeweiligen Pfarrer die größten Schwierigkeiten bereitet haben. Der Vorgänger des Pfarrers Bieger, Leurs, ist von Oberkrüchten sozusagen vertrieben worden. Dem jetzigen Vorsitzenden des Kirchenvorstandes, Pfarrer Wilms, sind die Oberkrüchtener Verhältnisse nicht genügend bekannt. Der Kirchenvorstand will die Teilung offenbar nicht und versucht die Verhandlungen in die Länge zu ziehen, so daß sie beim Ablauf der Pachtzeit 1929 nicht abgeschlossen sind."

Am 20. 8. 1928 vermerkt Roosen gegenüber dem Landrat: „Wie ich schon früher berichtet habe, besorgt der Rendant der Kirchenkasse die Kassengeschäfte. Seit 3 Jahren ist mir keine Rechnung mehr vorgelegt worden. Ebenso lange hat die Gemeinde auch keine Einkünfte mehr aus der Stiftung erhalten. Diese Art der Geschäftsführung beweist wohl, wie notwendig die baldige Auseinandersetzung ist."

Der Regierungspräsident ließ sich diesmal zur Stiftung selbst auf weitere Ausflüchte nicht mehr ein und ordnete die endgültige Teilung an. Er führte dazu an, daß „aufgrund des Testaments vom 12.6. 1844 die Meßrenten zunächst im Voraus sicherzustellen und erst der Überschuß für die Unterhaltung der Pfarrkirche in Oberkrüchten und für die Armen der Gemeinde je zur Hälfte bestimmt ist. Der Ertrags- und der Kapitalwert dieser Meß-Renten dürfte z. Zt. des Erbantritts etwa ⅓ des damals geschätzten Gesamtwertes der Güter ausgemacht haben. Ich teile die Auffassung, daß ⅓ des heutigen Gesamtvertrages als voraus für die Meßrenten sicherzustellen ist."

1930 wurde dann ein Teilungsvorschlag akzeptiert, der vorsah, daß die Zivilgemeinde ⅓ des Landbesitzes, belastet mit der Verpflichtung der Armenunterstützung erhielt, und die Kirchengemeinde ⅔ des Landes, wovon ⅓ zur Erfüllung der Meß-Stiftung und ⅓ zur Verfügung der übrigen gemachten Auflagen bestimmt sein sollte.

Ein lang andauernder unseliger Streit um eine gutgemeinte Stiftung sollte damit sein Ende finden. Doch wieder hatte man die Rechnung ohne den Wirt gemacht – es kam erneut nicht zu einem endgültigen Abschluß, so daß weiterhin bis zum Jahre 1958 die Stiftung gemeinsam von Kirchen- und Zivilgemeinde verwaltet wurde.

Um die Verwaltung des Grundbesitzes und die Erfüllung der Anordnungen des Erblassers nun wirklich abschließend zu erleichtern, kamen sie überein, die Bruchteilsgemeinschaft nunmehr endgültig aufzuheben und jedem Miteigentümer den Teil des Grundbesitzes zu Alleineigentum zu übertragen, der zur Erfüllung der Verpflichtungen erforderlich war. Dabei herrschte Einvernehmen darüber, daß aus dem der Gemeinde Niederkrüchten zugeteilten Grundbesitz die Überschüsse für die Armen der Pfarrgemeinde Oberkrüchten ebenso zu verwenden waren wie die Überschüsse der Kirchengemeinde Oberkrüchten nach Abzug der Meß-Verpflichtungen.

In einem Auseinandersetzungsvertrag vom 25. 9. 1958[24a] wurde der Grundbesitz dann aufgeteilt. Beide Vertragspartner verpflichteten sich, die Auflagen des Vermächtnisses zu erfüllen und darüberhinaus, die ihnen übertragenen landwirtschaftlich genutzten Grundstücke auch künftig vorzugsweise den Bauern der Pfarrgemeinde Oberkrüchten zu verpachten, der Pachtzins sollte möglichst dem Pachtzins für Kirchenland angepaßt sein. Mit diesem notariellen Vertrag sollten die Zwistigkeiten zwischen der Gemeinde Niederkrüchten und der Kirchengemeinde Oberkrüchten hinsichtlich der von Dousborgh'schen Stiftung endgültig ausgeräumt sein. Später hat die Zivilgemeinde Niederkrüchten ihren Anteil an der Stiftung als Bauland bereitgestellt und an Bauwillige veräußert.

13.5 Der wirtschaftliche Niedergang, der Weg in die Arbeitslosigkeit

Während Niederkrüchtens Bürgermeister in seinem wirtschaftlichen Lagebericht 1921 noch mitteilen konnte,[25] daß in drei örtlichen Falzziegelfabriken, die insgesamt 350 Arbeiter beschäftigten, der Geschäftsgang sehr gut war, hatte sich nur zwei Jahre später das Bild zum Negativen gewandelt:
1923 wird gemeldet, daß der Absatz der drei Dachziegelfabriken und eines im gleichen Jahr gegründeten Röhrenwerks stark zurückgegangen sei. Die Fabriken mußten schließen und etwa 450 Arbeiter ohne Kündigung entlassen. Auch die in der M. Gladbacher Textilindustrie beschäftigten Heimarbeiterinnen wurden über Nacht arbeitslos, die durch die Ruhrbesetzung bedingte Verkehrssperre legte zudem alle Fabriken still. Erst 1925 konnte der Arbeitsbetrieb wieder nach und nach aufgenommen werden, allerdings trat 1926 ein erneuter Rückgang der Produktion ein, bedingt durch die Schwierigkeiten auf dem Geldmarkt. Im Jahre 1928 setzte sich diese Absatzflaute weiter fort, nicht zuletzt aufgrund der starken holländischen Konkurrenz.
Am 24. 9. 1923 schreibt der Bürgermeister[26]: „Die Leiter der hiesigen drei Falzziegelwerke, welche in Angelegenheiten der Erwerbslosenfürsorge zur belgischen Sicherheitspolizei nach Erkelenz beordert waren, haben der Gemeinde die entstandenen Reisekosten im Gesamtbetrage von 7610000 Mark in Rechnung gestellt. Ich bitte um Verfügung, ob und aus welchen Mitteln der Betrag erstattet werden kann". Die Kosten für die Erwerbslosenfürsorge, die durch das Bürgermeisteramt Niederkrüchten zu zahlen waren, beliefen sich am 1. Oktober 1923 immerhin auf 126 Milliarden Mark.
Zu Handel und Gewerbe heißt es 1928: Noch immer ging es Handel und Gewerbe durchweg schlecht. An Arbeitslosen waren im September 43, Oktober 38, im Dezember 53 vorhanden. Im Bericht 1929 wird darauf hingewiesen, daß Bestrebungen vorhanden sind, die Gemeinden in Ämter zusammenzufassen. Im Februar 1929 werden 130 Arbeitslose genannt.[27]
Das 1925 in Waldniel errichtete Glanzstoffwerk hatte nach und nach viele Arbeiterinnen aus Niederkrüchten und Elmpt angezogen, doch als ab 1927 allmählich eine Rezession auch hier eintrat, wurden viele Industriearbeiterinnen arbeitslos. Der Boden für radikale Ansichten, für „Verführer", die mit Gewalt alles zu bessern versprachen, wurde ganz allmählich, aber unaufhaltsam vorbereitet.
Trotzdem oder vielleicht gerade deshalb klammerte man sich mit allen Kräften an die Zeiten, die mit dem Ende des Weltkrieges endgültig vergangen waren, an die Kaiserzeit, an das beseitigte Bürgertum, an die militärischen Erfolge, die in den ersten Jahren des Weltkriegs erzielt worden waren.
Von daher war es nicht nur ein Ausdruck allein der Dankbarkeit gegenüber den „toten Helden", die im Krieg unbesiegt geblieben waren, sondern vielleicht auch ein Zeichen von Revanchismus, daß nach

TELEGRAMME: BRIMGES BRÜGGEN RHLD.
FERNSPRECHER NR. 40 AMT AMERN ST. GEORG
Bankverbindungen:
Bank für Handel und Industrie M.Gladbach
Sparkasse des Kreises Gladbach M.Gladbach
Sparkasse des Kreises Erkelenz Filiale Niederkrüchten
Postscheck-Konto: Cöln Nr. 90222

FALZZIEGELWERK BRIMGES & Co G.M.B.H., LAAR B. BRÜGGEN, RHLD.

Prima Brüggener Falzziegel
mit zweifachen sowie dreifachen Kopf- und doppelten Seitenfalzen
naturrot, silbergrau, gedämpft, braun und schwarz glasiert.
Biberschwänze
Formstücke jeder Art, Firstziegel, Giebeleinfassungen etc.

Brüggen Rhld., den

70 Briefbogen des Falzziegelwerks Brimges & Co. in den 20er Jahren

dem I. Weltkrieg Krieger-Ehrenmale überall wie Pilze aus dem Boden schossen, dem Versailler Schandfrieden zum Trotz wollte man das Andenken an die Opfer dieses gewaltigen Völkerringens für immer wachhalten.
So entstand in Merbeck bereits 1921 ein offener Kapellenanbau in der Nähe der Kirche, der zu beiden Seiten des Kreuzes Tafeln mit den Namen der Gefallenen des I. Weltkriegs trug. In Niederkrüchten erfolgte die Anbringung der Namen der Gefallenen am Friedhofskreuz im Jahre 1924, in Gützenrath errichtete man eine Gedenktafel in Verbindung mit einem vorhandenen Kreuz im Jahre 1929 und weitere Krieger-Ehrenmale entstanden 1930 in Niederkrüchten und Dam.
Im Jahre 1921 wurde auch in Elmpt erstmals der Bau eines Kriegerdenkmals angeregt. Die Entwürfe lagen allerdings lange bei der Rheinischen Beratungsstelle. Erst 1926 wurde die Angelegenheit auf Drängen der Einwohnerschaft forçiert und der Auftrag dem Mönchengladbacher Künstler Emil Hollweg zum Festpreis von 8000 Mark erteilt.[28] Die Einwohnerschaft hatte für das Kriegerdenkmal 6500 Reichsmark aufgebracht. Wegen der angespannten Haushaltslage der Gemeinde mußte der Künstler allerdings noch 1931 auf offenstehende Ratenzahlungen der Gemeinde warten[29]. Wie die Chronik der Schule An der Wae berichtet, ging die Aufstellung dieses Denkmals nicht ohne Probleme vor sich:[30] „Im Februar 1927 beschloß eine in der Walderhalle tagende Volksversammlung, zu Ehren der gefallenen Krieger ein Denkmal zu errichten. Eine Zeichnungsliste ging von Haus zu Haus, in die sich jeder eintragen konnte. Der eingetragene Betrag galt als Monatsbeitrag und wurde, wie beschlossen, an zwölf aufeinanderfolgenden Monaten von den dazu bestimmten Sammlern eingeholt. Diese Sammlung ergab nach dem Jahresabschluß einen stattlichen Betrag.
Das fertige Denkmal sollte am 19. April 1931 enthüllt und eingeweiht werden. Da aber ein gehässiger Streit zwischen Pfarrer und Bevölkerung seit dem 14. September 1930 (dem Wahltag zum Reichstag!) besteht, sah man sich veranlaßt, die vorgesehene Feier auf unbestimmte Zeit zu verschieben".
Die Bruderschaft aus Overhetfeld erklärte am 17. 2. 1931:
„Zu unserem größten Bedauern möchten wir noch mitteilen, daß der gegenwärtige unfriedliche Zustand in unserer Gemeinde auch unsere Vereine nicht unberührt läßt und wir sehr darunter leiden. Darum und angesichts der toten Helden, zu deren Ehre und Andenken das Denkmal geschaffen wurde, bitten und be-

schwören wir alle, die es angeht, diesen Groll und Hader zu begraben, damit wir am Tage der Denkmalseinweihung wieder friedliche Zustände haben und als friedliche Bürger einer friedlichen Gemeinde gelten können."

Die soziale Lage der Bevölkerung hatte sich in den letzten Jahren der Weimarer Republik weiterhin beängstigend verschlechtert, auch in Elmpt und Niederkrüchten, wie sich aus einschlägigen Unterlagen ergibt.

Nach dem Zusammenbruch der amerikanischen Wirtschaft stand im Gefolge einer weltweiten Rezession auch die deutsche Industrie vor dem Bankrott, im gleichen Maße, wie Elend und Armut wuchsen, gewannen radikale Parteien an Stimmen.

Während Anfang 1929 Bürgermeister Roosen dem Kreisausschuß in Erkelenz noch mitteilen konnte, daß die „hiesige Gemeindevertretung nicht nach parteipolitischen, sondern nach berufsständischen Gesichtspunkten zusammengesetzt war und 7 Landwirte, 5 Gewerbetreibende, 4 Arbeiter, 1 Industrieller und 1 Geistlicher gewählt wurden, werden die Gewählten bis auf einige Arbeitervertreter zur Zentrumspartei gerechnet werden können,"[31] hatte sich das Wahlverhalten bis zum Herbst des selben Jahres bereits wesentlich verändert.

Die Reichstagswahl am 14. September 1929 hatte in Niederkrüchten folgendes Ergebnis: Wahlberechtigt 1127 Personen, gewählt haben 983 (82%), an Stimmen erhielten Zentrum 518, NSDAP 121, Reichspartei des deutschen Mittelstandes 74, Christlich Nationale Bauern 72, KPD 25, SPD 21, Deutsch-Nationale Volkspartei 18, Christlich-Soziale Volksgemeinschaft 8, Deutsche Volkspartei 7. Wie so manches zeigt auch die Statistik die Vielheit von Parteien und Partei'chen, die Not der Zeit und die volkliche Zerklüftung."[32]

Als auch in den nächsten drei Jahren keine Besserung eintrat und die außerordentlich schlechte Wirtschaftslage ununterbrochen anhielt – 1931 waren immerhin wieder 234 Männer und Frauen in Niederkrüchten arbeitslos! –, stand bei vielen fest, daß die Demokratie versagt hatte, man sehnte sich geradezu nach dem „starken Mann", der alles zum Guten wenden würde.

Der Verwaltungsbericht Niederkrüchten 1932/33 stellt fest:[33]

„In der öffentlichen Fürsorge haben sich die Notstände nach Art und Dauer infolge der Wirtschaftskrise wesentlich verschärft. Die Zahl der Hilfsbedürftigen hat ständig zugenommen, insbesondere durch das Anwachsen der Zahl der Wohlfahrtserwerbslosen. Für die Höhe der Unterstützung sind für den ganzen Kreis einheitliche Richtlinien festgesetzt. Sozialrentner, Kleinrentner und Kriegsbeschädigte genießen gehobene Fürsorge. Unterstützt wurden zu Beginn 1933 = 4 Sozialrentner, 5 Kleinrentner, 61 Wohlfahrts-Erwerbslose, 8 sonstige Hilfsbedürftige."

Die Gesamtaufwendungen beliefen sich im Sozialbereich immerhin auf 41242,– Reichsmark, wovon auf die Gemeinde 30% entfielen.

Die öffentliche Bautätigkeit beschränkte sich auf die notwendigste Instandhaltung der gemeindlichen Gebäude und Wege. Für die Unterhaltung der Wege wurden 4138,– Reichsmark aufgewandt, die private Bautätigkeit war ebenfalls gering; nur drei Wohnungsneubauten wurden erstellt."

Ein aufmerksamer und kluger Beobachter kam zu einer bedenkenswerten Beurteilung der „Talfahrt", die das deutsche Volk in das Abenteuer der Hitler-Diktatur trieb, nämlich, daß die Mehrheit der verfassungstreuen Parteien angesichts der wirtschaftlichen Not das Feld den rechts- und linksradikalen Parteien, NSDAP

und KPD, immer mehr überließe, statt mit einer letzten Kraftanstrengung zu einer neuen Koalition zusammenzufinden. Die demokratischen Parteien brachten nicht mehr die Kraft auf, ihren Wählern gemeinnützige Opfer abzuverlangen, und verrannten sich stattdessen in eine unversöhnliche Interessenpolitik und in kleinliche Rechthabereien.
Selbst ein so integerer Politiker wie Heinrich Brüning, der in den letzten Jahren der Weimarer Republik mit Unterstützung des Artikels 48 das Staatsschiff als Präsidialregierung vor dem Kentern zu bewahren versuchte, konnte nicht verhindern, daß die Republik immer tiefer in die Manövrierunfähigkeit geriet und das Volk bald eine Politik begehrte, die resolut aus dieser parlamentarischen Ohnmacht herausführte. Der Reichstag war 1932/33 in der Tat ein Bild unwürdiger Rangelei: „Das Verrückteste, Ordinärste und Lauteste, was ich je gesehen habe", notierte der angesehene britische Publizist Harold Nicolson.[34]
Von den beiden größten Parteien, die am ehesten in der Lage schienen, die sozialen und wirtschaftlichen Fragen zu lösen, kamen für die fast ausschließlich katholische einheimische Bevölkerung nur die Nationalsozialisten in Frage, die immerhin ein „positives Christentum" fördern wollten, die „Schmach von Versailles" zu tilgen versprachen, an die völkischen Kräfte appellierten und einen „starken Führer" offerierten, der den Parteienzank beendigen sollte.
Sicher, das, was seine braunen Söldner und vor allem die Schlägertrupps seiner „Sturmabteilung" (SA) auf den Straßen und in den Versammlungssälen demonstrierten, war wenig geeignet, nüchtern denkende Menschen zu begeistern - aber, so dachten viele, das würde sich schon schnell ändern, wenn die Nationalsozialistische Deutsche Arbeiterpartei (NSDAP) endlich an der Macht war, - natürlich in der Koalition mit demokratischen Parteien. Immerhin das kleinere Übel gegenüber den Kommunisten, den bolschewistischen Arbeitern, die von Gott und Gebot nichts hielten und im fernen Rußland ein Schreckensregiment errichtet hatten!
Für die Nationalsozialisten bot so die Auflösung des Reichstags am 18. 7. 1930 die Chance, sich noch stärker in den Vordergrund zu schieben:

71 Textilfabrik Houx in Elmpt im Jahre 1931 mit Arbeitsdienstmännern

Hatte bei den Reichstags- und Landtagswahlen 1928 das Zentrum in Niederkrüchten mit 1188 Stimmen noch weit vor der Wirtschaftspartei des Mittelstandes (105), den Kommunisten (67), den Sozialdemokraten (64) und vor der weit abgeschlagenen NSDAP (11) gelegen[35], so hatte sich das Bild zwei Jahre später bereits wesentlich verschoben; bei den Reichstagswahlen 1930 lagen die Nationalsozialisten mit 164 Stimmen bereits an dritter Stelle hinter dem Zentrum (1002) und der Christlichen Landvolkpartei (250), aber weit vor den Kommunisten (125), der Christlich Sozialen Reichspartei (103) und den Sozialdemokraten (47). Nur 14 Tage später konnten die Nationalsozialisten bei den Preußischen Landtagswahlen einen überwältigenden Erfolg erzielen, als sie mit 162 Sitzen stärkste Fraktion wurden vor der Sozialdemokratischen Partei Deutschlands (SPD), dem Zentrum (67), der KPD (57) und der Deutschnationalen Volkspartei (31).

Damit war in Preußen eine Situation entstanden, die nach den Reichstagswahlen vom 31. Juli 1932 auch im Reich eintreten sollte: Die ‚Blockierung des parlamentarischen Prozesses durch eine antiparlamentarische Majorität‘.

Am Sonntag, dem 31. Juli 1932, errang Hitler einen triumphalen Wahlsieg: Die NSDAP konnte ihre Stimmenzahl seit der letzten Reichstagswahl verdoppeln (13 745 000), statt 107 zogen nun 230 nationalsozialistische Abgeordnete in den Reichstag ein.

Nun war die NSDAP in Deutschland die stärkste Partei und hatte die SPD und die übrigen Parteien verdrängt. Doch die benötigte absolute Mehrheit, um allein regieren zu können, erreichte Hitler nicht. Der NSDAP fehlten 75 Sitze. Im Kreis Erkelenz gewann die NSDAP etwa 70 Prozent, in den Kreisen Geilenkirchen und Heinsberg mehr als 100 Prozent hinzu. Die Wahlbeteiligung lag bei 80 Prozent.

Und so wurden im einzelnen die wichtigsten Parteien gewählt (erste Zahl = Stimmenzahl, zweite Zahl = Prozentsatz, in Klammern die Prozentzahl von 1930): Kreis Erkelenz: SPD = 1053/4,4 (5,0), Zentrum = 14 653/61,3 (48,5), Deutschnationale Volkspartei = 602/2,5 (3,4), Deutsche Volkspartei = 106/0,4 (1,8), KPD = 3222/13,5 (12,1), NSDAP = 3705/15,5 (9,0), Reichspartei des Deutschen Mittelstandes = 186/0,8 (7,0).

In Niederkrüchten erhielten das Zentrum 1418, die NSDAP 213, die KPD 161 und die SPD 38 Stimmen. Als diese Wahl am 6. Nov. 1932 wiederholt werden mußte, entfielen auf die KPD 232, auf die NSDAP 183 und die SPD 24 Stimmen. In Elmpt erhielten bei dieser Wahl das Zentrum 543 Stimmen, die Nationalsozialisten 85, die Kommunisten 60 und die SPD 21 Stimmen, insgesamt hatten sich 30 Parteien (!) um ein Mandat beworben.

Nachdem Hitler bei den Reichstagswahlen am 6. November 1932 eine schwere Niederlage einstecken mußte – er verlor immerhin 2 Millionen Stimmen!, – kam es nun für ihn darauf an, mit möglichen Koalitionspartnern dennoch das höchste Staatsamt zu erreichen. Das „Kabinett der nationalen Konzentration“ mit Adolf Hitler als Reichskanzler, unter Franz von Papen zusammengestellt, fand die Billigung des greisen Hindenburg, der am 30. Januar 1933 Hitler zum Reichskanzler ernannte – die Nationalsozialisten hatten ihr großes Ziel erreicht, sie waren an der Macht!

14. „Ein Volk, ein Reich, ein Führer!“ 1933–1939

14.1 Der Weg in die Diktatur

Mit der Machtübernahme am 30. Janaur 1933 durch die Nationalsozialisten wurde ein Prozeß abgeschlossen, der letzten Endes das Ergebnis einer Entwicklung war, die mit dem „schmachvollen Versailler Schandfrieden“ eingesetzt hatte, sich über die mit vielen Problemen belastete Zeit der Weimarer Republik fortsetzte und nun einen verhängnisvollen ersten Höhepunkt erreichte.
Josef Göbbels, der aus Rheydt stammende spätere Reichspropagandaminister, gab eine erste Kostprobe seines unbestreitbar großen Propaganda- und Organisationstalents, als er über den Rundfunk eine Begeisterung weckte, die ganz Deutschland in ihren Bann zog, in Berlin defilierten am selben Abend noch 25 000 SA- und SS-Männer (SA = Sturmabteilung, SS = Schutzstaffel) mit brennenden Fackeln an Hindenburg und Hitler vorbei.
So wurde die „Machtergreifung“ Hitlers und seiner Nationalsozialisten auch hier von vielen Einwohnern stürmisch begrüßt[1], sahen viele doch nun einen Hoffnungsschimmer am dunklen Horizont. So kam es auch nicht von ungefähr, daß aus Anlaß des „Sieges der Nationalrevolution“ nach dem 30. Januar 1933 drei Tage lang die Fahnen Schwarz-Weiß-Rot, Schwarz-Weiß und Hakenkreuzfahnen auf allen öffentlichen Gebäuden auch in Elmpt und Niederkrüchten wehten.[2]
Doch die Nationalsozialisten ließen keine Zweifel aufkommen, daß sie nunmehr

72 NS-Verbände marschieren am Abend des 30. Januar 1933 durch das Brandenburger Tor – eine riesige Propagandaveranstaltung anläßlich der „Machtübernahme“

schnell die absolute Macht übernehmen wollten: Durch die Notverordnung vom 28. Februar 1933 „Zum Schutze von Volk und Staat und zur Abwehr kommunistischer staatsgefährdender Gewaltakte" wurden mehrere Grundrechtsartikel der Weimarer Verfassung außer Kraft gesetzt. Alle linksgerichteten Zeitungen wurden verboten, aber auch die Zentrumsblätter wurden in ihrer Arbeit stark behindert.

Viele, die sich früher in Parteien und Verbänden den Nationalsozialisten entgegengestellt hatten, wurden nun in „Schutzhaft" genommen, potentielle Gegner kaltgestellt, die Bevölkerung eingeschüchtert.

Aufgrund dieser Notverordnung wurden laut Vermerk vom 17. 3. 1933 folgende Niederkrüchtener Bürger wegen ihrer behaupteten Zugehörigkeit zur KPD in Schutzhaft genommen und dem Polizeigefängnis in Aachen bzw. Jülich zugeführt[4]:

Mathias Bohnen, Wilhelm Derix, Heinrich Engels, Gerhard Jans, Hubert Klingen, Anton Klingen, Wilhelm Klingen, Johann Krings, Johann Lamertz, Josef Müller, Wilhelm Müller, Johann Pfuhlmann, Peter Pollmanns, Johann Roegels, Johann Schmitz, Ewald Schippers, Friedrich Stevens, Heinrich Thelen sen., Heinrich Thelen jun., Peter Thelen, Heinrich Welters, Josef Wolters und Hermann Timmermanns.

Die Verhaftungen erfolgten jedoch nicht durch die an sich zuständige Polizei, sondern durch SA-Männer aus Wildenrath, die der SA-Führer Schumacher „besorgt" hatte und denen als „Entlohnung" einige Glas Bier aus der Gemeindekasse bezahlt wurden!

Unter dem 20. März 1933 findet sich eine Rechnung des Gastwirtes Botz beim Bürgermeisteramt mit u. a. „24 Glas Bier für SA-Leute = 6 Reichsmark als Verpflegung der SA-Leute bei Gelegenheit der Festnahme von 26 Kommunisten", des weiteren wurde eine Fahrt nach Dalheim zum Ortsgruppenleiter Schumacher abgerechnet „zwecks Bestellung der SA-Leute zur Unterstützung bei der Festnahme hiesiger Kommunisten"[5].

Am 20. 3. 1933 schreibt der verhaftete Wilhelm Müller an die Polizeiverwaltung Niederkrüchten: „Bitte höflichst um Mitteilung, weshalb ich am 17. 3. in Schutzhaft genommen wurde und ferner meine Entlassung zu beantragen. Ich bin nicht Mitglied einer politischen Partei und habe nichts Ungesetzliches getan". Ähnlich schrieben Johann Lamertz, Johann Roegels, Heinrich Thelen sen., Hubert Klingen, Gerhard Jans, Wilhelm Derix und Anton Klingen – allerdings ohne eine Antwort zu erhalten!

Am 11. 4. 1933 bat Johann Lamertz erneut den Bürgermeister von Niederkrüchten um Prüfung der Angelegenheit, da er jetzt bald vier Wochen in Aachen in Schutzhaft sei, „meine Verhaftung kann sich nur auf einen persönlichen Racheakt stützen. Ich habe am Weißen Sonntag ein Kind mit zur 1. hl. Kommunion und Sie können sich denken, wie es einem Vater von 8 Kindern zumute ist, nicht bei dem Feste zugegen zu sein."

Am 21. 4. 1933 findet sich ein Vermerk, daß die inzwischen „aus der Schutzhaft entlassenen Personen sich bis jetzt nicht wieder politisch betätigt haben".

Nach einem Vermerk vom 4. 4. 1933 waren bis zu diesem Zeitpunkt 18 Schutzhäftlinge entlassen worden, weitere Entlassungen erfolgten am 23. 4. 1933. Vorher hatten sie folgenden Revers unterschreiben müssen: „Ich verpflichte mich, in Zukunft weder staatsfeindliche noch politische Betätigung zu betreiben noch insbesondere der Teilnahme an staatsfeindlichen Umtrieben. Auch erkenne ich hiermit an, daß ich keinerlei Ansprüche auf Grund der gegen mich getroffenen politischen Maßnahmen erheben kann."

Am 21. 4. 1933 wurde von der örtlichen Parteileitung der Antrag gestellt, auch noch die restlichen in Aachen befindlichen Personen, Johann Roegels und Peter Thelen, zu entlassen, der gleiche Antrag ging an das Polizeigefängnis in Jülich wegen der dort noch einsitzenden Josef Wolters, Adolf Middel, der am 24. 5. 1933 verhaftet worden war, und Johann Pfuhlmann, die dann auch bald darauf freigelassen wurden, nicht ohne die eindringliche Warnung, sich jeder politischen Betätigung zu enthalten und vor allem, über Geschehnisse während ihrer Haft nichts verlauten zu lassen.

Vom 1. Juli bis 30. September 1933 wurden Johann Hollendung aus Brempt und Stefan Pivonds aus Oberkrüchten in Anrath in Schutzhaft genommen.

Die in Schutzhaft gewesenen Personen hatten sich mindestens einmal wöchentlich bei der Polizeibehörde zu melden und wurden fortan ständig genau beobachtet.

Am 10. 7. 1933 wurde gemeldet, daß die Schwalmbrücke an der Pannenmühle mit roter Farbe beschmiert worden sei mit den Worten: „Wir leben, SPD“ und „Tod dem Hakenkreuz“, ähnliche Aufschriften befanden sich an der Lüttelforster Brücke.

Mit dem „Gesetz zur Wiederherstellung des Berufsbeamtentums“[6] gab es nun für die NSDAP eine willkommene Handhabe, politisch und rassisch mißliebige Beamte zu entfernen. Im weiten Umfang wurden auch Bürgermeister zwangsweise entfernt, die Partei hatte ein weitgehendes Mitspracherecht bei der Besetzung von Posten.

Durch Beschluß des Preußischen Staatsministeriums vom 4. 2. 1933 wurden die Gemeindevertretungen aufgelöst, die Neuwahlen fanden am 12. März statt. Hierzu wurden Wahlvorschläge eingereicht, die nicht nach parteipolitischen, sondern nach berufsständischen Gesichtspunkten aufgestellt waren, 70% der Wahlberechtigten beteiligten sich an der Wahl.

In Niederkrüchten wurden bei den Wahlen zur Gemeindevertretung als Gemeindeverordnete gewählt: Josef Gotzen, Gipser/Oberkrüchten, Johann Gerhards, Torfstecher/Dam, Johann Lamertz, Arbeiter/Niederkrüchten, Peter Brimges, Fabrikant/Laar, Heinrich Cüsters, Zollassistent/Niederkrüchten, August Smets, Arbeiter/Niederkrüchten, Wilhelm Brester, Landwirt/Dam, Jakob Straetener, Landwirt/Merbeck, Franz Anderstiegen, Landwirt/Oberkrüchten, Wilhelm Henrix, Landwirt/Silverbeek, Anton Brouwers, Landwirt/Gützenrath, Heinrich Wanders, Landwirt/Schwaam, Jakob Cremers, Landwirt/Silverbeek, Heinrich Schmitz, Geschäftsführer/Gützenrath, Leonhard Wolters, Holzhändler/Felderhausen, Franz Derix, Stellmacher/Dam, Richard Hastenrath, Straßenwärter/Silverbeek, Wilhelm Reul, Förster/Ritzrode[7].

Von der Parteileitung der NSDAP waren von den Gewählten folgende Mitglieder in Vorschlag gebracht: Brimges, Cremers, Derix, Hastenrath, Reul, Schmitz, Wanders und Wolters, die NSDAP zog also mit acht Abgeordneten ins neue Gemeindeparlament ein!

Man übertrug nun auf den Beschlußausschuß die Vollmacht und Verpflichtung für die Gemeinde, in ihren Angelegenheiten zu beschließen, bezeichnenderweise hatten die Vertreter der NSDAP in diesem Ausschuß die Mehrheit!

Bei den Kreistagswahlen 1933 für den Kreis Erkelenz konnte die NSDAP 8 Sitze, das Zentrum jedoch noch 12 Sitze erringen, SPD und KPD erhielten je 1 Sitz. Dem neugewählten Erkelenzer Kreistag gehörten u. a. an Paul Heinrichs und Wilhelm Brester, beide vom Zentrum[8]. Alles versuchten die Nationalsozialisten nun, die Leitung der „schwarzen“ Rathäuser

73 NS-Plakat zur Reichstagswahl am 5. 5. 1933

und Landratsämter in ihre Hand zu bekommen. Es begann eine politische „Säuberung“ auch in Niederkrüchten:
Am 15. Mai 1925 war Franz Roosen zum Ersten Beigeordneten und am 24. 3. 1927 zum Ehrenbürgermeister gewählt worden, da die Stelle des hauptamtlichen Bürgermeisters nicht mehr besetzt wurde.
Am 24. März 1933 bat Roosen den Landrat in Erkelenz um einen „Erholungsurlaub“. Er wies darauf hin, daß er seit 1927 ununterbrochen im Dienste der Gemeinde tätig gewesen war und nur einmal einen vierzehntägigen Urlaub nahm. „Die Aufregungen der letzten Wochen haben mir derartig zugesetzt, daß ich unbedingt eine längere Ausspannung notwendig habe“, führte Roosen weiter aus und spielte damit ohne Zweifel auf die politischen Umstände an, die sich nach der Machtergreifung auch in Niederkrüchten ergeben hatten.

Von den Nationalsozialisten, die seit langer Zeit den honorigen Ehrenbürgermeister unter Druck gesetzt und verleumdet hatten, wurde das „Urlaubsgesuch“ offensichtlich als Amtsverzicht gedeutet, denn nur drei Tage später, am 27. 3. 1933, setzten sie den Parteigenossen (Pg.) Heinrich Feemers, Holzhändler aus Wildenrath, als kommissarischen Bürgermeister ein. Bis zum 22. 8. 1933 blieb dieser in diesem Amt, als er von Julius Becker, bis dahin Bürgermeister in Zingsheim, abgelöst wurde. Pg. Feemers wurde wenig später Nachfolger des ersten Niederkrüchtener Ortsgruppenleiters Schumacher, der aber bereits Anfang 1934 wieder seines Amtes enthoben und durch den Pg. Feemers ersetzt wurde. Feemers wurde 1936 stellvertretender Kreisleiter, im selben Jahr finden wir Karl Vennedey als Ortsgruppenleiter in Niederkrüchten.
In der Sitzung vom 6. April 1933 wurden der Kaufmann Leonhard Wolters aus Felderhausen und der Landwirt Franz Vyvers aus Boscherhausen zu Beigeordneten gewählt, Beigeordnete wurden 1933 weiter die Pg. Leonhard Wolters und Jakob Anstötz (Elmpt) sowie Peter Wolters (Elmpt). Der Gemeindevertreter Reul schlug bereits in der ersten Sitzung vor, die Dorfstraße in „Adolf-Hitler-Straße“ umzubenennen[9]. Am 29. 9. 1935 trat Franz Vyvers von seinem Posten zurück.
Nachdem am 22. Mai 1933 die SPD verboten worden war, wurde auch ihr Vermögen beschlagnahmt. Am 4. Juli 1933 wurde dem Landrat in Erkelenz mitgeteilt, daß Mitglieder der SPD oder Personen, die aufgrund von Wahlvorschlägen der Sozialdemokratischen Partei gewählt wurden, der Vertretungskörperschaft der Gemeinde Niederkrüchten nicht angehörten[10]. Der Landrat des Kreises Erkelenz meldete am 22. Juni 1933 dem Regierungspräsidenten, daß keine Organisationen der SPD mehr bestanden, auch das

Vermögen der Arbeiterwohlfahrt wurde beschlagnahmt.
Unterdessen nutzten die neuen Machthaber die Möglichkeiten aus, die ihnen das Ermächtigungsgesetz an die Hand gegeben hatte: Verhaftungen der Bürger konnten nun schon erfolgen wegen Verbreitung und Besitz illegaler Schriften, Verbreitung von Greuelnachrichten, Beleidigung von Regierungsmitgliedern, Bedrohung von Angehörigen der NSDAP, wegen kommunistischer Umtriebe, Teilnahme an illegalen Versammlungen und unerlaubten Uniformtragens oder Waffenbesitzes, Spionageverdacht und sonstiger politischer Straftaten, was auch immer darunter zu verstehen war[11].
Am 1. August 1933 befanden sich im Landkreis Erkelenz immerhin 59 Personen in Schutzhaft, im Laufe des Monats wurden weitere fünf Personen wegen kommunistischer Umtriebe in Schutzhaft genommen. Am 1. Oktober 1933 waren es 68 Personen, drei wurden im Oktober in Schutzhaft genommen und fünf entlassen[12].
Am 25. 6. 1933 waren die Kassenbücher und Kassenbestände der N.S.D.-Kriegsopferversorgung beschlagnahmt worden, in Niederkrüchten bei Jakob Cremers aus Silverbeek, in Elmpt „hatte sich der Reichsbund erledigt".
Erstmals trat im Sommer 1933 der neugegründete SA-Sturm Elmpt in der Walderhalle zusammen, Sturmführer war Pg. Schlecken[13].
Zu einem undurchsichtigen Vorgang heißt es lapidar im Verwaltungsbericht der Gemeinde Niederkrüchten: „In der Nacht vom 16. zum 17. März 1933 erschoß der Oberlandjäger Körvers bei einer Vernehmung in seiner Wohnung einen Angehörigen der KPD, nachdem dieser der Frau des Oberlandjägers eine lebensgefährliche Schußverletzung beigebracht hatte. Die Frau des Oberlandjägers starb nach einigen Tagen im Krankenhaus in M. Gladbach."
Nichtsdestoweniger setzte sich die Begeisterung für das neue Regime in weiten Bevölkerungskreisen fort. Folgen wir der Chronik der Schule An der Wae:
„Am 21. März, als der neue deutsche Reichstag eröffnet wurde, fiel der Unterricht in den Schulen aus, dafür hörten die Kinder in den Schulen Übertragungen des Rundfunks von den Eröffnungsfeierlichkeiten in der Garnisonskirche. Abends fand in Elmpt ein Fackelzug statt, an dem sich die Kriegervereine und Sport-, Gesang-, Musik- und Schützenvereine, die SA und der Stahlhelm beteiligten. ‚Es war ein spontanes Bekenntnis zur nationalen Regierung unter der Führung Hitlers'[14]."
Die Nationalsozialisten hatten es 1933 leicht, mit Arbeitsbeschaffungsmaßnahmen viele Arbeiter auf ihre Seite zu ziehen. Zinslose Baudarlehen, Hauszinssteuerhypotheken zu mäßigen Zinsen, Reichszuschüsse in Höhe von 50% der Instandsetzungskosten bestehender Wohnungen, Reichsbürgschaften, Beschaffung von Baugeld – das alles verschaffte ihnen zunächst einen guten Start.
Der Amtsbürgermeister von Niederkrüchten beurteilte in seinem Verwaltungsbericht vom 22. 1. 1935 die Situation im noch jungen NS-Staat wie folgt:
„Die Menschen gehen wieder froh ihrer Beschäftigung nach und fühlen sich unter dem Schutz unseres Führers wohlgeborgen". Aus dem Bericht sprach die Zuversicht, daß es nach dem Elend der Weltwirtschaftskrise 1929–1932 nun wieder bergauf gehen würde.
Erstaunlich ist die große Zahl von Einwohnern, die bereits unmittelbar nach der „Machtübernahme" 1933 in Niederkrüchten und Elmpt der NSDAP beitraten, insbesondere wenn man berücksichtigt, daß in diesen beiden „schwarzen" Orten bis zu diesem Jahr niemand Mit-

glied der „Partei“ war und hier auch, was ganz selten war, noch keine Ortsgruppe der NSDAP bestand. Es waren vornehmlich Lehrer, Geschäftsleute, Verwaltungsangehörige, aber auch Zollbeamte, die als erste die „Reihen schlossen“.
58 Männer und Frauen der beiden Dörfer traten 1933 in die Partei ein, bis zum Kriegsende sollten es insgesamt mehr als 170 sein, wovon drei Einwohner noch 1944 (!) Parteimitglied wurden[15].
Neben der Mitgliedschaft in der Partei als Parteigenosse trachtete der NS-Staat danach, möglichst jeden Bürger in einer weiteren Partei-Organisation an sich zu binden. So entstanden bald die verschiedensten Gliederungen, die Jugendliche und Erwachsene, Berufsstände und kulturelle Vereinigungen, soziale Organisationen und sportlich tätige Gruppierungen in NS-Gliederungen erfaßten: Jungvolk und Hitlerjugend (HJ), Bund Deutscher Mädel (BDM) und „Glaube und Schönheit“ und NS-Frauenschaft, Deutsche Arbeitsfront (DAF) und „Kraft durch Freude“ (KdF), Reichsbund Deutscher Beamter und NS-Ärztebund, NS-Lehrerverband, NS-Rechtswartebund, Reichsnährstand und Deutsche Jägerschaft, Deutsche Studentenschaft und Reichskulturkammer, NS-Reichskriegerbund, Verein für das Deutschtum im Ausland (VdA), Reichsbund für Leibesübungen und für Deutsche Familien, Reichsluftschutzbund, Nationalsozialistische Volkswohlfahrt (NSV) und Winterhilfswerk (WHW), „Mutter und Kind“, Reichsarbeitsdienst (RAD) und natürlich SA und SS, wobei die SA nach dem Röhmputsch seit 1934 ständig an Mitglieder und Einfluß zugunsten der SS verlor, die bald mit ihren schwarzen Uniformen das Bild auf den Straßen und in den Sälen bestimmte.
Sicher darf man davon ausgehen, daß viele der heftig einsetzenden Propaganda erlagen, daß viele aus Idealismus und ehrlicher Überzeugung sich für die neuen Machthaber entschieden, weil sie an eine positive Entwicklung für das deutsche Vaterland glaubten und sich einreihen wollten in die Reihen derer, die aus Solidarität am Neuaufbau mitarbeiten wollten – zu negativ waren die Eindrücke der kurzen Zeit der Demokratie gewesen, die

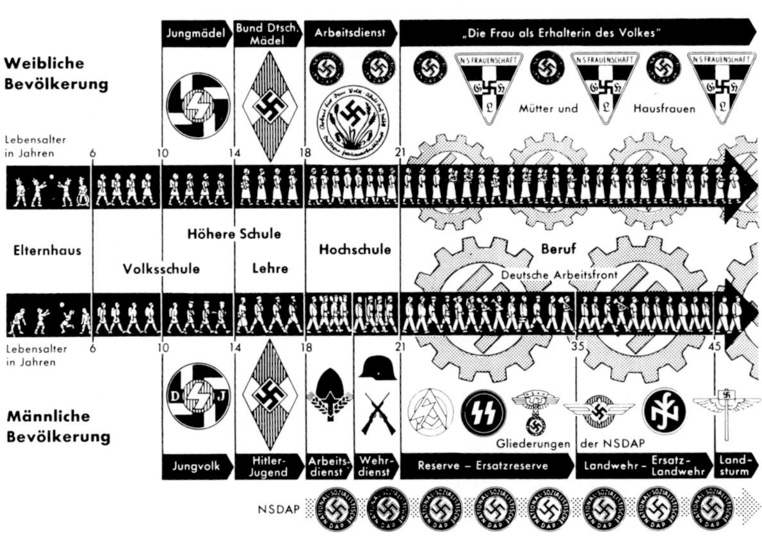

74 Der Weg des „gleichgeschalteten“ Staatsbürgers im „Dritten Reich“

dem Zusammenbruch des Kaiserreiches gefolgt war. Viele jedoch, die nun zu den braunen Fahnen eilten, waren Opportunisten, denen nur der eigene berufliche oder geschäftliche Vorteil Antriebsgrund genug war. Nur wenige Außenseiter, wie etwa der Merbecker Pfarrer Seitz oder einige Kommunisten wagten es, den Kampf gegen die Nationalsozialisten aufzunehmen.

14.2 Das Ringen um die Jugend

Von Anfang an setzten die neuen Machthaber ihren ganzen Ehrgeiz darin, auch die Jugend auf ihre Seite zu ziehen. Lehrer, die den neuen Parolen begeistert folgten, gab es etliche, wie die einheimischen Schulchroniken beweisen. So heißt es etwa in der Chronik der Schule An der Wae:
„Am 12. März 1933 wurde anläßlich des Volkstrauertages an der Schule zum ersten Mal nach dem Weltkrieg die deutsche Reichsflagge Schwarz-Weiß-Rot gehißt, am folgenden Tag wurde zu dieser Fahne die Hakenkreuzfahne gehißt. Beide Flaggen gaben Beweis dafür, daß das faschistische Regime ein Ende gefunden hat und eine neue nationale Epoche in der deutschen Geschichte ihren Anfang genommen hat, die das alte stolze Reich wieder zu der Einigkeit führen wird, die einst Deutschlands Ruhm und Größe bildeten."
Im Juni 1933 wurde Lehrer Heynen mit der Bildung des Deutschen Jungvolks in der Gemeinde Elmpt beauftragt. Im Juli war die Jugend von 10–14 Jahren bereits zu 92% geworben und im Jungvolk organisiert. Gleichzeitig wurde ein Trommler- und Pfeifencorps innerhalb des Jungvolks gebildet. Elmpt und Wae bildeten anfangs zusammen den Jungzug Elmpt unter Führung des Zollangestellten Wilhelm Vogel in einer Stärke von 40 Pimpfen. In Overhetfeld bildete sich ebenfalls ein Jungzug mit 27 Jugendlichen unter Führung des Lehrers Hennen.
Im Jahre 1933 wurde Wilhelm In der Smitten, ein früherer Schüler der Merbecker Schule, Führer des dortigen Jungvolks. Bis auf die Knaben von zwei Familien traten alle Kinder dem Jungvolk bei!
Im August 1933 traten auch fast sämtliche Jungen der Oberklassen der Oberkrüchtener Schule und einige Jungen der Unterklasse dem Jungvolk bei. Am 15. September 1934 wurde dort der erste Staatsjugendtag durchgeführt.
Auch die Schulchronik Heyen kündet von der neuen Begeisterung; so trug Johannes van Stappen, der Schulleiter, damals in die Chronik ein:
„Durch die Reichsregierung mit ihrem volkstümlichen Reichskanzler Adolf Hitler wurde der 1. Mai zum Nationalfeiertag erhoben. Nicht von einzelnen Ständen, vom gesamten deutschen Volke wurde dieser Tag festlich begangen. Einen solchen Festzug, von den Kindern der einzelnen Schulen mit schwarz-weiß-roten und Hitlerfähnchen begleitet, hatte unsere Gemeinde Niederkrüchten noch nicht erlebt. Es war eine erhebende Feier der nationalen Wiedergeburt und gab Beweis von der Anhänglichkeit der Bevölkerung zu ihrem Führer Adolf Hitler."
Die Heyener Schule scheint damals eine gewisse Vorreiter-Rolle gespielt zu haben, denn zum Erntedankfest am 1. Oktober 1933 stellte sie eine eigene Gruppe unter dem Motto „Die letzte Fuhre fährt ein," und Lehrer van Stappen hielt in der Chronik fest: „Unsere Erwartungen haben sich auch voll und ganz erfüllt, da die anderen Schulen des Ortes sich passiv verhielten, wurde dieser Tag für die Heyener Schule ein Erlebnis, denn unsere Gruppen wurden allgemein anerkannt und gelobt."
In Heyen wurde auch 1933 bereits der „Deutsche Gruß" ‚Heil Hitler' einge-

führt, „alle Knaben von 10–14 Jahren sind im Deutschen Jungvolk organisiert und wenden wie die Mädchen in und außerhalb der Schule Vorgesetzten und Bekannten gegenüber so den neuen Deutschen Gruß an."

Am 22. August 1933 ordnete die Schulaufsichtsbehörde in Erkelenz an, daß für jede Schule für Film und Funk ein Propagandawart zu bestimmen war, „wenn es eben möglich ist, soll es ein Parteigenosse sein". Bei Vorlage von Heiratsurkunden der Schulamtsbewerber (innen) war besonders darauf zu achten, daß der Nachweis der arischen Abstammung der Ehegatten erbracht wurde!

Der Erkelenzer Schulrat Nüssgen wies am 15. März 1935 die Lehrpersonen seines Bezirks darauf hin, daß „der Herr Regierungspräsident Wert darauf legt, daß alle Lehrpersonen eine nationalsozialistische Zeitung halten" und er erwarte, daß alle seinem Wunsche nachkämen. Hinsichtlich der Werbung für die National-Sozialistische Volkswohlfahrt (NSV) hieß es wörtlich: „Wenn auch die Beteiligung der Schulen an dieser Werbung einen freiwilligen Charakter trägt, so wird doch mit Rücksicht auf die große Bedeutung der NSV für die gesamte Volksgemeinschaft erwartet, daß sie ebenso bereitwillig und freudig wie beim Winterhilfswerk sich auch jetzt in den Dienst der NSV stellen werden, ohne jedoch hierbei einen unzulässigen Druck auf die Schüler und deren Eltern auszuüben", so berichtet die Chronik der Schule An der Wae.

Ende Oktober 1934 wurde der Elternbeirat an den Schulen aufgelöst, an seine Stelle traten Jugendwalter. Als Vertreter der Schulgemeinde und Jugendwalter wurden Ortsbauernführer Jakob Straetener, Frau Wilms aus Tetelrath, Josef Michiels aus Venn und HJ-Führer Hermann Viethen aus Niederkrüchten berufen.

Auch in Merbeck begann die NSV im Winter 1933/34 ihre Tätigkeit mit der Verteilung von Kleidungsstücken und Lebensmitteln an bedürftige „Volksgenossen".

Als Hauptziel, so wiederum die Chronik der Schule Heyen, wurde entwickelt „die Heranbildung von echten, deutschen, vaterlandsliebenden Menschen, die im späteren Leben ihren Mann stehen können und am Aufbau des nationalsozialistischen Staates tatkräftig mitarbeiten. Auf der anderen Seite wollen wir tiefreligiöse Menschen erziehen, die in der Ausübung des Tatchristentums das ewige Vaterland erreichen können."

Ganz so schnell und reibungslos verlief jedoch auch hier offenbar die Übernahme ins Jungvolk nicht, denn ein Jahr später, am 1. Oktober 1934, vermerkt die Schulchronik, daß 90% der Knaben im Jungvolk organisiert seien, „bei den Mädchen war bis jetzt ein Erfolg fast nicht zu verzeichnen. Die weiten Wege hielten die Eltern ab, ihre Kinder dem Bund Deutscher Mädchen (BDM) zuzuführen. Nach lang anhaltender Werbearbeit ist es mir jetzt gelungen, auch hierin einen merklichen Erfolg zu verzeichnen. Es sind seit dem heutigen Tage 40% der Mädchen (8 von 20) im BDM organisiert", so notiert der Schulleiter.

Offizielle Angaben über Jungvolk und Hitlerjugend (HJ) für das Jahr 1934 besagen, daß in Niederkrüchten 126 Jungen im Jungvolk (10–14 Jahre) und 414 Jungen in der HJ (15–18 Jahre) waren, im Elmpt 66 im Jungvolk und 148 in der HJ.

Am 30. Januar 1936 wurde an der Schule Wae zum ersten Male die Fahne der Hitlerjugend feierlich aufgezogen. Da 100% aller Knaben und Mädchen organisiert waren, wurde der Schule dieses Recht der Flaggenhissung verliehen. Dabei machte der Schulleiter und Fähnleinführer Wolff die Kinder auf die Bedeutung des Ereig-

Nationalsozialistische Deutsche Arbeiterpartei

Hitler-Jugend — **Gebiet 11 Mittelrhein**

Gebietsgeschäftsstelle Köln, Claudiusstraße 1
Fernsprech-Sammel-Nr. 9 24 55
Girokonto der städt. Sparkasse Köln 29 822
Postscheckkonto NSDAP., Hitler-Jugend,
Gebiet 11 Mittelrhein, Köln 24248

Kampfzeitung des Gebietes
„Die Fanfare"
Geschäftsstelle und Schriftleitung der Zeitung
Köln, Claudiusstraße 1
Fernsprech-Sammel-Nr. 92455

Abteilung:
Zeichen:

Zeichen und Datum bei Antwort stets angeben.

Ihr Zeichen:
Gegenstand:

An den
Herrn Rektor der Volksschule

Heyen
-.-.-.-

Betr.: Hissen der HJ.-Flagge

Köln, den 5. März 1936.

Der Volksschule Heyen wird hiermit die Berechtigung erteilt, die HJ.-Fahne auf der Schule zu hissen, da die Schülerschaft mit über 90 % in der Hitler-Jugend erfasst ist.

Ausserdem erhalten die Schüler die Erlaubnis, bei Schulwanderungen und Schulveranstaltungen im HJ.- bzw. DJ.-Dienstanzug zu erscheinen.

Heil Hitler!
Der Führer des Gebietes 11 Mittelrhein
gez. Wallwey
Gebietsführer

f.d.R.
Unterbannführer

Gebiet 11
HJ
(Mittelrhein)

nisses aufmerksam und verpflichtete sie, der neuen Fahne die Treue zu halten.

Am 5. März 1935 war bereits der Volksschule Heyen die Berechtigung erteilt worden, die HJ-Fahne auf der Schule zu hissen, da die Schülerschaft mit über 90% in der Hitlerjugend erfaßt war. Lehrer van Stappen trug in die Schulchronik ein: „Der heutige Tag ist ein Ehrentag für die Heyener Schule, gilt es doch den Tag zu feiern, an dem auch die letzten Schulkinder den nationalen Jugendverbänden beigetreten sind."

Am 5. Februar 1936 heißt es: „In Anbetracht dessen, daß unsere Schulkinder 100%ig in Jungvolk und Jungmädelschar organisiert sind, wurde heute als äußeres Symbol zum ersten Male die Hitlerjugend-Fahne gehißt. Die Feier wurde abgehalten durch das Jungvolk unter Leitung des Fähnleinführers Wolff."

Die Werbung für den Bund Deutscher Mädchen (BDM) zeitigte allerdings auch in Niederkrüchten keine so schnellen Erfolge, Ostern 1934 gehörte noch kein Mädchen dem BDM an! Deshalb wurden im Rahmen einer gesonderten Aktion auch die jungen Mädchen aktiviert, im November 1935 wurde nach langem vergeblichen Bemühen dort endlich die erste Jungmädelgruppe gegründet. Zunächst erklärten sich acht Jungmädel zum Eintritt bereit, nach und nach kamen dann bis Ostern immer mehr hinzu. Auch das Jungvolk hatte weiter an Zahl zugenommen, Ostern 1937 waren 94,4% aller in Betracht kommenden Jungen erfaßt.

Am 1. Dezember 1937 wurde im Deutschen Reich die gesamte Schuljugend zur Staatsjugend erklärt – die Partei glaubte, ein großes Ziel erreicht zu haben.

Wenn auch die „Erziehung der Jugend zu Nationalsozialisten" als eines der wichtigsten Ziele herausgestellt wurde, so verstanden es die neuen Machthaber aber auch, mit pompösen Feiern, Aufmärschen und Großveranstaltungen und nicht zuletzt mit den Reichsjugendwettkämpfen auf die breite Masse einzuwirken. So fand am 1. Oktober 1933 erstmals in Elmpt ein großangelegtes Erntedankfest statt, „ein stattlicher Zug bewegte sich von Overhetfeld nach Elmpt"[16] und zog die vielen Zuschauer in seinen Bann.

Über die Feier des Erntedankfestes im folgenden Jahr, am 6. Oktober 1935, liegt ebenfalls ein detaillierter Bericht der Schule An der Wae vor: „Um ½ 1 Uhr stellte sich der Festzug auf und zog zur (Lautsprecher) Übertragung des Festaktes von Bückeburg. Anschließend fand der Erntedankzug statt. Voran gingen unter den Klängen einer Musikkapelle die unorganisierten Volksschulkinder der Schulen Elmpt und Overhetfeld. Dann folgten die Fahnen, der Ortsbauernführer mit der politischen Leitung und die Behörde. Es schlossen sich an das Jungvolk, die Hitlerjugend, die Mädchen des BDM und die Jungmädel. Kleine Handwagen, mit den Erzeugnissen des Bodens beladen, wurden von Mädchen, in frohe Farben gekleidet, gezogen. Den Abschluß bildeten die Beamten-Fachschaft Zoll und die Mitglieder der Arbeitsfront. Den Mittelpunkt des Festzuges nahmen die Erntewagen der Bauernschaft Elmpt ein. Besonders ein Wagen aus Overhetfeld erregte allgemeine Bewunderung. Nach dem Zug fanden noch Volksbelustigungen statt. Die Bauern ritten um eine Gans, das junge Volk ergötzte durch Tauziehen und Sacklaufen, der BDM erfreute durch mehrere schöne Reigen und Volkstänze" – alles war eitel Sonnenschein!

Auch der Heldengedenktag wurde Ende Februar 1934 in Elmpt mit einem großen Aufmarsch gefeiert. Nach dem feierlichen Hochamt (!) marschierten die SA, das RAD-Arbeitslager Elmpt, die HJ und Schützenvereine am Kriegerehrenmal auf, im Mittelpunkt stand die Ansprache des Vorsitzenden des Kriegervereins L. Polmans.

14.3 „Keiner soll hungern und frieren!"

Die wirtschaftliche Lage der Bevölkerung hatte sich bereits 1934 merklich stabilisiert, ein Lagebericht des Amtsbürgermeisters, der monatlich zu erstellen war und der über den Landrat an die Geheime Staatspolizei (Gestapo) in Aachen weitergeleitet wurde (Anweisung der Auftraggeber: Ich halte es für erforderlich, daß in den Lageberichten die Stellungnahme der Bevölkerung zu wirtschaftlichen und kulturpolitischen Fragen eine besondere Berücksichtigung erfährt[17]) nimmt am 24.8. 1934 dazu wie folgt Stellung:
„Die wirtschaftspolitische Lage ist sehr günstig zu bewerten, da die hiesige tonverarbeitende Industrie voll beschäftigt ist. Wenn auch die Löhne nicht sehr hoch sind, so sind dieselben zufriedenstellend. Auch ist das hier stark vertretene Fuhrwerksgewerbe dadurch restlos beschäftigt.
Da in der hiesigen Gegend keine landwirtschaftlichen Großbetriebe sind, sondern nur Kleinbetriebe, werden wenig Arbeitskräfte in der Landwirtschaft beschäftigt. Die Entlöhnung der Arbeitskräfte in der Landwirtschaft ist für den Arbeitnehmer zufriedenstellend. Die Preise für landwirtschaftliche Produkte sind der örtlichen Preisregulierung entsprechend höher als im Vorjahre. Festzustellen ist, daß durch höhere Preise für die hiesigen Erzeugnisse die Verschuldung der hiesigen armen Grenzbauern schon merklich zurückgegangen ist.
Kulturpolitisch hat die NSDAP die weltanschauliche Schulung erhalten. Besondere Presseerzeugnisse außer der Tageszeitung tauchen hier nicht auf. Die Ortsgruppe der NSDAP ist in der Hand eines alten Parteigenossen. Das Verhältnis zwischen den einzelnen Formationen läßt nichts zu wünschen übrig."
Die Niederkrüchtener Schulchronik berichtet:
„Unsere Ziegelindustrie erhielt Aufträge in nie gekannter Höhe. Ziegelbetriebe in den Gemeinden Niederkrüchten, Elmpt, Brüggen, Bracht, Kaldenkirchen und in Holland gingen dazu über, Ton, den bisher Grundstücke in der Nähe des Betriebs lieferten, weither stechen und anfahren zu lassen. Infolgedessen entstanden bei Blonderath, bei der Pannenmühle und der Radermühle und an vielen anderen Stellen Tongruben für Hand- und Baggerbetrieb. Tonfuhren klapperten von früh bis spät durch den Ort, die in den Jahren 1933 bis 36 infolge der allgemeinen Motorisierung durch Lastwagen verdrängt wurden. Eigentümer von an sich wertlosen, meist sumpfigen Parzellen, erlösten durch den Verkauf des Tonaufkommens 5 bis 6fachen Preis besten Ackerlandes. Viel höher war anzusetzen der Wert der Arbeitsbeschaffung für Tonstecher, Fahrer, Autoindustrie, Ziegelbetrieb und Tonröhrenindustrie."
Im Herbst 1933 eröffnete die NSDAP mit großem propagandistischem Getöse das neue „Winterhilfswerk des deutschen Volkes" (WHW), ein Sozialwerk, das die Solidarität zwischen allen Bevölkerungsschichten herstellen sollte unter dem Motto „Keiner soll hungern und frieren".
In Elmpt ergab die erste Sammlung am 1.10.1933 für das WHW den Betrag von 223,– Reichsmark, für das Erntedankabzeichen wurden nochmals 180,– Reichsmark eingesammelt. Die Schulchronik An der Wae vermerkt stolz, daß „die Gemeinde 1863 Einwohner hat, daß jeder zweite Elmpter also ein Abzeichen gekauft hatte. Soweit festgestellt wurde, ist an diesem Tage in 95% der Familien ein Eintopfgericht auf den Tisch gekommen. Die Häuser in Elmpt und Wae hatten fast

alle geschmückt, wohingegen in Overhetfeld nur die Schule und die gegenüberliegende Wohnung geschmückt waren."
Im übrigen nahmen aber die Sammlungen zu, so wurde in Elmpt nicht nur für das Eintopfgericht, sondern auch für Pfundsammlungen, Jugendherbergen, den Verein der Auslandsdeutschen (VDA), die Nationalsozialistische Volksfürsorge (NSV) und viele andere NS-Einrichtungen gesammelt.
Manchem der jetzt „Volksgenossen" genannten Bürger ging die Sammelei aber zu weit, wie ein Lagebericht am 25. 10. 1934 zeigt, in dem es heißt[18]:
„Wenn Landwirte mit einem schönen Betrieb jetzt noch knurren und für das Winterhilfswerk am Eintopfsonntag nur 10 Pfennige spenden, so ist das ein Zeichen eines noch sehr schwerfälligen Mitschreitens im Kurs der neuen Regierung."
Die negative Einstellung zum WHW konnte aber auch zu bösen Weiterungen führen, der Polizist Elicker meldete unter dem 18. 12. 1934: „Am 1. 12. 34 wurde in Elmpt ein Ackergehilfe festgenommen, der noch einen Monat Strafe zu verbüßen hat und sich in Bezug auf das Winterhilfswerk äußerte: ‚Die Oberen seien alle Lumpen und machten uns noch bettelarm[19]."
Überhaupt entwickelten sich die Lageberichte schnell zu Instrumenten, mit denen man die Gestapo zum Teil aus recht vordergründigen Motiven auf Zeitgenossen hetzen konnte, denen man übel wollte. Ein typisches Beispiel:
Am 12. Oktober 1933 wandte sich Bürgermeister Becker an den Landrat mit einer Beschwerde gegen W. Dieser hatte in einer Streitsache seinem Neffen gegenüber die Bemerkung gemacht: „Hinter Deinem dreckigen Braunhemd denkst Du alles zu erreichen." Die Angelegenheit wurde vom Landrat dann allerdings niedergeschlagen, da es sich offensichtlich um rein persönliche Streitereien handelte[13].
Ein weiteres Beispiel:
Am 30. April 1934 beantragte der Pg. Josef H. aus Brüggen die Inschutzhaftnahme des Dachziegelfabrikanten J. Schmand aus Elmpt beim Regierungspräsidenten/Staatspolizeistelle in Aachen[21]. H. führte zur Begründung des Antrags an, daß Schmand holländischer Staatsbürger sei und versucht habe, im Oktober 1933 sein eigenes Werk in Brand zu stecken. Schmand wurde in Untersuchungshaft genommen und erst gegen eine Kaution freigelassen. Im November 1933 sollte Schmand den Reichspropagandaminister Göbbels beleidigt haben und vom Amtsgericht Dülken zu 100,– Reichsmark Strafe verurteilt worden sein. Die NSDAP-Ortsgruppe Brüggen wandte sich am 27. April 1934 an die Gauleitung der NSDAP und führte aus, daß Schmand seit 1929 mit seiner früheren Firma verschiedene Prozesse geführt habe. In einem Gerichtsurteil wurde 1934 festgehalten, daß Schmand in Roermond wohnte, also Niederländer war, und zugleich Gesellschafter der Firma Elmpter Dachziegelfabrik Schmand & Co., der Antrag des H. wurde im übrigen vom Gericht abgewiesen.
Auch weitere Prozesse verliefen ergebnislos. Der über ein Jahr stilliegende Betrieb wurde verkauft und sollte erst im Frühjahr 1935 die Arbeit wieder aufnehmen.
Am 2. 5. 1934 berichtete der Hilfsgrenzangestellte Houben[22]:
„Am Morgen des 1. Mai kam der SA-Mann Heinrich B. aus Elmpt zu mir und gab an, daß der Hubert G. aus Elmpt in der Nacht zum 1. Mai in der Wirtschaft Wolters den Führer Adolf Hitler auf das schwerste beschimpft und, obwohl zur Ruhe gemahnt, des weiteren den Ausdruck „Schnobbel" gebraucht habe. Er, G., stelle sich mit solchen nicht auf eine Stufe. Meine Frage an B., ob er dieses

75 Der 1. Mai 1934 in Niederkrüchten mit dem SA-Reitersturm

beeiden könne, bejahte er und führte noch Peter I., Elmpt, an.“ G. wurde daraufhin für einen Tag eingesperrt. Eine Anzeige an die Gestapo verlief im Sande.

Man mußte aber nicht unbedingt regimefeindliche Äußerungen tun, um denunziert zu werden, es genügte auch schon ein als außergewöhnlich aufgefaßtes Handeln:

„Ich habe ermittelt, daß ein gewisser Beeck, der vor einiger Zeit nach Oberkrüchten zugezogen ist, öfters und fast nur abends mit dem Fahrrad nach Holland fährt. Über das Tun und Treiben dieser Person in Holland konnte noch nichts näheres festgestellt werden, die Person wird weiter beobachtet,“ berichtet ein Niederkrüchtener Polizist am 25. 9. 1934[23].

14.4 Der Kampf gegen die katholische Kirche

Während Einzelfälle im allgemeinen der Bevölkerung kaum auffielen und von vielen auch nur als üble Begleiterscheinungen bei der Neueinrichtung des Regimes angesehen wurden, berührte der bereits 1933 einsetzende heftige Kampf gegen die Kirchen und kirchliche Institutionen weite Kreise der Bevölkerung. Nach Ausschalten der KPD und SPD waren in der Tat die Kirchen - hier im Kreis Erkelenz vorrangig die katholische Kirche - die einzigen ernstzunehmenden Gegenspieler der Nationalsozialisten, die, hin- und hergerissen zwischen ihrem Haß auf alles Religiöse und den Freiräumen, die das Konkordat der katholischen Kirche einräumte, zwischen „Brot und Peitsche“ hin- und herschwankten.

Diese Problematik spiegelt sich in zahlreichen Lageberichten wieder, die diesen Themenbereich behandeln.

Nachdem bereits am 20. 8. 1933 die Gestapo die Schließung sämtlicher Geschäftsstellen katholischer Verbände verfügt hatte - im Elmpter Volksverein wurden alle Mitgliederverzeichnisse beschlagnahmt[24] -, berichtete der Erkelenzer Landrat am 29. 10. 1933 der Gestapostelle in Aachen:

„Das Verhalten der Geistlichkeit des hiesigen Kreises hat sich im allgemeinen der veränderten Lage angepaßt. Nur in vereinzelten Fällen sind mir Klagen über die Geistlichkeit zugegangen. In einem Fall wurde angeblich einem Mitglied der NSDAP von dem katholischen Pfarrer Seitz in Merbeck die Kommunion verweigert. Der Pfarrer gab bei seiner Vernehmung an, daß er die Kommunion nicht verweigert hätte, sondern daß der Betreffende, als er ihn gefragt hätte, ob er auch zu der NSDAP gehöre, von der Kommunionbank aufgestanden und weggegangen wäre. Ferner soll derselbe Pfarrer von der Kanzel aus gegen die NSDAP Stellung genommen haben. Das gegen den Pfarrer angestrebte Verfahren wurde von der Staatsanwaltschaft eingestellt."

Dieser Landratsbericht war auf eine Denunziation zurückzuführen[25], denn am 8. März 1933 hatte bereits der Polizeioberwachtmeister (POW) Jungbluth berichtet, daß bei einer Streife mehrere Personen aus Merbeck an ihn herangetreten seien und von strafbaren Äußerungen des Pfarrers Bernhard Seitz gesprochen hätten. Daraufhin war der Weber Wilhelm L. aus Merbeck vorgeladen worden und hatte erklärt: „Am Sonntag besuchte ich die 8 Uhr Messe in Merbeck. Der Pfarrer Seitz hielt eine Wahlpropaganda in der Kirche als notwendig. Seit einigen Sonntagen schimpfte er während der Predigt über die NSDAP. So auch am vergangenen Sonntage predigte er von der Kanzel folgendes: Diejenigen, die Nazi wählen, können nicht mehr singen: Wir sind im wahren Christentum, das sind keine Christen mehr, der Nationalsozialismus ist eine Irrlehre.

Während der Kommunionausteilung an der Kommunionbank frug der Pfarrer mich folgendes: Wollen Sie mir versprechen, keine Propaganda mehr zu machen? Daraufhin habe ich keine Antwort gegeben. Er sagte ‚Ich kann Ihnen die Kommunion nicht geben, das ist mir vom Bischof verboten'. Hierauf bin ich von der Kommunionbank aufgestanden und nach Hause gegangen.

Den Arbeiter Konrad F. frug er an der Kommunionbank, ob er Mitglied der NSDAP sei und ob er noch Propaganda gemacht hätte. Darauf sagte F. ‚nein'. Jetzt erst konnte F. die Kommunion empfangen. Bei den übrigen Kirchenbesuchern rief dieser Vorgang eine große Erregung hervor."

Weiter war am 8. März 1933 der Fabrikarbeiter Konrad F. erschienen und sagte folgendes aus: „Die Angaben des L. sind richtig; wiederholt hat der Pfarrer in der Kirche gepredigt, daß der Nationalsozialismus eine Irrlehre sei. U.a. sagte er, daß die Nationalsozialisten das Alte Testament nicht anerkennen wollten, mithin auch die 10 Gebote nicht. Über diese Vorfälle in der Kirche ist die ganze Einwohnerschaft in Merbeck entrüstet. Ich bin nicht eingeschriebenes Mitglied der NSDAP."

Als F. diese Angaben bestätigte, wurde der Vorgang über den Landrat der Gestapo in Aachen mitgeteilt, die weitere Untersuchungen anordnete. Erstmals hatte sie hier die Fährte eines „renitenten" Geistlichen aufgenommen, – sie hatte fortan diesen Merbecker Pfarrer immer im Visier! – der in den nächsten Jahren noch des öfteren mit regimefeindlichen Aktionen auffallen sollte und schließlich ins Konzentrationslager eingeliefert wurde.

Am 20. 1. 1934 erhielt der Niederkrüchtener Bürgermeister einen Telefonanruf vom Landratsamt: „Ersuche um sofortige Vorlage einer Zusammenstellung derjenigen Zwischenfälle und Äußerungen im evangelisch-katholischen Kirchenstreit, die zweifellos keine theologischen Meinungsäußerungen, sondern offene und versteckte Angriffe auf Bewegung oder Staat darstellen, z. B. Verbot des Deutschen Grußes, Entfernung nationaler Symbole und Äußerungen wie: ‚Hitler kann den Staat bezwingen, aber nicht die Kirche', Sabotage des Winterhilfs-

werks, Presseverlautbarungen, Flugblätter. Die Sonntagspredigten beider Konfessionen müssen überwacht werden."
Der Bürgermeister antwortete:
„1. Über Zwischenfälle und Äußerungen ist meinerseits nichts zu berichten.
2. Thyssen (Ortspolizist) hat wegen Überwachung der Sonntagspredigten Auftrag erhalten[25a]."
Am 19.8.1934 wurde die Gestapo darauf hingewiesen, daß anläßlich des Todes des Reichspräsidenten die Kirchen im allgemeinen beflaggt wurden, nur in Merbeck nicht, ebenso wie auch von dort aus kein Trauergeläute durchgeführt wurde[26].
Über die allgemeine Lageentwicklung, speziell aber auch über den Merbecker Pfarrer, gab der Bürgermeister von Niederkrüchten am 23. 8. 1934 folgenden politischen Lagebericht an den Landrat in Erkelenz weiter[27]:
„Die innere politische Lage hat im vergangenen Monat eine erfreuliche Entwicklung angenommen. Schon die beim Tod des Reichspräsidenten bewiesene Trauer zeigte, daß das Volk alle politischen Ereignisse miterlebt und mitfühlt. Alle Anordnungen zum Tod des Reichspräsidenten wurden gern, schnell und vor allen Dingen freudig befolgt. Alle Veranstaltungen waren überfüllt. Als dann der Aufruf zur Volksabstimmung an das Volk erging, konnte man feststellen, wie die Bevölkerung diesen Aufruf freudig begrüßte und man um das Ergebnis keine Sorgen zu haben brauchte.
Über staatsfeindliche Bestrebungen kann man hier nur noch von Resten der ehemaligen Zentrumspartei sprechen, die ihre Miesmachereien nicht lassen können. Die Einstellung der katholischen Geistlichkeit hier in den Gemeinden ist allgemein neutral bis auf den Pfarrer Seitz in Merbeck. Diesem Herrn ist es nicht möglich, sich zum Führer und zu seiner Politik zu bekennen. Auch die Anordnungen der Regierung befolgt er nur gezwungen. Es ist schon zum wiederholten Mal von hier aus der Antrag gestellt worden, den Pfarrer Seitz zu versetzen, um endlich auch in dem Orte Merbeck die Idee des Nationalsozialismus vorwärts treiben zu können. Denn das Ergebnis der Volksabstimmung hat ja bewiesen, daß der Einfluß tatsächlich unheilvoll ist. Von 523 abgegebenen Stimmen waren 78 Nein-Stimmen, wohingegen in Niederkrüchten von 1168 abgegebenen Stimmen nur 7 Nein-Stimmen waren. Selbst am Morgen des Abstimmungstages konnte der Pfarrer Seitz es nicht unterlassen, in seiner Predigt versteckte Angriffe gegen den Nationalsozialismus zu machen."
Das war nun die andere Seite des Regimes, daß offensichtlich von weitesten Kreisen der Bevölkerung positiv aufgenommen wurde, als es vielen zunächst wirtschaftlich besser ging, als die Arbeitslosenquote ständig fiel, als für die meisten alles zum Besten zu stehen schien.
Dennoch, die erste Begeisterung war selbst bei vielen Parteigenossen überraschend schnell einer distanzierteren Denkungsweise gewichen. So weist eine Übersicht über die Mitgliedschaft in der SA vom 30. 6. 1934 nach, daß im Kreis Erkelenz zu diesem Zeitpunkt 861 Mann in der SA waren, deren Bestand sich bis zum Jahresende aber auf 581 reduzierte. Für Niederkrüchten und Elmpt ergab sich folgendes ähnliches Bild: Bestand am 30. 6. 1934 = 144 Mann, wegen Interessenlosigkeit (!) ausgeschieden 59, aufgrund des Feuerwehrerlasses 3, körperliche Untauglichkeit 1, berufliche Verhinderung 13, wegen schwerer Vorstrafen 1, insgesamt also 66 ausgeschieden (!)[28]
Das stand nun wirklich in einem bemerkenswerten Gegensatz zu den ständigen Beteuerungen der Partei, das Volk stehe (fast) vollständig hinter dem Führer.

Nationalsozialistische Deutsche Arbeiterpartei

Gau-Geschäftsstelle:
Köln, Mozartstraße 28
Telefon-Sammelnummer 210451
Postscheckkonto: Köln 106044

Kampfzeitung des Gaues:
„Westdeutscher Beobachter"
Geschäftsstelle der Zeitung: Köln-Deutz
Tel. 10031 / Schriftleitung: Deutz-Kalkerstr. 30

Kreis Erkelenz
Ortsgruppe Niederkrüchten
Fernruf Amt Amern 318

Der Ortsgruppenleiter.

Niederkrüchten, den 9. Juni 1936.

Eing. 9/6. 36.

An

Herrn Amtsbürgermeister Schmidt

in

Niederkrüchten.

Der Kreisleiter bittet uns, den zuständigen Amtsbürgermeister zu unterrichten, daß für das Fronleichnamsfest keinen Grün zum Ausschmücken der Häuser und Straßen weder unentgeldlich noch gegen Entgelt verabfolgt werden darf. Wo jedoch ohne Erlaubnis von der Bevölkerung in Gemeindewaldungen Schmuckreisig geschlagen werden sollte, bittet der Kreisleiter Sie, dies mit einer empfindlichen Geldstrafe zu ahnden.

Nationalsoz. Deutsche Arbeiterpartei Ortsgruppe Niederkrüchten

Heil Hitler!

Tennedey

Kreisamtsleiter.

Niederkr., 9/6. 36.

1) Förster Fischer wurde heute von mir von vorstehendem in Kenntnis gesetzt.

2) z. K. dem Hpt. Pol. Beamten zur Kenntnis. Eventl. Uebertretungen zur Anzeige zu bringen. Schmidt

Die politische Führungsschicht sah am 25. 6. 1935 in Niederkrüchten und Elmpt wie folgt aus[29]:
Ortsgruppenleiter war Heinrich Feemers, Wildenrath, HJ-Führer Niederkrüchten Gerhard Wynands Oberkrüchten, HJ-Führer Elmpt Erich Harwardt, Deutsches Jungvolk Niederkrüchten Hermann Viethen, Elmpt Johannes Houx, BDM Niederkrüchten Luise Leonhardt, Gützenrath, BDM Elmpt Hermine Smets, NS-Frauenschaft Grete Wolters, Niederkrüchten, Amt für Volkswohlfahrt Peter Brimges, Laar, NS-Kriegsopferversorgung Leonhard Wolters, Niederkrüchten, Deutsche Arbeitsfront Johann Clingen, Brempt, NS-Lehrerbund Hermann Hennen, Overhetfeld, Amt für Beamte Albert Gohla, Niederkrüchten.
Unterdessen ging die Bespitzelung der Geistlichen weiter, im Jahre 1936 waren im Amt Niederkrüchten dafür offiziell (!) eingesetzt Gendarmeriewachtmeister (GWM) Elicker und die POW Jungbluth und Böttcher, in Elmpt Polizeihauptwachtmeister (PHW) Thyssen[30].
Zu allgemeineren Problemen, besonders aber auch zu kirchlichen Fragen, nahm ein Bericht vom 22. 1. 1935 des Amtsbürgermeisters von Niederkrüchten Stellung[31]:
„Der Anfang des Monats stand ganz unter dem Zeichen der Saarabstimmung. Das Ergebnis der Abstimmung hat allgemein eitel Freude ausgelöst, die in einem imposanten Fackelzug, woran die gesamte Bevölkerung regen Anteil nahm, zum Ausdruck kam. Durch das sehr gute Ergebnis der Abstimmung wurden alle Schwarzseher plötzlich zum Schweigen gebracht. Die Menschen gehen wieder froh ihrer Beschäftigung nach und fühlen sich unter dem Schutz unseres Führers wohl geborgen.
Von kirchlicher Seite ist von dem Pfarrer Seitz zu berichten, daß er in der vorigen Woche den Schulkindern den Deutschen Gruß verbot, worüber in einem besonderen Bericht Meldung an den Herrn Landrat abgegangen ist. Ebenfalls habe ich über die auf Veranlassung des Pfarrers in Merbeck stattgefundene Versammlung des Jungmännervereins mit dem katholischen Arbeitersekretär Klügel aus Erkelenz als Redner berichtet. Auch der Pfarrer Schmitz aus Oberkrüchten versuchte, die Kinder von der Weihnachtsfeier der NSDAP zurückzuhalten, indem er den Kindern sagte, sie dürften dann weder vor Weihnachten beichten noch kommunizieren. Es gibt immer noch einige Bauern, die Sammler des WHW schroff abweisen.
Hier erscheinen der Westdeutsche Beobachter, das Rheydter Tageblatt und das Erkelenzer Kreisblatt.
Die NS-Gemeinschaft ‚Kraft durch Freude' (KdF) veranstaltet regelmäßig Theaterabende und Feierabendveranstaltungen, die sehr gut besucht werden."
Durch den Lagebericht des Landratsamtes Erkelenz vom 31. 1. 1935 hatte die Staatspolizeistelle Aachen[32] Kenntnis von dem „staatsfeindlichen Verhalten" des Pfarrers Schmitz erhalten. Die Gestapo wollte nun einen eingehenden Bericht haben. Pg. Förster Reul teilte unter dem 4. 2. 1935 mit, daß „an dem Sonntag, an dem die Kinder der bedürftigen Volksgenossen beschenkt wurden, er Ortsgruppenamtsleiter der NSV Niederkrüchten gewesen sei. Da nun das Gespräch ging, der Pfarrer von Oberkrüchten verlange von den Kindern, sie müßten erst zur Nachmittagsandacht gehen, ehe sie zur Bescherung gehen dürften, ging ich persönlich nach Oberkrüchten, um hier nach dem Rechten zu sehen."
Reul konnte aber weiter nichts Konkretes ermitteln. Die Äußerung des Pastors war im übrigen dem kommissarischen Amtsbürgermeister Becker durch den Pg. Vennedey mitgeteilt worden, der wenig später als Ortsgruppenleiter fungierte.

Nur wenig später geriet Pfarrer Seitz erneut ins Schußfeld der Gestapo laut einem Vermerk vom 13. Februar 1935[33]: An diesem Tag wurde Pfarrer Bernhard Seitz vom Kreisausschußoberinspektor Offermanns und vom Verwaltungsgehilfen Dammertz verhört und erklärte: „Wegen des Einsetzens von längeren Pausen während des Glockengeläutes anläßlich der Saarabstimmung äußere ich mich wie folgt: ‚In den katholischen Kirchen ist es immer üblich, während des Läutens Pausen einzusetzen, zumal, wenn man es einem alten Küster nicht zumuten kann, ohne Unterbrechung eine Stunde zu läuten. Ich bin der Aufforderung zum Glockengeläute anläßlich der Bekanntgabe des Ergebnisses der Saarabstimmung freudig nachgekommen' ".

Der Landrat bemerkt hierzu: „Es ist anzunehmen, daß die Pausen von dem zuständigen Pfarrer Seitz veranlaßt worden sind. Der Pfarrer Seitz hat der Nationalsozialistischen Bewegung stets ablehnend gegenüber gestanden. Neuerdings sind keine Klagen über ihn eingegangen."

Dafür aber weiteres Ungemach für die NSDAP, wie ein Bericht des Polizisten Elicker vom 5. April 1936 zeigt[34]:

„Am 5. 4. 1936 kam ein Hirtenbrief des Herrn Bischofs aus Aachen in der Pfarrkirche zu Niederkrüchten zur Verlesung. Der Inhalt war ungefähr folgender: Bei den 10, 11 und 12jährigen Kindern, die dem Jungvolk beitreten würden, sei vielfach die Religion gefährdet. Die Kinder könnten dem Jungvolk doch nur beitreten, wenn ihre Eltern ihre Unterschrift dazu geben würden. Bevor die Eltern dies täten, müßten sie zuerst erwägen, ob die Religion ihrer Kinder nicht in Gefahr käme. Die Eltern würden dieses einmal vor unserem Herrgott verantworten müssen."

Am 9. 6. 1936 wurde der Amtsbürgermeister angewiesen, daß für das Fronleichnamsfest kein Grün zum Ausschmücken der Häuser und Straßen, weder unentgeltlich noch gegen Entgelt, verabfolgt werden dürfte. „Wenn jedoch ohne Erlaubnis von der Bevölkerung in Gemeindewaldungen Schmuckholz geschlagen werden sollte, bittet der Kreisleiter Sie, dies mit einer empfindlichen Geldstrafe zu ahnden."[34a]

Auch der Niederkrüchtener Oberpfarrer bereitete Sorgen: Nach einer Meldung vom 14. 12. 1936 des POW Jungbluth gab er am 13. 12. 1936 in der Kirche folgende Erklärung ab[35]:

„Ein Oldenburgischer Minister habe einen Erlaß herausgegeben, wonach aus sämtlichen Schulen das Kreuz entfernt werden müßte. Die Bevölkerung des Münsterlandes habe Sturm dagegen gelaufen, der Gauleiter eine öffentliche Versammlung einberufen, woran 7000 Menschen teilnahmen. Der Gauleiter habe bei dieser Gelegenheit den Erlaß aufgehoben. Der Oberpfarrer erklärte, daß man vor derartigen Menschen Achtung haben müßte. Gleiche Achtung gebühre auch dem Staatsmanne, der seinen Fehler eingesehen und die Verfügung zurückgenommen habe."

Wie der Amtsbürgermeister dem Landrat berichtete[36], bestand in den Gemeinden Niederkrüchten und Elmpt vor 1933 die Deutsche Jugendkraft in Niederkrüchten als Nebengruppe des katholischen Jungmännervereins und in Elmpt als Sportverein. In Elmpt sei der Sportverein schon vor Jahren aus der Deutschen Jugendkraft ausgetreten und dem Westdeutschen Spielverband beigetreten, in Niederkrüchten bestehe die Nebengruppe auch nicht mehr. Die DJK besaß weder in Niederkrüchten noch in Elmpt Vermögen, allerdings stand in Niederkrüchten der Sportplatz im Eigentum des eingetragenen Vereins „Jugendwerk e. V. Niederkrüchten". Dieser Verein hatte sich aus dem katholischen Jungmännerverein gebildet als Nachfolger des DJK-Vereins

„Schwarz-Weiß", aber das Jugendwerk entfaltete irgendeine Betätigung nicht mehr.
Vorsitzender des Jugendwerks war der damalige Kaplan Esser, dem kurz nach der Machtergreifung im Jahre 1934 der Gützenrather Lehrer Farber den Sportplatz streitig machen wollte[37]. Farber hatte einen neuen Verein, den „Sportverein Schwalmtal", gegründet und wollte den Platz zunächst nur „mitbenutzen", die Katholische Jugend durfte zu diesem Zeitpunkt bereits keine sportlichen Aktivitäten mehr entfalten. Kaplan Esser wollte dem neuen Verein eine Mitbenutzung nur unter bestimmten Auflagen gestatten. Von dem Pg. Vennedey, der gerade bei der Amtsverwaltung Niederkrüchten eingestellt worden war, wurde die Angelegenheit dem Kreisleiter in Erkelenz zugespielt. Kaplan Esser hatte in einer Beschwerde vom 5.9.1934 an den Regierungspräsidenten in Aachen eine Verständigung mit Lehrer Farber abgelehnt, vermutlich, wie es in dem Bericht ironisch heißt, „wegen dessen antireligiöser und antiklerikaler Einstellung der katholischen Sache gegenüber".
Am 14. 9. 1934 kam es zum Eklat, als die Pg. Bonus und Kaiser im Versammlungshaus der DJK eine Versammlung auflösten, Kaiser bezeichnete sich dabei als „Hilfsbeamter der Staatsanwaltschaft".
Dagegen legte Kaplan Esser Beschwerde ein, der von der Staatspolizeistelle Aachen am 18. September 1934 auch stattgegeben werden mußte, nachdem auch das Reichsamt des Katholischen Jungmännerverbandes Deutschland Beschwerde eingelegt hatte. Die Gestapo stellte fest, „daß das Vorgehen des stellvertretenden Ortsgruppenleiters den ausdrücklichen Bestimmungen der staatlicherseits mit den Kirchen getroffenen Vereinbarungen und dem Erlaß des Oberpräsidenten der Rheinprovinz über die Betätigung der konfessionellen Jugendorganisationen widersprach. Es handele sich hier um eine nichtöffentliche Veranstaltung im Heim, eine Anmeldungspflicht bestehe für die katholischen Jugendverbände nach ausdrücklichem Bescheid des Innenministeriums nicht. Ein Recht des Ortsgruppenleiters zu derartigem Vorgehen sei nicht ersichtlich!"
Auch der Landrat stellte fest, daß das Verhalten des Pg. Kaiser rechtlich nicht zu begründen und als Amtsanmaßung anzusehen sei. Es stellte sich darüber hinaus heraus, daß Lehrer Farber auch die erforderliche Anmeldung seines neuen Vereins nicht durchgeführt hatte.
Die Streitereien, die sich noch bis zum Frühjahr 1935 erstreckten, erledigten sich von selbst, als der Gützenrather Lehrer seinen Sportverein „Schwalmtal" wieder auflöste.
Der DJK-Sportplatz an der Pannenmühle wurde wenig später „beschlagnahmt" und stand fortan nur noch einzelnen vereinsungebundenen Sportlern und den Schulen zur Verfügung. Nach einer Aufstellung vom 20.7.1938 war auch das sonstige Vermögen der DJK, des Deutschen Jugendwerks und des Jünglingsvereins Niederkrüchten sowie des hl. Aloysius- und des Kindheit-Jesu-Vereins Elmpt zwischenzeitlich beschlagnahmt worden.
Die Suche nach etwaigen Staatsfeinden ging jedoch weiter: Am 30.8.1935 wollte die Gestapo wissen, welche Personen nach wie vor staatsfeindlich eingestellt waren oder in versteckter Form gegen die Regierung hetzten. Für den Amtsbezirk Niederkrüchten wurden am 19. 9. 1935 benannt:
Josef Wolters aus Elmpt-Beek, Johann Roegels aus Merbeck und Wilhelm Müller aus Brempt. Zu deren politischer Einstellung hieß es: „Die hiesigen Gendarmerie- und Polizeibeamten vermuten, daß die drei Personen nach wie vor staatsfeindlich eingestellt sind und auch in

76 Das Erntedankfest – von den Nationalsozialisten immer groß gefeiert

versteckter Form gegen die Regierung hetzen. Sie unterhalten als ehemalige Kommunisten unter sich ständig Verbindung und kommen auch mit ehemaligen kommunistischen Funktionären zusammen. Die Beamten sind angewiesen, die Genannten streng zu beobachten. Fälle von offenbar erwiesener staatsfeindlicher Betätigung sind bisher nicht zu ermitteln[38]".

Laut Vermerk der Gestapoleitstelle Aachen vom 10.2.1936 wurden im Landratsamt Erkelenz 67 KPD-Genossen und 39 SPD-Mitglieder namentlich in einer Kartei als Staatsfeinde erfaßt. In der Kartei waren Personen aufgenommen, die „im Hinblick auf ihre besonders aktive staatsfeindliche Betätigung oder im Hinblick auf ihren Einfluß auf größere Volkskreise besonders gefährlich werden können." Diese Personen sollten im Falle außergewöhnlicher Ereignisse (Kriegsfall) im gesamten Reichsgebiet schlagartig in Schutzhaft genommen werden. Aus Niederkrüchten wurden benannt: Wilhelm Müller aus Brempt und Kaspar Schaeben aus Dam[39].

Mittlerweile machte auch in der Landbevölkerung der erste Enthusiasmus über das neue Regime einer nüchterneren Betrachtungsweise Platz, von dem, was alles versprochen worden war, wurde nicht viel eingelöst.

So wies der Amtsbürgermeister am 25.9. 1936 in seinem wirtschaftlichen Lagebericht darauf hin[40], daß „die Lohn- und Preisgestaltung nicht gleichen Schritt hält. Der Arbeiter kann mit seinem Verdienst auch bei mäßigen Ansprüchen kaum seine Lebensbedürfnisse decken, und deshalb hört man Klagen aus der Arbeiterschaft, daß sie kaum rundkommen können. Das fühlt aber nicht allein der Arbeiter, sondern auch andere emp-

finden, daß der Index der Lebenshaltung steigt." Schmid hatte bereits bei der Vorlage des Haushaltsentwurfes 1937 darauf hingewiesen, daß insbesondere die Haushaltslage in Elmpt noch schwach war, sich aber wohl 1937 bessern würde.
Bereits wenige Monate zuvor hatte er geklagt, daß „nur die hiesigen Dachziegelfabriken noch gut beschäftigt seien, die Heimarbeiter des Gladbacher Bekleidungsgewerbes jedoch klagten über ungenügende Arbeit[41]."
Der Druck auf kirchliche Vereinigungen hielt unverändert stark an, wofür insbesondere die Politischen Leiter Vennedey und Müllers sorgten, die beide im übrigen auch bei der Amtsverwaltung Niederkrüchten beschäftigt waren. Schon die Zugehörigkeit zu einer „verbotenen Vereinigung" konnte zur Verhaftung führen. So wurde der Scherenschleifer Peter Beckers, der 1936 von Myhl nach Niederkrüchten im Wohnwagen zugezogen war, allein deswegen verhaftet, weil er der „Internationalen Bibelforscher-Vereinigung" angehörte und deren Bücher besaß[42].
Als größter Gegner wurde jedoch nach wie vor die katholische Kirche angesehen, immer wieder wollte die Gestapo in Erfahrung bringen, ob und in welcher Stärke religiöse Vereinigungen noch bestanden, wollte Mtgliederlisten haben, feststellen, ob und in welchem Umfang die nationalsozialistische Propaganda und Schulung die Menschen von ihrer Kirche trennen konnte. Und so folgte dann eine Aufstellung nach der anderen, die Auskünfte gaben, aber nicht nur der Partei, sondern auch den nachfolgenden Generationen, was sicher so nicht beabsichtigt war:
Am 12. 2. 1936 war ein Verzeichnis der konfessionellen Vereine zu erstellen, wonach noch nachfolgende Vereine existierten[43]: St. Antoniusbruderschaft (135 Mitglieder), St. Cäcilia Gesangverein (25), Mütterverein (300), Jungfrauenverein (300), Jünglingsverein (185), Schützengesellschaft Ryth, Silverbeck und Varbrook (50), St. Georgsbruderschaft (79), St. Bartholomäusbruderschaft Gützenrath (51), St. Petrusbruderschaft Laar (40), St. Hubertusbruderschaft Heyen (60), St. Johannesbruderschaft Dam (54), St. Agathabruderschaft Oberkrüchten (121), Cäcilienverein Oberkrüchten (25), Jungfrauenverein Oberkrüchten (60), Jünglingsverein Oberkrüchten (52), St. Maternusbruderschaft Merbeck (200), St. Cäcilienverein (22), Jungfrauenverein (90), Jünglingsverein (33), Marienkinder (28), Vereinigte Bruderschaften Elmpt (140), St. Marienbruderschaft Overhetfeld (120), St. Cäcilienverein Elmpt (24), Mütterverein Elmpt (150), Jungfrauenverein Elmpt (140) und Marienkinder (60).
Das waren Zahlen, von denen die NS-Organisationen nur träumen konnten!
Am 7. 11. 1936 wollte die Gestapo wissen, wieviele Meßdiener sich in den Pfarreien befanden, Elmpt St. Laurentius meldete 19, Merbeck St. Maternus 14, Niederkrüchten St. Bartholomäus 8 und Oberkrüchten St. Martinus 13 Meßdiener[44].
Am 5. April 1937 folgte ein Bericht über die Kinder-Erstkommunion: „Die Kinderkommunion ist hier in der Weise wie in früheren Jahren durchgeführt worden. Bei der 1. Kommunion haben hier die Kinder schon seit Jahren möglichst einheitliche Kleidung getragen, die Mädchen in weißen Kleidern und die Jungen in dunklen Anzügen mit Mützen, so ist es auch in diesem Jahre gewesen. Es konnte hier nicht festgestellt werden, daß die Lehrpersonen sich besonders darum bemüht haben, daß die Kinder vollzählig an der Kommunion teilnahmen[45]."
GHM Elicker meldet am 21. 3. 1937, daß die Kirchen im Amt Niederkrüchten hinsichtlich der Kanzelverlesungen überwacht würden, auch am 15. 8. 1937 anläß-

lich eines Hirtenbriefes des Aachener Bischofs: In Niederkrüchten durch die Polizisten Himmelmann und Elicker, in Oberkrüchten durch den POW Müller, in Merbeck durch den POW Jungbluth und in Elmpt durch den POW Niehaus[46].

Am 28. Mai 1937 meldete der Polizist Elicker: „Der Umzug der Fronleichnamsprozession in den Pfarreien Niederkrüchten, Oberkrüchten und Elmpt fand ohne jede Störung statt. Die Bevölkerung hatte die Straßen und die Häuser reichlich geschmückt und zwar durchweg mit Kirchenfahnen. Daß diese Fahnen gezeigt werden durften, hat auf die Bevölkerung beruhigend gewirkt und wurde mit großer Freude aufgenommen, auch war die Beteiligung an den Prozessionen sehr stark.

In Merbeck fand dagegen ein bedauerlicher Zwischenfall statt. Der dort wohnende Zollgrenzangestellte Grimm nahm eine Anzahl kleiner Kirchenfahnen, die um einen Altar aufgestellt waren, ab und ging damit zu einem an einer anderen Stelle aufgebauten Altar. Unterwegs begegnete er dem POW Jungbluth und wollte diesem die Fahnen übergeben. Dieser hat ihm erklärt, daß er als Zollbeamter für derartige Amtshandlungen nicht zuständig sei und ein Verbot zum Flaggen von Kirchenfahnen nicht bestände. Über das Verhalten des Grimm war die Bevölkerung sehr erregt."[47]

Am 7. Juni 1937 meldete der Amtsbürgermeister, daß am Gottbekenntnistag der Katholischen Jugend am 6. 6. 1937 eine Kundgebung für die Pfarrbezirke Elmpt, Oberkrüchten und Niederkrüchten in Dam stattfand, „die Beteiligung war sehr stark."[48]

Am 23. 12. 1937 schließlich sollten die Pfarrer benannt werden, die anläßlich des Todes Generals Ludendorff ihre Kirchen nicht beflaggten. Dazu gehörten in Niederkrüchten Oberpfarrer Hansen, in Oberkrüchten Pfarrer Schmitz, in Merbeck Pfarrer Seitz und in Elmpt Pfarrer Trecker.

Am 31. August 1937 wurde in der Rheinprovinz allen Geistlichen, dort, wo genügend Lehrkräfte vorhanden waren, der Auftrag zur Erteilung des Katechismusunterrichts entzogen, in Oberkrüchten erteilten seither Lehrer und Lehrerinnen den schulplanmäßigen Religionsunterricht.

Im Jahre 1938 kam der Niederkrüchtener Kaplan Plümpe der Staatspolizei ins Gehege, als er am 12. 8. und 9. 9. 1938 Andachten abhielt, zu denen er durch „Flugzettel" aufgerufen hatte. Er kam jedoch mit einer Verwarnung davon[49].

Am 18. Januar 1939 ordnete schließlich der Regierungspräsident an, daß mit Beginn des neuen Schuljahres die einheitliche Erziehung der schulpflichtigen Jugend nach nationalsozialistischen Grundsätzen ohne Unterschied des Bekenntnisses durch Zusammenfassung in der „Deutschen Schule" in der ganzen Rheinprovinz eingeführt werden sollte. In jeder Gemeinde mußte ein mit „Gründen" versehener Beschluß über die Einrichtung der Deutschen Schule gefaßt werden.

Als vordergründige Erklärung wurde mitgeteilt, hierdurch könnten Lehrerstellen, Schulraum und Schulverwaltung eingespart werden, tatsächlich aber wollte der NS-Staat die Schuljugend ganz und ausschließlich in seinem Sinne erziehen. Einziges Zugeständnis: Der Religionsunterricht durfte nach Konfessionen getrennt weiter erteilt werden, dafür aber fiel das Schulgebet zu Beginn und am Ende des Unterrichts fort, an seine Stelle trat ein nationalsozialistischer Spruch oder ein entsprechendes Lied.

Das war der lang erwartete und befürchtete Angriff des Staates auf die konfessionelle Schule – aber die Reaktion der Kirche und der Bischöfe war nicht so

77 St. Antonius-Bruderschaft Niederkrüchten in der NS-Zeit mit König Werner Hommen

heftig, wie die Nationalsozialisten es befürchtet hatten.
Am 26. 2. 1939 wurde in den Pfarrkirchen lediglich ein Fastenhirtenbrief des Aachener Bischofs (Administrators) verlesen, demzufolge Gerüchte umgingen, daß die Bekenntnisschule abgeschafft werde, was nicht dem Konkordat entspreche. Der Bischof habe die Absicht, sich mit der Bitte an den „Führer" zu wenden, daß die Bekenntnisschule erhalten bleibe.
Nichtsdestoweniger führte in einem Beschluß vom 3. 2. 1939 der Gemeinde Niederkrüchten Bürgermeister Schmidt über die Überführung der Volksschulen in Niederkrüchten, Gützenrath, Heyen, Oberkrüchten, Merbeck und Schwaam aus, daß „die nationalsozialistischen Erziehungsgrundsätze die Zusammenfassung aller deutschen Kinder in einer gemeinsamen Schule fordern, so daß eine Trennung nach Bekenntnissen und Weltanschauungsgruppen nicht länger zugelassen wird".
Einen gleichlautenden Beschluß für die katholischen Volksschulen in Elmpt, An der Wae und in Overhetfeld faßte Karl Gotzen als stellvertretender Ortsschulvorsteher.
Der Amtsbürgermeister teilte unter dem 19. 4. 1939 dem Landrat mit, daß „in den Schulverbänden in Elmpt und Niederkrüchten die Gemeindeleiter die Kreuze und sonstigen konfessionellen Schmuck auftragsgemäß am 17. April 1939 aus den Schulen entfernt und sichergestellt hätten. Die Durchführung der Beschlüsse und der damit verbundenen Maßnahmen habe keine Schwierigkeiten ergeben. Über Stimmung und Verhalten des Klerus und der Bevölkerung ließe sich noch nichts sagen. Bislang habe ich weder Meinungsäußerungen noch Willenskundgebungen vernommen."
Die Gestapo-Leitstelle wies die Landräte an, die Namen derjenigen Personen, die wegen der Einführung der Deutschen Schule oder wegen des Entfernens der

Kreuze aus den Schulen vorstellig würden und Einwendungen erhoben hätten, listenmäßig zu melden.
Weiter hieß es: „Am Sonntag wird ein Hirtenbrief verlesen, am Nachmittag sollen Sühne- und Bittandachten stattfinden. Es ist damit zu rechnen, daß außerhalb der Kirche Kundgebungen stattfinden. Diese sind durch geeignete Vorkehrungen zu unterbinden. Am 23. 4. 1939 sind die katholischen Kirchen zu überwachen und die Berichte über die Überwachung vorzulegen."
Schmidt teilte unter dem 24. 4. 1939 mit, daß gegen die Einführung der Schule und das Entfernen der Kreuze Einwendungen nicht erfolgten.
Dennoch erhoben wenig später immerhin 26 namentlich aufgeführte Bürger Einspruch gegen die Errichtung der Deutschen Schule, mutige Zeugnisse für einen Widerstand, den die Partei sicher nicht erwartet hatte.
In der Schulchronik Oberkrüchten wird zu dem gesamten Themenbereich ausgeführt:
„Mit Beginn des Schuljahres 1939 wurde die katholische Volksschule Oberkrüchten in eine „Deutsche Schule" umgewandelt. Das Schulgebet zu Beginn und am Schluß des Unterrichts fand nicht mehr statt, dagegen wurde der Religionsunterricht mit zwei Stunden wöchentlich weiter durchgeführt. In den Osterferien 1939 waren die Kreuze aus den Schulen durch die Ortsgruppenleitung der NSDAP entfernt worden."
Nach dem Ende des Dritten Reiches wird in die Chronik der Schule An der Wae zum damaligen Handeln Stellung genommen: „Die Nationalsozialisten fanden bei der eingesessenen Bevölkerung nur wenig Anklang, da ‚die Bevölkerung im Glauben der Väter verwurzelt war'. Es soll nur eine geringe Zahl eingeschriebener Parteimitglieder gegeben haben, darunter die Schulleiter An der Wae und Overhetfeld, die sich bemühten, die Jugend über das Jungvolk und die Hitlerjugend für die Partei zu begeistern. Anweisungen der Nationalsozialistischen Partei wurden von den Bürgern nur widerstrebend befolgt, aber sie mußten befolgt werden, wenn der Betreffende nicht Freiheit oder Leben aufs Spiel setzen wollte. Einen schweren Gewissenskonflikt verursachte der Befehl, die Kreuze aus den Schulen zu entfernen."
Auch in Oberkrüchten bemühte man sich nach dem Kriege um eine aufklärende Darstellung, Lehrer Rabert trug 1945 nachträglich noch folgendes in seine Schulchronik ein: „Ich halte es für notwendig, um Falschurteilen vorzubeugen, zunächst noch eine Ergänzung zu machen. Es hieß zum Jahre 1939, daß das Gebet in der Schule fortgefallen ist. Stattdessen sollte der Unterricht mit dem sogenannten ‚Wochenspruch' – gewöhnlich war dies irgendein Ausspruch Adolf Hitlers oder einer sonstigen Parteigröße, zuweilen auch ein Wort Goethes, Schillers, Bismarcks usw. – begonnen und geschlossen werden. Da aber wir, die Lehrerin Frl. Boveleth und ich, mit dieser Anordnung nicht recht einverstanden waren, haben wir fast täglich von Ostern 1939 an mit dem Spruch angefangen: ‚Das walte Gott der helfen kann!', ‚Mit Gott fang ich die Arbeit an', ‚Mit Gott nur geht es glücklich fort, drum sei auch dies mein letztes Wort: Mit Gott!'. Geschlossen haben wir regelmäßig mit dem Spruch: ‚Alle guten Gaben, alles was wir haben, kommt o Gott von Dir, Dank sei Dir dafür'. Auch haben wir im Dritten Reich stets Religionsunterricht nach den Grundsätzen der katholischen Kirche erteilt, obgleich die vorgesetzte Behörde immer deutlicher zu erkennen gab, daß dies nicht erwünscht sei."
Soweit diese nachträglichen Anmerkungen.

14.5 Das „Amt Niederkrüchten" 1934–1948

Elmpt und Niederkrüchten waren bereits lange vor der Kommunalreform von 1971 einmal zu einer „Zwangsehe" zusammengeschlossen worden – ein Kapitel in der vielhundertjährigen Geschichte beider Gemeinden, welches allerdings nur 14 Jahre andauerte.
Durch Erlaß des Preußischen Ministers des Innern vom 20. 6. 1934 wurden die Landgemeinden Niederkrüchten und Elmpt mit Wirkung vom 1. August 1934 aufgelöst und zu einem neuen Amt mit dem Namen Niederkrüchten zusammengeschlossen[50]. Bis zum Inkrafttreten dieses Erlasses besaß jede der beiden Gemeinden eine eigene hauptamtliche Verwaltung. Die Aufgabe der Selbständigkeit führte insbesondere zu einer großen Verbitterung der Elmpter Bürgerschaft, die sich in einer Reihe spontaner Unmutsäußerungen kundtat. Der Zweck der Zusammenlegung bestand angeblich in der Vereinfachung und Verbilligung der Verwaltung, in Wirklichkeit dürfte jedoch auch die Personalpolitik der NSDAP eine ausschlaggebende Rolle gespielt haben.
Interessant sind in diesem Zusammenhang die aufhellenden Bemerkungen des Niederkrüchtener Amtsdirektors dazu, die dieser nach dem II. Weltkrieg äußerte[51]: Danach habe „der Bürgermeister von Niederkrüchten, der nicht nur unter dem Einfluß der NSDAP stand, sondern auch aus persönlichen Gründen auf die Ausdehnung seines Amtsbezirkes Wert legte, nur mit einer fadenscheinigen Begründung, nämlich mit der Senkung der sächlichen Verwaltungskosten, die Zusammenlegung betrieben." Die Elmpter Gemeindeältesten hatten sich aber mit einer mutigen Petition am 7. Juli 1934 unmittelbar an den Erkelenzer Landrat gewandt und die Auflösung ihrer Heimatgemeinde, die von Anfang an einstimmig abgelehnt worden war, massiv kritisiert. Wörtlich hatten sie geschrieben: „Wir können es nicht verstehen, daß eine für unsere Heimatgemeinde so tiefgreifende Änderung eine beschlossene Sache sein soll, ohne daß es der Gemeindevertretung ermöglicht wurde, mit maßgeblichen Stellen sich über das Für und Wider dieser Maßnahme zu besprechen. ... Unseres Erachtens würde die Zusammenlegung eine Entlastung nur für den amtierenden Bürgermeister bedeuten, wohingegen die gesamte Einwohnerschaft bei jeder Gelegenheit den Gang nach Niederkrüchten antreten müßte. Die bekanntgewordene Tatsache der dennoch beabsichtigten Zusammenlegung hat unter der Einwohnerschaft große Verstimmung hervorgerufen und würde die Durchführung dem Gedanken der Volksgemeinschaft hier in Elmpt, dessen Förderung doch immer unser Bestreben war und bleiben soll, bestimmt nicht förderlich sein[52]."
In seinem für die Gestapo bestimmten Lagebericht über die Stimmung in der Bevölkerung vermerkte Gendarmerie-Wachtmeister Elicker am 17. 8. 1934: „Gegner des Staates und der Bewegung waren keine festzustellen. Einwohner von Elmpt und Overhetfeld sind mit der Vereinigung der beiden Bürgermeistereien nicht ganz einverstanden. Sie geben an, durch die Maßnahme würde doch nichts eingespart werden und man müßte jetzt für jede Sache nach Niederkrüchten laufen."
Ganz offensichtlich machte der Unmut der betroffenen Bevölkerung auch vor der von „oben" getroffenen Entscheidung nicht halt!
Niederkrüchten wies damals ca. 4300, Elmpt 1900 Einwohner auf, die Gebietsgröße von Elmpt betrug 4127 ha, wovon allein 1620 ha Waldbesitz waren. Es gehörte schon eine gehörige Portion Mut dazu, sich damals gegen die „Obrigkeit",

78 Niederkrüchten, Mittelstraße, oben Peters, Mitte Braunes Haus, erbaut 1719, rechts Hotel Schwan und Haus Trimborn

die ja weitgehend durch die Partei repräsentiert wurde, aufzulehnen. Wie nicht anders zu erwarten, korrigierte der Minister seine Entscheidung jedoch nicht, Niederkrüchten und Elmpt wurden zu einem Amt zusammengeschlossen und der Verwaltungssitz in Niederkrüchten etabliert.

Das Amt hatte fortan einen hauptamtlichen Bürgermeister, zwei ehrenamtliche Beigeordnete und sechs Ratsherren, die Gemeinde Niederkrüchten zwei ehrenamtliche Beigeordnete, sechs Ratsherren und fünf Ehrenbeamte und die Gemeinde Elmpt einen ehrenamtlichen Bürgermeister, zwei ehrenamtliche Beigeordnete, vier Ratsherren und fünf Ehrenbeamte.

Am 16. 10. 1934 hatte die Amtsverwaltung die Satzung über die Einrichtung einer hauptamtlichen Verwaltungsstelle für das neue Amt Niederkrüchten beschlossen. Sie hatte erstmals am 12. 10. 1934 mit Bürgermeister Becker als Vorsitzenden, Dr. Teven, Gemeindeschulze von Elmpt sowie Heinrich Wanders, Heinrich Schmitz, Willi Reul, Richard Hastenrath, Franz Derix, Peter Brimges, Hubert Kebeck, Leonhard Pechtheyden, Karl Gotzen und Hermann Achten, des weiteren den Beigeordneten Leonhard Wolters und Peter Wolters sowie Franz Vyvers als stellvertretender Gemeindeschulze von Niederkrüchten getagt. In Abwesenheit des Bürgermeisters wurde folgende Ortssatzung beschlossen, derzufolge

1. des „Umfanges und der Eigenart des Amtsbezirkes wegen für diesen eine hauptamtliche besoldete Verwaltungsstelle eingerichtet wird, die mit einem Bürgermeister zu besetzen war,
2. diese Ortssatzung trat sofort nach ihrer Genehmigung durch die Aufsichtsbehörde in Kraft."

Der Kreisleiter der NSDAP wandte sich mit Schreiben vom 5. 2. 1937 an die Bürgermeister und Ortsgruppenleiter im Kreis Erkelenz in Angelegenheiten über die Bestellung der Beigeordneten. „Zur Berufung in ein Ehrenamt kommen natürlich nur nationalsozialistisch zuverlässige Männer infrage, die dem Bürgermeister Berater und Mitarbeiter sein können."

Aufgrund dieses Schreibens wurde für den verstorbenen Gemeinderat Jakob Straetener der Bäcker Pg. Wilhelm Geerkens aus Merbeck vorgeschlagen, die Berufung erfolgte am 26. 7. 1937. Am 11. 1. 1938 wurde der Pg. Heinrich Op

den Berg, Elmpt, Beruf Postagent, als neuer ehrenamtlicher Beigeordneter vorgeschlagen.
Gemeinderat Hermann Achten wurde am 20. 9. 1938 Vollziehungsbeamter beim Amt Niederkrüchten, am 4. 10. 1938 sollte Gemeinderatsmitglied Bonus beim Katasteramt der Amtsbürgermeisterei eingestellt werden. Am 4. März 1939 wurde für den ausgeschiedenen Pg. Wanders Pg. Hubert Kebeck in den Gemeinderat berufen, Kebeck war Ortsbauernführer aus Varbrook.
Am 17. März 1937 war SA-Oberscharführer Oskar Reiprich aus Overhetfeld Beigeordneter der Gemeinde Elmpt geworden, allerdings nur bis zum Dezember 1937, ihm war als Beigeordneter Heinrich Op den Berg gefolgt.
Am 18. 2. 1937 folgt ein Vermerk des Kreisleiters Horst an den Landrat als Kreiskommunalaufsicht: Der 2. Beigeordnete der Gemeinde Elmpt, Theodor Wilms, Wae, hat am 25.4. und 16.5.1936 noch Geschäfte mit dem jüdischen Viehhändler Emil Rothschild aus Brüggen getätigt. Da er damit im nationalsozialistischen Sinne nicht als zuverlässig angesehen werden kann, bitte ich zu veranlassen, daß Wilms als Ehrenbeamter ausscheidet." Da man Wilms jedoch nicht abberufen konnte und eine Entfernung aus dem Amte nur im Wege des förmlichen Dienststrafverfahrens erfolgen konnte, wurde er ersucht, sein Ehrenamt „freiwillig" niederzulegen, das geschah denn auch am 4. 3. 1937.
Auch Dr. Teven war nur bis 1941 Amtsältester, nach seiner Berufung von 1935 waren sechs Jahre abgelaufen, an seine Stelle trat der Pg. Heinrich Op den Berg am 15. 7. 1941.

14.6 Der Bau des Westwalls

Die von Hitler geplanten militärischen Auseinandersetzungen hatten schon weit vor dem eigentlichen Kriegsausbruch ihre Schatten geworfen; denn bereits nach dem Einmarsch der Reichswehr in das entmilitarisierte Rheinland war mit dem Bau des Westwalls als Gegenstück zur französischen Maginotlinie begonnen worden. Von 1936 bis zum Frankreichfeldzug 1940 wurde eifrig an diesem gigantischen Bollwerk gearbeitet, das als unüberwindlich von deutscher Seite dargestellt wurde. Der Wall schloß sich eng an die westlichen deutschen Reichsgrenzen von 1939 an. Im Süden begannen die Befestigungsanlagen gegenüber Basel und zogen sich über Kehl, Pforzheim, Saarbrücken, Saarlautern und Trier durch die Eifel bis Aachen und weiter über Heinsberg, Wegberg, das Kempen-Krefelder Grenzgebiet und Geldern-Goch entlang bis Kleve hin. Die Gesamtlänge betrug rund 550 Kilometer. Entgegen der weitverbreiteten Ansicht verfügte die „Siegfriedlinie" auch am linken Niederrhein über eine militärische Stärke, die unter damaligen Voraussetzungen – Angriff von der Landesgrenze her unter Verwendung konventioneller Waffen – für jeden Feind ein ernstzunehmendes Hindernis gewesen wäre.
Der Westwall besaß eine nach Tiefe, Stärke und Wirkungskraft verschiedene Armierung. An seinem stärksten Abschnitt, im Saargebiet als wahrscheinlichem Durchbruchsgebiet der französischen Armeen, betrug die Tiefe der Anlagen rund fünf Kilometer. Im Gegensatz dazu war die Verteidigungslinie von Basel bis Karlsruhe und von Aachen bis Kleve nur etwa ein Kilometer tief. Die einzelnen Bunkerketten, die durch Laufgräben verbunden waren, begleiteten zum Teil Höckerlinien und Minenfelder. Am Niederrhein fehlten diese zusätzlichen Hindernisse, auch waren die Bunker nur zum Teil durch Laufgräben verbunden. Die bedeutendsten Festungsanlagen des nördlichen Abschnitts der „Siegfriedlinie" be-

fanden sich im Landkreis Erkelenz nordwestlich Wegberg, bei Niederkrüchten und östlich entlang der Schwalmniederung bei Lüttelforst. Im Landkreis Kempen-Krefeld lag eine ähnlich starke Bunkerkette entlang der Schwalm bei Raderberg an der wichtigen Bundesstraße 230 Düsseldorf - M. Gladbach - Roermond und entlang der Fluß- und Seeufer des Hariksees bis zur Borner Mühle. Von dem beherrschenden Höhenrücken jenseits des Schwalmufers, der von Bunkern gespickt war, war uneingeschränkte Sicht nach Westen tief in das Nachbarland hinein gegeben.

Auf engstem Raum standen am Raderberg, dem südwestlichen Zipfel des Kreisgebietes, neunzehn zum Teil schwere Bunker, welche die B 230 als wichtige Einfallstraße sperrten. Diese Verteidigungslinie lief dann zur Brempter Mühle, von dort zur Badeanstalt am Hariksee, weiter zur Frankenmühle und in Richtung Born.

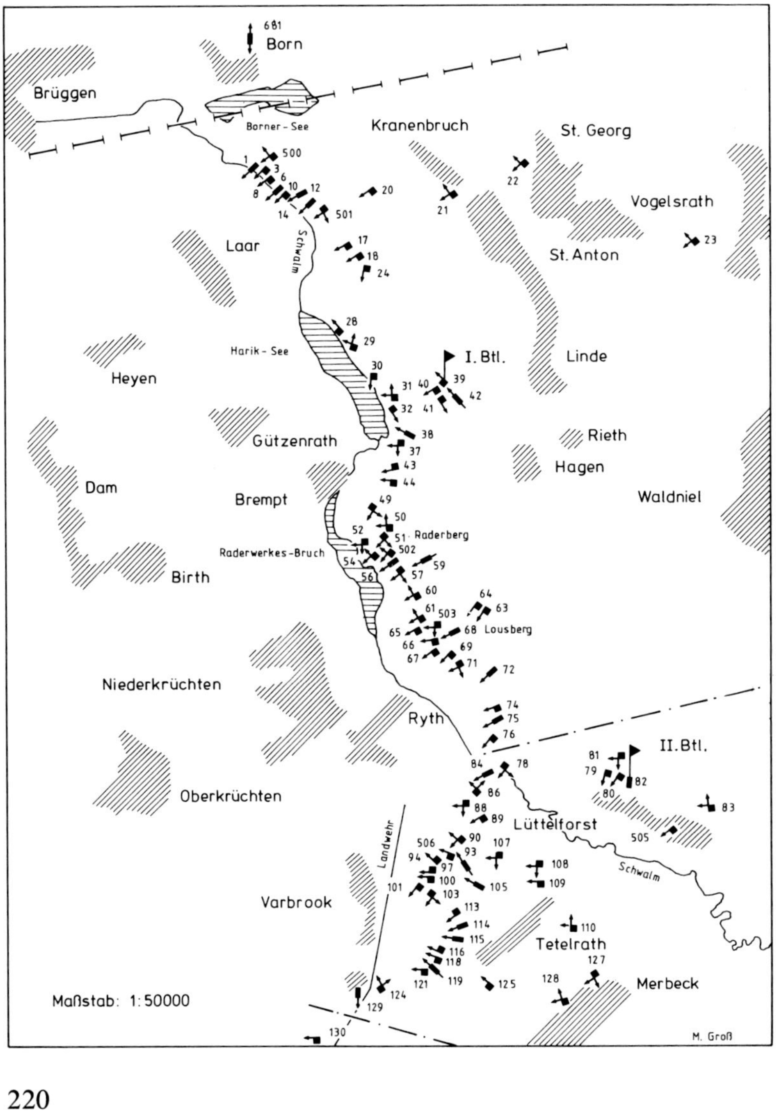

79 Der Westwall zwischen Varbrook und Born (entnommen bei M. Gross, Der Westwall im Kreise Viersen, Heimatbuch Viersen 1981)

Der Ausbau gliederte sich im heutigen Kreise Viersen in mehrere Abschnitte, die sich auch in Form und Stärke der verwendeten Bunker dokumentierten, sie entsprachen den immer wieder neuen Planvorstellungen der obersten Führung.
Erste Bauaktivitäten lassen sich ab April/Mai 1938 im Ortsteil Brüggen-Gelagweg und Niederkrüchten-Elmpt nachweisen, hier baute der Festungspionierstab 21 (Jülich) im Zuge des Ausbaus der „Befestigungen Niederrhein" fünf kleine Betonbunker, davon drei an den Westrändern von Gelagweg zur Sicherung der Straße Swalmen-Brüggen und je einen oberhalb der Kläranlage bei Elmpt „An der Beek" und bei Boscherhausen. Die Bunker vom Typ D-2 hatten 0,30 m starke Wände und enthielten nur einen Raum. Die Bunker hatten drei MG-Schartenöffnungen, die fünfköpfige Besatzung wurde in Hängematten untergebracht[53].
Es handelte sich im einzelnen um Gruppen- und Doppelgruppenunterstände mit angehängten Kampfräumen der Typen 10, 10a und 11, dem MG-Schartenstand Typ 23, dem Pakbunker Typ 20 und dem Regiments-Gefechtsstand Typ 31. Die Bunker dieses Bauabschnittes (Limesprogramm 1938) hatten, im Gegensatz zu den Kleinstanlagen bei Brüggen, 1,50 m starke Wände und Decken.
Die Stellung begann südlich Born und folgte den östlichen Randhöhen des Schwalmtales nach Süden über Raderberg-Lousberg bis westlich Lüttelforst, hier überschritt der Westwall die Schwalm und traf bei Silverbeek auf die alte Landwehr, diese bestimmte den weiteren Verlauf in Richtung Arsbeck.
Die Bauarbeiten führte die Firma Wayss und Freytag AG Frankfurt/M. (Büro in Jülich) durch. Sie baute Teile der im Kreis Viersen gelegenen Bunkerstellung in eigener Regie oder vergab sie an Nachunternehmer, die ihre Baubüros in Brempt (Bernhard Fischer KG) und Niederkrüchten (Friedrich Vollrath Beton KG, Franz Haase) hatten. Neben den Baufirmen setzte man auch die drei RAD-(Reichsarbeitsdienst-) Abteilungen der Gruppe W I in Wassenberg (Oberarbeitsführer Bangert) ein, es handelte sich im einzelnen um die Abteilungen 4/42 „York" in Amern unter Oberfeldmeister Wangler, 6/214 in Lüttelforst unter Oberstfeldmeister Noller und 4/214 in Niederkrüchten „Wilhelm III von Oranien" unter Oberstfeldmeister Gornè. Einsatzaufgabe der Abteilungen war der Wegebau, Ausschachtungen, Anlage von Kabelgräben, Beschütten und Tarnen der Bunker sowie der Bau von Drahthindernissen. Während man die RAD-Abteilungen in besonderen Stammlagern unterbrachte, wurden die Arbeiter in Saallagern oder in von der Organisation Todt (OT) oder der Deutschen Arbeitsfront (DAF) errichteten bzw. eingerichteten Lagern untergebracht. Es gab Lager in Elmpt-Dilborn (150 Mann) und ein Saallager in Gützenrath (52 Mann), viele Arbeiter wohnten aber auch in Privatquartieren.[54]
Neben dem Reichsarbeitsdienst wurden ab Mai 1938 in verstärktem Maße Angehörige der „Organisation Todt" eingesetzt. Deren Arbeitszeit betrug täglich 10–12 Stunden. Die Moral der Leute, die zum Teil dienstverpflichtet worden waren, war angesichts der geforderten Arbeitsleistung, der verhältnismäßig geringen Entlohnung und der teilweise mangelhaften Unterbringung allerdings nicht allzu groß.
Je nach Zweckbestimmung und Größe der Besatzung waren die Westwallbunker zwar verschieden, jedoch immer so gebaut, daß sie eine dicht verzahnte Feuerzone schaffen konnten. Die Decken und Wände bestanden in der Regel aus einer 1,50 m dicken, durch Eisenträger verstärkten Betonschicht, die Wandhöhe betrug innen 2,00 m. Die Deckengewölbe waren bei den Mannschafts- und Sani-

tätsbunkern auch bis zu 2,50 m stark. Die Fußböden bestanden aus 50-cm-Zementplatten. Die Eingänge waren mit Stahltüren versehen. Jeder Bunker besaß eine eigene Entlüftungsanlage, doch war der längere Aufenthalt in einem solchen Zementblock wegen der Kälte und Feuchtigkeit nicht gerade angenehm. Während der Kämpfe kamen neben anderen Unannehmlichkeiten mißliche sanitäre Verhältnisse hinzu, da die Insassen nicht wagen konnten, die Bunker durch die Eingänge zu verlassen, auf die naturgemäß das feindliche Feuer konzentriert wurde. Soweit die Bunker nicht in den Wäldern lagen, wurden sie durch Erdaufschüttungen getarnt oder mit Aufbauten versehen. Einige dieser „Häuserbunker" haben Kriegs- und Nachkriegszeit überstanden und werden noch als Wohnhäuser benutzt.

Zugleich mit dem Festungsbau wurde das Straßennetz im Grenzland durch den Bau wichtiger Umgehungs- und Zufahrtsstraßen entscheidend verbessert. Am bekanntesten sind der Grenzlandring um Wegberg und die Umgehungsstraße bei Waldniel, die unmittelbar an der Bunkerlinie endete. Außerdem wurde die Kampflinie, die zum Teil durch völlig unwegsames Gelände lief, mittels Schotterwege erschlossen.

Nach der Besetzung des Rheinlandes im Jahre 1936 war bereits mit der Aufstellung einer Grenzwacht zur Durchführung einer territorialen Grenzsicherung begonnen worden[55]. Es wurden grundsätzlich nur ausgebildete Männer darin aufgenommen, die sich aus den grenznahen Gemeinden rekrutierten und die in Kompanien zusammengefaßt wurden.

Die Männer hatten jährlich an einer sechstägigen Übung teilzunehmen. Aufgabe der Grenzwacht war es, bei etwaigen überraschenden Vorstößen des Feindes eine Grenzssperre zu errichten, sich hinhaltend zu verteidigen und durch Sprengungen und Sperrungen den Vormarsch des Gegners zu verzögern.

Eine Grenzwachtkompanie bestand aus etwa 140–150 Mann, sie war mit Paks (= Panzerabwehrgeschützen), MGs (= Maschinengewehren) und Gewehren bewaffnet. Neben Einheiten, die in unmittelbarer Nähe der Grenze im Verteidigungsfall die Sicherungslinien besetzten, wurden 1938 auch Stellungseinheiten aufgestellt, die im Verteidigungsfall die Westwallbunker besetzen und schützen sollten. Das Schwalmgebiet wurde vom Grenzwacht-Regiment 36 verteidigt, der Bunkerlinie waren weitere Verteidigungslinien vorgelagert, die von der Grenzwacht zu besetzen waren: zunächst einer Grenzsicherungslinie, die unmittelbar entlang der Grenze verlief. Sie begann an der Schwalm südwestlich des Zollhauses an der Straße Brüggen-Swalmen, führte entlang den Jagen 74 und 73 zur alten Zollstraße und zwischen den Jagen 51 und 50 zur Straße Elmpt-Roermond. Sie stieß bei ihrem weiteren Verlauf auf den Grenzvorsprung beim Meinweg und unmittelbar entlang der Grenze zum Forsthaus Ritzrode.

Eine zweite Verteidigungsstellung verlief als Grenzlinie parallel zum Westwall etwa ein bis drei Kilometer in dessen Vorfeld und begann am südlichen Ortsrand von Brüggen. Auf den überhöhten Geländestellen östlich der Straße nach Elmpt verlief diese Linie oberhalb der Straße An der Beek, sie erreichte südlich Oberkrüchten den Meinwegwald und nahm hier die Grenzsicherungslinie auf. Im Jahre 1938 rückten erstmals Reservisten zu Übungen in die Bunker ein. Als die Lage ernst wurde, bezogen am 26. August 1939 Grenzwachtregimenter die Stellungen. Bei diesen Einheiten handelte es sich vorwiegend um Teilnehmer am ersten Weltkrieg.

Im Januar 1939 zeigte man sich noch sehr zuversichtlich hinsichtlich des Verteidi-

80 Mitglieder der Grenzwacht bei der militärischen Ausbildung

gungswertes der von der deutschen Führung hochgelobten Befestigungsanlage; so heißt es auch in der Heyener Schulchronik: „Im Herbst 1938 setzte plötzlich auf Befehl des Führers Adolf Hitler die Anlage der Grenzbefestigungen ein. Tausende Arbeiter aus allen Gauen Deutschlands wurden in der näheren Umgebung (u. a. Schloß Dilborn, Saal Bonsels/Gützenrath) einquartiert. Ununterbrochen rollen Lastwagen mit Zement und Kies, Omnibusse mit Arbeitern heran. Ackerflächen werden zu Lagerplätzen hergerichtet, um das umfangreiche Material aufzuspeichern. Die Reichsstraße Brüggen-Niederkrüchten war dermaßen vom Verkehr in Beschlag genommen, daß jeder Fußgänger und Fahrer die äußerste Verkehrsdisziplin üben mußte, um Unglücke zu vermeiden. Ein Beton- und Panzerwerk nach dem anderen wuchs aus dem Boden. Tag und Nacht wurde gearbeitet. Das es dabei an Spionen nicht fehlte, braucht kaum erwähnt zu werden. Dieser gesamte Bunkerwall bildet ein unüberwindliches Bollwerk, das der Führer zum Schutze des Staates errichten ließ. In den Tagen des Münchener Abkommens bewahrte die hiesige Bevölkerung volle Disziplin, setzte sie doch ihr ganzes Vertrauen auf den Führer. Wenn es dennoch zu einem Kriege gekommen wäre, war alles bereit, dem Befehl des Führers zu folgen."

IM NAMEN
DES DEUTSCHEN VOLKES

VERLEIHE ICH
dem
Zellenleiter
Karl [redacted]
Elmpt

FÜR VERDIENSTVOLLE ARBEIT
ZUM SCHUTZE DEUTSCHLANDS
DAS

DEUTSCHE SCHUTZWALL-
EHRENZEICHEN

FÜHRER-HAUPTQUARTIER, DEN 16.Dezember 1944

DER FÜHRER
ADOLF HITLER

81 Die Männer, die am Westwallbau mitgearbeitet hatten, erhielten später das „Schutzwall-Ehrenzeichen“

Südöstlich Silverbeek steht in dem Wohnplatz Blonderath noch heute ein gesprengter Bunker des Westwalls, der als Bodendenkmal eingetragen ist (Nr. 126). Der rechts an den Bunker angebaute Kampfraum ist nur leicht beschädigt und in ein erst nach dem Krieg errichtetes Haus integriert. Der vor dem Haus stehende Teil des Bunkers ist gesprengt, die beiden Eingänge sind zugemauert.
Der 7,60 × 13,80 m große Bunker hat zwei 2,70 × 4,80 m große Unterkunftsräume für die Besatzung und einen sogenannten Kampf- oder Beobachtungsraum. Es ist die einzige Anlage im nördlichen Teil des Westwalls, die trotz der Sprengung noch einen Eindruck von dem Aussehen eines Westwallbunkers vermittelt.

14.7 Flucht über die Grenze

In Niederkrüchten und Elmpt wohnten vor dem II. Weltkrieg keine Juden, so daß es hier auch nicht zu Pogromen irgendwelcher Art gekommen ist. Die Gemeinden wurden jedoch häufig von jüdischen Händlern der Umgebung aufgesucht, die dort unmittelbar mit der einheimischen Bevölkerung handelten.
Im Krankenhaus Niederkrüchten hatte Ende 1938 der jüdische Kaufmann Adolf Goldstrom, geboren am 22. 1. 1870 in Sirakowietz/Polen, Aufnahme gefunden. Dieser verübte am 2. 1. 1939 in Niederkrüchten Suizid durch Vergiften; Goldstrom liegt auf dem Niederkrüchtener Friedhof begraben[56].
Wenn auch in Elmpt und Niederkrüchten keine Juden während der NS-Zeit wohnten, so wurde doch insbesondere Elmpt durch seine Grenznähe indirekt von den Judenverfolgungen betroffen, da viele Juden versuchten, über die Grenze in die Niederlande zu fliehen. Der am 20. November 1912 in Overhetfeld geborene Landwirt Heinrich Lenhsen gehörte zu den mutigen Männern, die trotz größter Gefahren für ihr eigenes Leben jüdischen Mitbürgern halfen, die Grenze zu überwinden. Sein aufregender Bericht[57] vermittelt eindrucksvoll die Schwierigkeiten und Gefahren, unter denen die Hilfsaktionen abgewickelt wurden; doch lassen wir Heinrich Lenhsen selbst berichten:
„Wie es kam, daß ich mich für das Schicksal der dort lebenden Juden interessierte, weiß ich gar nicht mit Bestimmtheit zu sagen. Persönlich war ich vorher nur mit einem Juden bekannt, einem in meiner Heimat gut bekannten Viehjuden, welcher „Alex“ gerufen wurde und sehr beliebt war. Nachdem dieser Mann keine Existenzgrundlage mehr hatte, wurde er von einigen Bauern, darunter von meinen Eltern, mit Essen für sich und seine Kinder versorgt.
Gleich zu Kriegsbeginn 1939 wurde ich zum „verstärkten Zollgrenzschutz“ an der deutsch-niederländischen Grenze eingezogen. Der Zollgrenzschutz wurde in diesem Gebiet in den Jahren 1934 bis 1935 aufgestellt und ich gehörte ihm seit dieser Zeit an.

An einem Abend, etwa ein halbes Jahr vor dem deutschen Einmarsch in Holland, fand bei einem mir gut bekannten Herrn Jerecht in Overhetfeld eine Hausdurchsuchung statt. Obwohl dieser Mann sehr oft ihm gut bekannte Juden aus Düsseldorf zur Jagd im Elmpter Wald einlud, verlief die Durchsuchung ergebnislos.

Am Tage nach der Hausdurchsuchung setzte sich Herr Jerecht mit mir in Verbindung. Zu dieser Zeit war ich als Gefreiter beim Zollgrenzschutz am Zollamt Elmpt stationiert. Herr Jerecht glaubte, daß genau an dieser Stelle eine Möglichkeit bestünde, verfolgten Juden die Flucht nach Holland zu ermöglichen!

Ich schlug Herrn Jerecht vor, die Verfolgten in großen Maschinenkisten auf Lastwagen aus den jeweiligen Gefahrenzonen zu transportieren. Er schien meinen Vorschlag aufzugreifen, denn von nun an wurden in Düsseldorf die Transporte mit jüdischen Familien aus dem gesamten Reichsgebiet zusammengestellt und die Rettungsaktion lief an ...

Nach Einbruch der Dunkelheit kam der LKW an einer vorher ausgemachten Stelle am Elmpter Wald an. Die Flüchtlinge wurden dort von Herrn Jerecht übernommen und über einen langen, besonders für die Frauen und Kinder beschwerlichen Fußweg bis zur niederländischen Grenze geführt.

Hier nun war von mir genau festgelegt worden, welche Wege zu gehen waren, ohne auf Zollstreifen zu stoßen. Dies war nur möglich, weil ich von Kindheit an hier ortskundig war.

Herr Jerecht führte zweimal eine Gruppe jüdischer Flüchtlinge ohne Absprache mit mir auf kürzestem Wege nach Holland. Beide Male stieß er auf Zollkontrollen meiner Nachbargruppen. Beide Male wurde ich von meinem Gruppenführer aufgefordert, mit meinen Leuten das Waldstück abzusuchen, da er wohl richtig vermutete, daß dort Juden ins Ausland flüchteten.

Immer wieder hatte ich Herrn Jerecht aus Gründen der Sicherheit abgeraten, eigene Wege zu gehen. Von den Zollstreifen einmal abgesehen, befand sich unmittelbar an der Grenze nämlich auch noch eine Nachrichtengruppe der Wehrmacht. Da es von der Grenze bis zum deutschen Zollamt ca. 4 km waren, mußten die Juden diese Wehrmachtsstellung unbedingt umgehen.

Eines Tages machte die genannte Gruppe einen Stellungswechsel ausgerechnet hinter das Zollhaus, wo bereits der Stacheldraht durchtrennt war. Ich erfuhr davon gegen 20 Uhr – jetzt war guter Rat teuer, vor allem, wenn ein Transport unterwegs war. Herrn Jerecht konnte ich nämlich dann unter keinen Umständen mehr erreichen. Gleichzeitig fiel mir ein, daß sowieso nicht immer an der gleichen Stelle entladen werden sollte. Ich trat also meinen Dienst an, der Gedanke an die möglicherweise ankommenden Juden ließ mir aber keine Ruhe. Gegen 21 Uhr fiel ein Schuß in unmittelbarer Nähe der Nachrichtengruppe.

Ich bekam einen großen Schreck, denn nun wußte ich, daß wieder ein Transport Juden angekommen war. Ohne lange nachzudenken rannte ich los, bis ich auf die Soldaten stieß. Diese waren übernervös und glaubten, überfallen worden zu sein. Unter einem Vorwand gelang es mir, sie in einem Wehrmachtszelt, zusammen mit ihrem Unteroffizier, aufzuhalten. Meinen damaligen Kameraden habe ich erst vor einigen Jahren gesagt, was damals dort los war und warum dort ein Schuß gefallen war. Offiziell übernahm ich nun an dieser Stelle die Wache und Herr Jerecht konnte die Juden an einer anderen Stelle über die Grenze führen. Dies war möglich, da er immer eine Drahtschere bei sich führte. So konnte

auch dieser Transport ohne Verluste die Niederlande erreichen.
Etwas später berichtete mir Herr Jerecht von den besonderen Problemen kranker und behinderter Juden. Ein solch langer Weg, zudem noch mit Gepäck, war ihnen kaum zuzumuten. Aber gab es einen anderen Weg?
Schließlich kamen wir auf die Idee, die bereits besagten LKW als Wehrmachtsfahrzeuge zu tarnen. In den Fahrzeugen wurden als Attrappe zwei hohe Kisten deponiert. Offiziell befand sich darin Stacheldraht, um die Grenze zu befestigen. Im Führerhaus saß ein Jude als deutscher Offizier verkleidet, ebenso ein Feldwebel bzw. Unteroffizier und zwei bis drei Soldaten zum Entladen. Die notwendigen Papiere erwiesen sich als ausgezeichnete Fälschungen.
Da es am Zollamt Elmpt sicherlich zu Problemen gekommen und ein Halt unvermeidlich gewesen wäre, riet ich dem Fahrer, sich auf einen Kompanieführer Schneider zu berufen. Er sei mit ihm schon oft an der Grenze entlang gefahren und wisse daher, wo der Stacheldraht abgeladen werden solle. Würde man trotzdem Schwierigkeiten machen, solle er nach dem Gefreiten Lenhsen fragen, da dieser ja hier Bescheid wisse!
Eines Tages kam dann das erste dieser Fahrzeuge an. Ich stand gerade auf Posten unmittelbar am Schlagbaum. Ich hörte also wie das Gespräch verlief – genauso, wie ich es vermutet hatte. Zum Glück konnte die Fahrt weitergehen und ich brauchte nicht mitzufahren.
So verlief auch diese Aktion recht erfolgreich. Von einem holländischen Bekannten mußte ich aber später erfahren, wie die geretteten Juden beim Geldumtausch hinter der Grenze betrogen wurden. Die Bahnfahrt, ja selbst einen Schluck Wasser mußten sie bezahlen. Die Niederländer haben sich damals sehr über die deutschen Zollbeamten gewundert und uns gleichzeitig vor den holländischen Nazis, den sog. NSBlern, gewarnt.
Ich hätte nie daran gedacht, noch einmal einen der Geretteten wiederzusehen. Im Jahre 1979 kaufte ich mir in Köln-Ehrenfeld eine neue Armbanduhr. Als ich das Gesicht des Uhrmachers sah, wußte ich, das ist einer von den damals illegalen Grenzgängern. Auf meine Frage bestätigte Herr L.[58] dies und berichtete mir einige weitere Einzelheiten. Nach seinen Schätzungen sind damals an besagter Stelle mindestens 20 000 Menschen hinübergeschleust worden. Ich selber konnte mindestens 2000 Personen beim Grenzübertritt beobachten. Leider wurden ja viele nach dem Einmarsch der Wehrmacht in Holland wieder von den Nazis gefangengenommen und in KZ's gesperrt.
Mit meinem Bericht möchte ich nun nicht den Eindruck erwecken, ich sei ein großer Held oder sogar ein Widerstandskämpfer, das war ich weiß Gott nicht! Ich will damit nur aufzeigen, daß man selbst als kleiner „Piefke" im 3. Reich durch bloßes Wegsehen manchmal etwas helfen konnte."
Soweit der Bericht eines Elmpter Bürgers, der bewiesen hat, daß es auch hier Widerstand gegen das Regime und Einsatz für verfolgte Mitbürger gab.

15. Von Blitzsiegen zur totalen Niederlage 1939–1945

15.1 Blitzkriege und Luftterror

Im Zuge seiner Anschlußpolitik hatte Hitler am 21. März 1939 die Rückgabe Danzigs und die Einrichtung eines Verkehrsweges durch den polnischen Korridor gegen die Anerkennung der deutsch-polnischen Grenze vorgeschlagen. Polen lehnte dieses Angebot ab, Großbritannien und Frankreich sicherten Polen Hilfe in einem eventuellen Kriegsfall zu. Daraufhin schloß Hitler am 22. Mai mit Italien und am 23. August 1939 mit der Sowjetunion einen Nichtangriffspakt. Polnische Maßnahmen gegen Volksdeutsche lieferten dann den willkommenen Grund für Hitler, am 1. September 1939 Polen den Krieg zu erklären. Großbritannien und Frankreich zeigten sich mit Polen solidarisch und erklärten ihrerseits dem Deutschen Reich den Krieg. Das war der Beginn des Zweiten Weltkrieges.

August 1939. Auch in Elmpt und Niederkrüchten war wie im gesamten Deutschen Reich damals Dreh- und Angelpunkt aller Gespräche und Überlegungen die bange Frage: Wird es Krieg geben? Die Tageszeitungen waren voll von Schlagzeilen und Meldungen über Verhandlungen der Reichsregierung auf internationaler Ebene, von allgemeiner Aufrüstung, von Gewalttätigkeiten der Polen gegenüber der deutschen Minderheit war die Rede.

Von kriegerischer Begeisterung, von dem Hurra-Patriotismus der Väter und Großväter war in jenen unheilvollen Tagen Ende August 1939 nicht das Geringste zu spüren. Die Stimmung war gedrückt, resigniert, fatalistisch.

In den Zeitungen kündigte sich erst mit zaghaften Tönen das an, was später zum not- und leidvollen Kriegsalltag wurde. Noch dominierten auf den lokalen Seiten Berichte über die neue Theatersaison und die Restaurierung alter Fachwerkhäuser. Erst später störte eine Rubrik „Anleitung zum Bau des Luftschutzkellers" das friedliche Bild.

Den Wehrwillen entfachte das Propagandaministerium in Berlin. Da „rief der Führer zu eiserner Härte auf" und da etablierte sich die „Volksgemeinschaft am Ladentisch" (womit man die Einführung der Zwangswirtschaft schamvoll umschrieb). Die Aufforderung „Straße frei bei Luftangriffen" nahm aber im Herbst des Jahres 1939 noch niemand so recht ernst. Viel lieber verließ man sich auf die Versicherung „Feuerbereit steht unsere „Flak" (Fliegerabwehrkanone). Niemand wollte den Krieg, den man folglich auch nicht als „läuterndes Stahlbad" begrüßte – dazu war die Erinnerung an das Grauen der Materialschlachten des Ersten Weltkrieges noch zu frisch.

Die folgenden Auszüge aus den Zeitungsausgaben der letzten Augusttage sind bezeichnend für jene eigenartige Mischung aus Krisenstimmung und bewußter Verharmlosung der weltpolitischen Ereignisse, die schließlich am 1. September 1939 zum Ausbruch des Zweiten Weltkrieges führten.

In der „Niederrheinischen Volkszeitung"[1] las man im Herbst 1939: „Verdunkelungsmaßnahmen sofort! Die Krefelder Polizeidirektion teilt mit: Ab sofort sind von der gesamten Bevölkerung vom Eintritt der Dunkelheit bis zum Hellwerden Verdunkelungsmaßnahmen durchzuführen. Die Verdunkelungspflicht erstreckt sich auf Wohngebäude, Betriebe aller Art und gilt auch für Straßenbenutzer."

Bereits seit 1934 hatten in Niederkrüchten Schulungskurse über Luftschutz stattgefunden, es war der Bau von Schutzräu-

men in Niederkrüchten und Elmpt, des weiteren in Overhetfeld, Oberkrüchten, Merbeck, Gützenrath und Heyen vorgesehen. Leiter des örtlichen Luftschutzes war in den 30er Jahren zunächst Bürgermeister Becker, dann Willy Walther.
1939 wurde für das Amt Niederkrüchten, zu dem auch Elmpt gehörte, eine „Fliegerwache“ bestimmt, die mit 3 Mann besetzt war und von abends 18 Uhr bis zum folgenden Morgen 6 Uhr Dienst tat. Aufgabe der Feuerwehrmänner war es, dafür zu sorgen, daß die Verdunkelungsmaßnahmen ordnungsgemäß durchgeführt wurden und als vorsorgende Brandwache bereitzustehen. Zum Einsatz kam diese Wache ebenso wie die gesamte noch verfügbare Feuerwehr bei verschiedenen Waldbränden, insbesondere aber auch bei den Bomberabstürzen über Niederkrüchten.
In den Jahren vor dem Krieg wurden des öfteren Verdunkelungsübungen durchgeführt und im Juli 1939 die Nationalsozialistische Volkswohlfahrt (NSV) gemeinsam mit dem Reichsluftschutzbund (RLB) beauftragt, die gesamte Bevölkerung mit Volksgasmasken zu versorgen[2].
Am Freitag, dem 1. September 1939, brach der Zweite Weltkrieg aus. Der erste Wehrmachtsbericht lautete: „Auf Befehl des Führers und Obersten Befehlshabers hat die Wehrmacht den aktiven Schutz des Reiches übernommen. In Erfüllung ihres Auftrages, der polnischen Gewalt Einhalt zu gebieten, sind Truppen des deutschen Heeres heute zum Gegenangriff angetreten.“
Hitler hatte bis zuletzt gehofft, daß Großbritannien und Frankreich sich auch mit dem Überfall auf Polen abfinden würden[3]. Ihre Kriegserklärung, der sich die Commonwealthstaaten Australien, Neuseeland, Indien, Südafrika und Kanada anschlossen, erfolgte letztlich mehr im eigenen als in Polens Interesse, weil die Sicherheit der Westmächte unmittelbar angetastet war. Allerdings wußte man in London und Paris noch nicht, wie man Deutschland militärisch in die Schranken weisen sollte, da man erst jetzt die eigene Rüstung zu forcieren begann. Großbritannien entsandte ein Expeditionskorps auf den Kontinent, doch überschätzten beide Regierungen Deutschlands militärische Stärke und verharrten deshalb passiv hinter der Maginotlinie. Das militärisch unvorbereitete Italien, von Hitler über seine die Sowjetunion und Polen betreffenden Beschlüsse erst sehr spät informiert, erklärte sich zunächst für „nicht kriegsführend“.
Die den polnischen Truppen zu Lande (vor allem durch die motorisierten Verbände und die bewegliche Panzerwaffe) und in der Luft weit überlegene deutsche Wehrmacht besetzte Polen rasch. Der Kampf um Warschau endete am 27. September, am 6. Oktober kapitulierten die letzten polnischen Verbände. Am 17. September hatte zuvor die Sowjetunion, die am Vortag einen Waffenstillstand mit Japan geschlossen hatte, Polen von Osten her angegriffen. Am 28. September unterzeichneten die Außenminister von Ribbentrop und Molotow in Moskau einen Grenz- und Freundschaftsvertrag mit einem geheimen Zusatzabkommen.
Bereits am 24. 8. 1939 war der Grenzschutz auch an der niederländischen Grenze mobil gemacht worden und hatte die Grenze besetzt. Weitere Truppen rückten in den Westwall ein. Bei Boscherhausen wurden Stacheldrahtverhaue angelegt, dahinter entstanden Feldstellungen mit Schützengräben und Unterständen[4].
Am 4. 9. 1939 wurde der Westwall durch die 253. Infanteriedivision verstärkt, die den Bereich etwa zwischen Wegberg und Brüggen verteidigen sollte. Da die Einheiten für den Kampf in den befestigten Stellungen jedoch nicht ausgebildet und für den Abwehrkampf nur sehr bedingt einsatzfähig waren, wurde die Truppe in

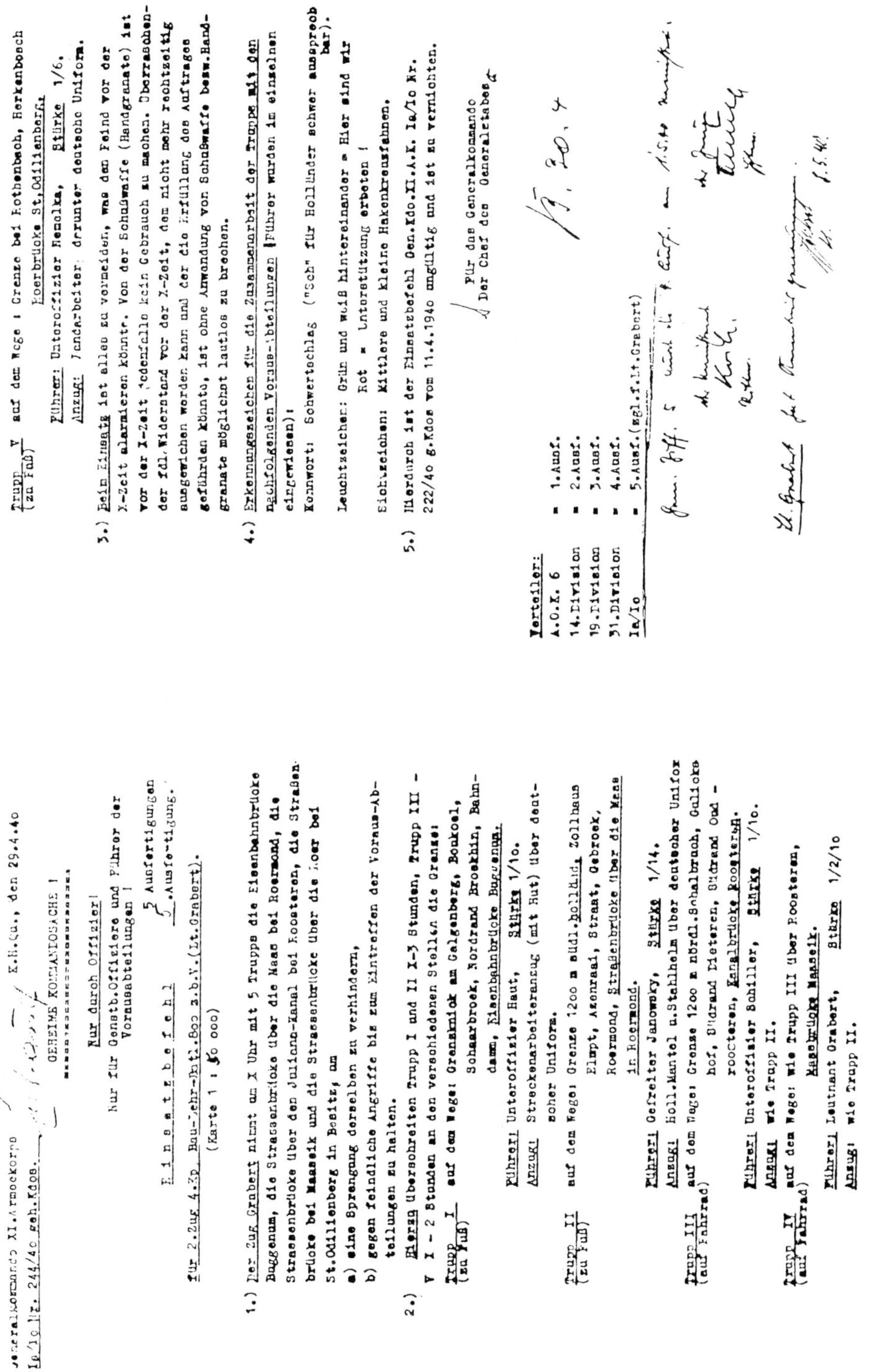

Generalkommando XI.Armeekorps K.H.Qu., den 29.4.40
Ia/Io Nr. 244/40 geh.Kdos.

GEHEIME KOMMANDOSACHE !

Nur durch Offizier!
Nur für Genstb.Offiziere und Führer der Vorausabteilungen !

5 Ausfertigungen
5.Ausfertigung.

E i n s a t z b e f e h l

für 2.Zug 4.Kp. Bau-Lehr-Btl.800 z.b.V.(Lt.Grabert).
(Karte 1 : 50 000)

1.) Der Zug Grabert nimmt um X Uhr mit 5 Trupps die Eisenbahnbrücke Buggenum, die Strassenbrücke über die Maas bei Roermond, die Strassenbrücke über den Juliana-Kanal bei Roosteren, die Straßenbrücke bei Maaseik und die Strassenbrücke über die Roer bei St.Odilienberg in Besitz, um
a) eine Sprengung derselben zu verhindern,
b) gegen feindliche Angriffe bis zum Eintreffen der Voraus-Abteilungen zu halten.

2.) Hierzu überschreiten Trupp I und II X-3 Stunden, Trupp III - V X - 2 Stunden an den verschiedenen Stellen die Grenze:

Trupp I (zu Fuß) auf dem Wege: Grenzknick am Galgenberg, Boukoel, Schaarbroek, Nordrand Broekhin, Bahndamm, Eisenbahnbrücke Buggenum.
Führer: Unteroffizier Haut, Stärke 1/10.
Anzug: Streckenarbeiteranzug (mit Hut) über deutscher Uniform.

Trupp II (zu Fuß) auf dem Wege: Grenze 1200 m südl.holländ. Zollhaus Elmpt, Asenraai, Straat, Gebroek, Roermond, Straßenbrücke über die Maas in Roermond.
Führer: Gefreiter Janowsky, Stärke 1/14.
Anzug: Holl.Mantel u.Stahlhelm über deutscher Uniform

Trupp III (auf Fahrrad) auf dem Wege: Grenze 1200 m nördl.Schalbruch, Gulickshof, Südrand Dieteren, Südrand Oud-roosteren, Kanalbrücke Roosteren.
Führer: Unteroffizier Schiller, Stärke 1/10.
Anzug: wie Trupp II.

Trupp IV (auf Fahrrad) auf dem Wege: wie Trupp III über Roosteren, Maasbrücke Maaseik.
Führer: Leutnant Grabert, Stärke 1/2/10
Anzug: wie Trupp II.

- 2 -

Trupp V (zu Fuß) auf dem Wege: Grenze bei Rothenbach, Herkenbosch Roerbrücke St.Odilienberg.
Führer: Unteroffizier Hemolka, Stärke 1/6.
Anzug: Landarbeiter, darunter deutsche Uniform.

3.) Beim Einsatz ist alles zu vermeiden, was den Feind vor der X-Zeit alarmieren könnte. Von der Schußwaffe (Handgranate) ist vor der X-Zeit jedenfalls kein Gebrauch zu machen. Überraschender fdl.Widerstand vor der X-Zeit, dem nicht mehr rechtzeitig ausgewichen werden kann und der die Erfüllung des Auftrages gefährden könnte, ist ohne Anwendung von Schußwaffe bezw.Handgranate möglichst lautlos zu brechen.

4.) Erkennungszeichen für die Zusammenarbeit der Truppe mit den nachfolgenden Voraus-Abteilungen (Führer wurden im einzelnen eingewiesen):
Kennwort: Schwertschlag ("Sch" für Holländer schwer aussprechbar).
Leuchtzeichen: Grün und weiß hintereinander = Hier sind wir
Rot = Unterstützung erbeten !
Sichtzeichen: Mittlere und kleine Hakenkreuzfahnen.

5.) Hierdurch ist der Einsatzbefehl Gen.Kdo.XI.A.K. Ia/Io Nr. 222/40 g.Kdos vom 11.4.1940 ungültig und ist zu vernichten.

Für das Generalkommando
Der Chef des Generalstabes

Verteiler:

A.O.K. 6	= 1.Ausf.
14.Division	= 2.Ausf.
19.Division	= 3.Ausf.
31.Division	= 4.Ausf.
Ia/Io	= 5.Ausf.(zgl.f.Lt.Grabert)

82 Einsatzbefehl von Leutnant Grabert vom 29. 4. 1940, Trupp II stieß vom Elmpter Zollhaus aus vor

den folgenden acht Monaten nach und nach im rückwärtigen Gebiet ausgebildet[5].

Mit dem Tage der Mobilmachung wurden die Reichsarbeitsdienst (RAD)-Einheiten zu Baubataillonen umgebildet, Einheiten des Baubataillons 111 waren in Niederkrüchten stationiert.

In den ersten Kriegsmonaten befürchtete die einheimische Bevölkerung, ihre Dörfer räumen zu müssen; jeder erhielt einen Marschausweis bzw. einen Fahrtausweis für den Fall der Räumung. Kolonnenführer waren ernannt worden, Sammelstelle für Elmpt sollte der Ortsausgang in Richtung Niederkrüchten sein. Zwischen dem 10. und 24. September 1939 mußte jeder Haushaltungsvorstand auf Fragebogen den Wert seiner beweglichen Habe, Grundbesitzer auch den Wert ihrer Grundstücke und Gebäude angeben, um später möglicherweise Schadensersatz zu bekommen. Am 12. November kam dann die beruhigende Mitteilung des Kreisleiters der NSDAP, Horst, daß der Räumungsbefehl aufgehoben worden sei.

Am 1. September 1939 war der Zivile Luftschutz ausgerufen worden, am 13. November 1939 hatte Elmpt die erste Einquartierung, eine Nachrichtenabteilung, erhalten.

Auf Anordnung der Reichsregierung wurden am 1. September 1939 sämtliche Schulen bis zum 8. Oktober 1939 geschlossen[6].

Nachdem Großbritannien und Frankreich Deutschland den Krieg erklärt hatten, wurde die Verdunkelung befohlen, um bei Nacht einfliegenden Feindflugzeugen die Zielfindung zu erschweren. Bei Dunkelheit durfte kein Licht aus Fenstern, Türen oder dergleichen nach draußen dringen. Die Straßenbeleuchtung war selbstverständlich abgeschaltet. Auch Auto- und Fahrradlampen mußten so abgeblendet werden, daß nur noch durch einen schmalen Schlitz Licht durchschien.

Im September und Oktober 1939 erschienen erstmals einige feindliche Flugzeuge, die aber lediglich Flugblätter abwarfen.

Eigentlich wollte Hitler noch im Spätherbst 1939 gegen Frankreich losschlagen, doch machte das Winterwetter größere Operationen unmöglich. Daher verschob er die Westoffensive immer wieder, insgesamt 29mal, bis zum nächsten Frühjahr. Dann aber entbrannte der Krieg zunächst im skandinavischen Norden. Durch den Pakt mit der Sowjetunion hatte Deutschland für die Auseinandersetzung mit den Westmächten den Rükken frei, nach dem Polenfeldzug wurden große Teile der deutschen Wehrmacht in den westlichen Teil des Deutschen Reiches verlegt. Damit kamen auch nach Elmpt und Niederkrüchten viele Einheiten, die hier bei Privatleuten einquartiert wurden.

Eine kleine Episode am Rande des Kriegsgeschehens:

Nach einem Vermerk des Amtsbürgermeisters Niederkrüchten vom 8. 2. 1940 hatten am 5. Februar 1940 dreizehn niederländische Soldaten, ein Offizier und zwölf Mannschaften, beim niederländischen Zollamt auf der Straße Roermond/Elmpt wahrscheinlich irrtümlich die Reichsgrenze überschritten. Zollbeamte hatten die Soldaten der Ortskommandantur bei Niederkrüchten vorgeführt. Diese hat am gleichen Tag gegen 23 Uhr die Soldaten entlassen und an die Reichsgrenze zurückgeschickt – es kam Befehl „von oben", kein Aufhebens zu machen, man wollte von deutscher Seite jede Auseinandersetzung – noch – vermeiden[7].

Am 10. Mai 1940 fielen die deutschen Truppen in die Niederlande, in Belgien und Luxemburg ein. Strategisches Ziel der Operation war es, unter Ausnutzung des Überraschungsmoments mit den schnellen Panzerverbänden und unter dem Schutz der überlegenen Luftwaffe

durch die Ardennen nördlich der Maginotlinie schnell zur Kanalküste durchzubrechen, dadurch die britischen und französischen Truppen zu trennen und sie dann zu umfassen.
Aufmarschstraßen führten durch Elmpt und Niederkrüchten, welche in diesen Tagen gewaltige Truppenmassen zu sehen bekamen. Mehrere Tage lang wollte der Zug der Soldaten fast nicht abreißen. Am Tag vor dem Einmarsch glich das Dorf einem wahren Heerlager, auf allen Straßen und Wegen lagerten die verschiedensten Militärverbände. Am frühen Morgen des 10. Mai hörte man die Detonation von den Sprengungen der Maasbrücken.[8]
Die Heyener Schulchronik berichtet[9] hierüber:
„Bis zum 9. Mai 1940 war das alte Schulgebäude mit deutschen Truppen belegt, der Durchmarsch von Truppen aller Waffengattungen riß an diesem Tage und in der folgenden Zeit nicht ab. Deutlich war in den Tagen vor Pfingsten der Kanonendonner von Holland her zu hören."
Der strategische „Sichelschnitt", mit dem die Niederlande und Belgien erobert werden sollten und der auf einen Plan des Generals von Manstein zurückging, führte zum Erfolg. Die Niederlande und Belgien kapitulierten am 14. bzw. 28. Mai, am 29. Mai erreichten die deutschen Truppen die Mündung der Somme. Der Versuch, dem britischen Expeditionskorps den Rückzug zum Meer abzuschneiden, gelang allerdings nicht. Hitler, der den bei Dünkirchen eingeschlossenen Gegner bereits in der Hand zu haben glaubte, hielt den Vorstoß der Panzertruppe nach Norden am 24. Mai für zwei Tage an, um sie für die weiteren Kämpfe zu schonen. Dadurch gelang es 340 000 britischen, französischen und belgischen Soldaten – wenn auch ohne ihre Ausrüstung – nach Großbritannien zu entkommen.
Zwischen dem 5. und dem 22. Juni rückten deutsche Truppen überall bis an die nord- und westfranzösische Küste vor. Aufgrund des Waffenstillstandsabkommens von Compiègne (22. Juni 1940) besetzte Deutschland drei Fünftel Frankreichs, so daß die nordfranzösischen Industriegebiete, Paris und die gesamte Kanal- und Atlantikküste bis zur spanischen Grenze, unter direkter deutscher Kontrolle standen. Elsaß und Lothringen wurden ebenso wie Luxemburg unter deutscher Zivilverwaltung dem Reich faktisch angegliedert.
Hitlers nächster Plan für 1940 sah eigentlich die Eroberung Englands vor. Ein deutscher Angriff auf England über den „breiten Panzergraben" des Ärmelkanals hinweg war jedoch nur denkbar, wenn zuvor die deutsche Luftherrschaft über den britischen Inseln errungen war. Hitler befahl daher, „mit allen zur Verfügung stehenden Kräften die englische Luftwaffe" niederzukämpfen. Für einen solchen strategischen Einsatz war aber die deutsche Luftwaffe nicht gerüstet, da sie weder viermotorige Bomber noch Langstreckenjäger besaß. Auf englischer Seite hingegen hatte die Jagdwaffe einen hohen Stand erreicht und das Abwehrsystem war durch Radar verstärkt worden.
In der Luftschlacht um England im Sommer und Herbst 1940 erlitten die Deutschen von Anfang an sehr hohe Verluste. Nachdem bei Tagesangriffen auf englische Flugplätze und Radar-Stationen fast 800 deutsche Maschinen verlorengegangen waren, begann Deutschland mit der Bombardierung von Häfen, Industrieanlagen und Wohnvierteln vorwiegend bei Nacht. In englischen Städten entstanden beträchtliche Zerstörungen. Doch die steigende britische Flugzeugproduktion und die Zufuhr amerikanischer Maschinen bewirkten, daß die Royal Air Force (RAF) im Spätherbst

stärker war als zu Beginn der Schlacht über England. Hitler mußte den Plan einer Invasion zunächst verschieben, schließlich ganz aufgeben. Dieser Ausgang der Luftschlacht um England war die erste große Niederlage Deutschlands im Zweiten Weltkrieg.

Die größten Belastungen, die die Zivilbevölkerung in diesem Krieg zu ertragen hatten, gingen zweifellos vom Luftkrieg aus, der die Zivilbevölkerung in nie geahntem Maße in Mitleidenschaft zog.

Am 11. Mai 1940 griff die britische Luftwaffe als erste deutsche Stadt Mönchengladbach an, wobei es vier tote Zivilisten gab. Mit dem Angriff auf Rotterdam am 14. Mai 1940 griff ihrerseits die deutsche Luftwaffe erstmals eine feindliche Stadt aus der Luft an - der Luftkrieg war eröffnet.

Einen Angriff auf Berlin erwiderte Deutschland im September 1940 mit Angriffen auf London, im November des gleichen Jahres auf Coventry, welches fast ganz in Schutt und Asche gelegt wurde.

Die Luftschutzbehörden ordneten das Anbringen von Splitterschutzkästen an; sandgefüllte Kästen sollten die oberirdischen Kelleröffnungen vor Explosionswirkung schützen.

Auf den Speichern wurde eine Entrümpelungsaktion durchgeführt. Eventuell einschlagende Brandbomben sollten sowenig wie möglich Nahrung für ihr Feuer finden. Für die Brandbekämpfung mußten Sand in Tüten und Wasser in Eimern oder anderen Behältern in den oberen Hausgeschossen und auf Speichern bereitstehen. Kleine Handspritzen mußten angeschafft werden. Eine weitere Aufgabe des Luftschutzes war die Sorge und Mithilfe bei der Bereitstellung von Schutzräumen. Hier boten sich natürlich die Hauskeller an. In dem vorgesehenen Schutzraum wurden teilweise die Decken verstärkt oder mit dicken Balken abgestützt. Starke, mit Eisenriegeln versehene Türen wurden angebracht. Die Kellerfenster wurden mit Sandsäcken oder Eisenklappen geschlossen und ein Notausgang mußte geschaffen werden. Später wurde noch ein weißer Pfeil an der Hausfassade angebracht, der genau auf den Kellerraum zeigte, in dem sich die Bewohner im Falle eines Hauseinsturzes befinden mußten. Diese Pfeile sind an manchen Häusern heute noch zu sehen.

Da man mit dem Einsatz chemischer Kampfstoffe wie z. B. Gas rechnen mußte, wurde die Zivilbevölkerung mit der sogenannten ‚Volksgasmaske‘ ausgerüstet.

Eine weitere wichtige Aufgabe des Luftschutzes war die Unterweisung der Bevölkerung in der ‚Ersten Hilfe‘ bei Verletzungen, die durch Bomben, Brand oder Beschuß hervorgerufen werden konnten. Hierfür wurden vom Deutschen Roten Kreuz Laienhelferinnenkurse abgehalten.

Nach den „Blitzkriegen“ und der erfolgreichen Niederwerfung der Niederlande, Belgiens und Frankreichs war der Westwall für die deutsche Heeresleitung überflüssig geworden. Hitler selbst ordnete an, aus der „Siegfriedlinie“ die Geschütze, Panzerabwehrkanonen (Paks) und Maschinengewehre (MG) auszubauen. Für die gesamte Desarmierung des Westwalls wurden im August 1940 kriegsgefangene Polen eingesetzt, die vor allem Drahthindernisse abbauen sollten, allein in Erkelenz waren 400 Gefangene untergebracht, auch in dem alten Heyener Schulgebäude wurde im August 1940 ein Lager für 50 kriegsgefangene Franzosen eingerichtet. Deutschland sollte diese Desarmierung nur wenige Jahre später bitter bereuen!

Dafür mußte die Zivilbevölkerung sehr schnell erfahren, daß die Gegner sehr wohl über Mittel verfügten, den Krieg auch in das Deutsche Reich hineinzutragen: In der Nacht zum Pfingstsonntag 1940 rissen Bombenabwürfe feindlicher

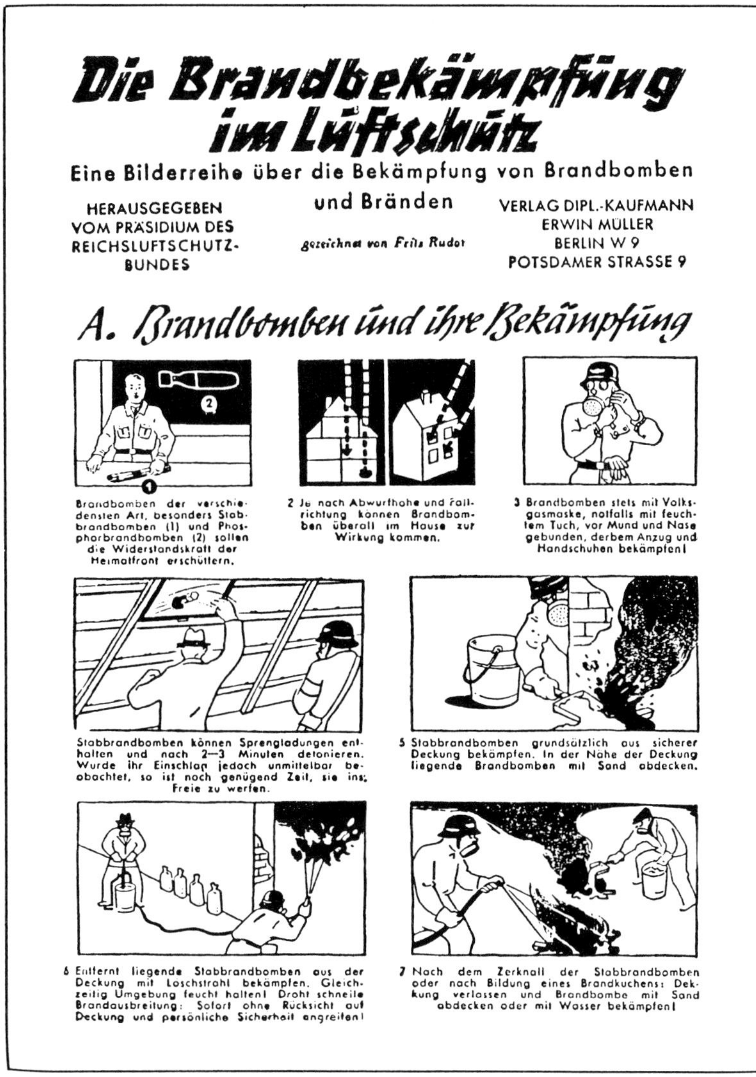

83
Vorderseite einer vierseitigen Anleitung zur Brandbekämpfung, die im Kriege in großen Mengen an die Bevölkerung verteilt wurde. Die verschiedenen Kopfbedeckungen der handelnden Personen - Luftschutzhelm, Hut und Mütze - sollten augenscheinlich das Zusammenwirken der Wohngemeinschaft mit dem Luftschutzwart darstellen. Auf der letzten Seite werden die „Waffen im Kampf gegen Brandbomben und Brände“ erläutert: Luftschutzhandspritze, Feuerpatsche, Einreißhaken, Schaufel, Axt, Beil, Leine und Leiter; entnommen: Krefeld im Luftkrieg 1939–1945

Flugzeuge die Bewohner von Elmpt und Niederkrüchten aus dem Schlaf. Bomben fielen in den Tackenbenden nahe der Grenze und in Birth. Das war der Auftakt zu den nun folgenden fast täglichen Fliegeralarmen, die die Bewohner zwangen, die Nächte in Kellern und Bunkern zu verbringen.

Die Tageszeitungen berichteten dagegen im Ortsteil in den ersten Kriegsjahren über mehr oder weniger banale Dinge des Alltags, im übrigen aber bemühte man sich, der Bevölkerung zum einen das Gefühl zu geben, der Krieg sei halb so schlimm und sicher bald siegreich zu Ende geführt, zum anderen jedoch, alle Kräfte zu mobilisieren, um dieses „siegreiche Ende“ bald herbeizuführen.

Der Dienst im Jungvolk und in der Hitlerjugend (HJ) bestand nun hauptsächlich aus Antreten, Marschieren und Exerzieren, dabei wurden nationalsozialistische

84 Viele Zivilisten verbrachten Nacht für Nacht im Luftschutzkeller – viele wurden trotzdem Opfer der Luftangriffe

Lieder oder Soldatenlieder gesungen. Feierliche Anlässe waren Führers Geburtstag am 20. April (1889), der 9. November (Marsch zur Feldherrnhalle 1923) und der 30. Januar (1933, der Tag der „Machtergreifung").
Im Zweiten Weltkrieg war auch in Elmpt und Niederkrüchten an einen geordneten Schulbetrieb nicht mehr zu denken. Durch die Einberufung von Lehrern zum Militärdienst, durch die vielen Fliegeralarme, durch Sammelaktionen und die Verknappung von Lehr- und Lernmitteln entstanden Schwierigkeiten, die kaum zu bewältigen waren. Aus den Schulchroniken kennen wir eine Reihe von Einzelheiten, die die Schwierigkeiten der damaligen Zeit beleuchten.
Im Laufe des Jahres 1940 mußten die Schulkinder immer wieder auf Suche nach Flugblättern gehen, wenig später wurden auch des öfteren Brandplättchen abgeworfen, die aus Zelluloid und einem Stückchen Phosphor bestanden und durch die Waldbrände hervorgerufen werden sollten. Ein größerer Brand im Elmpter Wald resultierte wahrscheinlich aus solchen gefährlichen Plättchen.
Ernster wurde es bereits in der Nacht vom 10. zum 11. Mai 1940, als ein britisches Flugzeug eine Bombe in Boscherhausen abwarf, wobei das Haus des Gärtners Vievers stark beschädigt wurde. Nun stellte man auch auf die Speicher der Schulen Sandkisten, um beim Abwurf von Brandbomben diese mit Sand löschen zu können.
Plötzlich war etwas eingetreten, was der Reichsluftmarschall Hermann Göring für undenkbar gehalten hatte („... wenn feindliche Flugzeuge die deutsche Reichsgrenze überfliegen, dann will ich Meier heißen!"). Niemand ahnte, wie sehr in den nächsten Jahren der Luftkrieg über

Deutschland noch die Bevölkerung in Angst und Schrecken versetzen sollte!
„Im Rahmen der Kinderlandverschickung wurden 1940/41 eine Reihe Schulkinder in den Gau Danzig/Westpreußen, ins Sudetenland und nach Mittelfranken geschickt“, so berichtet die Schulchronik Heyen[10].
Schlimm sollte sich das Kriegsgeschehen auf den Elmpter Wald auswirken. Nach den großen Bränden in den Jahren 1911 und 1923 war der Wald bis zum II. Weltkrieg von größeren Bränden verschont geblieben. Im Jahre 1928 war in Jagen 36 ein steinerner Feuerwachtturm errichtet worden, welcher mit Telefon und Sirene als Alarmvorrichtung ausgestattet war, so konnten Waldbrände schon kurz nach der Entstehung bekämpft werden.
Im Jahre 1940 belief sich die Gesamtgröße des Gemeindewaldes auf 1820 Hektar, wovon 1660 Hektar mit Holz bestockt waren[11].
In der Nacht vom 14. zum 15. November 1939 hatte ein Sturm große Verwüstungen angerichtet, etwa 150 Hektar der besten Altholzbestände waren der Naturkatastrophe zum Opfer gefallen. Über 30000 Festmeter Kiefernstammholz lagen innerhalb einer Nacht am Boden. Mit einem großen Arbeiteraufgebot, wobei man vor allem niederländische Arbeitskräfte und später auch französische Kriegsgefangene einsetzte, wurde die Aufarbeitung sofort in Angriff genommen.
In der Nacht des 8. Juli 1940 warfen jedoch britische Flugzeuge große Mengen Brandplättchen ab, die insbesondere in dieses Windbruchgebiet mit den riesigen Mengen Kiefernastholz fielen. In kurzer Zeit stand ein Gebiet von rund 500 Hektar in Flammen. Obwohl sehr rasch Hilfskräfte in großer Zahl herangezogen wurden, brannte bis zum Abend des selben Tages diese Fläche ganz aus. An den Löscharbeiten waren drei Truppenteile, darunter ein Pionierbataillon aus Aachen, die Männer von vier Arbeitsdienstlagern, die Technische Nothilfe Aachen, die Feuerwehren des gesamten Kreises Erkelenz und auch die Bevölkerung der umliegenden Orte beteiligt.
Erst im Frühjahr 1943 war die Aufforstung dieser 500 Hektar großen Brandfläche abgeschlossen, der Gesamtschaden belief sich jedoch auf mehr als 414000 Reichsmark.
Der Arbeitsdienst, der nun bei den Waldarbeiten mit eingesetzt wurde, hatte in Elmpt eine lange Tradition. Bereits Ende der 20er Jahre war zur Behebung der Arbeitslosigkeit die Idee eines freiwilligen Arbeitsdienstes im Deutschen Reich aufgekommen. Die Präsidenten der Landesarbeitsämter wurden Bezirkskommissare eines freiwilligen Arbeitsdienstes, der auch in Elmpt 1930 ein Lager errichtet hatte. Leiter des Arbeitsdienstlagers Elmpt war bis 1933 Oberfeldmeister Vogt. Nach einem Bericht des damaligen Bürgermeisters war nach der Machtergreifung „das Einvernehmen zwischen dem Arbeitsdienst und den sonstigen Organisationen der NSDAP gut. Es waren 68 Dienstwillige mit der Reinigung der Waldschneisen beschäftigt“[12].
Durch Gesetz vom 26. 6. 1935[12a] wurde von da an jeder Deutsche zur Ableistung des Arbeitsdienstes verpflichtet, der Niederrhein gehörte zum Arbeitsgau XXI.
Aber auch für Mädchen wurde der Reichsarbeitsdienst Pflicht. Im Jahre 1940 wurde das leerstehende Schloß Dilborn von der Gemeinde Niederkrüchten zum Arbeitsdienstlager umgebaut. Besitzer von Schloß Dilborn war die Gräflich von Westerholt'sche Arenfels'sche Verwaltung in Dortmund. Das Schloß war 1938 vermietet worden gegen eine jährliche Pacht von 8100 Reichsmark.
Da der Eigentümer das Grundstück nicht freiwillig zur Verfügung stellte, wurde es kurzerhand beschlagnahmt.

85 Eine der „Dilborner Arbeitsmaiden“ 1941 bei Anton Busch, Elmpt, mit Ochsengespann

Es entstand hier ein Lager des Arbeitsdienstes für die weibliche Jugend, um den durch den Kriegsausbruch hervorgetretenen Mangel an Arbeitskräften in der Landwirtschaft zu beheben.
Das Arbeitsdienstlager wurde schon im Frühjahr 1940 eröffnet. Die Beurteilung des Kreisleiters Horst vom 8. August 1940: „Ich begrüße die Einrichtung des Lagers und lasse sie (die Mädchen) in ein Arbeitsgebiet eindringen, welches für die nationalsozialistische Bewegung wichtig ist, die Bevölkerung (30–40% Kleinbauern, 50–60% Arbeiter) gehört ausschließlich der katholischen Konfession an. Sie verhält sich aber der nationalsozialistischen Weltanschauung gegenüber nicht ablehnend. Die wirtschaftlichen Verhältnisse sind nicht günstig, da der Boden schlecht ist und keinen besonderen Ertrag bringt und die dort ansässige Dachziegelindustrie saisonbedingt ist“[13].
Im Oktober 1940 waren in diesem Lager Arbeitsmaiden, wie man die jungen Mädchen nun nannte, des Lagers 9/104 untergebracht.
Die Landwirtschaft bestand damals in Elmpt vorwiegend aus kleinen Betrieben und zwar aus 137 Betrieben von 2 Hektar, 57 Betrieben bis zu 5 Hektar, 157 Betrieben bis 10 Hektar und 115 Betrieben mit mehr als 10 Hektar Größe, insgesamt also aus 466 Betrieben.
Nach einem Bericht des Arbeitsamtes Kempen vom 23. 8. 1940 hatte das Lager eine Belegschaft von 75 Arbeitsmaiden, die in Elmpt, Niederkrüchten und Brüggen eingesetzt wurden, im April 1941 sollte das Lager zum Großlager ausgeweitet werden. Am 1. Februar 1944 waren noch 89 Arbeitsmaiden in Elmpt und Brüggen im Einsatz.
Über den „Kriegseinsatz unserer Schule“ in Heyen berichtet Lehrer Franz Reinhardt im Dezember 1941[14]:
„Mit Genugtuung kann ich berichten, daß auch unsere Schule sich stets freudig zur Verfügung stellte, wenn es galt, kriegswichtige Aufgaben zu erfüllen. Dies trifft vor allen Dingen für die Durchführung der mancherlei Sammlungen zu, die restlos außerhalb der Schulzeit stattfanden. Zu den regelmäßigen Altstoffsammlungen, denen ja im Kriege eine erhöhte Bedeutung zukommt, gesellten sich Spinnstoffsammlungen mit wirklich hervorragenden Ergebnissen. Auch das

Sammeln von Heilkräutern und Drogen wurde nicht vernachlässigt. In diesem Jahre hatten wir Heyener außerdem die Ausbeute aller Schulen des Amtsbezirkes Niederkrüchten an Heilkräutern und Drogen zu sichten, zu verpacken und wegzuschicken. Es waren immerhin zwölf große Säcke, die wir in Brüggen zur Bahn brachten. Den größten Eifer aber entwickelten unsere Jungen bei der Flaschensammlung für die Wehrmacht. Es waren genau 2063 Flaschen, die wir abliefern konnten. Auf den Kopf der Bevölkerung unseres Sammelbezirks entfielen 2,3 Flaschen. Daß wir mit diesem Ergebnis an der Spitze aller Schulen des Amtsbezirks standen, erfüllte uns alle mit besonderem Stolz.
Auch mit den Geldsammlungen für Kriegsgräberfürsorge und den Volksbund Deutscher im Ausland (VDA) hatten unsere Jungen und Mädel immer guten Erfolg. So konnten allein dem VDA im Jahre 1941 über 200 Reichsmark überwiesen werden.
Da es auch hier an Arbeitskräften mangelt, sprangen oft unsere älteren Jungen ein. So machten sie einen Teil des hinter der Schule gelegenen Geländes urbar. Meine Anregung, von der Schule aus mit den Soldaten aus unserem Schulbezirk in ständige Verbindung zu treten, wurde mit Begeisterung aufgenommen und nun schon seit einem Jahr dauernd durchgeführt. Bis jetzt flatterten insgesamt etwa 300 Briefe ins Feld und an jeden der 115 Soldaten aus Heyen, Dam, Laar und Gützenrath wurde im Laufe des Jahres ein Päckchen abgeschickt. Wie leuchten immer die Kinderaugen, wenn die Antworten unserer Feldgrauen verlesen werden! Von allen Fronten erreicht uns die Feldpost und in allen Briefen und Karten klingt die Freude! Norwegen, Rußland, Frankreich, Afrika und das endlose Meer sind den Kindern so vertraut wie die heimatlichen Fluren!“

Die Schulchronik Heyen nennt bereits die Namen der Länder, die sich in den folgenden Monaten und Jahren der einheimischen Bevölkerung für immer einprägen sollten, war doch damit auch und insbesondere der Tod vieler junger Menschen verbunden, die dem „Ruf der Fahne“ folgen mußten und für „Führer, Volk und Vaterland“ bei den Feldzügen ihr Leben ließen – aber davon berichten die Schulchroniken nicht!
Zur schlimmen Wirklichkeit des NS-Staates gehörte auch die Durchführung der Euthanasie, die Herbeiführung des Todes bei unheilbar Kranken. Die Rassenlehre, die den nordischen Menschen als Herren über alle anderen Rassen erhob und diese „Rasse“ durch Beseitigung des erbkranken Nachwuchses „rein erhalten“ wollte, führte zur Vernichtung sog. „unwerten Lebens“ durch den „Gnadentod“. Schwerstbehinderte und psychisch Kranke wurden nun von staatswegen umgebracht!
Auch in Elmpt und Niederkrüchten gab es solche Kranken, die zum Teil in Heimen, zum Teil aber auch bei ihren Familien untergebracht waren. Aus Elmpt befanden sich 1935 sechs, aus Niederkrüchten 7 Geisteskranke in Irrenanstalten.
Mit Ausbruch des Krieges gingen nun die Nationalsozialisten daran, ihr Vernichtungsprogramm in die Tat umzusetzen, berühmt geworden ist der Widerstand gegen Euthanasie und Sterilisation, der vom Münsteraner Bischof Graf von Galen ausging. Aufgrund des „Gesetzes zur Verhinderung erbkranken Nachwuchses“ vom 14.7.1933 wurden nun auch einheimische Mitbürger, bei denen nach damaligen Beurteilungskriterien Erbkrankheiten festgestellt wurden, zwangssterilisiert! Die in Anstalten befindlichen Geisteskranken wurden umgebracht und den Angehörigen angezeigt, daß ihre Urne der Friedhofsverwaltung übergeben worden sei!

Mit dem deutschen Angriff auf die Sowjetunion, der am 22. Juni 1941 erfolgte, trat der Zweite Weltkrieg in seine entscheidende Phase. Äußerer Anlaß waren die im Winter 1941/42 erhobenen sowjetischen Forderungen nach Handlungsfreiheit in Finnland und Einbeziehung Bulgariens in die russische Interessenssphäre. Hitler glaubte an einen schnellen und leichten Sieg über die Sowjetunion. In einem einzigen Feldzug während des Sommers und Herbstes 1941 sollte die sowjetische Kriegs- und Staatsmacht zertrümmert werden.

Die Kämpfe wurden von deutscher Seite zunächst erfolgreich als „Blitzkrieg" geführt. In gewaltigen Kesselschlachten wurde ein Großteil der russischen Landstreitkräfte aufgerieben. Die Gefangenenzahlen überstiegen jede Vorstellung: Bei Bialystok 328 000, bei Kiew 665 000 Mann! In einem Kessel wurden mehr Panzer erbeutet, als das deutsche Heer überhaupt besaß!

Nach diesen ersten Niederlagen organisierte Moskau die Verteidigung mit aller Energie, Stalin wurde Volkskommissar für Verteidigung. Er befahl für den Rückzug die Taktik der „verbrannten Erde" und proklamierte den Partisanenkrieg. Ein beträchtlicher Teil der Kriegsindustrie wurde in den Ural, nach Mittelasien und Westsibirien verlagert, die Produktion enorm gesteigert. Durch Ausrufung des „großen vaterländischen Krieges" appellierte Stalin an den Patriotismus des Sowjetvolkes. Die deutschen Hoffnungen auf eine innere Auflösung der Sowjetunion erfüllten sich nicht.

Im Oktober 1941 befahl Hitler den Vorstoß auf Moskau. Noch einmal gelang es den Angreifern, in die sowjetische Verteidigungsfront einzubrechen, die russischen Streitkräfte in der gewaltigen Doppelschlacht von Brjansk und Wjasma zu schlagen und über 600 000 Gefangene zu machen.

Aber da die Sowjetunion im April 1941 einen Neutralitätspakt mit Japan geschlossen hatte, konnte Stalin Verbände aus dem Fernen Osten an die Moskauer Front werfen. Auch hemmte die Schlammperiode des Vorwinters die deutschen Operationen. Die Straßen wurden zu breiten Bändern grundlosen Morastes, in dem Kraftfahrzeuge und Geschütze bis über die Räder, Soldaten und Pferde oft knietief einsanken. Dann, im November, brach der Winter ein. Die Temperaturen fielen bis auf 40 Grad unter Null. Die deutschen Truppen, die keine Winterkleidung hatten, erlitten mehr Verluste durch Erfrierungen als durch die Kämpfe. Panzer, Maschinenwaffen und Funkstellen fielen aus, da es an Frostschutzmitteln fehlte. Schnee und Nebel beschränkten den Einsatz der deutschen Luftwaffe. Die Sowjets hingegen setzten in immer größeren Mengen neue Panzer ein, die auch bei hohem Schnee beweglich und durch ihre starke Panzerung der deutschen Abwehr überlegen waren. Die deutschen Angriffsspitzen kamen noch bis auf 35 km vor Moskau, dann war ihre Stoßkraft erschöpft. Am 6. Dezember 1941 befahl Hitler, den Angriff einzustellen. Als bald darauf sibirische Kampfdivisionen zur Gegenoffensive übergingen, erzielten diese tiefe Einbrüche in die deutsche Front. Im deutschen Heer kam es zu einer schwe ren Krise. Würde es das Schicksal von Napoleons „großer Armee" erleiden?

Doch der russische Durchbruch konnte verhindert werden. Als im Frühjahr 1942 der Schnee schmolz, standen die deutschen Armeen noch immer tief im Innern Rußlands, aber die gesteckten Ziele hatten sie nicht erreicht. Der Krieg war nicht zu Ende, sondern begann nun erst in weltweitem globalem Rahmen.

Das deutsche Ostheer hatte gewaltige Verluste an Menschen und Material erlitten, auch aus Elmpt und Niederkrüchten fielen bereits in diesem ersten Jahr des

Was gibt es auf die Lebensmittelkarten?

In der Woche vom 30. Oktober – 5. November 1939

	Normalverbraucher	Kleinkinder bis zu 6 Jahren	Kinder von 6 bis 14 Jahren	Schwerarbeiter	Schwerstarbeiter
Brot	2400 g Brot oder 1900 g Brot und 375 g Mehl	1100 g Brot oder 600 g Brot u. 375 g Mehl 125 g Kindernährmittel	1700 g Brot oder 1200 g Brot und 375 g Mehl	3800 g Brot oder 2800 g Brot und 750 g Mehl	4800 g Brot oder 3800 g Brot und 750 g Mehl
Fleisch	500 g Fleisch oder Fleischwaren	250 g Fleisch oder Fleischwaren	500 g Fleisch oder Fleischwaren	1000 g Fleisch oder Fleischwaren	1200 g Fleisch oder Fleischwaren
Fett	125 g Butter oder Butterschmalz 125 g Margarine oder Kunstfett oder Speiseöl 62,5 g Schweineschmalz oder Speck oder Talg 62,5 g Käse oder 125 g Quarg	125 g Butter oder Butterschmalz auf Abschnitt F 3 125 g Kunsthonig (für 4 Wochen) 62,5 g Käse oder 125 g Quarg	125 g Butter oder Butterschmalz 125 g Margarine oder Kunstfett oder Speiseöl auf Abschnitt F 3 125 g Kunsthonig (für 4 Wochen) auf F 1 100 g Marmelade (für 2 Wochen) 62,5 g Käse oder 125 g Quarg	125 g Butter oder Butterschmalz 187,5 g Margarine oder Kunstfett oder Speiseöl 125 g Schweineschmalz oder Speck oder Talg 62,5 g Käse oder 125 g Quarg	125 g Butter oder Butterschmalz 250 g Margarine oder Kunstfett oder Speiseöl 375 g Schweineschmalz oder Speck oder Talg 62,5 g Käse oder 125 g Quarg
Zucker Marmelade	250 g Zucker 100 g Marmelade (auch Apfelnachpreßgelee, Apfelkraut oder Rübenkraut kann an Stelle von Marmelade bezogen werden) Statt 100 g Marmelade können auch je 40 g Zucker bezogen werden		für alle Verbrauchergruppen gleiche Rationen		
Milch		täglich ¾ Liter	täglich ¼ Liter	Werdende u. stillende Mütter sowie Wöchnerinnen, außerdem besondere Berufe täglich ½ Liter	
Nährmittel	L 1—L 10 bis 19. November je 25 g Nährmittel (Graupen, Gerstengrütze, Buchweizengrütze, Weizengrieß, Maisgrieß, Reis, Haferflocken, Hafermark, Hafergrütze, Hafermehl, Teigwaren) L 13, L 29 je 125 g Kaffee-Ersatz oder Zusatzmittel } bis 19. Nov. L 14 25 g Kaffee-Ersatz oder Zusatzmittel } bis 19. Nov. L 30 125 g Kaffee-Ersatz oder Zusatzmittel (6. bis 19. Nov.) L 11, L 12, L 27, L 28 je 25 g Sago, Kartoffelstärkemehl oder ähnl. Erzeugnisse bis 19. November				

86 Lebensmittel, Kleidung, Schuhwerk, Kohlen – alles wurde mit Kriegsbeginn rationiert und war nur noch auf „Karte" erhältlich

Krieges gegen die Sowjetunion eine ganze Reihe von Soldaten.

Währenddessen war es Hauptaufgabe der Schulkinder geworden, zu sammeln, alles zu sammeln, was irgendwie noch verwendbar war, um Rohstoffe zu sparen und Lücken in der Versorgung zu stopfen. Die Tageszeitung berichtet[15]:

„Schulkinder sammeln. Schon lange sind die hiesigen Schulkinder emsig beim Sammeln all der Dinge, die für den Vierjahresplan notwendig sind, besonders jetzt im Kriege haben sie eine große Aktivität an den Tag gelegt. Papier, Knochen und Eisen, alles lassen sie in ihrem großen Sack verschwinden. Die Mütter der Schulkinder haben es sich schon angewöhnt, das, was früher achtlos auf den Schutt geworfen wurde, den Kindern mit in die Schule zu geben. Aber nicht nur die Familien mit schulpflichtigen Kindern sollen sammeln, sondern auch alle anderen, denn in der Nachbarschaft befindet sich gewiß ein Schulkind, was freudig und gern alle paar Tage vorspricht und die Sachen abholt."

Und als dann später der Feldzug in Rußland zum „Winterkrieg" wurde und die deutschen Soldaten über keine entsprechende Winterbekleidung verfügten, weil die Sowjetunion zu diesem Zeitpunkt ja schon längst hätte kapitulieren müssen, wie Hitler gemeint hatte, da wurde wieder gesammelt.

Hierzu ergänzt erneut die Heyener Schulchronik[16]:

DER REICHSBEAUFTRAGTE DER NSDAP. FÜR ALTMATERIALERFASSUNG

Altkleider- und Spinnstoffsammlung 1942

BESCHEINIGUNG

Vg./Vgn. Volksschule Heyen

in Heyen

spendete zur Altkleider- und Spinnstoffsammlung im Kriegsjahr 1942

MÄNNER-OBERKLEIDUNG		FRAUEN-OBERKLEIDUNG	
___ Anzüge	___ Mäntel	___ Kleider	___ Röcke
___ Jacken	___ Hüte	___ Mäntel	___ Kittel
___ Westen	___ Mützen	___ Blusen	___ Schürzen
___ Hosen	___ Sonstiges	___ Jacken	___ Sonstiges

ALTSPINNSTOFFE: 115 kg

Berlin, Juni 1942

Der Bevollmächtigte Vertreter des Reichsbeauftragten der NSDAP. für Altmaterialerfassung

C 0974

87 Gesammelt wurde alles, um die „Volkswirtschaft zu entlasten“

„Während der Weihnachtsferien 1941 begann im ganzen Reich eine Sammlung von Woll- und sonstigen Wintersachen. Die Sammelstelle befand sich in der Schule Heyen. Eine ganze Woche hindurch waren Frauen und Mädchen in den zur Nähschule umgewandelten Räumen mit Ausbesserungsarbeiten beschäftigt. Unsere großen Mädel halfen mit bei dem Sortieren der riesigen Mengen zusammengetragener Wollwesten, Pelzen, Pulswärmer, Hemden, Strümpfen usw. Am Sonntag, dem 11. Januar 1942, dem letzten Sammeltag, fanden sich die vielen Helfer zu einer Feierstunde an der Arbeitsstätte zusammen“.

Erstmalig fand 1942 auch die Schulentlassung im Rahmen einer Gemeinschaftsfeier mit Elternschaft und Hitlerjugend für den gesamten Ortsgruppenbereich in der Walderhalle zu Elmpt statt, gleichzeitig erfolgte die Überführung der Schulentlassenen in die Hitlerjugend. Als Vertreter der Lehrerschaft verabschiedete Parteigenosse Lehrer Hennen aus Overhetfeld, der auch Hilfsoffizier in Fragen der „wehrgeistigen Erziehung“ war, die Pimpfe und Jungmädel, während Ortsgruppenleiter Müllers „herzerfrischende Worte zum Eintritt in das Leben“ sprach.“ Auch sonst scheint man in Heyen ganz auf der Parteilinie zu liegen, denn 1942 heißt es in der Schulchronik: „Leider gibt es auch hier noch sogenannte Volksgenossen, die immer noch nicht den Geist der Zeit begriffen haben, sprich: nicht begreifen wollen! Ein Fall: Für ein einzelnes Pfund Kaffee würde eine bestimmte hiesige Person (so sagt sie wenigstens) 100 Reichsmark geben, bei den Opfersonntagen glänzt man mit ganzen 1 Reichsmark.“

Die Oberkrüchtener Schulchronik berichtet dagegen von schrecklichen Ereignissen, die ein bezeichnendes Licht auf die tatsächlichen Verhältnisse werfen, denen insbesondere auch die Zivilbevölkerung im II. Weltkrieg ausgesetzt war[17]:

„Kurz vor Mitternacht des 31. August 1941 wurde von einem deutschen Nachtjäger ein britisches Flugzeug über Oberkrüchten abgeschossen. Es ging in der Nähe des Hauses von Christian Anderstiegen nieder. Unter den Trümmern verbrannten die Eheleute Christian und Katharina Anderstiegen sowie deren Töchter Elisabeth (10) und Helga (3). Die völlig verkohlten Leichen konnten erst am nächsten Nachmittag geborgen werden. Im Flugzeug verbrannten zwei oder drei Mann der Besatzung, während mehrere andere mit Fallschirmen abgesprungen waren. Zwei davon wurden am folgenden Tage nach Oberkrüchten gebracht, sie waren bei Wildenrath aufge-

Wir sollen auch unser Leben für unsere Brüder lassen.

Zum frommen Gedenken an den für Führer und Volk gefallenen

Unteroffizier

Wilhelm Thelen

welcher am 18. Mai 1940 bei Le Catlet Nordfrankreich, in soldatischer Pflichterfüllung, getreu seinem Fahneneide, sein junges Leben für die Freiheit seines Vaterlandes geopfert hat.
Der Verstorbene war geboren am 24. Juni 1917 als Sohn der Eheleute Heinrich Thelen und Sophie geb. Linkweiler. In früher Jugend ging ihm sein Vater in die Ewigkeit voran. Als jüngster der Familie war er seitdem seiner Mutter Trost und Glück. Seinen Geschwistern war er ein liebevoll besorgter Bruder. Wenn auch jung an Jahren, war er ein gereifter gläubiger Christ, der seine Pflichten gegenüber seinem Schöpfer stets gewissenhaft erfüllte.
Möge der hl. Michael, der Streiter der himmlischen Heerscharen, seine Seele geläutert vor den Thron des Allmächtigen Gottes führen.

Gedenke seiner im Gebete, auf daß er ruhe in Frieden.

Jesus ... ihn auf in die Zahl deiner Aus... daß er dich mit ihnen lob... und sich rühme in ... inen Namen li...

Laßt uns männlich sterben für unsere Brüder und keinen Flecken an unserer Ehre dulden!

1. Makk. 9, 10

6061 D

Jesus! Maria! Josef! Laurentius!

„Eine größere Liebe hat niemand als diese, daß er sein Leben hingibt für seine Freunde."

Joh. 15, 13

Zum steten Andenken an den für Führer und Volk gefallenen Gefreiten

Willy Laufen

Der so früh Dahingeschieden... boren zu Overhetfeld ... 1913 als Sohn d... Laufen und M... Eltern ...

... Führ... Die ... übrige... Seele ... zur Ansch... Wie es ... geschehen ... gepriesen. Betet f...

Sie waren bereit, für Gesetz und Vaterland zu sterben

II. Makk. 8, 21

6060 D

Jesus! Maria! Josef! Laurentius!

„Dein Wille geschehe, wie im Himmel, also auch auf Erden."

Zum frommen Andenken

an den christlichen Jüngling

Leo In der Smitten

Matrosengefreiter auf dem Schlachtschiff „Bismarck".

Der Verstorbene war geboren zu Elmpt am 20. Dezember 1920 als Sohn der Eheleute **Josef In der Smitten** und **Maria Roosen.** Als kleines Kind verlor er seine Mutter, fand jedoch dann in Frau **Agnes In der Smitten** geb. **Schmitz** eine neue Mutter, die ihm herzlichst zugetan war. Nach christlich verlebter Jugendzeit folgte er dem Rufe des Vaterlandes und trat in die Marine ein. Mit seinem Flottenchef und vielen seiner Kameraden starb er den Heldentod in treuester Pflichterfüllung für Volk und Vaterland beim Untergang des Schlachtschiffes „Bismarck" am 27. Mai 1941.
Eltern und Geschwister, wenn auch tiefbetrübt über den frühen Verlust ihres einzigen Sohnes u. Bruders, ergeben sich in christlichem Starkmut in Gottes hl. Willen und bitten um ein Gebet für die liebe Seele.

†

Buchdruckerei Fritz Ecken-Waldniel

– und immer mehr junge Soldaten mußten ihr Leben lassen – wofür?

griffen worden. Einer war leicht verletzt und trug eine Binde um den Kopf, der andere wurde in ein Sanitätsauto gelegt, da er schwerverwundet war. Ein weiterer Brite soll tot im Wald gefunden worden sein".

Am 17. Juni 1943 stürzte kurz nach Mitternacht ein weiterer britischer Bomber über Oberkrüchten ab. Zehn Einwohner des Hauses Lamertzweg 7 fanden dabei den Tod: Wilhelm Cloudt, dessen Tochter Maria und Schwiegersohn Peter Heinrichs, die vier Enkelkinder Maria, Anton, Willi und Josef, weiter Maria Stevens mit Töchterchen Maria Anna und Theo Hummen[18]. Mehrere Häuser wurden völlig zerstört, die übrigen Häuser des Dorfes fast alle beschädigt, auch das Schulgebäude wurde in Mitleidenschaft gezogen. Die Leichen wurden im Schulsaal aufgebahrt und am 20. Juni 1943 unter großer Beteiligung der Bevölkerung bestattet.

Die Leichen der drei toten Briten legte man zunächst in den Geräteschuppen der Feuerwehr, sie wurden später von Luftwaffensoldaten abgeholt, ein weiterer Engländer wurde wenige Tage später im offenen Feld tot aufgefunden.

Die Partei machte sich zur gleichen Zeit andere Sorgen, nämlich darum, daß die einheimische Bevölkerung keine näheren Beziehungen zu den zahlreich hier eingesetzten Kriegsgefangenen aufnahm.

Ein Beispiel dafür bildet die Niederschrift vom 27. 1. 1941 des Polizeipostens Elmpt: „Die ledige N. N. Elmpt, hat gegen den § 4 der Verordnung zum Schutz der Wehrmacht verstoßen. Sie hat mit dem in der Landwirtschaft des elterlichen Betriebes eingesetzten Kriegsgefangenen Antonius Vincens, Stalag VI H, Elmpt, verbotene Beziehungen unterhalten"[19].

Dieser französische Kriegsgefangene war am 15. August 1940 dem väterlichen Besitz zugewiesen worden; für die Deutsche gab es eine Meldung an die Gestapo und Haft, der Kriegsgefangene wurde noch am gleichen Tage weggeschafft.

Auch die Verfolgung der katholischen Kirche setzte sich in den Kriegsjahren fort, wobei jede passende Gelegenheit genutzt wurde. So hatten 11 Geistliche im Kreis Erkelenz im Anschluß an ein Konveniat „feindliche Sender" abgehört, ein Delikt, das damals streng bestraft wurde. Nach fünfmonatiger Haft wurden sechs Priester vor ein Sondergericht in Düsseldorf gestellt. Im „politischen Lagebericht" des Landrats[19a] wird ausgeführt, daß „nach 3tägiger Verhandlung das Sondergericht Düsseldorf am 23. März 1942 gegen die im Oktober 1941 wegen Abhörens feindlicher Sender sowie Verbreitung feindlicher Nachrichten in Haft genommenen Geistlichen aus dem Kreis Erkelenz die Urteile verkündet wurden", der Merbecker Pfarrer Seitz wurde zu sechs Monaten Zuchthaus verurteilt.

„Der Prozeß litt unter dem Bestreben des Vorsitzenden Landgerichtsdirektors, nur ja keine Tendenz aufkommen zu lassen. Möglich, daß er einer höheren Anweisung in diesem Punkte folgte. Der Vorsitzende hob hervor, daß die ursprüngliche Annahme, es handele sich bei den Angeklagten um ein staatsfeindliches Komplott, im Prozeßverlauf sich nie bestätigt habe. Der Wille, feindliche Sendungen am Radio abzuhören, sei vielmehr gelegentlich des Konveniats spontan zum Ausbruch gekommen. Bei Seitz sei eine Verbreitung feindlicher Meldungen nicht einwandfrei erwiesen". Die Staatsanwaltschaft gab sich mit diesen ihr „zu milde" erscheinenden Urteilen nicht zufrieden und legte Revision beim Reichsgericht in Leipzig ein.

In der neuen Verhandlung fielen die Urteile bedeutend härter aus: In einem Bericht für den Köln-Aachener Gauleiter Grohè heißt es: „Gegen die wieder verhafteten zehn katholischen Geistlichen aus dem Kreis Erkelenz ist in Leipzig folgen-

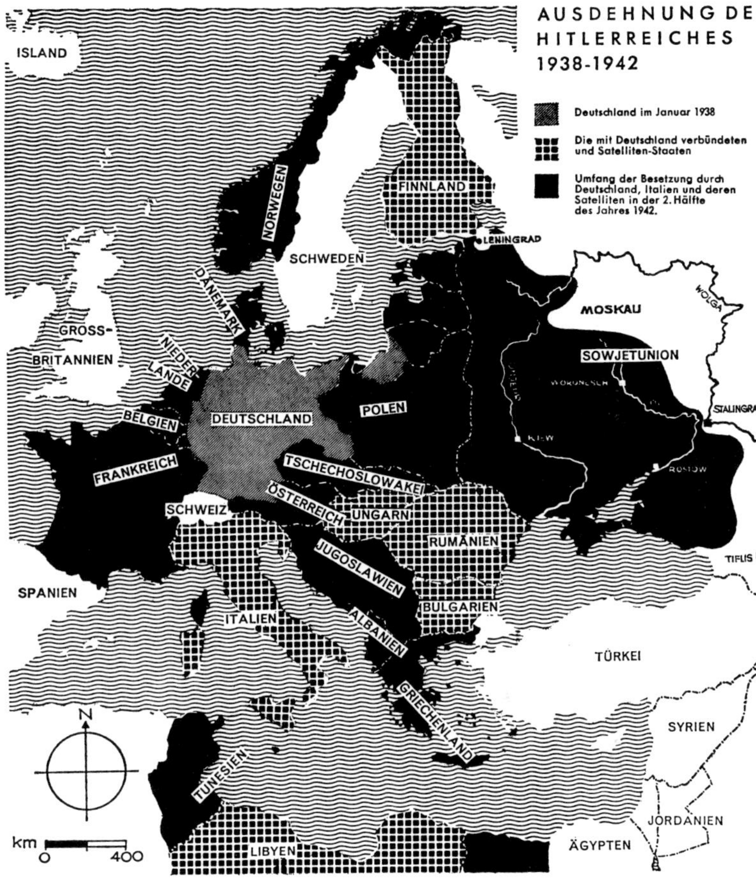

88 Das Dritte Reich und die von ihm besetzten Länder im Jahre 1942, auf dem Höhepunkt seiner kriegerischen Expansion

des Urteil verkündet worden: Dechant Plaum (Klinkum) 6 Jahre Zuchthaus, Pfarrer Stappers (Rickelrath) 5 Jahre Zuchthaus, Rektor Florenz (Rickelrath) 3 Jahre Zuchthaus, Pfarrer Herkenrath (Gerkerath) 4 Jahre Zuchthaus, Pfarrer Seitz (Merbeck) 2 Jahre 6 Monate Zuchthaus, Pfarrer Rings (Kleingladbach) 2 Jahre Zuchthaus, Pfarrer Vasen (Rath-Anhoven) 2 Jahre Zuchthaus, Pfarrer Beulen (Gerderath) 2 Jahre Zuchthaus, die übrigen Angeklagten wurden mangels Beweise freigesprochen".
Zu den vielen Deutschen, die nach dem Attentat auf Hitler vom 20. Juli 1944 in Haft genommen wurden, gehörte auch der Landwirt Wilhelm Brester aus Dam. Als Zentrumsmann war er von 1920 bis 1934 aktiv gewesen, nach dem Kriege war er Mitbegründer der CDU in Niederkrüchten und langjähriger Bürgermeister.
Als die Briten in der Nacht vom 30. zum 31. 8. 1943 einen Luftangriff auf Mönchengladbach und Rheydt durchführten, wurde etwa 1 Kilometer südwestlich Oberkrüchten ein britischer Bomber abgeschossen. Hier fand man etwa acht Tage später unter den Trümmern des Flugzeugs noch die Leiche eines gefallenen Engländers, der zunächst in einer Ecke des Friedhofes in Niederkrüchten begraben wurde.
Weitere Kriegstote gab es am 7. Januar 1944, als aus einem feindlichen Bomber-

verband elf Sprengbomben über Oberkrüchten abgeworfen wurden. Vier Kinder der Familie Heinrich Reiners, Kirchstraße 9, wurden dabei getötet, Franz (11), Gertrud (11), Wilhelm (10) und Rosalie (6). Die Mutter hatte ihre Kinder zu einem Bunker gebracht, der in der Erde aus Holz erbaut worden war, sie selbst kehrte noch einmal zu ihrem Haus zurück. In der Zwischenzeit müssen die Kinder wohl noch einmal den Bunker verlassen haben, nur ein Mädchen, welches im Bunker geblieben war, wurde nicht getötet.
Eine weitere Bombe tötete am gleichen Tag die Geschwister Katharina und Margarete Smets.
Bereits am 27. März 1942 war der Niederkrüchtener Landwirt Wilhelm Josef Schooren durch einen Flakblindgänger getötet worden.
Alle zivilen Opfer des Bombenterrors und des Luftkrieges fanden ihre letzte Ruhestätte auf dem Ehrenfriedhof der Gemeinde Niederkrüchten.
Bei den Bombenabwürfen über Oberkrüchten handelte es sich offensichtlich um Notabwürfe feindlicher Flugzeuge, die ihre Bombenlast eigentlich über Ziele im Innern Deutschlands abwerfen sollten.
Der britische Luftmarschall Harris nannte seine Terrorangriffe auf deutsche Städte „Schlacht über der Ruhr", die eingeleitet wurde mit einem Angriff auf Essen am 5. März 1943. Der Angriff auf Krefeld erfolgte am 21. Juni 1943 mit 661 britischen Bombern, die 1859 Sprengbomben und 383 922 Brandbomben über dem Stadtgebiet abwarfen[20]. Ums Leben kamen dabei 1036 Krefelder Zivilisten, 9349 wurden verwundet. Von den britischen Bombern wurden viele durch deutsche Nachtjäger und Flak abgeschossen. Vorher hatten bereits am 3. Oktober 1942 159 Bomber einen Großangriff auf Krefeld gestartet, später folgten noch weitere Großangriffe am 31. Dezember 1944 und am 11. und 29. Januar 1945. Unabhängig davon gab es eine Unzahl von Einzelangriffen, die mehr oder weniger große Schäden verursachten.
Von den Großstädten in der Nähe Elmpts und Niederkrüchtens waren am Kriegsende Düsseldorf zu 50,9%, Krefeld zu 49,6%, Mönchengladbach zu 24,3%, Rheydt zu 31,8%, Neuß zu 36,8% und Viersen zu 5,7% zerstört. Bei einem Großangriff auf Köln am 31. Mai 1942 waren die Brempter Tonwerke in Gützenrath in Flammen aufgegangen. Bei einem weiteren Angriff wurden durch sich entzündende Stabbrandbomben, die regelrecht vom Himmel regneten, ein Wohnhaus, verschiedene Scheunen und Stallungen in Laar restlos zerstört.
Für die Freiwilligen Feuerwehren war jetzt die große Bewährungsprobe gekommen. Vor Kriegsausbruch hatte man sich in Deutschland bereits fieberhaft bemüht, schlagkräftige Feuerwehren aufzubauen. So war am 23. 11. 1938 ein „Gesetz zur Organisation der Freiwilligen Feuerwehr" erlassen worden, die als gemeindliche Einrichtungen zu führen und deren Kosten die Gemeinden zu tragen hatten.
Das war für den damaligen Elmpter Bürgermeister Dr. Teven Anlaß, seine Idee der Gründung einer Freiwilligen Feuerwehr Elmpt erneut aufzugreifen, denn von den umliegenden Dörfern bestand nur noch in Elmpt eine Pflichtfeuerwehr, die aufgrund eines „Ortsstatuts über das Feuerlöschwesen" aus dem Jahre 1902 rekrutiert wurde. Die Stärke dieser Ortswehr betrug bei Kriegsausbruch nur zwanzig Mann. Während man das Anliegen vom Landkreis Erkelenz unterstützte und ihn aufforderte, „einen Versuch zu machen, die Pflichtfeuerwehr Elmpt in eine Freiwillige Feuerwehr zu überführen, wobei allerdings die Person eines energischen Führers, der sich mit Eifer dem Aufbau der Wehr widmet, entschei-

89 Eines der vielen Flugblätter, die über dem Niederrhein abgeworfen wurden

★ Adolf Hitler erklärte Krieg an die Vereinigten Staaten am 11. Dezember 1941 ★

Dieses Flugblatt wurde von einem amerikanischen Bomber abgeworfen

USG 8

Adolf Hitler erklärte Krieg an die Vereinigten Staaten am 11. Dezember 1941
Adolf Hitler erklärte Krieg an die Vereinigten Staaten am 11. Dezember 1941
★ Adolf Hitler erklärte Krieg an die Vereinigten Staaten am 11. Dezember 1941 ★

dend sein wird“,[21] bestand von seiten des Amtes Niederkrüchten nur geringes Interesse an diesen Plänen, dort bevorzugte man den Plan, einen Feuerlöschverband für das gesamte Amt zu gründen.
Nichtsdestoweniger hielt Dr. Teven an seinem Plan fest, der auch vom Kreisfeuerwehrführer weiterhin unterstützt wurde. Im August 1941 wurde Ewald Wolters aus Elmpt-Wae zum Führer der Elmpter Wehr bestellt, es bestanden damals drei Löschtrupps von je 10–12 Mann, „die so weit ausgebildet sind, daß sie mit den Feuerlöschgeräten fertig werden können. Die Gründung einer Freiwilligen Feuerwehr ist in die Wege geleitet, der Feuerwehrführer bereits ernannt.“
Seitens des Amtsbürgermeisters wurden gegen die Bestellung von Ewald Wolters jedoch Einwände erhoben, denn der Kreisführer der Freiwilligen Feuerwehren schrieb an den Amtsbürgermeister: „Wie ich Ihnen schon telefonisch mitteilte, gab das polizeiliche Führungszeugnis des Truppführers Wolters aus Elmpt keine Veranlassung, von einer Ernennung abzusehen. Sollten Sie jedoch auf eine Abberufung des Truppführers bestehen oder die Abberufung für angebracht halten, bitte ich Sie, mir die Gründe, die eine Abberufung rechtfertigen, schriftlich mitzuteilen.“ Schmidt bemerkt dazu: „Ich habe mit dem Bürgermeister von Elmpt über die Ernennung des Wolters Rücksprache genommen. Wir hätten es lieber gesehen, wenn vor der Ernennung mit uns Rücksprache genommen worden wäre. Da nun die Ernennung erfolgt ist, liegt es nicht im Interesse der Feuerwehr, sie rückgängig zu machen und es – wenigstens bis zum Kriegsende – bei dem bestehenden Zustand zu belassen“, offensichtlich war Wolters politisch nicht genehm.
Dennoch kam es nach wie vor nicht zur offiziellen Gründung einer Freiwilligen Feuerwehr Elmpt, der Amtsbürgermeister kam dem zuvor mit der Gründung einer Amtsfeuerwehr, die aus den Freiwilligen Feuerwehren Niederkrüchten, Oberkrüchten und Merbeck sowie aus der Pflichtfeuerwehr Elmpt bestand.
Kurz nach Kriegsausbruch hatten die einheimischen Feuerwehren jedoch durch die Einziehung der meisten Aktiven erhebliche Einbußen erlitten. Um dem abzuhelfen, konnten die Bürgermeister durch Verpflichtungsscheine männliche Erwachsene zum Dienst in der Feuerwehr heranziehen – in Elmpt wurden 1940 bereits 26 Mann zum Notdienst verpflichtet, in großem Maße griff man aber auch auf Jugendliche zurück. Bereits am 28. Juni 1939 hatte der Reichsführer SS und Chef der deutschen Polizei Heinrich Himmler mit dem Reichsjugendführer Baldur von Schirach eine Vereinbarung getroffen, die die Heranziehung von Mitgliedern der HJ zum Feuerwehrdienst vorsah. Das Mindestalter wurde auf 15 Jahre festgesetzt, die Körpergröße sollte mindestens 1,65 m betragen. Es meldeten sich zahlreiche HJ-Jugendliche freiwillig, so daß sich die Stärke der 1941 zur Amtsfeuerwehr zusammengefaßten Verbände im Jahre 1943 auf 132 Mann belief, davon waren allerdings nur noch 13 aktive Feuerwehrleute, die ergänzt wurden um 93 Ersatzkräfte und 26 HJ-Feuerwehrjugendliche. Truppführer in Oberkrüchten wurde 1941 Anton Leven, 1942 in Niederkrüchten Haupttruppmann Werner Jansen, die Gesamtleitung hatte seit 1942 der Kreisunterführer Heinrich Mühlenbroich.
Erste Verluste hatte die Feuerwehr am 19. 9. 1942, als in Overhetfeld ein britisches Flugzeug abgestürzt war. Eine Bombe war noch nach dem Absturz explodiert und hatte den Landwirt Heinrich Schroers getötet sowie die Polizisten Heinemann aus Elmpt, Johann Smeets aus Overhetfeld und Anton Nelles schwer verletzt. Schroers war Feuerwehranwärter in Elmpt. In der Nähe des Flugzeuges

fanden sich die drei verkohlten Leichen der Besatzung.

Über den Schulbetrieb im II. Weltkrieg berichtet auch die Schulchronik an der Wae: „Während Jahre hindurch Bombenflugzeuge den Weg über unseren Schulort nahmen, litt dadurch der Unterricht in ganz erheblichem Maße. Sobald die Sirenen aufheulten, was fast täglich und nächtlich geschah, mußte der Unterricht unterbrochen werden. Durch Jahre hindurch hatte der Unterricht durch den Krieg auf das schwerste gelitten. Täglich flogen im Jahre 1944 die englischen Jagdbomber über unsere Heimat. An ein ordnungsmäßiges Lernen war nicht mehr zu denken."

15.2 Kriegsende und Besetzung durch die Amerikaner

Nach Abschluß des Frankreichfeldzuges waren die Anlagen des desarmierten Westwalls zum Teil an die Gemeinden abgegeben worden und wurden während des weiteren Krieges teilweise zu Luftschutzzwecken genutzt, verwaltungsmäßig betreut wurden sie von der Festungsdienststelle Düren. Erst nach der Invasion der Alliierten am 6. Juni 1944 in Frankreich machte man sich deutscherseits mit dem Gedanken vertraut, daß der Feind bis an die Reichsgrenze vorstoßen könnte. Notdürftig wurden die Kampfanlagen wieder instandgesetzt. Tausende deutscher und ausländischer Arbeiter mußten den Westwall im Winter 1944/45 am linken Niederrhein durch Laufgräben und Feldbefestigungen weiter verstärken. Die „Siegfriedlinie" war zu einer der letzten deutschen Hoffnungen geworden! Bereits am 15. September 1944 gab Generalfeldmarschall von Rundstedt folgenden Befehl heraus:

1. Die Siegfriedlinie ist für die Schlacht um Deutschland von entscheidender Bedeutung.
2. Ich befehle: Die Siegfriedlinie und jede ihrer Verteidigungswerke wird bis zur letzten Kugel und bis zur völligen Zerstörung gehalten.
3. Von diesem Befehl werden alle Gefechtsstände, militärische Formationen, Kampfkommandanten und Truppen unverzüglich in Kenntnis gesetzt.

Allerdings fehlte es zu diesem Zeitpunkt bereits am erforderlichen Material, um den Westwall zu einem unbedingt wirksamen Bollwerk zu gestalten. So waren keine Pakgeschütze mehr aufzutreiben, um die Bunker zu bestücken. Vor allem aber fehlten Truppen, um die zahlreichen Anlagen zu besetzen. Entscheidend war, daß die Alliierten, als sie im Herbst 1944 bei Aachen die dort ziemlich schwachen Befestigungslinien durchbrochen hatten, ihre Einbruchstelle in nördlicher Richtung immer weiter zu verbreitern vermochten.

Im Elmpter Wald, an den Abhängen zur Maas hin, kann man heute noch auf kleine Betonanlagen stoßen, von denen nur eine kreisrunde Öffnung von etwa 80 cm Durchmesser zu sehen ist.[23] Es handelt sich hierbei um kleine Einmann-Bunker, in die ein Maschinengewehr eingebaut war. Diese Ringstände, von den Italienern erstmalig in Nordafrika gebaut, waren aus Stahlbeton mit einer Wandstärke von 40 cm, aber auch in Holz ausgeführt, und bodengleich versenkt. Der offene Ringdurchmesser betrug 80 cm, der Kampfraum hatte einen Durchmesser von 1,40 m. Über drei Stufen gelangte man in den tiefer gelegenen Unterschlupf von 1,10 × 1,60 m Größe und 1,90 m lichter Höhe, in der Seitenwand befand sich die Türöffnung in den Laufgraben. Ein kleiner Ofen ergänzte die spartanische Inneneinrichtung. Mit Pappe benagelte Bretter dienten zur Abdeckung und Tarnung der Stände.

Diese Kleinstkampfanlagen waren Teil der 1944 geplanten neuen Maas-Rur-

19.9.1944

Wichtig für alle Arbeitskameraden am Westwall!

Denkt immer daran, dass es sich bei der Arbeit die wir leisten müssen, um eine Arbeit handelt, die für die Erhaltung unseres Volkes dringend notwendig ist. Gebt daher Eure äusserste Kraft her, damit unsere Soldaten eine Stellung erhalten, die eine wirksame Verteidigung gewährleistet.

1. Bei Ausladung auf den Bahnhöfen sofort in Züge von etwa 100 Mann einteilen und den Bahnhof beschleunigt verlassen.
2. Marschabstände der marschierenden Züge mindestens 100 Meter.
3. An der Spitze und am Schluss jeden Zuges Luftspäher bestimmen. Ständig Beobachtung des Luftraumes auf Tiefflieger und Flugzeugverbände.
4. Bei Anflug von Flugzeugen sofort jede mögliche Deckung — Deckungslöcher, Strassengräben, Ackerfurchen, Waldstücke, Häuser usw. — ausnutzen.
   Jede unnötige Bewegung vermeiden.
5. Auf dem Marsch jeden unnötigen Aufenthalt unterlassen.
6. In den Unterbringungsorten schnellste Verteilung auf die Quartiere. **Ansammlung bedeutet Gefahr.**
7. Strengste Luftschutzdisziplin in den Quartieren. Verdunkelung kontrollieren. Alle natürlichen Deckungsmöglichkeiten in den Quartierbereichen erkunden und ausnutzen. Deckungslöcher und Deckungsgräben anlegen.
8. Bei An- und Abmarsch zu und von den Arbeitsstellen vorstehende Sicherungsmassnahmen beachten.
9. An den Arbeitsstellen Beobachtung des Luftraumes durch Luftspäher.
10. Fliegerdeckungen an den Arbeitsstellen festlegen. Arbeitskolonnen täglich unterweisen, da Deckungsmöglichkeiten wechseln.
11. Bei Anflug, insbes. von Tieffliegern, mit Signalpfeifen, sonstigen akustischen Signalen oder durch Zurufen Deckungsbefehl geben.
12. Klare Überlegung und Pflichtbewustsein aller Führer und Unterführer sind Voraussetzung für die Sicherung von Leben und Gesundheit der im Stellungsbau eingesetzten Volksgenossen.

/1234

Baustab Westwall.

90 Die Arbeitskräfte, die 1944 den Westwall wieder ausbauen sollten, lebten gefährlich und waren den ständigen Angriffen feindlicher Flugzeuge ausgesetzt

Steilhang-Elmpter Wald-Stellung, deren Tarnnamen „Steuben-Volker-Schenkendorff-Stellung“ war und die die Verbindung zwischen der Maas-Stellung im Norden und der Rur-Stellung im Süden herstellen sollte. Die Stellung verlief von Venlo entlang der deutsch-niederländischen Grenze durch den Brachter Wald und den Elmpter Wald zur Rur bei Hückelhoven. Sie wurde im Herbst 1944 durch Festungspioniere mit von der Partei bereitgestellten Arbeitskräften des Volksaufgebotes gebaut. Zunächst wurde die Verteidigungslinie durch die 7. Fallschirmjäger-Division besetzt, später durch die 109. Infanterie-Division, die jedoch im Frühjahr 1945 nach Goch-Kleve verlegt wurde, so daß nur noch einzelne Ausbildungs- und Genesenden-Verbände für die Verteidigung zur Verfügung standen.[24] Auch diese Verteidigungslinie konnte ihren Zweck nicht erfüllen, als amerika-

nische Truppen später auf der B 221 vorstießen und so in den Rücken der Anlagen gelangten.
Eine weitere schwere Beeinträchtigung des Elmpter Gemeindewaldes trat ein, als 1944 für den Bunker- und Stellungsbau von den deutschen Truppen über 2000 Festmeter Kiefernstammholz ohne jede Kontrolle geschlagen wurden. Durch den Ausbau von Panzergräben und Stellungen, die zum Teil noch heute im Grenzwald zu sehen sind, wurden insgesamt 45 Hektar Waldbestände vernichtet. Weitere 500 Hektar Kiefernkulturen gingen infolge der Sprengwirkung von über 100 Bomben, die während des II. Weltkrieges in dieses Gebiet fielen, verloren. Zum Ende des Krieges hin wurden darüber hinaus ca. 1000 Festmeter Kiefernstammholz durch Artilleriebeschuß zersplittert und auch nach dem Zusammenbruch entstanden größere Schäden durch die Sprengung von Munition und Blindgängern.
Die nicht wehrfähigen Männer wurden zum „Volkssturm" aufgerufen und hatten Bäume im Elmpter Wald zu fällen. Sie mauerten diese an einigen Stellen der Straßen in Beton ein, damit sie als Panzersperren dienten. Einige Bauernfamilien gaben trotz Drohungen der „Grünen Polizei" ihre Scholle nicht preis. Sie schufen sich Bunker im Walde und schützten sich so gut wie möglich vor Granatbeschuß, dem Elmpt von August 1944 bis März 1945 ausgesetzt war.
Ein Niederländer, der in der Brüggener Mühle beschäftigt war und abends auf seinem Rad nach Hause fuhr, wurde vor dem Gehöft von Theodor Coenen durch Granatsplitter getötet. Der Schüler Smeets, der mit seinem Vater auf dem Feld Futter holte, hob eine Handgranate auf, die dort lag, die Granate explodierte

91 Einer der 1944 an den Abhängen des Grenzwaldes erbauten Einmann-Bunker

und zerriß den Jungen. Zu einem weiteren tödlichen Zwischenfall kam es noch etliche Jahre später, als der Schüler Leo Heynen Pfingsten 1951 mit einer Handmine hantierte, die er auf einer Schutthalde an der Beek gefunden hatte!

Im November 1944 mußten die Niederländer, deren Gebiet noch nicht von den Alliierten zurückerobert worden war, ihren Viehbestand nach Deutschland liefern. So zogen ganze Rinderherden durch das Grenzgebiet bis über den Rhein. Auch die niederländische Grenzbevölkerung wurde evakuiert, viele Bewohner entzogen sich allerdings der Vertreibung durch Flucht in die Grenzwälder.

Am 1. September 1944 wurde die Schule in Merbeck wegen Einquartierung geschlossen, am 13. September 1944 wurden die Schulkinder, Mütter und kleinere Kinder sowie die alten Leute evakuiert, sie wurden in der Gegend von Bielefeld und Detmold untergebracht. Die Landwirte konnten wegen der Arbeiten in Feld und Stall vorerst verbleiben. Die Grundschule wurde am 3. September 1944 vorübergehend wieder in Betrieb genommen.

Am 13. September 1944 mußte ein großer Teil der Bewohner von Oberkrüchten ihr Dorf verlassen, am folgenden Tag ging ein zweiter Transport ab. Die Evakuierten wurden mit Autos nach Wegberg und von dort mit der Bahn weiter ins Innere Deutschlands gebracht, der größte Teil nach Borghorst im Münsterland, nach Lindhorst und benachbarte Orte in Schaumburg-Lippe, nach Steinhude und Minden. Ende November 1944 ging dann noch ein weiterer Transport in die Gegend von Anthausen in Sachsen. Die evakuierten Kinder besuchten an ihren neuen Wohnorten die Schule.[25]

Am 12. September 1944 war bereits die Zwangsevakuierung des Dorfes Elmpt angeordnet worden. Der Unterrichtsbetrieb in der Elmpter Schule wurde eingestellt und die Zivilwohnungen im Gebäude geräumt. Die Schule wurde mit HJ-Schanzarbeitern belegt. Auf dem Schulhof wurden sechs große Karrengruben für Kraftfahrzeuge ausgehoben und mit den Türen (!) der Nebengebäude abgesichert.[26] Die Chronik der Schule An der Wae berichtet in diesem Zusammenhang:

„Als der Geschützdonner immer näher und näher kam, mußte am 6. September 1944 auf polizeilichen Befehl die Schule geschlossen werden. Dann wurde Stroh in den Schulsaal gefahren und schon ein paar Tage darauf die Schule mit 35 Flaksoldaten belegt. In der ganzen Gegend mußten Panzergräben und Schützengräben ausgeworfen werden.

Am 13. September 1944 abends um 6 Uhr kam der Befehl, daß bis 7 Uhr (also nur eine Stunde) alle Frauen und Kinder den Ort Elmpt zu verlassen hätten zwecks Verschickung in ein Evakuierungsgebiet. Das gab ein Murren der Entrüstung. Nur verhältnismäßig wenige verließen den Ort."

Mit dem Einmarsch der Truppen von der einen und der Masse der eintreffenden Schanzern auf der anderen Seite befiel die einheimische Bevölkerung immer mehr die Furcht vor der Räumung und Heimatlosigkeit. Bereits am 13. September 1944 begannen auch die ersten Räumungsmaßnahmen durch die NSDAP in der Gemeinde Niederkrüchten. Gleichzeitig erhielten die zuständigen Partei- und Verwaltungsdienststellen unter „Geheimer Reichssache" Anweisungen, die Räumung der „Roten Zone" vorzubereiten.

Gegen Ende des Krieges tauchten auf Plakaten und Wandsprüchen Gestalten und Parolen auf, die immer wieder an bestimmte Dinge erinnern sollten. Hier war es z. B. „Kohlenklau", der zum sparsamen Umgang mit Energie und Heizmaterial ermahnte. Eine Plakatparole hieß: „Feind hört mit!" Sie wurde später durch den schwarzen Schattenmann abgelöst, bei dem nur das Wort „Pst" stand. Dieses Symbol befand sich sogar auf den Streichholzdosen. Eine weitere bekannte Parole war: „Räder müssen rollen für den Sieg! Erst siegen, dann reisen!" Der Volksmund setzte bitter hinzu: „Kinderwagen für den neuen Krieg!"

Mit Datum vom 25. September 1944 hatte Hitler den Erlaß zur Bildung des sog. „Volkssturms" herausgegeben. Durch die starken Verluste an allen Fronten war das deutsche Heer so geschwächt, daß der Volkssturm die Verteidigung der Heimat übernehmen sollte. „Wie im Herbst 1939 stehen wir nun wieder ganz allein der Front unserer Feinde gegenüber ..." hatte der „Führer" festgestellt und weiter ausgeführt: „Zur Verstärkung der aktiven Kräfte unserer Wehrmacht und insbesondere zur Führung eines unerbittlichen Kampfes überall dort, wo der Feind deutschen Boden betreten will, rufe ich daher alle deutschen waffenfähigen Männer zum Kampfeinsatz auf." Aufgerufen wurden alle Männer zwischen sechzehn und sechzig Jahren - auch in Elmpt und Niederkrüchten wurden nun Männer eingezogen, die älter als fünfundvierzig Jahre waren, außerdem der Jahrgang 1928, das heißt sechzehnjährige Jungen. Die Organisation des sog. „Volksaufgebots" führte die NSDAP durch, während ehemalige Angehörige der Wehrmacht, genesende Soldaten und von der Truppe abgestellte Offiziere den volkssturmpflichtigen Männern den Umgang mit der Waffe vermitteln sollten. Die Übungen fanden meistens sonntags statt. Die Ausrüstung bestand fast ausschließlich aus Beutegewehren, Panzerfäusten und einigen Maschinengewehren. Die Bekleidung mußte zunächst von den Volkssturmleuten selbst gestellt werden, später erhielten einige Einheiten alte Uniformröcke, gefärbte Parteiuniformen usw. Im übrigen war der Volkssturm an einem schwarzen Armsteifen mit weißer Aufschrift „Volkssturm" zu erkennen. Der Einsatzwille dieses letzten Aufgebotes blieb allerdings gering.

Als die ersten Einberufungen zum Volkssturm in Niederkrüchten erfolgten, waren es vor allem die Jugendlichen der Geburtsjahrgänge bis 1928, die diesen nicht nachkamen. Scharführer Wolters mußte die Befehle durch den Amtsbürgermeister zustellen lassen. In Niederkrüchten wurden 134 Männer aufgeboten, in Oberkrüchten 181 und in Dam 167 - das letzte Aufgebot.

Der Rückzug der deutschen Wehrmacht aus Frankreich im Juli–August 1944 hatte sich auch in Merbeck bemerkbar gemacht. Der Eindruck der Auflösung verstärkte sich. Man sah Soldaten ihr Gepäck in einem Kinderwagen vor sich herschieben. Als in der zweiten Septemberhälfte der Feind bereits bis in die Gegend von Eschweiler vorstieß, rechneten manche Leute mit dem baldigen Ende. Diese Auflösungserscheinungen wurden dann noch einmal gestoppt durch schlesische SA-Leute, die zur Aufrechterhaltung der Ordnung und zur Überwachung und Durchführung der Evakuierung in der hiesigen Gegend eingesetzt worden waren.

In dieser Zeit häuften sich die Angriffe der Lightnings und Tiefflieger, die sich wie Raubvögel vom Himmel herabstürzten und mit ihren Bordkanonen Bauern im Felde und Schanzarbeiter des Westwalls beschossen.

Die Front war inzwischen sehr nahe gerückt. Die Amerikaner standen bei Aachen auf Reichsgebiet, später auch bei Jülich, Linnich und Geilenkirchen an der Rur. Nach einer längeren Einkesselung fiel Aachen am 21. Oktober 1944 in amerikanische Hand. Ab Heinsberg, über Roermond und dann jenseits der Maas nach Norden hin standen englische und kanadische Truppenverbände. Bei ent-

92 Im September 1944 wurde der „Volkssturm“ aufgerufen – von 16 bis 60 Jahre sollte nun das letzte Aufgebot das Kriegsglück noch wenden

sprechender Windrichtung war Artilleriefeuer deutlich zu hören.
Deutschland war nun von Osten, Süden und Westen eingekreist. Die deutsche Heeresgruppe B konnte sich nach der Ardennen-Offensive im Dezember 1944 nur mit Mühe und Not der drohenden Vernichtung entziehen. Sie wurde im Januar 1945 in die Ausgangsstellung zurückgeworfen. Die Front verlief nunmehr etliche Kilometer östlich von Aachen[27].
In jenen Tagen wurde die Absicht der obersten deutschen Führung im Heimatgebiet deutlich, sich unter Ausnutzung des Westwalls westlich des Rheins entscheidend zu schlagen. Der Heeresgruppe B unter Führung des Generalfeldmarschalls Model war es verboten worden, eine Rheinverteidigung östlich des Stroms zu organisieren. Notgedrungen wurde also eine Verteidigungslinie westlich des Rheins aus dem Boden gestampft.
Die Regierung zog die gesamte verfügbare Arbeitsreserve des Reiches am Westwall zusammen, um diesen wichtigen und starken Verteidigungsring instandzusetzen und noch weiter auszubauen. 200 000 Arbeiter, vorwiegend ausländische Gefangene, Fremdarbeiter und Hitlerjungen begannen neue Bunker zu bauen, MG-Nester einzurichten und Panzergräben auszuheben. Auch die rückwärts liegenden Gebiete verwandelten sie in ein modernes Feldbefestigungssystem, das sich von Kaldenkirchen im Kreis Kempen-Krefeld über Viersen bis nach Erkelenz und ostwärts in den Kreis Grevenbroich der Erft entlang erstreckte.[28] Auch

93 Statt einheitlicher Uniform gab es eine Armbinde!

Jungen über 15 und Mädchen über 16 Jahre wurden zur „Erfüllung von Kriegsaufgaben“ herangezogen!
Wie aus Unterlagen verschiedener Behörden zu ersehen ist, wurde von den Schanzern und den Truppen in den geräumten Gemeinden, aber auch in den Gemeinden der anderen Orten erheblich geplündert. Im Bericht eines Bürgermeisters an den Kempener Landrat vom 9. Dezember 1944 heißt es: „In den letzten Wochen wurden in meinem Amtsbezirk durch Wehrmacht und Schanzer Diebstähle durchgeführt, die einer Plünderung gleichkommen. Nicht ein kleiner Teil, sondern ein großer Teil nimmt keine Rücksicht darauf, daß sie sich auf deutschem Boden befinden. Nacht für Nacht versuchen angeblich versprengte Soldaten, Quartier zu machen. Es sind bisher Dutzende von Wohnungen Evakuierter gewaltsam aufgebrochen und geplündert worden.“
Auf Plünderung stand damals die Todesstrafe – so stand es jedenfalls auf großen Hinweistafeln angeschlagen, die in jedem von der Zivilbevölkerung geräumten Ort angebracht wurden. An den Ortseingängen von Merbeck lautete die Bekanntmachung wie folgt: „Dieser Ort ist geräumt. Stehlen wird mit dem Tode bestraft!“[29]
Fünf in Elmpt beschäftigte „Ostarbeiterinnen“, junge Russinnen, sollen Anfang Oktober 1944 Wäschestücke entwendet haben, ohne ordentlichen Prozeß wurden sie am 13. Oktober 1944 im Arsbecker Wald erschossen[30]. Die Namen der Erschossenen lauten: Helga Kuschinow (30), Maria Lapena (24), Sina Musatowa (23), Tonja Polzakowa (23) und Wera Schilula

(23). Die Toten wurden zunächst auf dem Niederkrüchtener Friedhof bestattet und im Jahre 1959 nach Rurberg umgebettet, als dort eine Ehrenstätte für sowjetische Kriegstote errichtet wurde[31].

Im übrigen scheint sich das deutsche Bewachungskommando in den letzten Kriegsmonaten den russischen Frauen gegenüber sehr „aufgeschlossen" gezeigt zu haben. Aus einem Bericht vom 29. 12. 1944[31a] über diese Zustände geht hervor, daß Ostarbeiterinnen in einem Lager 9 in Elmpt untergebracht waren und sich „bis in die Nacht hinein mit den Soldaten umhertrieben". Lagerführer war damals ein SA-Sturmführer Meyer. Alle Ostarbeiterinnen, die nach 18 Uhr angetroffen wurden, sollten für jeweils eine Nacht in einen Keller gesperrt werden. Am 25. 12. 1944 wurden beispielsweise neun Ostarbeiterinnen im Keller des Lagerführers eingesperrt. Ein entsprechender Bericht wurde vom Meister der Schutzpolizei, Wassang, erstellt.

In Niederkrüchten hatten sechs weitere russische Gefangene, die in Niederkrüchten bzw. Elmpt durch Feindeinwirkung getötet worden waren, zunächst ihre Ruhestätte gefunden, die später ebenfalls nach Rurberg umgebettet wurden: Alexander Bodaw (27. 6. 1944), Stepan Krauezenko (25. 2. 1944), Stepan Malzew (1944), Nikolaj Katljar (6. 1. 1945) und zwei weitere unbekannte Gefangene.

In den ersten Oktoberwochen setzte der Angriff von Tieffliegern auf das gesamte Grenzgebiet ein. Der Artilleriekampf der Fronten war nunmehr den ganzen Tag über zu verfolgen. Die Belastung der in der Heimat Verbliebenen, besonders der Frauen und Kinder, wurde immer unerträglicher. Wenn bis Ende Juli 1944 die Zahl der monatlichen Alarme durchschnittlich 80 betrug (1943 = 32, 1942 = 52), so steigerte sich diese Zahl für die letzten Monate des Krieges bis auf 350. Das Grenzgebiet erlebte in den letzten Monaten mehr Alarme als in den ersten drei Kriegsjahren zusammen. Dabei handelte es sich nicht nur um Tieffliegerangriffe, der gesamte Bereich wurde ab Oktober 1944 bis Ende des Krieges fast täglich auch mit Bomben und Brandbomben angegriffen.

Inzwischen setzten sich die „richtigen" Soldaten ab. Müde, abgekämpfte Männer aller Waffengattungen zogen vorbei in Richtung Heimat, anfangs noch in geordneten Verbänden, dann in lockeren Trupps und einzeln. Verwundete schleppten sich auf Krücken und Spazierstöcken nach Osten. Manche zogen Handwagen hinter sich her. Auf die Griffe ihrer Spaten gestützt, sahen die vielen Schanzer zu. Dann schien man zu merken, daß die mit Spaten, Picken und Beilen bewaffneten Ausländer eine Gefahr für die deutsche Bevölkerung bedeuten könnten. Eines Nachts gellten Trillerpfeifen durch die Säle und Schulstuben, sie riefen die Fremdarbeiter zum Antreten. In Gewaltmärschen wurden sie über den Rhein zurückgeführt[32].

Ein besonders grausames Geschehen ereignete sich am zweiten Weihnachtstag 1944 im Elmpter Wald, im Lüsekamper Bruch, in unmittelbarer Nähe der deutsch-niederländischen Grenze: Die Erschießung von 13 Roermonder Bürgern und eines Polen durch ein Exekutionskommando der Deutschen Wehrmacht. Wenn auch Elmpter Bürger nicht an dieser Aktion beteiligt waren, so ist doch der Name der Gemeinde eng mit dem Geschehen verbunden, weil von hier aus die entsprechenden militärischen Maßnahmen getroffen wurden und weil die Exekutionen auf Elmpter Gebiet stattfanden[32].

Im Herbst 1944 war die 7. Deutsche Fallschirmjägerdivision in das deutsch-niederländische Grenzgebiet nach Roermond verlegt worden, um den Vormarsch der Alliierten zu stoppen. Generalmajor

AUFRUF

an die männliche Bevölkerung der Stadt Venlo!

Sämtliche männliche Einwohner der Stadt VENLO im Alter van 18-50 Jahren haben sich am 21.12.1944, um 14.00 Uhr mit Schanzzeuch (Spaten, Hacken und Schaufeln) bei dem Kampfkommandant der Stadt Venlo, Bürgemeister van Rijnsingel-Strasse Nr. 20 b zu melden.

Ausgenommen sind Geistliche und Kranke mit ärztlichem Attest.

Eventuelles Fernbleiben bezw. Verstoss gegen diesen Befehl, wird strengstens geahndet und zieht Evakuierung und Abkommandierung zum Arbeitseinsatz nach Deutschland nach sich.

Der Kampfkommandant

PRALLE

Major

Kampfkommandantur Venlo

O. U. 20.12.1944.

Abschnittskommandant Roermond.

Roermond, den 15.12.1944

Aufruf.

Alle Maennlichen Einwohner von Roermond und Maasniel, im Alter von 16-60 Jahren, haben sich bis zum 18-12-1944, 17 Uhr, zwecks Ueberpruefung der Ausweise und listenmaessigen Erfassung auf der Ortskommandantur zu melden.

Wer sich bis zu diesem Termin nicht meldet und nach dem 18.12.1944 ohne gueltigen Ausweis des Abschnittskommandanten angetroffen wird, hat schaerfste Bestrafung zu erwarten.

Der Abschnittskommandant von
Roermond.

94 Überall im niederländischen Grenzraum wurden im Dezember 1944 niederländische Männer zum Schanzen verpflichtet

Rudolf Albert Goltzsch hatte seinen Gefechtsstand in Elmpt aufgeschlagen – dort soll in der Metzgerei Bischofs im übrigen auch laufend requiriertes Vieh geschlachtet worden sein. Das 24. Regiment dieser Division unter Major Ulrich Matthaeas hatte den Gefechtsstand seit Anfang Dezember 1944 in einem Kloster in Roermond, Ortskommandant war dort Leutnant Paul Küppers. Die Fallschirmjäger verbreiteten unter den zurückgebliebenen Roermonder Bürgern Angst und Schrecken, nicht zuletzt hervorgerufen durch Aktionen der „Witte Brigade“, einer niederländischen Untergrundorganisation, die im Laufe der Monate immer aktiver geworden war. Häufig kam es zu Übergriffen, aber auch zu Plünderungen von Häusern nicht nur durch Deutsche, sondern auch durch Niederländer. So sah sich die Roermonder Polizei veranlaßt, mit der deutschen Besatzung zusammenzuarbeiten, am ersten Weihnachtstag 1944 wurde eine gemeinsame Razzia durchgeführt. Aus Wut über die Gefangennahme seines Sohnes verriet ein Niederländer einen der Haupttäter, der wiederum das Versteck von untergetauchten vermeintlichen Mitgliedern der „Witte Brigade“ verriet. In der gleichen Nacht wurden 12 Männer und Jungen gefangengenommen, die sich dem Arbeitseinsatz in Deutschland entzogen hatten. Am 15. 12. 1944 hatte nämlich der deutsche Abschnittkommandant von Roermond durch einen Aufruf alle männlichen Einwohner von Roermond und Maasniel im Alter von 16–60 Jahren aufgefordert, sich bis zum 18.12.1944 „zwecks Überprüfung der Ausweise und listenmäßigen Erfassung auf der Ortskommandantur zu melden“. Wer sich bis zu diesem Termin nicht meldet und nach dem 18. 12. 1944 ohne gültigen Ausweis angetroffen wird, hat schärfste Bestrafung zu erwarten.“

Bei den in der Weihnachtsnacht Aufgegriffenen handelte es sich vornehmlich um solche Einwohner, die sich versteckt hatten, um nicht nach Deutschland transportiert zu werden.

Am zweiten Weihnachtstag 1944 wurden die Gefangenen nachmittags vor ein Feldgericht der Deutschen Wehrmacht unter Major Matthaeas gestellt, dem Hauptmann Saeger und Oberfeldwebel Pettke beisaßen, Ankläger war Oberleutnant Küppers. Beschuldigt wurden sie, „einen russischen Spion versteckt und ein Verlies für Waffen und Menschen eingerichtet zu haben, des weiteren hätten sie sich nicht gemeldet zum Arbeitseinsatz in Deutschland“. Sie wurden zum Tod durch Erschießen verurteilt, zwei weitere Gefangene, Maria Kotenko und Hubertus van der Beek, wurden nach Deutschland gebracht und dort der Gestapo übergeben.

Ein niederländischer Zeitgenosse berichtet:

„Ich saß wartend am Fenster (des Gebäudes, in dem zahlreiche Niederländer inhaftiert waren, d. Verf.), als abends gegen 18 Uhr ein Exekutionskommando von 20 Mann kam mit Matthaeas und zwei anderen Offizieren an der Spitze. Zwölf Gefangene mußten mitgehen und trugen jeder einen Spaten über der Schulter. Bei ihnen war auch ein Mann, der einen Arm und ein Bein gebrochen hatte (dieser hatte in der Nacht zuvor versucht, zu fliehen, und war dabei aus dem Fenster gestürzt!). Ich sah, wie die Deutschen ihn zwangen, stöhnend auf einen Stock gestützt, mitzumarschieren. Doch als sie nun sahen, daß dies völlig unmöglich war, wurde er auf ein Pferdefuhrwerk gelegt und so mitgeführt.

Sie gingen den Weg in Richtung Deutschland entlang dem Elmpter Weg. Am gleichen Abend wurden wir zurückgebliebenen 70 Mann zu Fuß nach Deutschland gebracht. Am Grenzübergang sahen wir den Wagen, auf dem der Verwundete transportiert worden war, und wir begriffen den Rest. Sie mußten dort in dem

Der Abschnittskommandant von Roermond   den 28.12.1944.

Aufruf!

In der Strafsache

gegen

die niederlaendischen Staatsangehoerigen

1.) Claessens, Lodewijk, geb. 1.10.25 in Roermond,
2.) Fuchs, Josef, geb. 16.5.99 in Muellendorf/Eifel,
3.) Denis, Franz, geb. 7.1.07 in s'Hertogenbosch,
4.) Jongen, Willem, geb. 14.1.00 in Vals b.Aachen,
5.) Oljans, Thijs, geb. 18.1.26 in Roermond,
6.) Sevenich, Mathias, geb. 1.3.28 in Roermond,
7.) Tobben, Jan, geb. 14.3.28 in Roermond,
8.) Ophus, Louis, geb. 15.11.14 in Rotterdam,
9.) Oljans, Wicher, geb. 5.7.22 in Beilen,
10.) Hanno, Johannes, geb. 5.12.12 in Roermond,
11.) Janssens, Lambertus, geb. 13.12.07 in Roermond,
12.) Winters, Wilhelm, geb. 6.2.96 in Utrecht,
13.) Selder, Hubertus, geb.20.4.13 in Roermond,

hat das am 26.12.1944 in Roermond zusammengetretene Standgericht

saemtliche Angeklagten zum Tode durch Erschiessen

verurteilt.

Grund: Die Angeklagten sind dem Befehl des deutschen Wehrmachtkommandanten, sich bis zum 18.12.1944, 17.00 Uhr, auf der Ortskommandantur zur Erfassung der Personalien zu melden, n i c h t nachgekommen, sondern haben sich zu einer deutschfeindlichen Organisation zusammengeschlossen und sich verborgengehalten.

Das Urteil wurde durch Erschiessen am gleichen Tage vollstreckt!

- -

Saemtliche maennlichen Einwohner im Alter von 16 - 60 Jahren in Roermond und Maasniel, sofern sie keinen von mir unterschriebenen und noch gueltigen Ausweis besitzen, werden l e t z t m a l i g aufgerufen, sich bis zum 30.12.1944, 16.00 Uhr, auf der Ortskommandantur zu melden.

Wer diesem Befehl nunmehr nicht nachkommt und nach dem 30.12.1944, 16.00 Uhr, ohne gueltigen Ausweis in der Stadt angetroffen wird, wird ohne Ansehen seiner Person s o f o r t e r s c h o s s e n !!

Der Abschnittskommandant
von Roermond.

95 Die Bekanntmachung über die Erschießungen wurde zur Abschreckung in Roermond an den öffentlichen Gebäuden angeschlagen

dunklen Busch niedergeschossen worden sein, aber wir hatten damals noch keine Vorstellung von der grausigen Art und Weise, wie sie ermordet wurden. Das wurde uns später durch einen deutschen Soldaten erzählt, der dabeigewesen war. In Gruppen zu Drei, so erzählte der Deutsche, mußten die Unglücklichen nach vorn treten. Sie mußten drei Gräber graben und wurden dann niedergeschossen, ihre Leichen wurden in die Gruben geworfen. Die folgenden Drei mußten diese Gruben zuschütten und danach ihr eigenes Grab graben. So wurden alle in den Tod geschickt. Am folgenden Tag ließ Matthaeas in Roermond eine Proklamation anschlagen mit den Namen der Unglücklichen und mit dem Hinweis, daß Jedermann, der sich weiter versteckte, dasselbe zu erwarten hatte."

Die Namen der Erschossenen waren:
Lodewijk Gerardus Hubertus Claessens (1925), Büroangestellter,
Peter Josef Fuchs (1899), Müller,
Franciscus Denis (1907), Arbeiter,
Willem Jongen (1900), Arbeiter,
Thijs Oljans (1926),
Wicher Oljans (1922),
Mathieu Sevenich (1928), Laufbursche,
Jan Catharina Tobben (1928), Altwarenhändler,
Louis Uphus (1914), Reklamezeichner,
Johannes Hubertus Hanno (1912), Arbeiter,
Lambertus Joseph Janssens (1907), Arbeiter,
Willem Winters (1896), Heizer.

Diese zwölf Roermonder Bürger wurden am 26. Dezember 1944 zwischen 18 und 19 Uhr im Lüsekamper Bruch erschossen.

Am nächsten Tag wurden mit Hubertus Selder (1923) ein weiterer Niederländer und ein polnischer Staatsangehöriger, dessen Personalien unbekannt sind, ebenfalls dort erschossen.

Da die Gräber der Erschossenen nicht gekennzeichnet wurden, konnte man diese erst weit nach Beendigung des Krieges, als man eine Handzeichnung wiederentdeckte, im Jahre 1947 auffinden.

Durch die grausame Hinrichtungsaktion aufgeschreckt, stellten sich bei einem erneuten Aufruf vom 28. 12. 1944 zum Transport nach Deutschland 3213 Niederländer (!), die dann unter strengster Bewachung durch die „grüne Polizei" und Fallschirmjäger abtransportiert wurden und von denen viele ihre Heimat nie wiedersahen.

Die zurückgebliebene deutsche Bevölkerung im Grenzgebiet hatte unter der ständigen Feindeinwirkung wiederholte Verluste zu erleiden:

Am 21. Januar 1945 töteten Fliegerbomben die beiden Brüder Gerhard und Josef Wolters aus Merbeck, am 24. 2. 1945 wurde der Bauer Heinrich Willems aus Merbeck von einem Granatsplitter tödlich getroffen, am 28. 2. 1945 starb der Landwirt Leonhard Stypertz aus Merbeck beim Löschen seines brennenden Hauses durch einen Granatsplitter.

Am 14. 2. 1945 wurde ein feindliches Flugzeug nahe der Ortschaft Laar abgeschossen. Drei Besatzungsmitglieder sprangen mit dem Fallschirm ab und wurden von deutschem Militär gefangengenommen, im Flugzeug wurden noch drei Leichen entdeckt, die in Niederkrüchten beerdigt wurden.

Es tauchte um diese Zeit zum erstenmal bei den Alliierten der Plan auf, beim vorgesehenen Angriff in Richtung Rhein zwei Keile über Kleve–Goch und Jülich–Mönchengladbach voranzutreiben und durch eine Zangenbewegung das gesamte Gebiet einzukesseln.

Im Norden sollten die britisch-kanadischen Verbände unter Feldmarschall Montgomery zwischen Maas und Rhein vorstoßen, Kleve und Goch nehmen und bis Geldern vorrücken. Zum gleichen

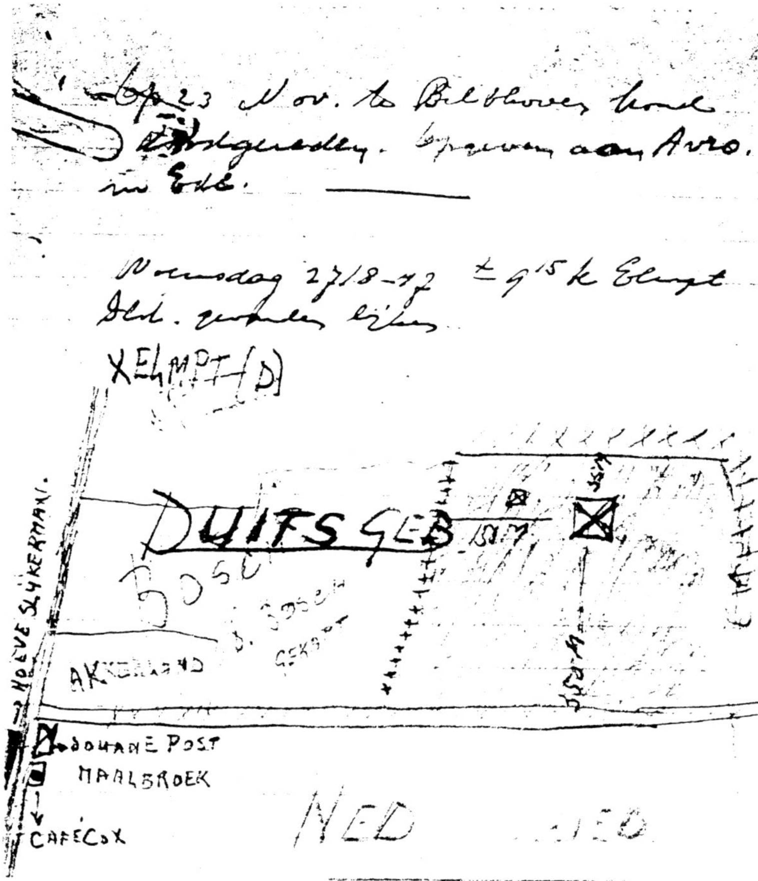

96 Anhand dieser handschriftlichen Lageskizze konnten nach dem Krieg die Gräber der erschossenen Roermonder Bürger am Lüsekamp aufgefunden werden

Zeitpunkt würde südlich zwischen Jülich und Düren die Neunte Amerikanische Armee zur Großoffensive antreten, um nach Norden durch Mönchengladbach vorzustoßen und sich bei Geldern mit den Engländern zu vereinigen. Die in dem entstehenden Kessel eingeschlossenen deutschen Truppen sollten dann aufgerieben werden.

Über die Aussichtslosigkeit der militärischen Lage und die Unmöglichkeit, eine wirksame Verteidigung diesseits des Rheins aufzubauen, waren sich die deutschen Generale durchaus im klaren.

Als nach einem ungeheuren Trommelfeuer die amerikanischen Divisionen in der Nacht des 23. Februar 1945 über die Rur drangen und innerhalb weniger Tage den Großteil ihrer Armada zwischen Düren und Jülich aufmarschieren ließen, war damit die Vernichtung der deutschen Truppen eingeleitet.

27. Februar 1945: Aus dem Brückenkopf, den die amerikanische Armee auf der Linie Hückelhoven – Erkelenz – Königshoven ausgedehnt hatte, brach am 27. Februar die Neunte Amerikanische Armee General Simpsons mit ihren drei Armeekorps zum entscheidenden Angriff aus. Ziel der Offensive waren das Industriegebiet Mönchengladbach und Rheydt, dann Krefeld und der Rhein. Der linke Flügel unter General Anderson sollte nördlich an Mönchengladbach vorbei-

97 Das Denkmal für die an den Weihnachtstagen 1944 Erschossenen in Roermond

marschieren, den gefürchteten Westwall also umgehen, und dann die Verbindung mit den Truppen Montgomerys im Raum Geldern herstellen.
Am 25. Februar 1945 erfolgten Bombenangriffe auf Wegberg und Rheindahlen.
Am 27. Februar 1945 rückten die ersten Amerikaner über Wegberg und Harbeck bis nach Merbeck vor.
Die Merbecker Chronik berichtet[33]:
„Die Kirche von Merbeck hatte unter amerikanischem und deutschem Artilleriefeuer gelegen. Auf der Wegberger Seite waren zwölf Artillerieeinschläge in der Mauer und im Turm, dabei war die einzige noch verbliebene Glocke in Stücke gegangen. Der Turm hatte auch im Inneren schwer gelitten. Glücklicherweise war die Uhr nur unwesentlich beschädigt, so daß sie bald in Gang gesetzt werden konnte. Ein Bild der Zerstörung bot die Kirche im Innern. Kein einziges der schönen Fenster war ganz geblieben; zwei waren vollständig zerstört. Die Orgel, der Taufstein und die Beichtstühle wiesen starke Beschädigungen auf. Die Bänke hatten zahlreiche Splitter erhalten. Die drei Altäre hatten weniger Schäden. Die Polychromierung der Wände war wie verschwunden, so daß die alten Bemalungen wieder sichtbar wurden.
Das deutsche Militär hatte beim Rückzug vorgesehen, die Kirche und das Pfarrhaus zu sprengen. Der Sprengplan sah vor, den Turm so umzulegen, daß er auf die Straße fiel. Gottfried Breidt aus Merbeck machte folgende Angaben dazu:
„Kurz vor Eintreffen der Amerikaner in unserem Dorf, Ende Februar 1945, lag in meinem Hause ein deutscher Feldwebel, der mir mitteilte, er habe den Auftrag, am folgenden Tage die Kirche und das Pfarrhaus in die Luft zu sprengen. Ein genauer Sprengplan war schon da und lag in meinem Hause, der auf meine Bitte hin an eine andere Stelle gebracht wurde. Nun habe ich den Feldwebel sehr ernsthaft zu bewegen versucht, von der Sprengung abzusehen. Er berichtete mir am anderen Morgen, er habe eine ganz schlimme Nacht verbracht, und stand von seinem Vorhaben ab."
Der ehemalige Artillerist Heiartz hat in einem Bunker in Tetelrath folgende Angaben gemacht:
„Sein Oberleutnant habe in Amern, wo eine deutsche Batterie stand, den Befehl gegeben, die Kirche von Merbeck niederzulegen. Darauf hätten die Kanoniere sich eingeschossen. Noch 100 m, noch 50 m wurden der Artillerie telefonisch mitgeteilt. Nach zwei bis drei Treffern im Turm hätte sich die Artillerie zurückziehen müssen. Dadurch wurde die Kirche vor der sicheren Zerstörung gerettet."

Vom 27. bis 28. Februar 1945 brannten die Bauernhöfe Clever, Clingen, Heinrich Müller, Paulsen und Wilhelm Michiels in Merbeck, Michael Jans, Gebrüder Conrads, Gebrüder Stypertz, Johann Clingen, Wwe. Feger und Heinrich Feger in Tetelrath ganz oder zum Teil nieder; sodann brannten sechs Wohnhäuser der Familien Gehlen, Wolters, Seyn, Lennartz, In der Smitten und Dohmen in Merbeck sowie das Wohnhaus Moll in Tetelrath.

Am 27. Februar 1945 kam Lehrer Bielefeld durch ein feindliches Panzergeschoß ums Leben, er hatte in Merbeck seit dem 1. 4. 1914 Unterricht erteilt."

Auf ihrem Rückzug sprengte die Deutsche Wehrmacht in den letzten Februartagen auch die Straßenbrücke an der Lütelforster Mühle. Die einrückenden Amerikaner beseitigten das Hindernis, indem sie das Schwalmbett mit Schutt auffüllten. Die Schwalm suchte sich damals ein neues Bett, sie floß nun durch den parallel zur Schwalm verlaufenden Kuhbach und erreichte unterhalb der Mühle wieder ihr altes Bett. Erst nach Wiederherstellung der Schwalmbrücke konnte der kleine Fluß wieder das alte Bett durchfließen und das große eiserne Mühlrad antreiben.

Am 28. Februar 1945 schloß sich auch der eiserne Ring um die Städte Mönchengladbach und Rheydt. Die Divisionen der Neunten Amerikanischen Armee unter Generalleutnant Simpson rückten weiter vor.

Auf der linken Flanke stieß das XVI. US-Panzerkorps des Generalmajors J. G. Anderson vor, die Panzerspitzen der 8. Panzerdivision unter Generalmajor Devine eroberten Wegberg, Merbeck und Tetelrath.

98 Amerikanische Panzereinheiten mit Infanteristen im Bereitstellungsraum

99 Schwere amerikanische Panzer walzten jeden Widerstand nieder

Der damals 14jährige Peter Bonsels erlebte die Besetzung durch die Amerikaner am 28. 2. 1945 in Merbeck[34]:
Etwa von 14 Uhr bis 14.30 Uhr am 28. 2. 1945 gab es eine Feuerpause. Nun hörten wir auch das Dröhnen von Motoren. Es folgten Warnschüsse und Klopfzeichen an der Haustüre und es erscholl der Ruf: „Ergebt Euch! Herauskommen!“.
Gerhardus van Lin, ein Holländer, der schon einige Jahre hier wohnte, ging als erster nach oben an die Haustüre und öffnete. Alle anderen Kellerinsassen folgten. Wir mußten uns einer Leibesvisitation durch die Amerikaner unterziehen. Plötzlich setzte Beschuß von deutscher Seite ein. In Windeseile stoben alle wieder in den Keller. Selbst einige Amerikaner folgten. Die Angst stand auch ihnen im Gesicht. Nach einem kurzen Gefecht mit einer Gruppe deutscher Soldaten, die sich in einem kleinen Wäldchen um das Anwesen Berten van Lin verschanzt hatten, trat wiederum Ruhe ein. Wie sich später herausstellte, hatten sieben deutsche Soldaten hierbei ihr Leben gelassen. Deutschsprechende Amerikaner befragten uns dann, wieviele Soldaten hier gelegen hatten und welche Einheiten es waren. Danach wurden alle anwesenden Zivilisten abgeführt. Wir kamen an unserem Hause vorbei. Meine Mutter wollte noch einige Habseligkeiten aus dem Hause holen. Es wurde ihr verwehrt. Ein Amerikaner, an unserem Hauseingang stehend, schüttete gerade zu unserem großen Bedauern altes Silbergeld und einige kleine Schmuckstücke in seine Uniformtasche.
Die ganze Feldgemarkung nordwestlich von Tetelrath stand voller alliierter Panzer und Fahrzeuge, die mit orangefarbenen Planen abgedeckt waren, sicherlich als Kennzeichnung für die eigene Luft-

waffe. Am Ortsausgang Richtung Niederkrüchten, gegenüber dem Wegekreuz, lag ein abgeschossener Panzer. Auf dem Weg nach Merbeck wurden auch noch einige gefangene deutsche Soldaten mit uns abgeführt. Vor dem Panzergraben, von Merbeck aus gesehen in der Nähe des Kapellchens, lag ebenfalls ein Panzer in einem Minenfeld. Ein toter Amerikaner lag daneben. Auf der Straße nach Wegberg, die wir noch passieren sollten, stand Fahrzeug an Fahrzeug gereiht. In Merbeck angekommen, gab es auf dem Schulhof nochmal eine Leibesvisitation. Hier stießen nun auch noch einige Merbecker Familien zu uns. Alte und gehbehinderte Leute wurden mit Fahrzeugen in Richtung Wegberg abtransportiert. Der Rest trat den Weg zu Fuß an."

Und in der Merbecker Schulchronik heißt es:

„Als die ersten Amerikaner den Ort besetzten, trieben sie die Reste der Einwohner zusammen und setzten sie nach Harbeck in den Saal Clever in Marsch. Mit erhobenen Händen mußten sie an den Panzerkolonnen vorbeigehen, wobei ihnen Uhren und Geld abgenommen wurden. Inzwischen wurden die Wohnungen geplündert, die Möbel auf die Straße oder den Hof geworfen. Das Vieh wurde losgemacht und lief über die Felder. Da niemand da war, der die Kühe melken konnte, brüllten sie Tag und Nacht. Nach drei Tagen durften die Merbecker Bauern wieder in ihre Wohnungen zurückkehren. Sie fanden dort Greuel der Verwüstung. Zuerst wurde das Vieh, soweit es nicht verschleppt, geschlachtet oder verendet war, eingefangen."

So also sah die „Befreiung" aus – den übrigen Ortsteilen sollte es wenig später ähnlich ergehen.

Auch in Oberkrüchten entstanden große Schäden durch das amerikanische Artilleriefeuer. Das ältere Schulgebäude wurde dabei erheblich beschädigt.

Über den Einmarsch der amerikanischen Truppen im Frühjahr 1945 liegt auch ein Bericht vor, den der damalige Amtsdirektor Mevihsen verfaßte:[35]

„Der Amtsbezirk Niederkrüchten, der durch Bunkerbauten an der Schwalm stark befestigt war, wurde bis auf die Ortschaften Merbeck und Tetelrath am 26. Februar 1945 gegen 22 Uhr von der Deutschen Wehrmacht kampflos geräumt.

In der Umgebung von Merbeck kam es am 27. und 28. Februar 1945 zu Kampfhandlungen, weil kleinere Trupps deutscher Einheiten sich gegen die heranrückenden Amerikaner zur Wehr setzten. Merbeck und Tetelrath erlitten durch Artilleriebeschuß erhebliche Schäden. Neben mehreren deutschen Soldaten büßten vier Zivilpersonen das Leben ein. Die Bewohner der Ortschaft Tetelrath mußten auf Anordnung der amerikanischen Truppe ihre Häuser verlassen und wurden auf die Dauer von vier Tagen in Harbeck untergebracht.

Am 1. März 1945 gegen 10 Uhr rückten amerikanische Truppen aus Richtung Wassenberg in den Amtsbezirk ein. Die Besetzung beschränkte sich auf den Ort Niederkrüchten. Etwa 200 Soldaten bezogen in leerstehenden Häusern Quartier. Eine große Zahl der Bewohner hatte den Amtsbezirk verlassen. Auch der Amtsbürgermeister hatte sich mit dem Personal der Verwaltung noch am 27. Februar in Sicherheit gebracht. Zwei Beamte und eine Angestellte waren zurückgeblieben. 2500 Einwohner bedurften noch der Betreuung.

Die ortsanwesende Bevölkerung konnte in ihren Wohnungen verbleiben. Sie mußte sich am 1. März um 14 Uhr in Ermangelung eines anderen geeigneten Versammlungsraumes in der Kirche einfinden, um vorläufige Verhaltungsmaßregeln entgegenzunehmen. Die Ausgehzeit wurde in den ersten vierzehn Tagen

auf eine bis drei Stunden täglich beschränkt.
Angehörige der Besatzung durchsuchten die Wohnungen nach Waffen und stahlen begehrenswerte Gegenstände, insbesondere Radiogeräte, Fahrräder und Schmuckstücke. Aus den unbewohnten Häusern wurden Einrichtungsgegenstände verschleppt, mehrere Kraftfahrzeuge wurden den Besitzern abgenommen.
Die ersten mit Panzerwagen kommenden Truppen schossen am Eingang des Ortsteils Felderhausen mit Maschinengewehren in die Niederung des Lindbruchs zwischen Niederkrüchten und Oberkrüchten, vermutlich in der Annahme, daß sich dort Angehörige der Deutschen Wehrmacht aufhielten. Pfarrer Schmitz aus Oberkrüchten, der in Niederkrüchten gewesen war und sich auf dem Heimweg befand, erhielt mehrere Oberschenkelschüsse und starb, weil keine Hilfe zur Stelle war, an Verblutung."
Mit dem Einmarsch amerikanischer Truppen war die Zeit des NS-Regimes abgelaufen. Später wurde kontrovers diskutiert, ob die Einwohner die Besetzung wirklich als „Befreiung" empfanden. Sicher waren sich viele, die nicht der NSDAP oder deren Gliederungen angehörten, bewußt, daß nun eine gerade für Gegner des Regimes herrschende Schreckensherrschaft beseitigt war – aber sie wurde abgelöst durch „feindliche" Soldaten, die zumindest in den ersten Wochen und Monaten wenig dazu beitrugen, die neue „Herrschaft" als besonders positiv zu empfinden. Dazu kam, daß die Familien größtenteils auseinandergerissen waren, daß Angehörige als deutsche Soldaten immer noch an der Front standen, daß Evakuierte sich im unbesetzten Teil Deutschlands befanden. Unmittelbar überlagert aber wurde das Empfinden vieler Menschen durch die tägliche Not des Hungerns, des Frierens, der Sorge um das nackte Überleben. Erst ganz allmählich ersetzten die ersten Funken Hoffnung die tägliche Angst und Not, konnte man zaghaft an einen Neuanfang denken.
Die Bilanz an Blutopfer, die die Altgemeinden Elmpt und Niederkrüchten im II. Weltkrieg erleiden mußten, war erschreckend, wie die folgende Zusammenstellung der gefallenen und vermißten Soldaten sowie der Zivilopfer zeigt:

Im II. Weltkrieg 1939–1945 sind gefallen oder wurden vermißt:

a) Altgemeinde Elmpt[36]

Gefallen sind:
Bereths Peter, Bereths Theo, Bischofs Gerhard, Bischofs Heinrich, Coenen Josef, Coenen Peter, Delißen Johann, Düsterwald W., Erkens Heinrich, Frenken Heinrich, Görtz Arnold, Gotzen Günter, Gotzen Willi, Heynckes Mathias, In der Smitten Leo, Jacobs Hermann, Jacobs Josef, Jacobs Martin, Jacobs Mathias, Jansen Peter, Küppers Josef, Laemes Heinrich, Lankes Peter, Laufen Willy, Lennartz Heinrich, Ludwig Johann, Ludwig Willi, Maaßen Josef, Meereßen Willi, Mertens Peter, Meurer Peter, Mundt Paul-M., Pollmanns Hermann, Pollmanns Mathias, Reugels Jakob, Rodnik Heinrich, Rüsel Hans, Schneider Gottfried, Schnell Heinrich, Schreurs Johann, Schreurs Peter, Schrievers W., Schroers Heinrich, Siebenhofer Josef, Thelen Willy, Thyssen Hermann, Vooßen Heinz, Weertz Heinrich, Weertz Heinz, Wolters Jakob.

Vermißt wurden:
Anstötz Fr., Beckers Heinrich, Berten Johann, Bereths Johann, Brendges Adolf, Brendges Mathias, Brendges Robert, Birx Mathias, Drathen Hermann, Hendrix Jakob, Hensges Heinrich, Heynckes Willi, Hölters Heinrich, Ingenrieth Josef, Jansen Martin, Jenhof Franz, Kamke

100 Allein, vor den Trümmern, hoffnungslos – das Bild spiegelt die ganze Trostlosigkeit der Niederlage, der Zerstörung des Einzelnen und der ganzen Nation wider

Gerhard, Küppers Wilhelm, Laumen Heinrich, Lucas Leonhard, Maasen Willy, Mertens Heinrich, Op den Berg Hubert, Reugels Willi, Schroers Josef, Schroers Wilhelm, Smets Gerhard, Smets Heinrich, Tappeser Heinrich, Weertz Jakob, Weertz Hermann, Wilms Martin.

b) Altgemeinde Niederkrüchten
– Pfarrei Niederkrüchten –[37]

Gefallen sind:
Banritz Mathias, Beckers Matthias, Beenen Leo, Berger Hans, Berger Heinrich, Beyer Wilhelm, Böken Hans, Bohnen Reiner, Bongartz Mathias, Bonsels Hans, Bonsels H. Josef, Bonsels Willy, Borg Johann, Braath Arthur, Brocker Willi, Büschgens Bernhard, Coenen Gerhard, Coppers Heinrich, Cüsters Hermann, Cüsters Paul, Delihsen Heinrich, Demes Hermann, Demes Paul, Derix Hans, Derix Hermann, Derix Peter, Dickmeis Josef, Düsterwald Martin, Düsterwald Willi, Engels Lambert, Fürst Johann, Gerhards Peter, Görtz Heinrich, Gotzen Heinrich, Gotzes August, Hillekes Franz, Hüllendong Mathias, Ilgert Eduard, Jans Heinrich, Jans Hubert, Jans Johann, Jans Josef, Jans Leonhard, Jans Paul, Jansen Maria, van Kassel Josef, Kirsch Richard, Klaps Johann, Klingen Mathias, Kremer Josef, Kremer Willi, Küppers Heinrich, Langer Peter, Leichtweis Hans, Losberg Hubert, Lürpen Wilhelm, Lütters Mathias, Maahsen Josef, Meurer Willi, Mewissen Josef, Mewissen Willi, Mikley Wilhelm, Müllers Johann, Mundry Emil, Mundry Heinz, Mundry Oskar, Niedermöller Erwin, Paassens Johann, Peters Karl, Platvoetz Anton, Pollmanns Gottfried, Pollmanns Josef, Pollmanns Willi, Randerath Heinrich, Reinartz Matthias, Reyer Fritz, Reyer Mathias, Reyer Wilhelm, Roggen Josef, Rütten Hedwig, Rütten Hermann, Rütten Josef, Rütten Maria, Schmitz Arnold, Schmitz Jakob, Schmitz Karl, Schöpgens, Johann, Schruff, Peter, Seegers, Josef, Smeets Johann, Smets Heinrich, Smets Johann, Stevens Heinrich, Stevens Johann, Strom Peter, Tappeser Hubert, Terstappen Jakob, Terstappen Peter, Theloy Johannes, Theloy Josef, Thyssen Hubert, Toersche Josef, Wallrafen Bert, Wallrafen Christian-Josef, Wallrafen Gerhard, Wallrafen Josef, Wallrafen Hubert, Weertz Heinrich, Wolters Johann, Wolters Reiner, Willms Gustav.

Vermißt wurden:
Bienen Gerhard, Bohnen Gerhard, Brings Robert, Brouwers Theo, Cuypers Wilhelm, Demes Fritz, Demes Josef, Dohmen Heinrich, Engels Heinrich, Gerhards Hubert, Görtz Franz, Lafontaine Theodor, Löwe Peter, Meuters Mathias, Müller Mathias, Paassens Josef, Pollmanns Peter, Ramakers Gerhard, Reddig August, Reinartz Gerhard, Schmitz Leo, Schüren Peter, Stuffrein Karl, Thönissen Franz, Verheyen Heinrich, Zimmermann Ernst.

Pfarre Merbeck[38]

Gefallen sind:
Bielefeld Felix, Bielefeld Hedwig, Bielefeld Hildegard, Bongartz Robert, Bonsels Johann, Clingen Wilhelm, Delissen Wilhelm, Dressen Wilhelm, Dülpers Josef, Feger Konrad, van Gansewinkel Johann, Gerads Johannes, Heinen Wilhelm, Jans Heinrich, Jans Hubert, Jans Matthias, Kaumanns Leo, Klingen Wilhelm, Kohnen Josef, Lehnen Josef, Lehnen Konrad, Lehnen Wilhelm, Michiels Heinrich, Reintges Heinrich, Reuter Johann, Schovenberg Franz, Schündelen Josef, Schündelen Wilhelm, Seyn Josef, Seyn Josefine, Stevens Heinrich, Stolz Heinrich, Straetener Wilhelm, Straetener Anton, Stypertz Jakob, Stypertz Josef, Stypertz Leonhard, Thelen Peter, Wil-

lems Heinrich, Wolters Gustav, Wolters Herbert, Wolters Josef.

Vermißt wurden:
Coenen Jacob, Feger Heinrich, Gehlen Heinrich, Gerads Wilhelm, Heinrichs Theodor, Intween Johannes, Keulers Johannes, Lambertz Arnold, Lütters Wilhelm, Paulsen Wilhelm, Portzick Josef, Voss Josef.

– Pfarrei Oberkrüchten –[39]

Gefallen sind:
Beecker, Josef, Coenen Gerhard, Dahmen Heinrich, Davids Gottfried, Derix Heinrich, Derix Hubert, Gawellk Wilhelm, Heinrichs Karl, Jans Josef, Küppers Heinrich, Lennartz Wilhelm, Leven Egidius, Leven Leonhard, Leven Martin, Mai Gottfried, Meyers Johann, Peters Gerhard, Peters Peter, Pielen Heinrich, Popielarz Stephan, Schaepkens Matthias, Seegers Michael, Stevens Heinrich, Theloy Josef, Theloy Peter, Tiskens Heinrich, Trumm Engelbert, Trumm Lorenz, Trumm Wilhelm, Vittinghoff Heinrich, Weider Günther, Willems Heinrich, Wolters Franz, Wolters Heinrich, Wolters Johann, Zohlen Heinrich.

Vermißt wurden:
Coenen Mathias, Gisberts Heinrich, Jennissen Gerhard, Knorr Hubert, Lennartz Gottfried, Lennartz Heinrich, Meyers Hubert, Polmanns Peter, Reiners Martin, Rüllenrath Peter, Slaats Wilhelm, Thevessen Josef, Trumm Ferdinand, Vievers Leonhard, Welters Willi.

Kriegsopfer der Zivilbevölkerung:
Anderstiegen Christian, Anderstiegen Helga, Anderstiegen Katharina, Anderstiegen Maria Elisabeth, Cloudt Wilhelm, Heinrichs Maria geb. Cloudt, Heinrichs Josef, Heinrichs Maria, Heinrichs Peter, Heinrichs Toni, Heinrichs Willi, Hummen Theo, Küskens Gerta, Reiners Franz, Reiners Gertrud, Reiners Rosalia, Reiners Willi, Schmitz Suitbert, Smeets Katharina, Smeets Margarete, Stevens Julius, Stevens Maria, Stevens Maria-Anna.

16. Besatzungszeit und Nachkriegsnot 1945–1948

16.1 Von der Ausgangssperre zum Schulbeginn

1. März 1945 – „Stunde Null" und zugleich ein Neuanfang, der alle vor Schwierigkeiten stellte, die unüberwindbar schienen, zumal der Krieg nicht zu Ende war und jenseits des Rheines fortgeführt wurde.
Die eingerückten Amerikaner versuchten zunächst, die kommunalen Verwaltungen wieder aufzubauen und setzten unmittelbar nach dem Einmarsch Bürgermeister ein, die aber unbedingt „politisch einwandfrei" sein mußten. Neben dem Amt Niederkrüchten bestanden die beiden Bürgermeistereien Elmpt und Niederkrüchten weiter fort.
So wurde in Elmpt bereits am 2. März 1945 der Landwirt Mathias Jansen als Bürgermeister eingesetzt, er blieb auf diesem Posten bis zum 30. 9. 1946. Vom 7. 10. 1946–5. 8. 1948 war dann der Landwirt Hermann Mevißen Elmpter Bürgermeister.
In Niederkrüchten wurde ebenfalls am 2. 3. 1945 Oberpfarrer Peter Hansen von der Militärregierung als Bürgermeister eingesetzt, der diesen Posten bis zum 31. 8. 1945 innehatte. Ihm folgte vom 1. 9. 1945 bis 15. 1. 1946 der Gützenrather Geschäftsführer Leo Reugels.
Amtsdirektor Mevißen berichtet über die ersten Monate der Besatzungszeit:[1] „In Niederkrüchten löste nach einigen Tagen der Besatzungszeit eine 130 Mann starke holländische Einheit die amerikanischen Truppen ab. Die Niederländer nahmen etwa 25 männliche Personen im wehrpflichtigen Alter willkürlich fest und brachten sie nach Venlo. Dort wurden die Festgenommenen nach zwei Tagen auf freien Fuß gesetzt. Die holländische Truppe hielt sich zwei Wochen hier auf; ihr folgte eine Batterie britischer Artillerie, die Ende März 1946 abrückte, seitdem war der Amtsbezirk frei von Besatzung.
Die amerikanische Militärregierung hatte ihren Sitz vom 1. März bis zum 19. Juni 1945 in Niederkrüchten.
Die Brot-, Fleisch- und Fettversorgung der Bevölkerung konnte aus Beständen der einheimischen Landwirtschaft sichergestellt werden.
In den ersten Wochen der Besetzung kamen bewaffnete Zivilpersonen aus den Niederlanden in den Amtsbezirk, um angeblich nach Pferden zu suchen, die von der deutschen Wehrmacht aus Holland mitgenommen worden waren. In einem Fall nahmen sie einem Bauern auf dem Felde das Pferd mit Gewalt ab, acht Pferde und eine Kuh stahlen sie des nachts aus den Stallungen, in zwei Fällen wurden die Diebe unmittelbar vor der Grenze von englischen Soldaten festgenommen und die gestohlenen Pferde den Eigentümern zurückgegeben.
Am 21. Dezember 1945 wurde der Sohn des Landwirts Hermanns aus Schwaam von polnischen Banditen, die in das Gehöft des Hermanns eingedrungen waren, getötet. Die Täter wurden ermittelt und dem Militärgericht in Aachen zugeführt. Einer wurde zum Tode, einer zu zwölf und einer zu neun Jahren Zuchthaus verurteilt. Über die Verluste an Hab und Gut können ziffernmäßige Angaben nicht gemacht werden, weil die Schäden zum großen Teil noch nicht gemeldet sind."
Eine der ersten Maßnahmen noch im Jahre 1945 war die Wiederaufnahme des Schulbetriebs, die Schulen waren im

Oeffentliche Bekanntmachung Nr. 1

Alle Personen von 12 Jahren an und darüber, die augenblicklich in der Stadt M.Gladbach wohnen oder sich dort aufhalten, müssen sich in dem Registrierbüro, Lindenhofhotel, auf der Viersenerstr. eintragen lassen.

Die Eintragung wird am 16. April 1945 beginnen und wird täglich zwischen 8.30 und 16.30 Uhr fortgesetzt. Diejenigen Personen, die sich bereits an dieser Stelle eingetragen haben, brauchen sich jetzt nicht wieder neu eintragen zu lassen.

Oeffentliche Bekanntmachung Nr. 2

Es wird hiermit bekannt gegeben, daß alle Feuerwaffen, einschl. Gewehre, Munition und Explosivstoffe und außerdem alle Waffen irgendwelcher Art, ferner Fotografenapparate, sofort beim Bürgermeisteramt M.Gladbach abgegeben werden müssen.

Außerdem müssen abgegeben werden alle Radiosendegeräte, Teile davon und dazu benötigte Ersatzteile. Weiterhin müssen alle Brieftaubenhalter sich auf dem Bürgermeisteramt melden.

Obige Bekanntmachung muß vor dem 30. April befolgt werden und jedermann, der diese Vorschrift übertritt, steht unter dem Strafgesetz des Militärgerichtes und kann von diesem zu jeder gesetzlichen Strafe einschl. der Todesstrafe je nachdem wie das Militärgericht beschließt, verurteilt werden.

Oeffentliche Bekanntmachung Nr. 3

Es wird hiermit bekanntgegeben, daß alle Radioempfangsgeräte, Zubehör u. Ersatzteile davon, alle drahtlichen und drahtlosen Telefon- und Telegrafenapparate, die zu Sendezwecken dienen, alle Teile die zum Unterhalt oder zur Reparatur von Radios, Telefonen, Telegrafenapparaten und allen med. Elektrogeräten gebraucht werden, sofort beim Bürgermeisteramt M.Gladbach, Mozartstr. 22 angegeben werden müssen.
Jede Übertretung dieser Anordnung wird durch das Militärgericht bestraft.

(Die amtierenden Bürgermeister von Hardt, Neuwerk u. Rheindahlen sind berechtigt, die in Bekanntmachung Nr. 2 u. 3 angegebenen Gegenstände von den Personen, die in diesen Bezirken wohnen, entgegenzunehmen.)

Oeffentliche Bekanntmachung Nr. 4

Es wird hiermit bekanntgegeben, daß der Aufenthalt im Freien innerhalb des Stadtkreises M.Gladbach von 6.30 Uhr bis 20.30 Uhr gestattet ist. Ausgenommen der Aufenthalt auf Militärstraßen oder der Aufenthalt in irgendeiner „militärischen Sperrzone".

Oeffentliche Bekanntmachung Nr. 5

Es wird hiermit die Benutzung von Fahrrädern auf allen Straßen, ausgenommen den als Militärstraßen oder „militärischen Sperrzone" gekennzeichneten Gebieten, erlaubt.

Oeffentliche Bekanntmachung Nr. 6

Alle an Gebäuden oder an anderen Stellen angebrachten Schriften, die auf den Führer, die NSDAP. oder ähnliche Motive Bezug haben, sind sofort zu entfernen. Die Entfernung dieser Schriften hat bis spätestens 25. April 1945 zu erfolgen. Die Nichtbefolgung dieser Anordnung wird Bestrafung durch den Gerichtshof der Militärregierung nach sich ziehen.

Oeffentliche Bekanntmachung Nr. 7

Es wird hiermit angeordnet, daß alle Bürgersteige und Parkwege von allem Unrat u. Schutt zu säubern sind. Die Nichtbefolgung dieser Anordnung wird Bestrafung durch den Gerichtshof der Militärregierung nach sich ziehen.

Im Auftrag der Militärregierung:

Der Oberbürgermeister.

101 Gleich nach der Besetzung wurde die Zivilbevölkerung mit Bekanntmachungen aller Art überschwemmt

Herbst 1944 sämtlich geschlossen worden. Am 3. 9. 1945 begann der Unterricht wieder in den Schulen in Merbeck und Gützenrath, am 19. 11. 1945 in Elmpt und Oberkrüchten und am 14. 12. 1945 An der Wae.
Gerade in den Schulchroniken schlägt sich die Stimmung der damaligen schweren Jahre deutlich nieder. So berichtet die Schulchronik Elmpt:[2]
„Als am 1. März 1945 amerikanische Truppen Elmpt und Niederkrüchten besetzten, waren die beiden Dörfer fast leer. Die Evakuierten konnten aber nicht unmittelbar zurückkehren, da die Kämpfe auf der rechtsrheinischen Seite noch weitergingen. Erst nach Kriegsende, im Mai 1945, kehrten die ersten Flüchtlinge zu Fuß in ihre Heimat zurück. Aber auch jetzt waren die Leiden noch nicht beendet. Es gab kaum Lebensmittel, und, da die Felder im letzten Kriegsjahr nicht bewirtschaftet worden waren, konnte man auch nicht auf die eigene Ernte zurückgreifen. Das wenige Vieh, das man in den letzten Kriegstagen versteckt hatte, wurde nun durch Holländer über die Grenze getrieben, die so mehr oder weniger für eine private „Wiedergutmachung" sorgten. Es kam vor, daß Niederländer den Deutschen, die ihre Äcker bestellten, die Pferde vor dem Pflug ausspannten und mitnahmen. In den Wald zu gehen, war in der ersten Nachkriegszeit eine gefährliche Sache, der Bauer Kaumanns trat dort auf eine Mine und starb nach drei Wochen".
Nach dem Zusammenbruch wurde der größte Teil des Gemeindewaldes den Niederländern zum Grubenholzeinschlag zugewiesen. Selbst die schwächsten Stangenhölzer wurden dabei geschlagen. Bei diesem Einschlag wurden durch die Niederländer auch große Mengen Brennholz unberechtigt abgefahren. Der angerichtete Schaden belief sich auf über 700 000

102 Nach der Besetzung durch die Amerikaner kehren die Einwohner von Rickelrath in ihr Dorf zurück

Reichsmark. Das Kiefernastholz wurde der Brennholzaktion des Kreises Erkelenz zur Verfügung gestellt, rund 17000 Festmeter Holz wurden so seit Juli 1946 abgegeben.
Dazu kamen neben den Reparationsleistungen Brennholzhiebe für die Städte des Ruhrgebietes, so daß der Grenzwald von 1945–1947 fast vollständig in seiner Substanz vernichtet wurde. Nur eine schnelle Aufforstung mit Kiefernpflanzgut konnte verhindern, daß der sandige Oberboden, nachdem die deckende Waldschicht entfernt war, in Form von Dünen in Bewegung geriet und die östlich vorgelagerten Ackerbauflächen gefährdete. Aus der Not heraus entstand also der Wald, wie wir ihn heute kennen, ein Wald, der zu mehr als 80% aus Nadelhölzern besteht und der erst nach und nach den Anteil an Laubbäumen wieder vergrößern kann.
Trotz der riesigen Verluste hat der Elmpter Gemeindewald auch in der NS-Zeit und im II. Weltkrieg immer Überschüsse erbracht. Diese lagen 1935 bei 25000 Reichsmark, 1936 bei 50000, 1941 bei rund 300000 und 1943 bei mehr als 200000 Reichsmark – Einnahmen, die es der Gemeinde Elmpt ermöglichten, ihre Bürger weitgehend von Steueraufkommen zu entlasten.
Im Herbst 1945 ließ der damalige Ortsbürgermeister Mathias Jansen die Schule in Elmpt aufräumen, Lehrer Linder berichtet:[3]
„Auf dem Schulhofe lagen große Berge Schutt und Asche, Reste der unverständlicher Weise mit Stumpf und Stiel durch Aufräumen verbrannten Schulakten, Schulbücher und des gesamten Lehr- und Lernmaterials. Die Schulschränke enthielten nichts mehr und leere und kahle beschmutzte Wände gähnten einem entgegen. Die Reste in den Aschenhaufen, zum Teil bei meiner Rückkehr am 3. 6. 1945 noch glimmend, bewiesen, daß in unverantwortlicher Weise unersetzliche Dinge, Schulakten, Chronik und Bücher durch übereiltes Handeln vernichtet worden waren. Angekohlte Blätter von Stammrollen, Entlassungszeugnisse und Chronik fand ich in der Asche."

Aus Oberkrüchten wird berichtet:[4]
„Im Frühjahr 1945 kam es wiederholt zu Diebstählen, besonders in den Häusern der Evakuierten.
Im Laufe des Sommers 1945 mußten die Lehrerinnen und Lehrer einen Antrag auf Wiedereinstellung machen, dabei einen Fragebogen ausfüllen und Gutachten vom Pfarrer, vom Bürgermeister und noch von einer oder anderen angesehenen Person beibringen. Am 19. November 1945 wurde die Schule in Oberkrüchten wieder eröffnet, die bisherigen Lehrer Katharina Boveleth und Bernhard Rabert wurden wieder zum Dienst zugelassen. Sämtliche Eltern entschieden sich im übrigen damals für die Einrichtung einer konfessionellen Schule! Da die Zahl der evangelischen Schüler im Sommer 1946 auf etwa 15 gestiegen war, wurde erstmalig auch evangelischer Religionsunterricht erteilt."
Über den Nachkriegsbeginn des Schulunterrichtes berichtet Frau Boveleth in der Oberkrüchtener Schulchronik: „Eine gründliche Erteilung des Unterrichts war anfangs noch mit großen Schwierigkeiten verbunden, es fehlte an Lehr- und Lernmitteln. Der Unterricht in Geschichte und Erdkunde war noch nicht gestattet. Für die auszuwählenden Lieder erhielt jede Lehrperson ein „Verzeichnis der genehmigten Lieder". Ebenso durften anfangs noch keine Karten benutzt werden. Nur die Atlanten ohne Grenzen sind gestattet. Dank der regen Bemühungen des Schulrates wurde es möglich gemacht, daß jedes 2. Kind ein Lesebuch und ein Rechenbuch erhielt. Noch schlimmer

wirkte sich das Fehlen von Tafeln, Heften und Griffeln aus. Fast ein Drittel der Kinder schrieb auf selbstgefertigten Tafeln, hergestellt aus Dachschiefer. Sorgsame Eltern fertigten dazu passende Holzrahmen und versahen sie mit Linien. Ab und zu erhielten wir durch das Schulamt Berechtigungsscheine für Tafeln und Hefte, so konnten die ärmsten Kinder, deren Eltern nicht kompensieren können, auch ihr Schreibzeug erhalten. Wie es an Lehr- und Lernmitteln fehlte, so auch an Holz und Kohlen. Im Winter 1946/47 war die Kohlenknappheit besonders groß. Darum konnte wegen Kohlenmangel und wegen der sehr großen Kälte nur ein verkürzter Unterricht erteilt werden. Zeitweilig kamen die Kinder nur zur Schule, um ihre Hausaufgaben zu zeigen und neue zu erhalten, für die sie in sehr kurzer Zeit vorbereitet werden mußten.
Auf dem Boden der Kirchengemeinde zum Cronenberg hin standen Pappeln. Da sie das genügende Alter hatten und die Not hinsichtlich Schuhwerk zeitweilig sehr groß war, ließ Pfarrer Müllender die Bäume fällen und für alle Dorfbewohner vom jüngsten Pfarrkind, das Holzschuhe tragen konnte bis zum ältesten, selbstverständlich auch für die Protestanten in der hiesigen Pfarre, aus dem Pappelholz Holzschuhe anfertigen. Das Ergebnis war eine wirkliche fühlbare Hilfe, so konnten an die Dorfbewohner in den Jahren 1946 = 1050 Paar Holzschuhe, im Jahre 1947 = 1200 Paar und im Jahre 1948 noch 200 Paar ausgegeben werden, die gleichmäßig auf jeden verteilt wurden, ob reich oder arm, ob groß oder klein, ob katholisch oder protestantisch."
Am 14. Dezember 1945 wurde die Schule An der Wae feierlich wiedereröffnet. „Das gleiche Kreuz, welches ‚frevelnde Hände' aus der Schule An der Wae in der Machtzeit des Nationalsozialismus entfernt hatten, trugen nun die Schulkinder in feierlicher Prozession wieder in ihre Schule."[5]
Im Juni 1947 wurde die Schulspeisung eingeführt, für die unsere Eltern und Kin-

103 2. März 1945 – Ein Bauer aus Wegberg kehrt zurück

der äußerst dankbar sind, und die wirklich eine sehr sehr große Hilfe bedeutet. Zur Verteilung gelangten bis jetzt hauptsächlich süße Suppen, auch Bohnen- und Erbsensuppen, Trockenmilch und Büchsenmilch, auch Fleischwaren und Backwerk; was den Kinder besonders Freude bereitet: Nährstangen, Bonbons, Schokoladen, Datteln usw."

Da die Gemeinde Niederkrüchten nicht zu den besonders schwer mitgenommenen Gebieten des Kreises Erkelenz gehörte, wurde hier eine Schulspeisung zunächst nicht eingerichtet. Es gab aber im Dezember 1946 Schokolade und zwar erhielt jedes Kind fünf Tafeln, auch die noch nicht schulpflichtigen Kinder.

Anfang März lieferte die Gemeinde Niederkrüchten an die Schule 40 Paar Holzschuhe, die aus Kanadaweiden der Gemeinde angefertigt worden waren. Die Holzschuhe wurden an die bedürftigsten Kinder verteilt.

Am 1.4.1946 wurde der Zolldienst wieder aufgenommen. Im Herbst des selben Jahres wurden bestimmte Grenzstreifen zum Sperrgebiet erklärt, das Betreten dieses Gebietes war nur unter Vorzeigen eines besonderen Ausweises gestattet. Ein Opfer dieser scharfen Grenzbestimmungen wurden am 14. Dezember 1947 die Gebrüder Peter und Heinrich Willemsen, die auf dem Meinweg in den Niederlanden wohnten. Sie kehrten von einem Besuch in Waldniel nach Hause zurück und wurden auf dem Heimweg kurz vor ihrem Elternhause von einem Zöllner erschossen.

16.2 Politisches Leben und Nachkriegsprobleme

Anfang 1946 konnte sich ganz allmählich wieder erstes politisches Leben in Elmpt und Niederkrüchten regen. Am 28. Januar 1946 trat in Niederkrüchten erstmalig nach dem II. Weltkrieg der erste, noch von der Militärregierung eingesetzte Gemeinderat zusammen.[6]

Die Gemeindevertretung bestand damals aus dem Vorsitzenden und achtzehn von den Gemeindemitgliedern gewählten Ratsherren. Die Gemeindevertretung war an die Weisungen der Militärregierung und der vorgesetzten Dienststellen gebunden, die Satzung war durch die Militärregierung zu genehmigen.

Die Anfänge der CDU in den Altgemeinden Elmpt und Niederkrüchten waren geprägt von dem Bemühen, Angehörigen beider christlicher Konfessionen in der CDU eine politische Heimat zu geben. Nach der gottfeindlichen Hitlerdiktatur und ihren verheerenden Folgen ließ man sich von der Überzeugung leiten, nur aus dem Geist des Christentums den Aufbau eines demokratischen Staates bewältigen zu können. So kam es in den genannten Orten schon bald nach dem II. Weltkrieg 1946 zur Gründung von Ortsvereinen der CDU. Erster Vorsitzender der CDU in der Amtsgemeinde Niederkrüchten war der Versicherungsvertreter Karl Brückner, der dieses Amt jahrelang innehatte und auch Beisitzer der CDU-Kreispartei Erkelenz war.

Die CDU setzte sich in beiden Orten gegenüber dem Zentrum, der bisherigen politischen Heimat der christlich orientierten Wählerschaft, sehr schnell durch und errang bei den Kommunalwahlen jeweils die meisten Sitze.

Bei der Gründung des CDU-Ortsverbandes Elmpt waren (wahrscheinlich) folgende Personen aktiv: Theodor Coenen, Wilhelm Coenen, die Lehrerin Frau van Horrick, Willi Bürkel, Peter Walrafen, Leo In der Smitten, Josef Winkes, Peter Smets, Heinrich Lankes, Theo Berger, Heinrich Sanders, Hermann Heynckes, Adam Houx, Peter Wolters und Heinrich Berger.

In der Sitzung vom 25.9.1946 wurde die Gemeindevertretung in Niederkrüchten

104 Hunderttausende deutsche Kriegsgefangene mußten monatelang zusammengepfercht unter katastrophalen Umständen in den „Lagern" im Rheinland auf offenem Feld kampieren

auf fünfzehn Mitglieder beschränkt, diese gehörten alle der neugegründeten CDU an, während die zwölf Mitglieder der Gemeindevertretung Elmpt sich noch als „unabhängig" bezeichneten[7].
Der Gemeindevertretung von Elmpt gehörten an die Herren Coenen, Derix, Dohmen, Hennen, Krückel, Lankes, Mevißen, Paschmanns, Smets, Teven, Trecker und Wasels; in Niederkrüchten waren Gemeindevertreter Berger, Bolten, Bonsels, Bonus, Brester, Brückner, Brouwers, Goertz, Leven, Reinartz, Scheerers, Schuffels, Straetner, Wolfs und Wolters; das waren sie also, die „Männer der ersten Stunde".
Ein besonderes Problem stellte nach dem II. Weltkrieg die sogenannte „Entnazifizierung" dar. Sie sollte die Entfernung früherer aktiver Nationalsozialisten aus verantwortlichen Stellen und Ämtern in Deutschland bewirken und alle nationalsozialistischen Organisationen vernichten. Die „Entnazifizierung" erfolgte durch Spruchkammern, der „Kreis-Erkelenzer Spruchkammer" gehörte u. a. auch der frühere Niederkrüchtener Bürgermeister Franz Roosen an. Die ehemaligen Nationalsozialisten wurden anhand von Fragebogen, die sie auszufüllen hatten, und anhand von Beweismitteln in Hauptschuldige, Belastete, Minderbelastete, Mitläufer und Entlastete eingeteilt. Ehemalige Nationalsozialisten konnten mit Sühnemaßnahmen, wie z. B. Arbeitslager, Vermögensentzug, Bußen usw. belegt werden.
Die Notwendigkeit einer politischen Säuberung wurde zwar von der Bevölkerung anerkannt, die schematische Durchführung dieser „Entnazifizierungskampagne" wurde jedoch abgelehnt.[8]
In Elmpt und Niederkrüchten hatten sich Partei- und Verwaltungsspitzen unmittelbar vor der Besetzung noch abgesetzt. Als sie Mitte 1945 nach und nach zurückkehrten, mußten auch sie sich verantworten. Hauptbelastete, wie etwa der Erkelenzer Kreisleiter Horst oder der Niederkrüchtener kommissarische Ortsgruppenleiter Josef Müllers, wurden in Haft genommen und blieben dort zunächst bis zum Frühjahr 1946.[9]
Ehemalige Parteigenossen wurden aber auch im Herbst 1945 in Elmpt und Niederkrüchten zum Arbeitseinsatz und zur

105 Eines der ganz seltenen Bilder aus russischen Kriegsgefangenenlagern: Dritter von links Hermann Lenhsen aus Overhetfeld, der erst 1949 heimkehrte

Beseitigung von Panzergräben eingesetzt. Soweit sie der Gemeindeverwaltung angehört hatten, wurden sie zunächst aus dem Dienst entfernt und erst nach der „Entnazifizierung" zum Teil wieder eingestellt. Insgesamt gesehen stellte sich aber bald heraus, daß die „Entnazifizierung" meistenteils ergebnislos verlief und nur mit dazu beitrug, die schwierigen Nachkriegsprobleme noch weiter zu verschärfen.

Eines der weiteren großen Probleme war die Eingliederung der zahlreichen Ostflüchtlinge und Vertriebenen, die von den Sowjets zu Millionen aus dem deutschen Osten vertrieben wurden. Auch die Gemeinden Elmpt und Niederkrüchten wurden von einer Flüchtlingslawine überrollt, die kaum zu überwindende Probleme bereitete, zumal zum gleichen Zeitpunkt auch die evakuierte einheimische Bevölkerung wieder zurückkehrte. Die Chronik der Oberkrüchtener Schule[10] greift die Problematik auf:

„Das Bild unserer Schule ist heute etwas anders als vor der Räumung durch das Hinzukommen der Flüchtlingskinder. Diese kommen teilweise aus Pommern, Schlesien, vom Schwarzen Meer, aus Sachsen und der letzte Transport aus Stettin. Dadurch haben wir nicht nur mehr einheimische Kinder in der Schule, sondern auch eine andere Aussprache und andere Sitten. Die Zahl der Flüchtlingskinder beträgt hier 13."

In der Schule in Elmpt befanden sich 1947 unter 183 Schulkindern allein 93 Ostflüchtlinge, die Gesamtzahl der Ostflüchtlinge belief sich in Elmpt 1949 auf 2721.

Der britische Außenminister Bevin beschrieb 1945 vor dem britischen Unterhaus einen Flüchtlingstreck: „Es war ein jämmerlicher Anblick. Dieser lange Zug von Kinderwagen und kleinen Fahrzeugen aller Art. Und die Leute: Fast alles Frauen und Kinder. Und ganz wenige Männer. Man konnte nur noch sagen: ‚Mein Gott, das ist der Preis für Dummheit und Krieg'[11]."

Durch die Hinhaltetaktik der Nationalsozialistischen Führung wurde eine planmäßige Evakuierung im Osten kaum durchgeführt, so daß die Menschen Hals über Kopf ihre Heimat verlassen mußten und erst in den letzten Kriegstagen auf

beschwerlichen Wegen und unter großen Verlusten den Westen Deutschlands erreichen konnten. In einer beispiellosen Aktion konnten Einheiten der Deutschen Kriegsmarine noch Hunderttausende übers Meer in Sicherheit bringen.
Die Deutschen, die vor der Roten Armee nicht mehr flüchten konnten und zunächst in den besetzten Gebieten verblieben, waren nach ihrer endgültigen Ausweisung zum Teil mehr als vierzehn Tage in Güterwaggons unterwegs und wurden hier auf die einzelnen Kreise und Gemeinden verteilt. Dort entstanden Auffanglager und Betreuungsstellen, die Unterbringung erfolgte in Sammelquartieren, die in Sälen und Schulen eingerichtet wurden.
Bis zum Herbst 1946 hatten so allein im Gebiet des damaligen Kreises Kempen-Krefeld 24 000 Menschen notdürftig Obdach gefunden. Die Menschen warteten auf die Einweisung in Privathäuser, was naturgemäß nicht ohne Schwierigkeiten zwischen ihnen und den Betroffenen vor sich ging. Insgesamt gesehen bedeutete jedoch die Integration der Millionen von Vertriebenen und Flüchtlingen in Westdeutschland eine der gewaltigsten Nachkriegsleistungen.
Es hatte sich bei der Besetzung am 1. 3. 1945 gezeigt, daß die Stärke des viel gerühmten Westwalls nur noch in der Propaganda existierte, dennoch blieben Wert und Ruf des im englischen Soldatenlied besungenen Westwalls in den Köpfen der Militärs lebendig. Die Alliierten wünschten jede Bedrohung für spätere Zeiten zu unterbinden. Im Jahre 1947 machten sie sich deshalb daran, sämtliche Bunker zu sprengen. Nur ganz wenige Anlagen blieben unentdeckt und entgingen damit der Vernichtung. Während die meisten freistehenden Kampfanlagen ohne viel Federlesens mit Dynamit in die Luft gejagt wurden, nahm man

106 Dieser angesprengte Bunker der Schwalmkampflinie vermittelt ein eindrucksvolles Bild von den riesigen Ausmaßen dieser Betonklötze

107 Umgekippter Bunker Raderberg

in der Nähe von Häusern und Höfen mehr Rücksicht: Man ließ die Bunker voll Wasser laufen und sprengte sie lediglich an. Was übrigblieb, waren riesige nackte Betonklötze, die im Laufe der Jahre zu einem festen Bestandteil der niederrheinischen Landschaft wurden. Umgeben von Buschwerk und Sträuchern dienten sie dem Wild, aber auch manchmal lichtscheuem Gesindel als Unterschlupf.[12]
Als Nachfolger des Deutschen Reiches (und der alliierten Militärregierungen) wurde später der Bund Eigentümer dieser Relikte des Dritten Reiches. Verantwortlich für die Verwaltung dieser „Liegenschaften" im Bereich des Niederrheins war die Bundesvermögensstelle in Aachen. Diese Behörde sollte die Reste des Westwalls, die den Bauern längst ein Dorn im Auge waren, beseitigen. Die Flurbereinigung, die Ende der 50er Jahre am linken Niederrhein durchgeführt wurde, bot die günstige Gelegenheit, auch einen Teil der Bunker im Kreisgebiet auszulöschen. Für die „Entfestung des Westwalls", d.h. die Entfernung der auf Ackergebiet liegenden Bunker, hatte der Bund mehr als zwei Millionen Deutsche Mark bereitgestellt; die Restanlagen in den Waldgebieten blieben jedoch so liegen, wie sie von den Alliierten gesprengt wurden.
Allein im Raum Amern-Waldniel wurden vierzehn große bis mittelgroße vorgesprengte Bunker restlos zerstört. Dabei hatten die Abbruchunternehmer ganz bestimmte Auflagen zu erfüllen, wie ein Blick in die Ausschreibungsunterlagen zeigt: „Die vorgesprengten Bunker sind so wegzuräumen, daß die verbleibende Fläche später der landwirtschaftlichen Nutzung wieder zugeführt werden kann. Die Betonmassen sind soweit zu besei-

tigen und fortzuschaffen, daß die im Boden verbleibenden Betonreste mindestens 1 m mit Erde überdeckt werden können. Die in der Erde verbleibenden Betonplatten sind so zu sprengen, daß die Wasserabsickerung an den Bunkerflächen nicht mehr behindert ist. Neben den Bunkeranlagen verstreut liegende Betonbrocken sind ebenfalls fortzuschaffen. Nach Entfernung der Betontrümmer ist das Gelände einzuplanieren." Die Kosten zum Forträumen auch nur eines Bunkers wurden mit 10 000–30 000 DM angesetzt.

Waren damit nunmehr auch große Teile der ehemaligen Siegfriedlinie vom Erdboden verschwunden, so blieben doch viele Kampfanlagen in den Wäldern entlang der Schwalm und der Seengebiete als Ruinen bestehen – für den Wanderer, der sie hinter Bäumen oder dichtem Gebüsch zufällig entdeckt, mächtige Überreste einer dunklen Zeit des hoffentlich letzten Völkerringens in Mitteleuropa. Intakt blieben auch die noch 1944 erbauten Ringstände (Ein-Mann-Bunker) an den Waldrändern zur Maas hin, die noch heute ins Auge fallen, ohne daß der Betrachter meist weiß, welche Bewandtnis es mit diesen klobigen Betonbrocken am Wegesrand hat.

16.3 Die Auflösung des Amtes Niederkrüchten

Die Amtsvertretung Niederkrüchten hatte zuletzt am 15. 8. 1944 unter dem damaligen Bürgermeister Schmidt getagt. Als erste Amtsvertreter nach dem II. Weltkrieg finden wir, ebenfalls bereits im Jahre 1946, die Herren Berger, Bolten, Bonus, Brester, Brouwers, Coenen, Derix, Goertz, Hennen, Mevißen, Reinartz, Scheerers, Schnuffels, Smets und Straetner.[13]

108 Sprengung eines Westwallbunkers an der B 230 am Raderberg

Am 6. 3. 1946 fand die erste Sitzung der Amtsältesten statt. Diese wählten einstimmig den Bürgermeister der Gemeinde Niederkrüchten, Wilhelm Brester aus Dam, zum Amtsbürgermeister. Sein Vorgänger im Amt, Leo Reugels, wurde zum Amtsdirektor gewählt, jedoch kurz danach wieder seines Amtes enthoben. Am 28. 6. 1946 wurde Bürgermeister Mevißen aus Elmpt zum kommissarischen Amtsdirektor gewählt. Reugels war vom 1. 8. 1945 bis Mitte Januar 1946 Amtsbürgermeister und seitdem Amtsdirektor des Amtes Niederkrüchten. Die Amtsvertretung bescheinigte Reugels jedoch, daß „er sich nie im nationalsozialistischen Sinne betätigt habe".

In den ersten drei Jahren nach dem Krieg hatte die Amtsverwaltung lediglich den Notstand zu verwalten. Dies beinhaltete die Verteilung von Lebensmittelkarten sowie Gutscheinen für Kleidung und Hausrat. Außerdem wurden für zurückkehrende Evakuierte oder zugewiesene Flüchtlinge Wohnungen beschlagnahmt. Hinzu kamen die großen Aktionen, bei denen - unter Mithilfe zahlreicher ehrenamtlicher Helfer - Sonderzuteilungen von Kartoffeln, Fisch, Schuhen, Holzschuhen und vieles andere mehr an die Niederkrüchtener Bevölkerung verteilt wurden. Außer dem Tauschhandel erlaubte die nahezu wertlose Währung zu diesem Zeitpunkt kaum einen ordentlichen wirtschaftlichen Handel. Für die Amtsverwaltung war der Tauschhandel natürlich nicht offen.[14]

Wie nicht anders zu erwarten, betrieben die Elmpter Gemeinderäte nach dem II. Weltkrieg als erstes die Aufhebung der „gegen den Willen der Gemeinde Elmpt angeordneten Vereinigung" mit dem Ziel, daß Elmpt wieder eine selbständige Verwaltung mit dem Sitz in Elmpt erhielt.

Die Niederkrüchtener Seite war nun ebenfalls an einer Aufhebung der „Zwangsehe" interessiert. Dort führte man aus, daß die Leistungsfähigkeit der Gemeinde kaum bei der Amtsumlage berücksichtigt werde. Niederkrüchten besaß außer geringem Verwaltungsvermögen kein Eigentum und deckte seine gesamten Ausgaben aus Steuereinnahmen. Die Gemeinde Elmpt besaß dagegen neben dem üblichen Verwaltungsvermögen ein Waldgebiet von nunmehr 1730 ha, eine Forstrücklage in Höhe von mehr als 400 000 RM, Forderungen für Kriegsschäden in Höhe von 276 000 RM und weitere Forderungen von rund 750 000 RM für Holzlieferungen, die auf Anordnung der Alliierten an die Niederlande erfolgten. Die Bewirtschaftung des gemeindeeigenen Waldes erbrachte damals jährlich einen Reingewinn von 35 000–40 000 RM.

Demgegenüber waren die Aufwendungen für die Amtsumlage, die sich im wesentlichen nach den Einwohnerzahlen der beiden Gemeinden richteten, für Niederkrüchten unverhältnismäßig hoch. So mußte beispielsweise diese Gemeinde für die Amtsumlage von 68 000 RM im Jahre 1936 allein 46 000 RM und 1944 etwa, als 124 000 RM anfielen, rund 90 000 RM aufbringen. In einer Stellungnahme führte Niederkrüchtens Bürgermeister Mevißen entsprechend aus: „Vergebens dürfte man nach Gründen suchen, die den Zusammenschluß der Gemeinden als notwendig oder zweckmäßig erscheinen lassen. Verwaltungsmäßige oder finanzielle Vorteile sind nicht erkennbar. So nimmt es nicht Wunder, daß die Gemeinde Niederkrüchten die Fortsetzung der Gemeinschaft entschieden ablehnt ... Die zerstreute Lage der zur Gemeinde Elmpt gehörenden Ortschaften, ihre weite Entfernung vom Amtssitz und vor allen Dingen die ungleichen Vermögensverhältnisse ließen einen solchen Plan (der Zusammenlegung) von vornherein undiskutabel erscheinen. Während die Erbitterung über das unerwünschte Gebilde, die m. E.

109 Kampfflugzeug und Parade der Briten auf dem RAF-Flughafen in Elmpt

sich niemals auswachsen wird, unter der Geltung der Gemeindeordnung vom 30. 1. 1935 mit dem berüchtigten Führerprinzip keine große Bedeutung gehabt haben mag, kann ich mir nicht denken, wie der Verbund von zwei Gemeinden sich unter einer demokratischen Verfassung günstig entwickeln soll, wenn eine der beiden Gemeinden ihm feindselig gegenübersteht und fortwährend eine Oppositionsstellung einnehmen wird."[15]
Als sich die Aufsichtsbehörde dennoch schwertat, dem Elmpter Auflösungsantrag zuzustimmen, nahmen die Elmpter unmittelbar Kontakt mit dem damaligen Innenminister Dr. Menzel auf, der sich von ihren Argumenten überzeugen ließ. Es dauerte dann auch nicht mehr lange, bis durch Verfügung des Regierungspräsidenten das Amt Niederkrüchten am 1. 2. 1948 aufgelöst wurde, mit gleichem Datum wurden die amtsangehörigen Gemeinden Niederkrüchten und Elmpt wieder amtsfreie Gemeinden. Die praktische Durchführung dieser Verordnung erfolgte zum 1. 4. 1948.

16.4 Als Elmpt niederländisch werden sollte ...

Eine große Gefahr drohte der Altgemeinde Elmpt nach der deutschen Niederlage von 1945.
Bereits ein halbes Jahr vor Ende des II. Weltkrieges hatte die niederländische Regierung Forderungen auf deutsche Grenzgebiete nach Kriegsende erhoben und dies mit dem volkswirtschaftlichen Schaden begründet, den die deutsche Besatzungsmacht dem Land zugefügt habe[16]. In einem Memorandum vom 5. November 1946 wurde diese Forderung konkretisiert, die von den Niederlanden geforderte neue Grenze sollte westlich von Brüggen und ostwärts an Elmpt vorbeiführend verlaufen. Heinsberg und Geilenkirchen sollten unmittelbare Grenzorte werden, indem die B 221 als Grenze angesehen wurde.
Von der „Grenzbegradigung", die ausschließlich deutsche Gebiete in der Größe von 1750 qkm mit 120 000 Deutschen betraf, versprachen die Niederländer sich eine Verkürzung der Grenze von 525 auf 340 km.
Deutscherseits lösten die niederländischen Forderungen eine Protestwelle ohnegleichen aus.
An die Spitze dieser Gegenbewegung stellte sich der damalige nordrhein-westfälische Ministerpräsident Dr. Amelunxen; die Vertreter von 18 Landkreisen, die möglicherweise durch diese „Begradigung" betroffen würden, schlossen sich zu einem Grenzkomitée zusammen. Die Bewohner der betroffenen Gebiete gaben unmißverständlich zu verstehen, daß sie deutsch bleiben wollten. Die niederländische Seite konnte ihre Forderungen aber auch bei den Außenministern der USA, Großbritanniens, der Sowjetunion und Frankreichs nicht durchsetzen, denn man befürchtete, daß hier ein Zankapfel entstehen würde, der normale nachbarschaftliche Verhältnisse zwischen Deutschland und den Niederlanden auf Dauer vereiteln würde.
Trotzdem wurden auf niederländischer Seite radikale Strömungen aktiv, etwa die „Nationale Aktion zur Wiedergutmachung durch Annektion", die größere Gebietsabtretungen und die Vertreibung der deutschen Bevölkerung verlangte oder das „Limburgische Komitée zur Propagierung von Grenzberichtigungen", an dessen Spitze sich Venlos Bürgermeister Berger stellte.
Schwieriger hatten es in den Niederlanden die Vertreter einer Richtung, die eine positive Zusammenarbeit mit Deutschland als Grundlage einer Völkerverständigung ansahen, wie das „Komitée Niederlande-Deutschland"; auch die Katholische Arbeiterbewegung der Niederlande

wollte eine Annektion als Form der Wiedergutmachung nur auf Gebiete beschränkt wissen, die wirtschaftlich, historisch und kulturell mit den Niederlanden zusammenhingen – was immer das beinhalten sollte.

Im Frühjahr 1947 führte eine Besichtigungsreise den nordrhein-westfälischen Innenminister Dr. Menzel auch an die deutsch-niederländische Grenze und in den Elmpter Wald. Elmpter Gemeindevertreter wiesen den Minister darauf hin, daß die Gefahr bestehe, von Deutschland abgetrennt zu werden, wenn die Grenzberichtigung im Sinne der niederländischen Ansprüche durchgeführt würde.

Ein Zeitungsartikel drückte die Stimmung der Bevölkerung treffend aus:

„Der westliche Nachbar stellte noch weitere Ansprüche auf deutsches Gebiet: Die ganze Gemeinde Elmpt mit ihren reichen Bodenschätzen und ihren weiten Kiefernwäldern will der Holländer annektieren. Eine Gemeinde, die sich in den letzten 130 Jahren ganz zum Osten hin orientiert hat, soll mit ihrer durch und durch deutschen Bevölkerung vom Mutterland getrennt werden."

Zum Höhepunkt des deutschen Widerstandes gegen die beabsichtigten niederländischen Aktionen wurde eine Kreistagssitzung, die der Erkelenzer Kreistag am 17. November 1947 in Elmpt abhielt. In Scharen strömten damals die Elmpter in ihre Walderhalle, als im Beisein von Landtagspräsident Gockeln und Regierungspräsident Lude der Kreistag eine Protestresolution gegen die Abtrennung der Gemeinde Elmpt verfaßte. Dieser flammende Protest verfehlte seine Wirkung nicht. Unter dem Druck der deutschen, aber auch der internationalen Öffentlichkeit, mußten die Niederländer ihre Forderungen zurücknehmen, Elmpt und die möglicherweise betroffenen Nachbargebiete blieben deutsch!

Die Außenminister der Bundesrepublik und der Niederlande unterzeichneten am 8. April 1960 im Haag einen „Ausgleichsvertrag", der alle deutsch-niederländischen Nachkriegsprobleme bereinigen sollte.

Das Selfkantgebiet, das sich seit 1949 unter niederländischer Auftragsverwaltung befand, wurde an die Deutschen zurückgegeben, auch für Elmpt waren damit endgültig alle Befürchtungen hinfällig, die sich aus den Forderungen der Nachbarländer nach 1945 ergeben hatten.

17. Von der Währungsreform zum Wirtschaftswunder 1948–1971

17.1 Kommunale Aufbauarbeit

Am 1. April 1948 war das von beiden Altgemeinden ungeliebte Amt Niederkrüchten aufgelöst worden, Elmpt und Niederkrüchten wurden wieder völlig selbständige Gemeinden.
In Elmpt war zu diesem Zeitpunkt noch der Landwirt Hermann Mevißen im Amt, der dieses aber am 5. 8. 1948 niederlegte und gleichzeitig auch aus dem Rat ausschied.
Vom 6. 8. 1948 bis 29. 10. 1948 erfolgte die Wahrnehmung dieses Amtes durch den stellvertretenden Bürgermeister Wilhelm Smets aus Overhetfeld. Vom 29. 10. 1948 bis zu seinem Todestag, dem 21. 7. 1956, war dann der Landwirt Theodor Coenen Bürgermeister von Elmpt, ihm folgte vom 22. 8. 1956 bis 7. 11. 1956 der Pförtner Reiner Lenssen aus Overhetfeld. Letzter Bürgermeister und zugleich Ehrenbürger der Gemeinde Elmpt war der Schreinermeister Adam Houx vom 8. 11. 1956 bis 31. 12. 1971.
In Niederkrüchten war der Landwirt Wilhelm Brester aus Dam bei der Auflösung des Amtes seit dem 16. 1. 1946 sowohl Bürgermeister als auch seit dem 6. 3. 1946 Amtsbürgermeister. Er blieb Bürgermeister von Niederkrüchten bis zum 20. 11. 1952. Ihm folgte am 21. 11. 1952 bis zum 8. 11. 1956 der Gewerbelehrer a. D. Heinrich Feger. Letzter Bürgermeister der Altgemeinde Niederkrüchten war vom 9. 11. 1956 bis 31. 12. 1971 der Landwirt Johann von Horrick, wiederum aus Dam.
Neben der Auflösung des Amtes Niederkrüchten war für die Altgemeinden die Währungsreform vom 29. 6. 1948, durch die das Währungswesen in der Bundesrepublik Deutschland neu geordnet wurde, von besonderer Bedeutung.
Die Deutsche Mark trat an die Stelle der Reichsmark als alleiniges gesetzliches Zahlungsmittel, jeder Bürger erhielt ein sogenanntes Kopfgeld von 40 DM. Nun setzte urplötzlich ein wirtschaftlicher Aufschwung ein, der alles bisher Dagewesene in den Schatten stellte und den Grundstein zu einem nie geahnten „Wirtschaftswunder" legte. Auch die öffentlichen Körperschaften und insbesondere die Kommunen sollten in den nächsten beiden Jahrzehnten einen Aufschwung erleben, der nicht nur in großem Maße das vom II. Weltkrieg hinterlassene schwere Erbe beseitigte, sondern darüber hinaus eine wirtschaftliche Blüte einleitet, die in allen Bereichen auch den Altgemeinden Elmpt und Niederkrüchten zugute kam.
Zunächst jedoch wirkte sich die Währungsreform auf die Finanzlage der Gemeinden negativ aus. In Niederkrüchten verfielen die Rücklagen und Reichsanleihen der Gemeinde in Höhe von 122 000 Reichsmark restlos, genauso wie der Kassenbestand in Höhe von 63 000 Reichsmark, die Schulden der Gemeinde ermäßigten sich durch die Abwertung 10:1 auf rund DM 3000. So mußten zunächst alle Aufträge der Gemeinde zurückgestellt werden. In Elmpt verfiel die Forstrücklage, die mehrere Millionen Reichsmark betrug.
Am 1. 4. 1948 wählte der Rat der Gemeinde Niederkrüchten nicht den bisherigen Amtsdirektor Reugels, sondern den Amtsoberinspektor Henrix zum neuen Gemeindedirektor, der am 21. 12. 1948 seinen Dienst antrat. Henrix schied am 31. 8. 1955 nach 41jähriger Tätigkeit in der Gemeinde Niederkrüchten aus.
Am 1. 6. 1956 wurde für zwölf Jahre zu seinem Nachfolger der Regierungsinspektor Heinrich Lemmen gewählt. Er trat

am 7. 7. 1966 in den Ruhestand. Letzter Gemeindedirektor wurde am 1. 5. 1967 Arnold Niesten aus Arsbeck.
Als in Elmpt am 31. 3. 1963 der Gemeindedirektor Lorenz Heynckes in den Ruhestand trat, er hatte diese Position seit dem 1. 4. 1948 inne, folgte ihm am 1. 4. 1963 Gemeindeoberinspektor Mathias Siegers, der aus der eigenen Verwaltung kam und dieses Amt bis zur Auflösung der Altgemeinde bekleidete.
Aus den verschiedenen örtlichen Gegebenheiten ergab sich von 1950 an auf nahezu allen Gebieten des kommunalen Handelns in den beiden Gemeinden Niederkrüchten und Elmpt eine unterschiedliche Entwicklung. In der Finanzpolitik steuerte Elmpt einen gesünderen Kurs, der heute wohl als Ausgangspunkt für die finanzielle Gesundheit der Gesamtgemeinde, wie sie seit der kommunalen Neugliederung besteht, zu sehen ist. Dabei kam der Gemeinde zugute, daß sie sich durch den Verkauf des Flugplatzgeländes für 2 Millionen DM und die Gewerbesteuer- und die Lohnsummensteuereinnahmen während des Flugplatzbaues schuldenfrei halten konnte. Niederkrüchten mußte zur gleichen Zeit dagegen etwa 3,2 Millionen DM aufwenden, um den Bau von Schul- und Sportstätten finanzieren zu können.
Die unterschiedliche Finanzkraft der beiden Altgemeinden läßt sich auch dadurch erklären, daß das 4100 ha große Elmpter Gemeindegebiet nur etwa 800 ha landwirtschaftliche Nutzfläche und damit besiedeltes Land beinhaltete, während von den 3800 ha Niederkrüchtens alleine 2800 ha auf landwirtschaftliche Nutzfläche entfielen. Hinzu kam, daß Niederkrüchten eine kleine „Dorfrepublik“ war. Drei Kirchenorte (Nieder- und Oberkrüchten, Merbeck), eigene Einrichtungen wie u. a. Schulen, Feuerwehren und Friedhöfe führten alles in allem dazu, daß die Steuerkraft der Gemeinde in keinem Verhältnis zu ihren Aufgaben stand.
Elmpt war dagegen eine typische Einheitsgemeinde: eine katholische Pfarrgemeinde in den Grenzen der Zivilgemeinde mit einer Feuerwehr, einem Friedhof, einer Sportanlage usw. waren die finanzielle Stärke Elmpts. Die Haushaltsvolumen steigerten sich im übrigen zwischen 1950 bis 1970 von 404 000 DM auf 3,81 Mill. DM (Niederkrüchten) bzw. von 328 000 DM auf 3,1 Mill. DM (Elmpt).
Da Gemeinden mit weniger als 3000 Einwohnern verpflichtet waren, sich der Kasse einer benachbarten Gemeinde zu bedienen, wurde zwischen den beiden Gemeinden Niederkrüchten und Elmpt ein Vertrag über eine Kassengemeinschaft geschlossen, die Trennung der Kassengeschäfte erfolgte jedoch bereits zum 1. 4. 1957 laut Beschluß der Ratssitzung vom 23. 3. 1957.
Nach dem Protokoll der Ratssitzung vom 7. 3. 1953 mußte die Gemeinde Elmpt im Jahre 1953 25 und dann pro 1000 Einwohner 5 Ostzonenflüchtlinge aufnehmen. Da diese in Sammelunterkünften (Sälen oder Baracken) untergebracht werden sollten, wurden zu diesem Zweck in Elmpt die Walderhalle und in Overhetfeld der Saal Bereths beschlagnahmt; Niederkrüchten mußte ebenfalls entsprechend diesem Schlüssel viele Flüchtlinge aufnehmen.
Auch das politische Leben regte sich allenthalben, man nutzte die Möglichkeit, wieder frei wählen zu können. Im Jahre 1845 war in der Rheinprovinz eine Gemeindeordnung eingeführt worden, die auch die Teilnahme an Wahlen regelte, das sogenannte Drei-Klassen-Wahlrecht. Nur derjenige, der über Grundbesitz verfügte, besaß auch das Wahlrecht, nur die „Meistbeerbten“, also diejenigen, die in der Gemeinde ein Wohnhaus besaßen und Grundsteuer entrichteten, waren berechtigt, den Gemeinderat zu wählen. Die

110 Walderhalle in Niederkrüchten

gewählten Ratsmitglieder wurden ergänzt durch die meistbegüterten Grundeigentümer, die mindestens 50 Taler an Hauptgrundsteuer jährlich zahlten und damit ständige geborene Gemeinderatsmitglieder waren.
Die Meistbeerbten wurden nach der Höhe der von ihnen zu entrichtenden Steuern in drei Klassen eingeteilt und zwar in der Form, daß auf jede Klasse ein Drittel der Gesamtsumme des Einkommens oder der Steuerbeträge entfiel. Jede Klasse wählte grundsätzlich für sich eine gleiche Anzahl von Gemeindeverordneten. Dieses Drei-Klassen-Wahlrecht galt auch für Elmpt und Niederkrüchten bis zur Einführung eines allgemeinen, freien und geheimen Wahlrechts im Jahre 1919, mit dem die Privilegien des Grundbesitzes abgeschafft wurden.
Weitaus stärkste Partei in beiden Ortsparlamenten war von 1919 bis 1932 das Zentrum, welches alleine die Ratsmitglieder stellte, wenn man auch insofern für eine gewisse Differenzierung sorgte, als alle Berufsstände vertreten waren.
Nach dem II. Weltkrieg veränderte sich die politische Landschaft, einmal war es die Militärregierung, die mit Weisungen und Instruktionen in den ersten Nachkriegsjahren massiv in das politische Geschehen eingriff, zum anderen waren es aber auch die Erkenntnisse, die man aus der verfehlten Politik des NS-Regimes gezogen hatte. Junge, unverbrauchte Kräfte wollten nunmehr an der Politik teilhaben.
Bei den ersten am 17. Oktober 1948 durchgeführten Gemeinderatswahlen stellte die CDU auch die sechs in direkter Wahl gewählten Gemeindevertreter Heinrich Sanders, Quirin In der Smitten, Theodor Coenen, der zum Bürgermeister gewählt wurde, und Peter Smets (alle Elmpt) sowie Heinrich Hennen und Wilhelm Hammes (Overhetfeld). Die in Elmpt

damals noch kandidierende Zentrumspartei konnte keinen Kandidaten bei diesen Wahlen durchbringen.
Über die Reserveliste rückten allerdings erstmals drei Vertreter der Sozialdemokratischen Partei Deutschlands (SPD) in den Gemeinderat, es handelte sich um Reiner Lenssen aus Overhetfeld sowie Ernst Schirrmacher und August Roosen, beide aus Elmpt. Reiner Lenssen war vom 22. August bis zum 7. November 1952 auch Bürgermeister von Elmpt.
In Niederkrüchten erhielt bei den Kommunalwahlen 1948 die CDU 9 Sitze, die SPD 4 Sitze und das Zentrum 4 Sitze. Zum Bürgermeister wurde Wilhelm Brester aus Dam gewählt.
Die „Männer der ersten Stunde" der SPD in Elmpt waren der damalige Vorsitzende Hans Venhaus, Ernst Schirrmacher, Reiner Lenssen, Hermann Scheffler, Leo Schmacks, August Roosen, Adolf Schmidt, Heinz Strupp, Peter Ranhold, Bernhardt Morkamp, Hans Berg, Tankred Haustein, Fritz Wiesner und Peter Krings.
Im Jahre 1948 wurde auch der erste Kreistag des Kreises Erkelenz gewählt. In diesem Kreistag verfügten die CDU über 18, die SPD über 7 und Zentrum sowie Unabhängige über je 1 Sitz. Aus Niederkrüchten wurden Werner Jansen (Zentrum) und Wilhelm Brester aus Dam (CDU), aus Elmpt Heinrich Sanders (CDU) in diesen Kreistag gewählt.
Bei den folgenden Gemeinderatswahlen im November 1952 hatte sich insbesondere in Niederkrüchten ein breiteres Parteienspektrum ergeben. Dort gehörten von achtzehn Ratsmitgliedern zehn der CDU, vier dem Zentrum und drei der SPD an, außerdem setzte sich weiter ein Kandidat der Unabhängigen durch.
Im Jahre 1959 wurden dann die SPD-Ortsvereine in Elmpt und Niederkrüchten gegründet, der Ortsverein Elmpt in der Gaststätte Venhaus (Flugplatz) und der Ortsverein Niederkrüchten mit seinem 1. Ortsvereinsvorsitzenden Hermann Schroer in der Brempter Mühle. Dort waren die Gründungsväter Hermann Schroer, Heinz Mirbach, Franz Keulers und Lorenz Hennekes.
Das Ergebnis der Kommunalwahlen im Jahre 1952: In der Gemeinde Elmpt betrug die Zahl der Wahlberechtigten 1578, Zahl der Wähler 1036 = 65,65%, Zahl der abgegebenen gültigen Stimmen 1011, dabei erhielt die CDU = 6 Ratssitze, die SPD = 3 Ratssitze.
Gewählte Vertreter CDU: 1. Berger, Heinrich, Elmpt, Kaufmann; 2. Coenen, Theodor, Elmpt, Landwirt; 3. Hammes, Wilhelm, Overhetfeld, Landwirt; 4. Houx, Adam, Elmpt, Schreinermeister; 5. Wilms, Peter, Elmpt, Ziegeleiarbeiter; 6. Wolters, Peter, Elmpt, Malermeister; – SPD: 7. Lenssen, Reiner, Overhetfeld, Pförtner; 8. Roosen, August, Elmpt, Ziegeleiarbeiter; 9. Schirrmacher, Ernst, Elmpt, kaufm. Angestellter.
Zum Bürgermeister wurde erneut Theodor Coenen gewählt.
In der Gemeinde Niederkrüchten betrug die Zahl der Wahlberechtigten 3583, Zahl der Wähler 2435 = 67,96%, Zahl der abgegebenen gültigen Stimmen 2197, davon entfielen auf: CDU 1230, SPD: 334, Zentrum 493, Unabhängige 140.
Gewählte Vertreter: CDU: 1. Braatz, Hugo, Heyen, Tischlermeister; 2. Coenen, Quirin, Oberkrüchten, Landwirt; 3. Feger, Heinrich, Niederkrüchten, Gewerbeoberlehrer i. R., 4. Feger, Werner, Merbeck, Putzer, 5. Jennissen, Gertrud, Ryth, Hausfrau, 6. Leven, Anton, Oberkrüchten, Arbeiter, 7. Michiels, Heinrich, Schwaam, Landwirt, 8. Peters, Josef, Merbeck, Landwirt; 9. Welters, Wilhelm, Niederkrüchten, Schuhmachermeister; – Zentrum: 11. Bonsels, Johann, Merbeck, Vertreter; 12. Henrix, Wilhelm, Niederkrüchten, Kaufmann; 13. Nap-

111 Altenheim Elmpt

hausen, Peter, Niederkrüchten, Fahrlehrer; 14. Smets, Franz, Oberkrüchten, Gastwirt; - SPD: 15. Deckers, Jakob, Brempt, Metallarbeiter, 16. Schroers, Hermann, Gützenrath, Werkstattleiter; 17. Tappeser, Wilhelm, Brempt, Rentner; - Unabhängige: 18. Brimges, August, Laar, Fabrikant. Zum Bürgermeister wurde Heinrich Feger (CDU) gewählt, der später zum Zentrum wechselte.

Bei den Gemeinderatswahlen 1952 war es daher nicht verwunderlich, daß der CDU-Ratsherr Johann van Horrick nun Feger als Bürgermeister ablöste, da die CDU 9 Sitze, die SPD 4, das Zentrum 4 und die FDP erstmals 1 Stimme erhielten.

Während die Freien Demokraten auf Landtags- und Kreistagsebene bereits seit 1947 aktiv waren, entwickelten sie auf der örtlichen Ebene in Elmpt und Niederkrüchten erst in den 50er Jahren stärkere Aktivitäten, die ihnen auch bald erste Erfolge bei den Wahlen eintrugen. „Gründungsväter" in Niederkrüchten waren dabei Leonhard Bohnen, Heinrich Jansen, Josef Welters, Hubert Kebeck, und Franz Wolters, die sich am 14. 5. 1956 zur Gründung eines Ortsverbandes zusammenfanden, in Elmpt Karl Murbach und Willy Krükel.

Bei den Kommunalwahlen am 19. 3. 1961 erhielten in Niederkrüchten die CDU 9, die FDP als zweitstärkste Partei 5, die SPD 3 und eine Freie Wählergemeinschaft einen Sitz. In Elmpt erhielt die CDU 12, die SPD 3, das Zentrum 2 und die FDP einen Sitz, zum Bürgermeister wurden erneut Johann van Horrick und Adam Houx gewählt, die dieses Amt bis zur Auflösung der Altgemeinden bekleiden sollten.

Bei den Kommunalwahlen 1964 erhielten in Niederkrüchten die CDU 9, die FDP 6 und die SPD 4 Sitze, in Elmpt die CDU 10, die SPD 6, die FDP 2 und das Zentrum einen Sitz.

Die letzten Kommunalwahlen, in denen in den Kommunalparlamenten der Altgemeinden Elmpt und Niederkrüchten Ratsherrinnen und Ratsherren zu wählen waren, wurden am 9. 11. 1969 durchgeführt. Die Zusammensetzung des 19köpfigen Gremiums sah in Elmpt so aus: Ratsherrin Kiene, Ratsherren Berger, Bollmann, Coenen, Dowe, Elberding, Georg und Jakob Erkens, Goertz, Houx, In der Smitten, Krükel, Schillings, Schmacks, Schmidt, Schmitz, Smets, Wallrafen und Winkens.

In Niederkrüchten wurden in die letzte Gemeindevertretung gewählt die Ratsherrin Bors und die Ratsherren Dr. Bohnen, Quirin und Willy Coenen, Gehlen, Goertz, Heiden, Hennekes, van Horrick, Franz und Hans Jansen, Kebeck, Michiels, Mirbach, Schröer, Smeets, Wallrafen, Winkens und Wolters.

Die Gemeinde Elmpt hatte bereits 1951 einen eindrucksvollen kommunalpolitischen Erfolg errungen, als sie im Rahmen ihrer Industriewerbung mit der Rheydter Firma Dilthey einen Textilbetrieb ansiedeln konnte, der etlichen Einwohnern Arbeit garantierte. In seinem Vierjahresbericht Ende 1953 konnte Gemeindedirektor Heynckes auf positive Ergebnisse im Wohnungsbau, Wegebau, in der Forstwirtschaft, bei der Industrialisierung und im Rahmen kultureller Belange hinweisen, insbesondere aber war es gelungen, den zahlreichen Heimatvertriebenen durch einen großzügigen Wohnungsbau Möglichkeiten der Integration zu geben.

Vier Jahre später konnte man bereits auf der Grundlage des Millionenerlöses aus dem Verkauf des Flugplatzgeländes planen.

Während der Amtsperiode des Bürgermeisters Adam Houx (1956–1971) stieg die Zahl der Einwohner von 3098 (Stand 31. 12. 1956) auf 5233 Einwohner (Stand 31. 12. 1970). In seine Amtszeit und die der Gemeindedirektoren Heynckes und Siegers fielen auch die Neueinrichtung des Wasserleitungsnetzes in der gesamten Gemeinde, der Bau der Kanalisation für die Ortslagen Elmpt und An der Wae, der Bau einer biologisch-mechanischen Kläranlage, der Bau verschiedener Schulanlagen, im sportlichen Bereich der Bau einer modernen Sportplatzanlage, einer Turnhalle und eines Hallenbades, die Erschließung von Baugebieten Elmpt Dorf, An der Wae und Op dem Felde, der Ausbau einer Vielzahl von Gemeindestraßen, insbesondere aber auch der Bau des Feriendorfes Venekotensee und anderer Freizeitseinrichtungen. Nicht vergessen werden sollten aber auch der Bau von Altenwohnungen, eines Altenwohnheimes, eines Kindergartens und von Obdachlosenwohnungen An der Beek und An der Wae.

Die besonderen Verdienste von Bürgermeister Adam Houx wurden am 16. Oktober 1971 gewürdigt, als die Gemeinde Elmpt ihn zum Ehrenbürger ernannte, den einzigen Ehrenbürger in ihrer langen Geschichte! In der Begründung zu dieser Ehrung heißt es, daß Bürgermeister Houx, „gestützt auf die enge Verbundenheit zu seiner Heimatgemeinde, auf Schaffensfreude, Gewissenhaftigkeit und Gerechtigkeit, erfolgreich und verdienstvoll für die Gemeinde Elmpt gewirkt hat".

Nachdem die Einwohner des Niederkrüchtener Ortsteils Steinkenrath bereits 1933 eine Umgemeindung nach Elmpt beantragt hatten, wandten sie sich 1954 mit einer erneuten Eingabe an den Innenminister des Landes NRW und baten, Elmpt zugeordnet zu werden. Die 68 Einwohner mußten allerdings noch etliche Jahre auf die Erfüllung ihres Wunsches warten, da zwar beide betroffenen Gemeinden der Umgemeindung zustimmten, jedoch erst die Flurbereinigung abgewartet werden sollte. Im April 1963 war es dann soweit, nach der Gemeinde Elmpt stimmte auch die Gemeinde Niederkrüchten der Eingliederung ihres Ortsteiles Steinkenrath in die Gemeinde Elmpt zu, für die Gesamtfläche von etwa 17 000 Hektar zahlte die Gemeinde Elmpt eine einmalige Abfindungssumme von 40 000 DM.

1945 gab es in Niederkrüchten, Heyen, Oberkrüchten, Merbeck, Schwaam, Elmpt, An der Wae und Overhetfeld insgesamt acht Volksschulen, die auch in den einklassigen Schulen in Schwaam und An der Wae acht Schuljahre umfaßten.

Nach der Währungsreform 1948 wurde in allen Ortsteilen der Altgemeinden mit dem Umbau bzw. der Renovierung der Schulen begonnen, eine Maßnahme, die durch erhebliche finanzielle Mittel der Landesregierung unterstützt wurde. Die alten Unterrichtsräume entsprachen in vielen Fällen nicht mehr modernen Ansprüchen, dazu kamen aber auch gestiegene Schülerzahlen. In Elmpt beschloß daher der Rat bereits 1959 den Neubau einer sechsklassigen Volksschule an der alten Zollstraße, 1963 wurde der Bauauftrag erteilt, am 8. 6. 1966 erfolgte dann die Grundsteinlegung. Am 19. 10. 1968 wurde die neue Volksschule als Gemeinschaftshauptschule eingeweiht.

1965 waren die beiden katholischen Volksschulen Elmpt und An der Wae unter Lehrer Prust zusammengelegt worden.

1966 kam dann die Forderung nach „Mittelpunktschulen“, die die Kinder vom 5. bis zum 9. Schuljahr, das damals eingerichtet wurde, aufnehmen sollten. Daraufhin wurden am 1. August 1968 in Elmpt die katholische Grundschule, die evangelische Volksschule und die katholischen Volksschulen Overhetfeld und An der Wae aufgelöst. An ihre Stelle traten mit Zustimmung der Elternschaft die Gemeinschaftshauptschule Elmpt sowie die Gemeinschaftsgrundschulen Elmpt und Overhetfeld. Ein Jahr später, am 1. August 1969, wurde in Niederkrüchten die Hauptschule als christliche Gemeinschaftsschule neu gebildet. Die Schulen in Heyen und Oberkrüchten wurden zur Gemeinschaftsgrundschule Oberkrüchten zusammengelegt und die katholische Bekenntnisschule in Niederkrüchten blieb bestehen. Diese Neuorganisation kostete die Gemeinden insgesamt etwa 5 Millionen DM.

Auch in Merbeck hatten sich die schulischen Verhältnisse rasant weiterentwikkelt:

Der damalige Pfarrer Breuer hatte im Jahre 1836 die Initiative zum Bau einer ersten Schule in Merbeck ergriffen. Im Jahre 1858 wurde diese Schule von 85 Schulkindern besucht, als die Kinderzahl weiter anstieg, wurde 1867 ein neues Schulgebäude errichtet, in dem zwei Klassen unterrichtet werden konnten. Im Jahre 1898 mußte diese Schule in eine dreiklassige umgewandelt werden, der Bau einer weiteren Schule in Schwaam war unabdingbar geworden, diese wurde 1900 fertiggestellt. Der erste dort namentlich bekannte Lehrer war Johann Heinrich van Gansewinkel (um 1922) gewesen, der zugleich Küster war.

Im II. Weltkrieg war die Schule in Schwaam durch deutsche Einquartierung belegt, die Kinder besuchten Schulen in Merbeck und Rickelrath.

Im Jahre 1950 wurde nun der Grundstein zu einer neuen dreizügigen Schule gelegt, die am 5. 6. 1951 festlich eingeweiht wurde. Die Schule in Schwaam wurde 1960 erweitert und umgebaut.

Bis zum Ende des II. Weltkrieges waren in den Gemeinden Elmpt und Niederkrüchten nur wenige Bürger evangelisch, bei denen es sich meistens um Zollbeamte handelte, die an der Grenze ihren Dienst versahen. Deren Kinder besuchten die katholischen Schulen in Elmpt, Niederkrüchten und Merbeck. Mit der Aufnahme zahlreicher Flüchtlingsfamilien nach 1945 wuchs auch die Zahl der evangelischen Mitbürger, so daß beispielsweise in Niederkrüchten Mitte 1955 von rund 5500 Einwohnern etwa 700 Einwohner der evangelischen Konfession angehörten. Gehörten bis 1949 alle evangelischen Mitbürger Niederkrüchtens der Pfarre Waldniel und die von Elmpt der Pfarre Brüggen an, so erfolgte 1950 die religiöse Unterweisung der evangelischen Kinder in Niederkrüchten durch einen Katecheten. Einmal wöchentlich wurde in den Schule evangelischer Religionsunterricht erteilt. Es nahm also nicht wunder, daß nach und nach der Wunsch nach evangelischen Bekenntnisschulen in Niederkrüchten und Elmpt immer größer wurde. In Niederkrüchten wurde von dem ursprünglichen Plan, für eine evangelische Schule ein besonderes Gebäude zu errichten, abgesehen, da ein Erweiterungsbau der katholischen Schule auch für eine einzurichtende evangelische Schule noch genügend Raum bot. Die Schule wurde am 19. April 1955 eröffnet, erster Schulleiter wurde Hauptlehrer Franz Reinhardt.

In Elmpt hatten die Eltern von 42 evangelischen Kindern bereits 1955 den Antrag auf Errichtung einer evangelischen Schule gestellt. So stimmte der Rat der Gemeinde einstimmig der Errichtung einer einzügigen evangelischen Schule zu, die in der früheren Kinderbewahrschule am Marktplatz eingerichtet und am 1. 4. 1956 eröffnet wurde.

Der frühere Gemeindedirektor Matthias Siegers hat einmal die wesentlichen kommunalen Leistungen der beiden Altgemeinden zusammengestellt, die in deren „Blütezeit" in den fünfziger und sechziger Jahren erbracht wurden; folgen wir seinen interessanten Ausführungen:[1]

„In wirtschaftlicher Hinsicht lief in Niederkrüchten im Zuge des „Wirtschaftswunders" alles optimal. Alle Niederkrüchtener hatten Arbeit, eine Wirtschaftsförderung durch Neuschaffung von Arbeitsplätzen blieb so natürlich aus. Allein in Waldniel boten die Textil- und Metallindustrie etwa 5000 Arbeitsplätze, und auch in Dülken, Wegberg und Erkelenz wurde Arbeit in Hülle und Fülle geboten. Es ging sogar soweit, daß für die unbeliebte Arbeit in den Dachziegelfabriken Ausländer angeheuert wurden.

Anders lief es nach der Fertigstellung des Flugplatzes in Elmpt, wo die vielen ansässig gewordenen Arbeiter in anderen Berufen untergebracht werden mußten. 200 Personen fanden Beschäftigung in der Weberei Dilthey, deren Bau von der Gemeinde unterstützt worden war. Ebenfalls 200 Personen bekamen nach 1962 im Gewerbegebiet „An der Wae" Arbeit in der Textilindustrie, womit Elmpt allerdings auf's falsche Pferd gesetzt hatte. Als nämlich um 1970 das große Sterben der niederrheinischen Textilindustrie einsetzte und die Dachziegelindustrie in Bezug auf die Zahl der Arbeitsplätze längst ihre Bedeutung verloren hatte, drohte trotz des „Wirtschaftswunders" in Elmpt eine damals für unmöglich gehaltene Arbeitslosigkeit.

Ebenso wie Elmpt begann auch Niederkrüchten 1962 mit der Erschließung eines Gewerbegebietes an der „Birther Straße" zur Ansiedlung der Strickerei Otten, die zuvor den Saal Lücker gemietet hatte. Der Rat beschloß zwar den Bebauungsplan, vereitelte jedoch durch die Zulassung von Wohnungsbauten die Entwicklung des Gewerbegebietes und die Ausdehnung bereits vorhandener Betriebe, wie z. B. der Töpferei Scheerers.

Auch im Bereich „Wirtschaft und Verkehr" verlief die Entwicklung in Niederkrüchten und Elmpt nicht parallel. In Niederkrüchten wurde vor allem der Fremdenverkehr unterstützt. Der Bau der Schwalmtalhalle und des Freibades sollten hier fördernd wirken. In den 50er

Jahren galt zudem der Bau von Campingplätzen nach Meinung aller Behörden als eine Strukturverbesserung des ländlichen Raumes. Neben Campingplätzen wurden auch Wochenend- und Ferienhäuser zugelassen. Dies galt im übrigen nicht nur für Niederkrüchten (Brempt, Merbecker Busch), sondern auch für Elmpt (Venekoten). Mit Hilfe des Naturparks Schwalm-Nette konnten die Gemeinden auch durch die Ausweisung von Parkplätzen und Wanderwegen ihr Gebiet für den Fremdenverkehr erschließen. Insgesamt fehlte bei den damaligen Planungen jedoch das langsam entstandene heutige Gespür für den Landschaftsschutz. „Wirtschaftliches Wachstum ging fast über alles", machte Gemeindedirektor Siegers die etwas sorglose Aufschwungstimmung bis 1970 deutlich.

Erhebliche Zuschüsse leisteten beide Gemeinden den privaten Trägern: Zu nennen wären da die Kindergärten, die die katholischen Pfarren in Elmpt und Niederkrüchten bauten. Die von den Ordensniederlassungen 1957 (Elmpt) bzw. 1971 (Niederkrüchten) aufgegebenen Altersheime fanden nur in Elmpt eine Nachfolge. Die Gemeinde Elmpt mußte aus den Flugplatzwohnunterkünften immer wieder alte und pflegebedürftige Männer aufnehmen. Aus diesem Grunde unterstützte man die katholische Pfarre in ihrem Vorhaben, ein Altersheim zu bauen.

Die Unterstützung belief sich auf die Bereitstellung eines Grundstückes und erheblicher Barmittel; insgesamt im Wert von etwa einer Million. 1968 baute die Gemeinde Elmpt an der Freiheitsstraße zehn Altenwohnungen. Hinzu kamen – ebenfalls in Elmpt – die Bereitstellung eines Grundstückes und von Barmitteln zum Bau einer evangelischen Kirche mit Jugendheim.

Ebenso lebhaft war die Entwicklung des Bauwesens in den Altgemeinden. Bei Grundstückspreisen von 0,75 DM/qm wurde mit den ersten Siedlungsbauten in Brempt begonnen (1950). Es folgten zwischen 1953 und 1956 Kleinsiedlungen in Dam und Heyen.

1962 begannen große Straßeninstandsetzungsmaßnahmen.

Die Ortslage Niederkrüchten wurde ausgebaut; Dörfer wie Varbrook, Silverbeek oder Laar erhielten erstmals Teerstraßen. Ebenso wie Straßenlaternen überall aufgestellt wurden, wurde in dieser Zeit der Niederkrüchtener Kirchplatz gestaltet. Der Marktplatz am Lindbruch wurde gebaut und die Anlagen an der „Stadionstraße" geschaffen.

Schon 1960 hatte rege Bautätigkeit in vielen Ortsteilen eingesetzt, da Städter aufs Land „flüchteten" und sich bei erschwinglichen Grundstückspreisen ein Wohnen im Grünen realisierten. Ohne vorherige Kanalisation wurden damals in Merbeck, Brempt, Heyen, Varbrook und Dam Siedlungsbereiche ausgewiesen.

Zur gleichen Zeit baute die Gemeinde Elmpt aufgrund des Einwohnersturms im Zusammenhang mit dem Flugplatzbau Schlichtwohnungen, Vorratsverkaufseigenheime, Nebenerwerbssiedlungen, Kleinsiedlungen, Miethäuser und sogar Holzhäuser. Gebaut wurde dabei überall, wo Land – meist wurde mit Sträuchern bewachsenes Ödland genommen – zu bekommen war. Die Durchführung wurde dabei von einer staatlichen Einrichtung, der Rheinischen Heimstätte Aachen, übernommen.

Im Zuge des Wohnungsbaus für den Flugplatz entstanden ab 1953 170 Reihenhäuser in Elmpt/In dem Sande und weitere 125 Wohnungen in Elmpt/Dorf. Die Landwirte widersetzten sich im übrigen lange der Ausweisung von Ackerflächen als Bauland. Erst mit den steigenden Baulandpreisen (1970 war man bei 40 DM angelangt) wurden auch die Landwirte zu Baulandverkäufern.

Mit der Bebauung der Flächen zwischen Elmpt und Overhetfeld (Kostenpunkt 1956: 6 DM/qm) begann in Elmpt die Ortskernbildung und das Ende des 4 km langen Straßendorfes. Hinzu kam die Entwicklung zum Garnisonsort. Von 1950 bis 1970 steigerten sich dort die Einwohnerzahlen von 1500 auf 8000, wobei über die Hälfte Briten waren."

Zu einem der interessantesten Projekte der Altgemeinde Elmpt gestaltete sich in den 60er Jahren die Planung und der Bau des Erholungsgebietes Venekoten.

Die Landesplanungsgemeinschaft Rheinland hatte der Gemeinde empfohlen, wegen der reizvollen Lage im Schwalmtal eine Funktion als Erholungsort anzustreben. Der Rückgang der Arbeitsplätze in der Landwirtschaft und in der Textil- und Dachziegelindustrie sollte durch Arbeitsplätze im Fremdenverkehr ausgeglichen werden.

Nachdem der Gemeinderat im März 1965 einen entsprechenden Bebauungsplan aufgestellt hatte, verkaufte die Stadt einer privaten Grundstücksgemeinschaft eine Fläche von 40 Hektar für ein geplantes „Feriendorf" am Venekotensee, wobei alle Erschließungskosten zu Lasten der Käufer gingen. Neben einem umfassenden Hotel- und Freizeitangebot verpflichteten sich diese darüber hinaus, 300 Ferien- bzw. Wochenendhäuser zu erstellen, die 1000–1200 Menschen Platz bieten sollten.

So entstanden von 1967 an zunächst die geplanten Häuser, deren Käufer meist aus den nahen Großstädten kamen. Die Bauweise der Häuser und die Erschließung des Gebietes ließen es zu, die Wohngebäude dauernd zu bewohnen, wovon viele Bauherren Gebrauch machten. Bis Ende 1971 waren von der Ferienheimbaugesellschaft darüber hinaus eine Gaststätte, ein Bootshaus, ein Minigolfplatz, Tennisplätze, Kinderspielplätze, eine Reithalle mit Stallungen und Reitplatz und Wassertretplätze errichtet worden.

Die Hausbesitzer in Venekoten gründeten eine „Interessengemeinschaft Venekoten", die viele Gemeinschaftsaufgaben zur Verschönerung des kleinen Dorfes in eigener Regie übernahm, so daß dieses Erholungsgebiet, im Wald und am Wasser gelegen, zu einem echten Kleinod wurde.

Eine der wichtigsten öffentlichen Einrichtungen ist sicherlich die Kanalisation. Schon 1957 wurde in Elmpt eine Ortskanalisation realisiert. Die Gesamtbaukosten des Projektes einschließlich einer Kläranlage „An der Beek" beliefen sich auf 2 Millionen DM, wobei 30 Prozent als Zuschuß gewährt wurden. Der Niederkrüchtener Rat widersetzte sich damals dem Kanalbau: „Der Rat lehnt einstimmig ab, irgendwelche Kosten für die Planung der Kanalisation zu übernehmen, weil die Finanzierung der Projekte unmöglich erscheint", heißt es in einem Ratsprotokoll.

Die Folge dieses Beschlusses war, daß im Zuge der Flurbereinigungsverfahren in vielen Niederkrüchtener Ortsteilen, wie z. B. Dam, Heyen, Brempt oder Merbeck, Regenwasserkanäle gebaut wurden, an die die Anlieger – mit oder ohne Genehmigung – ihre Hauskläranlagen und Sickergruben anschlossen. Niederkrüchten konnte sich erst 1969 entschließen, eine Ortskanalisation in Auftrag zu geben.

Das Abwasserproblem hatte mit dem Ausbau der öffentlichen Wasserversorgung 1958 durch die Kreiswasserwerke Erkelenz begonnen. Der nun steigende Wasserverbrauch, verbunden mit dem Einsatz von Wasch- und Spülmaschinen, führte in den 60er Jahren schließlich zur Verschmutzung der Bäche, die aus jedem Dorf die Abwässer aufnehmen mußten. Die in den Straßengräben Elmpts stinkenden Abwässer führten dort im Zuge des Ausbaus der B 230 zu einer glücklicherweise recht frühzeitigen Ortskanalisation, obwohl für den Bereich Overhetfeld die gleichen Verhältnisse wie etwa in Heyen oder Brempt bestanden.

17.2 Der Nato-Flughafen in Elmpt

Die Chronik der Schule Oberkrüchten berichtet zum Jahr 1952:
„Über den Elmpter Wald ist eine neue Katastrophe hereingebrochen, schlimmer als die des Jahres 1911 mit ihrem verheerenden Brand: Es wird nun doch ein Flugplatz gebaut. Damit ist das Schicksal des Waldes endgültig besiegelt. Seit Wochen schon fahren jeden Morgen viele Männer Oberkrüchtens (auch Bauern) mit der Axt bewaffnet zum Elmpter Wald, um dort durch Holzhacken viel Geld zu verdienen. Jetzt, Ende Februar 1952, ist das Vernichtungswerk fast vollendet und Platz geschaffen für den neuen Flugplatz. Ob zum Segen oder Unheil, das weiß Gott allein."

In der Tat schieden sich an diesem Flugplatz der Royal Air Force (RAF), der innerhalb von zwölf Monaten von 1952 bis 1953 im Elmpter Wald buchstäblich „aus dem Boden gestampft" wurde, von jeher die Geister: Auf der einen Seite wurde er mit rund 800 festen Arbeitsplätzen zum größten Arbeitgeber der Gemeinde, ließ die Kassen vieler Geschäfte klingeln und brachte Elmpt und später Niederkrüchten höhere Schlüsselzuweisungen des Landes ein; auf der anderen Seite war es seit seiner Inbetriebnahme mit der beschaulichen ländlichen Ruhe vorbei, ständig startende und landende Flugzeuge machten vielen Einwohnerinnen und Einwohnern fortan das Leben zur Qual.
Im September 1951 wurden die Planungen für einen weiteren Militärflugplatz neben Wildenrath im Kreis Erkelenz akut. Die Wahl fiel auf ein großes Areal im Elmpter Wald nördlich der Bun-

112 Freibad in Niederkrüchten

desstraße Mönchengladbach-Roermond, rund 650 Hektar Gemeindewald und 350 Hektar aus privatem Besitz wurden beschlagnahmt. Proteste der Gemeinde Elmpt verliefen ebenso erfolglos wie Einsprüche des Kreises Erkelenz, so daß der betroffenen Gemeinde nur blieb, eine wirtschaftliche Entschädigung in möglichst großer Höhe zu erlangen. Diese fiel später, im Jahre 1956, mit über 2 Millionen DM für den Verkauf der Grundstücke und dem Erlös aus Holzverkäufen auch so günstig aus, daß die Gemeinde in den folgenden Jahren viele notwendige Investitionen wie Ankauf von Flächen für Gewerbegebiete, Wasserversorgung, Kanalbau und Straßen- und Wegeausbau tätigen konnte.
Zunächst aber herrschte vom Frühjahr 1952 an eine Goldgräberstimmung, als rund 5000 Arbeiter den Wald rodeten und Flugplatzgebäude und Bunker errichteten. Elmpt war „Teil der Expansion der NATO-Streitkräfte in den frühen 50er Jahren", wobei man für den Flugplatz den Namen Elmpt nicht verwenden konnte. Da er sich des einen Vokals wegen nicht für den Funkverkehr eignete, entschied man sich kurzerhand für den Namen der nächstgelegenen Bahnstation Brüggen.
Die drei RAF-Flughäfen Geilenkirchen, Wildenrath und Brüggen-Elmpt dienten als „rückwärtige Satelliten" und Ausweichplätze für den Flughafen Köln-Bonn. Elmpt war zunächst eine „Fighter station". Auf dem Flughafen wurden im Sommer 1957 „Canberra"-Bomber stationiert, die von 1969 an bis 1975 durch „Phantoms" ersetzt wurden, denen schließlich „Tornados" folgten. Mit den Flugzeugen wechselten auch die Besatzungen. Neben den 4 „Squadrons" bestand seit 1953 eine logistische Versorgungseinheit für die gesamte Royal Air Force Germany, die Inspektionen und Reparaturen an den Kampfflugzeugen durchführten und auch für die Bergung abgestürzter britischer Kampfflugzeuge in Nordeuropa verantwortlich war. Die Tatsache, daß auf dem Flugplatz auch Atomwaffen gelagert wurden, wurde erst spät bestätigt und rief verschiedentlich Umweltschutz-Organisationen auf den Plan. Mittlerweile hat man sich zusammengerauft, man lebt nicht nebeneinander, sondern miteinander.

17.3 Das Geld- und Kreditwesen

Die zu Beginn des vorigen Jahrhunderts deutlich erkennbaren Zeichen eines ersten Aufblühens der ländlichen Gewerbebetriebe und der Leinen- und Tuchindustrie im Schwalmtal resultierten ausschließlich aus der traditionellen Beziehung der ländlichen Hausweber und Landwirte zu den städtischen Auftraggebern in und um die Städte M. Gladbach und Krefeld. Nach dem Niedergang der Hausweberei herrschte plötzlich große Armut. Erst die einsetzende Tonziegelindustrie mit ihren fünf neuen Fabriken sorgte für erneuten Aufschwung. Spätestens zu dieser Zeit, der „Zeit des neuen Aufschwungs", hätten die Gewerbetreibenden und die Landwirte neue Möglichkeiten zur Geschäftsausweitung und Modernisierung benötigt. Diese Chance zu nutzen blieb jedoch den meisten versagt, weil es kaum möglich war, die erforderlichen Kredite zu erlangen. Die Großbanken in M. Gladbach und Krefeld befaßten sich mit lohnenderen Objekten der aufstrebenden Industrie, die eine größere Sicherheit und größere Gewinnchancen versprachen. Schließlich lieferten sich die Bauern permanent privaten Geldverleihern aus. Diese verschlimmerten mit Wucherzinsen und hohen Tilgungsraten deren Existenznot. Diese sozialen und wirtschaftlichen Notstände wiederum bildeten den Hintergrund für sozialreformerische Ideen Ende des vorigen Jahrhunderts.

113 Gemeinschaftshauptschule Niederkrüchten

Eine dieser Ideen war der Genossenschaftsgedanke, den Friedrich Wilhelm Raiffeisen vertrat, die Idee von der genossenschaftlichen Selbsthilfe, die mit der Zusammenfassung von Spargeldern und Verteilung der Gesamthaftung auf Alle ein kreditwürdiges Instrument schuf.[1a]

17.3.1 Die Volksbank Schwalmtal eG Niederkrüchten

Der Genossenschaftsgedanke war auch das Motiv für die Gründung des Spar- und Darlehnskassenvereins in Niederkrüchten. Im fünfköpfigen Vorstand waren angesehene Niederkrüchtener Bürger wie der Lehrer Aloys Kehrbusch, der Faßbinder Josef Houben, der Bauer Paul Küskens, der Gastwirt Josef Welters und der Bauer Bartholomäus Smeets aus Oberkrüchten.

Die eigentlichen Bankgeschäfte regelte der Rendant Heinrich Rijners zumeist in den Abendstunden. Bereits 1898 übernahm jedoch der Rendant Hubert Houben die Bankgeschäfte, das erste Bankgebäude befand sich im Haus Mittelstraße 89, dem Wohnsitz des Rendanten.

Mit dem neuen Spar- und Darlehnskassenverein Niederkrüchten entwickelten sich im Bereich der Landwirtschaft, des Handels, des Handwerks und Gewerbes völlig neue Möglichkeiten. Die Bank besorgte unkompliziert und schnell das nötige Betriebskapital für den durch den wirtschaftlichen Aufschwung bedingten Strukturwandel. Hatte man bisher weitgehend autark gelebt, so mußte nun auch der bäuerliche Betrieb in der immer arbeitsteiligeren industriellen Welt für den Markt allgemein produzieren. Dazu waren in der Landwirtschaft Düngemittel und Maschinen erforderlich. Eine Folge dieser Entwicklung war beispielsweise auch die Gründung der Molkereigenossenschaft Niederkrüchten im Jahre 1897 gewesen. Die Landwirte nahmen nun kurzfristige Kredite auf. Aber auch kleinere Handwebereien, die sich auf mechanische Manufaktur umstellen wollten, benötigten Geld, selbst Gemeinden und Kirche waren immer häufiger Kreditnehmer.

Das 25jährige Bestehen im Jahre 1919 wurde aufgrund des gerade verlorenen Weltkrieges kaum zur Kenntnis genommen. Mit der dann wachsenden Geldentwertung, die bis 1923 andauerte, wurden finanzielle Planungen der Niederkrüchtener Bank abenteuerlicher, da die Inflation innerhalb von Stunden immer astronomischere Werte dem Kurs der Goldmark gegenüberstellte. Am 25. 11. 1923 wurde die Rentenmark eingeführt. Da das Geld nun schlagartig knapp und teuer geworden war, mußte man sogar Geld der übergeordneten Kreditinstitute zu deren Konditionen verleihen. Dennoch traf die Weltwirtschaftskrise die Genossenschaftsmitglieder weit weniger hart als andere, sie sahen sich moralisch verpflichtet, die Aufwertung auf freiwilliger Basis für die Mitglieder durchzuführen.

Nach der Machtergreifung wurden auf einer außerordentlichen Generalversammlung alle Aufsichtsräte und Vorstände neu gewählt. Die Nationalsozialisten standen der Genossenschaftsidee durchaus positiv gegenüber, weil der Gedanke des gemeinsamen Wirtschaftens gut in ihre Ideologie paßte. Das Kreditwesen wurde nunmehr aber absolut vom Staat kontrolliert und geregelt.

Nach dem Krieg schuf erst die Währungsreform 1948 die Voraussetzungen zum

114 Niederkrüchten, Rathausstraße 2, früher Haus Trimborn. Rathaus seit ca. 1950. Kauf durch die Volksbank Schwalmtal eG 1978 und zur Hauptstelle umgebaut

Wiederaufschwung auch des Niederkrüchtener Bankgewerbes. Die Kreditnachfrage in den Bereichen Landwirtschaft, Handel und Gewerbe wurde nun besonders aktiviert, da sich infolge der Kriegszerstörungen hier ein Investitionsstau gebildet hatte. Über 60% der damaligen Kredite nahmen allein die Landwirte auf.

Das nach dem II. Weltkrieg bezogene Bankgebäude auf dem Niederkrüchtener Kirchberg wurde 1955 völlig umgebaut und nach modernsten Gesichtspunkten ausgestattet. 1959 beschränkte die Spar- und Darlehnskasse Niederkrüchten die Haftpflicht, die bis dahin immer noch unbeschränkt war. Rendant Peter Küppers leitete die Bank von 1943 bis 1964. Im Jahre 1965 wurde der neue Geschäftsführer Hermann Böken gewählt, der gemeinsam mit Franz Josef Pauen die Volksbank Schwalmtal eG Niederkrüchten, wie sie nunmehr firmiert, bis heute leitet. Die Zeit ab 1965 kann man als die „große Zeit des Umbruchs“ bezeichnen, denn neben dem Neubau in Niederkrüchten wurden 1968 in Oberkrüchten und Gützenrath Zweigstellen eröffnet. 1969 fusionierten die Spar- und Darlehnskassen Niederkrüchten und die Volksbank Waldniel und schlossen sich unter dem gemeinsamen Namen Spar- und Kreditbank Schwalmtal eGmbH zu Niederkrüchten zusammen. Schließlich erwarb die Volksbank Schwalmtal das historische „Haus Trimborn“, das die Gemeinde zuletzt als Rathaus benutzt hatte und eröffnete hier ein neues Bankgebäude für die Bevölkerung.

17.3.2 Die Volksbank Wegberg eG, Zweigstelle Elmpt

Die heutige Geschäftsstelle der Volksbank Wegberg in Niederkrüchten-Elmpt bestand bis zum 10. 6. 1964 als selbständiger Elmpter Spar- und Darlehnskassenverein eGmbH. Dieser Verein wurde im Jahre 1891 gegründet.[1] Bis zum Jahre 1932 erfolgte die Geschäftsführung nebenamtlich und von diesem Zeitpunkt an hauptamtlich. Die Genossenschaft hatte das vom ehemaligen Reichsverband der Deutschen Landwirtschaftlichen Genossenschaften/Raiffeisen e. V. Berlin herausgegebene Normalstatut für ländliche Kreditgenossenschaften zur Rechtsgrundlage. Nach diesem Statut waren Gegenstand des Unternehmens der Betrieb einer Spar- und Darlehnskasse zur Pflege des Geld- und Kreditverkehrs und die Förderung des Sparsinns. Das genossenschaftliche Warengeschäft wurde nicht betrieben.

Wie schwer es die Kasse in den 20er Jahren hatte, geht aus dem folgenden Bericht hervor:[2]

„Im Jahre 1921 wandte sich der Elmpter Spar- und Darlehnskassenverein mit der Bitte an die Gemeinde, diese möge der Kasse als Mitglied beitreten, ‚da dieses auch für unsere Kasse von Interesse ist und die Gemeinde Elmpt schon lange mit der örtlichen Spar- und Darlehnskasse verkehrt“. Mit Rücksicht auf „die unklaren finanzpolitischen Verhältnisse der Gemeinde“ wurde dieser Antrag jedoch zurückgestellt. Im Sog der Inflation wurde auch der Spar- und Darlehnskassenverein Elmpt an den Rand des Abgrundes gedrängt. Hauptlehrer Debiel, der nebenamtlich Vorsitzender der Kasse war, schrieb deshalb im Januar 1924 an den Elmpter Gemeinderat: „Bekanntlich hat die Spar- und Darlehnskasse viele große Opfer gebracht für das Allgemeinwohl. Vielen Einwohnern ist in bedrängter Lage geholfen worden. Nun ist sie selbst in Not. Der karge Gewinn an Papiermark reicht nicht einmal hin, das Porto für notwendige Briefe und Geldsendungen zu bestreiten, geschweige denn, um Anschaffungen von Kontobüchern zu bezahlen. Der Rendant hat selbst mehrere

Jahre in der Hoffnung auf bessere Zeiten vollständig umsonst, ja mit Schaden die Geschäfte weitergeführt. Wir bringen in Vorschlag, etwa 20 Zentner Kohlen und entsprechende Vergütung für Licht in der Kasse genehmigen zu wollen".
Aufgrund dieses Antrages bewilligte der Gemeinderat eine einmalige Unterstützung von 30 Goldmark(!)
Im Jahre 1934 betrug die Bilanzsumme 105 500 Reichsmark. In den Folgejahren verzeichnete das damals selbständige Institut nur eine moderate Entwicklung, was dem damaligen Charakter des Einzugsgebietes entsprach. In den Kriegsjahren von 1940 bis 1946 war der Umfang des Geschäftsbetriebes verhältnismäßig stark zurückgegangen, was auch auf die Einberufung des damaligen Rendanten zurückzuführen war. Zum Zeitpunkt der Währungsreform am 20. 6. 1948 verfügte das Institut über eine Bilanzsumme von 1 130 000 Reichsmark. Der Geschäftsanteil war auf 50 RM mit einer Pflichteinzahlung von 5 RM festgesetzt. Die Haftpflicht war – wie zu diesem Zeitpunkt bei Genossenschaftsbanken üblich – unbeschränkt.
Der Elmpter Spar- und Darlehnskassenverein entwickelte sich in den Folgejahren stetig, wobei auch der Scheck- und Überweisungsverkehr gehandhabt wurde.
Im Jahre 1953 bestand der Vorstand aus fünf ehrenamtlich tätigen Mitgliedern. Vorsitzender des Vorstandes war der Landwirt Theodor Weertz. Der Aufsichtsrat bestand aus drei Mitgliedern, wobei der Landwirt Michael Wynands als Vorsitzender fungierte. Geschäftsführer – hauptamtlich – war Peter Scheeres, in dessen Privathaus die Bank etabliert war. Außer dem Geschäftsführer war noch eine Angestellte tätig.
Die Verantwortlichen des damaligen Elmpter Spar- und Darlehnskassenvereins hatten erkannt, daß eine erfolgreiche Weiterentwicklung der Bank nur mit einer entsprechenden Größenordnung zu erreichen sei. Nach erfolgreichen Verhandlungen mit der damals unter den Namen „Spar- und Kreditbank eG" arbeitenden Volksbank Wegberg eG erfolgte zum 10. 6. 1964 eine Fusion. Die Geschäftsräume wurden später in eine Holzbaracke an der Laurentiusstraße verlegt.
Es setzte nunmehr eine überdurchschnittlich gute Entwicklung dieser Geschäftsstelle ein, was in erster Linie auf das persönliche Engagement des Geschäftsstellenleiters Franz Hersztowski zurückzuführen war. Im September des Jahres 1971 bezog die Geschäftsstelle eigene Räumlichkeiten an der Goethestraße.
Im Jahre 1973 erfolgte die Umbenennung der Spar- und Kreditbank eG in Volksbank Wegberg eG. Die Entwicklung der Geschäftsstelle Elmpt verlief analog der Expansion der Gemeinde Elmpt. Die Kundenstruktur umfaßt heute neben der nach wie vor vorhandenen Landwirtschaft sowohl Handwerksbetriebe, mittelständische Unternehmen als auch die Privatkundschaft.
Die moderne Unternehmensphilosophie der Volksbank hat es möglich gemacht, daß auch die Geschäftsstelle Elmpt eine äußerst positive Entwicklung nahm und zur Zeit als größte Geschäftsstelle der insgesamt zwölf Niederlassungen geführt wird.

17.3.3 Die Volksbank Wegberg eG – Zweigestelle Merbeck

Am 18. Juni 1922 wurde die Merbecker Spar- und Darlehnskasse eGmbH gegründet. Erster Vorsitzender war der Landwirt Jakob Michiels, erster Rendant der Lehrer und Küster Johann van Gansewinkel, der auch die Kasse bis 1953 leitete. Vom Jahre 1953 an wurden die Geschäfte vom Rendanten Küppers, Nieder-

krüchten, im Hause Gehlen-Weyers geführt.
Am 11.4.1954 wurde der Notariatsbürovorsteher Hans Bonsels aus Merbeck zum Geschäftsführer gewählt, die Genossenschaft hatte zu dieser Zeit 157 Mitglieder und zwei Angestellte.
Nach dem Grundsatz „Einer für alle, alle für einen" entstand die Kasse nach dem I. Weltkrieg. Sie sah ihre Hauptaufgabe darin, ihren Mitgliedern mit Krediten zu tragbaren Zinssätzen zu helfen.
Nach dem II. Weltkrieg mußte die Kasse erneut eine Geldentwertung überstehen und „mit Hilfe höchst schmerzlicher Schnitte" jeweils von neuem beginnen. Dank der Vollbeschäftigung nahmen die Spareinlagen im Laufe der nächsten Jahre ständig zu, die Bauern mußten, um wettbewerbsfähig zu bleiben, größere Beträge für einen modernen Maschinenpark aufbringen, die Handwerksbetriebe hatten neue Maschinen notwendig, um konkurrenzfähig zu bleiben, aber auch im sozialen Wohnungsbau wurden langfristige Hypotheken gewährt.
Am 8. Mai 1969 wurde die Kasse in die Volksbank Wegberg eG eingegliedert.

17.3.4 Die Sparkasse Krefeld, Geschäftsstelle Niederkrüchten

Im Jahre 1921 hatten sich die Umsätze der Kreissparkasse Erkelenz und ihrer Zweigstellen so günstig entwickelt, daß die Geschäftsleitung verschiedene Geldannahmestellen am 1. August 1921 in selbständige Zweigstellen umwandelte. Dazu zählte auch die Niederlassung in Niederkrüchten. Der Geschäftsraum der neuen Zweigstelle war in den ersten Jahren im Eckhaus von Franz Welters an der heutigen Hochstraße untergebracht. Eine weitere Annahmestelle in der Nachbarschaft gab es bei der Gemeindekasse Elmpt.
Der wachsende Kundenzuspruch und das zunehmende Geschäftsvolumen der Zweigstelle Niederkrüchten machten es erforderlich, daß zur Behebung des Raumproblems bereits 1931 ein Neubau an der jetzigen Mittelstraße errichtet werden mußte, dort, wo heute das Fahrradgeschäft Bronckhorst ist. Im Jahre 1958 wurde die Zweigstelle um den Anbau einer größeren Kundenhalle erweitert. Bis dahin hatte die Geschäftsstelle nur zwei Leiter: Jakob Kehrbusch, von 1921 bis 1934 und 1938 bis 1948 im Amt, sowie Hermann Gelsam, der die Sparkasse von 1934 bis 1938 und von 1949 bis 1962 leitete. Im Jahre 1962 wurde Niederkrüchten in den Rang einer Hauptzweigstelle erhoben. Seither leitet Gerhard Gröbbels die Geschäftsstelle. In den ersten Jahren bestritt er die weiten Wege bis zur Nebenstelle nach Elmpt noch mit dem Dienstfahrrad. Diese Nebenstelle Elmpt wurde 1953 im Haus Fuchs am Marktplatz eingerichtet. Leiter waren Walter Klein und Franz Hersztowski. Die gute Entwicklung der Filiale führte 1969 zur „Beförderung" als selbständige Zweigstelle. Die Leitung hat bis heute Peter Winzen.
Im April 1971 bezog man als Übergangslösung an der Goethestraße ein neu errichtetes Bürohaus aus Fertigbauteilen, das der Volksmund nur „Baracke" nannte. Im Jahre 1979 entstand hier eine schmucke Geschäftsstelle.
Auf dem Flugplatzgelände der Royal Air Force existiert seit sechzehn Jahren eine zweite selbständige Elmpter Geschäftsstelle, die von Inge Laurent geleitet wird.
Das starke Wachstum der Geschäftsstelle Niederkrüchten machte Ende der siebziger Jahre erneute Raumüberlegungen erforderlich. An der Kreuzung der Bundesstraßen 230 und 221, Ecke Hochstraße/Mittelstraße, erwarb die Sparkasse Grundstücke und begann mit der Planung. Der Neubau, so die Überlegun-

115 Niederkrüchten um 1931 mit der damaligen Hauptzweigstelle der Kreis- und Stadtsparkasse Erkelenz im Hintergrund

gen, sollte sich dem Ortsbild anpassen und einen Beitrag zur Verschönerung des Ortskerns leisten. Dies gelang mit dem Backsteinbau, der am 24. Mai 1983 eröffnet wurde.

Die Geschichte der Sparkasse in Niederkrüchten ist auch eine Geschichte von Fusionen und wechselnden „Mutterhäusern". Im Zweiten Weltkrieg mußte die Kreissparkasse Erkelenz auf behördliche Anordnung hin mit der dortigen Stadtsparkasse fusionieren. Es blieb nicht die einzige Fusion. Als 1972 die kommunale Neugliederung die beiden Landkreise Erkelenz und Geilenkirchen zum neuen Kreis Heinsberg zusammenfaßte, wirkte sich das auch auf die Sparkassenlandschaft aus. Im Jahre 1974 fusionierten die bis dahin selbständigen Institute der Kreis- und Stadtsparkasse Erkelenz und der Kreissparkasse Geilenkirchen zur neuen Kreissparkasse Heinsberg.

Aber auch dies war nicht von Bestand, denn die neue Gemeinde Niederkrüchten war im Zuge der kommunalen Gebietsreform dem Landkreis Kempen-Krefeld zugeordnet worden. Als Folge wurden die dortigen Geschäftsstellen am 1. Januar 1976 auf die Kreissparkasse Kempen-Krefeld übertragen.

Die fünfte und letzte organisatorische Zuordnung seit ihrer Gründung erfuhren die Geschäftsstellen in Niederkrüchten im Jahre 1977, als die Sparkasse Krefeld aus der Fusion der Kreissparkasse Kempen-Krefeld mit der Stadtsparkasse Krefeld entstand.

17.4 Vereine, Bruderschaften, Organisationen

Von jeher gab es ein reges Vereins- und Bruderschaftsleben in den Altgemeinden Elmpt und Niederkrüchten.

Wie in Deutschland üblich, galten auch für Vereine und Bruderschaften gesetzliche Vorschriften, die zunächst im „Vereinsgesetz“ vom 11. 3. 1850, später im „Reichsvereinsgesetz“ vom 15. 5. 1908 geregelt waren. Nach diesem Vereins- und Versammlungsrecht waren alle Vereine gehalten, sich bei den jeweiligen Kommunen anzumelden und ihre Satzungen und Statuten vorzulegen.

Von daher liegen über das Vereinsleben auch in Elmpt und Niederkrüchten seit Anfang dieses Jahrhunderts genaue Angaben vor, man kann auch nachvollziehen, welche Vereine im Laufe der Zeit gegründet und wieder aufgelöst wurden.

In erster Linie sind die Kriegervereine, die nach dem Kriege 1870/71 überall wie „Pilze aus dem Boden schossen“ und in Elmpt beispielsweise mehr als 70, in Overhetfeld mehr als 50 Mitglieder hatten, aber auch in Niederkrüchten, Oberkrüchten und Merbeck existierten Kriegervereine.

Recht früh gab es auch schon Arbeitervereine, Vorläufer der Gewerkschaften, so etwa in Elmpt ein „Verband christlicher Keram-Arbeiter“, deren Tätigkeiten jedoch strengen Auflagen unterworfen waren. In einem Bericht des damaligen Bürgermeisters Heinrichs aus Elmpt vom 11. 9. 1908 „Über die auf sozialem Gebiete hervortretenden wichtigen Erscheinungen und Bewegungen, insbesondere Lage der Socialdemokratie im allgemeinen“, heißt es, daß „die Arbeiterbevölkerung den Veranstaltungen wenig Interesse entgegenbringt. Anarchisten, Socialdemokraten sowie irgendwelche anderen diesbezüglichen Verbände und Gewerkschaften, wie Arbeiter- und Arbeiterinnenvereine treten in dieser hiesigen Gemeinde nicht auf und sind Anarchisten (und Socialdemokraten) hier selbst nicht ansässig.“

Recht früh setzte auch die Gründung von Sportvereinen ein. So wurde in Niederkrüchten Anfang d. Jh.s als erster Fußballverein der „FC Niederkrüchtener Spielverein“ gegründet, der aber bereits 1921 nicht mehr bestand.

Im Jahre 1909 konstituierte sich der „Fußball-Club Victoria Merbeck“, in Elmpt wurde 1926 der Sportverein „Schwarz-Weiß“ gegründet, der zusätzlich noch „SV DJK Vorwärts Elmpt“ hieß und dem Westdeutschen Spielverband angehörte. Der neu gegründete Verein beantragte damals bei der Gemeinde die Anlage eines Sportplatzes, erhielt jedoch nur einen Zuschuß in Höhe von 200 Reichsmark, „da der Stand der Sportbewegung in Elmpt noch nicht gefestigt“ sei, wie der Gemeinderat feststellte.

Auch in Niederkrüchten hatte 1927 eine Gruppe fußballbegeisterter Jugendlicher einen Fußballverein gegründet, dem sie den Namen „SV Blau-Weiß“ gaben. Der Spielbetrieb wurde auf einem Platz an der Pannenmühle durchgeführt, aber bereits vorher hatten Fußballspieler in Ermangelung eines Sportplatzes auf einem Kahlschlag in der Waldnieler Heide interne Fußballspiele durchgeführt.

Unter Kaplan Dr. Walter Euing wurde 1928 die „Deutsche Jugendkraft Niederkrüchten“ aus der Taufe gehoben. Arbeitslose Jugendliche legten bei einer Entlohnung von täglich zwei Reichsmark einen Platz in der Nähe der Schwalm an. Allerdings wurden bereits 1933 alle DJK-Vereine aufgelöst, die Niederkrüchtener Mitglieder traten unter neuen Vereinsfarben an. Im Jahre 1958 entstand der neue Sportplatz am Kamp, der 1959 als „Schwalmtalstadion“ eingeweiht wurde.

Auch im Radsport regte sich recht früh ein Vereinsleben, so wurde im Jahre 1907 der Radfahrverein „Pfeil“ zu Overhetfeld gegründet, ihm folgte 1909 der Radfahrverein „Tempo“ zu Niederkrüchten. Der Radfahrverein „Pfeil“ richtete 1922 sogar ein Internationales Radfahrerfest

aus, bei dem Kunstradfahren, Duettfahren, Schulreigen und Corso auf dem Programm standen.
Vor allem junge Landwirte gründeten 1932 in Niederkrüchten den „Reiterverein Niederkrüchten und Umgebung", der während des Dritten Reiches „gleichgeschaltet" und einem SA-Reitersturm zugeordnet wurde, sich aber 1947 wieder neu konstituierte und auf dem Raderberg Reitunterricht erteilte.
Von sieben Sportschützen aus Niederkrüchten, Dam und Lüttelforst wurde der Verein „Sportschützen Niederkrüchten und Umgebung 1959 e. V." am 1. 6. 1959 gegründet, um den Schießsport in Niederkrüchten als Leibesübungen durchzuführen. In der Gaststätte Botz wurden 1960 auf der Kegelbahn zwei komplette Kurbelschießstände errichtet und die Sportanlagen noch im selben Jahr erweitert. Im Jahre 1966 verlegte man den Schießstand in die Schwalmtalhalle. Da aufgrund der wachsenden Mitgliederzahlen die Schießstände nicht ausreichten, errichteten die Mitglieder in Eigenleistung ein Schützenheim auf einem von Josef Bosch 1969 zur Verfügung gestellten Grundstück. Seitdem hat der Verein einen ständigen Aufschwung genommen und zahlreiche Erfolge bei Wettkämpfen erzielt.
Im musisch-kulturellen Bereich gab es ebenfalls eine Unmenge von Vereinigungen, die neben dem Gesang zum Teil auch Theater aufführten. In Niederkrüchten gab es den Gesangverein „Concordia" Dam (1912), den „Musikverein Brempt" (1913), den Musikverein „Eintracht" Gützenrath (1914), den Gesangverein „Frohlust" Merbeck (1919), den Quartettverein „Sängerbund" Laar (1920), den Gesang- und Quartettverein Brempt (1920), den Gesangverein „Frohsinn" Oberkrüchten (1920), den Mandolinenclub „Fidelia" Oberkrüchten (1922), das Trommler- und Pfeifercorps „Brüderlichkeit" Oberkrüchten (1923) und den Kirchengesangverein „Cäcilia".
In Elmpt trat der Kirchenchor „Cäcilia" 1921 mit der Aufführung eines Weihnachtsoratoriums und mit Theateraufführungen an die Öffentlichkeit. Im Jahre 1923 wurde in Elmpt der Instrumentalverein „Heimatklänge" Elmpt als Mandolinenclub gegründet, 1924 folgten der Mandolinenclub „Einigkeit" Overhetfeld, der Gesangverein „Blütenkranz" Overhetfeld und der Musikverein „Cäcilia" Overhetfeld.
Daneben etablierten sich eine ganze Reihe weiterer Vereine, wie etwa die Junggesellenvereine „Gemütlichkeit" Gützenrath-Brempt und „Erholung" in Overhetfeld, in Elmpt der Junggesellenverein „Heideblümchen".
Die Junggesellenvereine verfolgten den Zweck, „die Geselligkeit durch einen durchaus zwanglosen, jeden Standesunterschied ausschließenden Verkehr unter ihren Mitgliedern zu pflegen und zur Unterhaltung derselben beizutragen."
An weiteren Vereinen gab es in Elmpt eine Jünglingskongregation und eine Jungfrauenkongregation sowie einen Verein „Gemeinwohl", der Mittel für den Bau eines Jugendheims sammelte. Seit 1922 bestand bereits das Deutsche Rote Kreuz, im Ersten Weltkrieg ein Vaterländischer Frauenverein, es gab einen Geflügelzuchtverein und einen Brieftaubenzuchtverein „Heidebote".
In Niederkrüchten gab es ebenfalls einen Ziegen- und einen Bienenzuchtverein sowie einen Pferdezuchtverein Niederkrüchten-Elmpt, ferner Bauernvereine in Niederkrüchten und Oberkrüchten, einen Landwirtschaftlichen Förderungs- und Schutzverein (1911), einen Verein selbständiger Handwerker, einen Landwehrunterstützungsverein, einen Brieftaubenverein „Blitzschnell" Oberkrüchten (1926) und den Theaterverein „Heiterkeit" Oberkrüchten.

Auch Merbeck hatte früh seinen Bauernverein (1890), seinen Musikverein (1896) und sogar eine Karnevalsgesellschaft „Stribbels-Lüt“ (1909).
Bruderschaften bestanden in Elmpt und Niederkrüchten schon seit Hunderten von Jahren. Sie waren ursprünglich kirchliche Vereinigungen, die sich zu besonderer Frömmigkeit und zu guten Werken verpflichteten. Die Schützenbruderschaften verehrten besondere Schutzheilige, hatten eigene Fahnen und natürlich auch ihr wertvolles Königssilber. Nur unbescholtene Bürger wurden aufgenommen. Unter dem Wahlspruch „Glaube, Sitte, Heimat“ waren die Schützen zu aktiver Caritas verpflichtet. Die Aufrechterhaltung von Ordnung und Sicherheit und möglicherweise die Verteidigung des Dorfes gehörten zu den weiteren Pflichten der Schützenbrüder. Die älteste Niederkrüchtener Bruderschaft dürfte die des hl. Antonius sein, die 1430 gegründet wurde.
In Elmpt finden wir die St. Laurentius- und St. Hubertus-Bruderschaft, in Overhetfeld die St. Maria-Schützen-Bruderschaft. Die Schützen-Bruderschaften des Pfarrverbandes Niederkrüchten haben sich durch Vertrag zur Terminierung ihrer Schützenfeste und der übrigen öffentlichen bruderschaftlichen Veranstaltungen zusammengeschlossen, es sind dies die St. Antonius-Bruderschaft Niederkrüchten, St. Bartholomäus-Bruderschaft Gützenrath, St. Brigitta-Bruderschaft Ryth, Silverbeek, Varbrook und Blonderath, St. Georgs-Bruderschaft Brempt, St. Hubertus-Bruderschaft Heyen, St. Johannes-Bruderschaft Dam/Birth und die St. Petri-Bruderschaft Laar. Oberkrüchten hat eine eigene Bruderschaft St. Agatha ebenso wie Merbeck mit der Maternus-Bruderschaft.
Im Jahre 1814 wurde die St. Matthias-Bruderschaft Niederkrüchten, Oberkrüchten und Elmpt gegründet, nachweislich pilgerten schon im Gründungsjahr wie auch 1822 einzelne Mitglieder zum Apostelgrab nach Trier.
Die Gemeinden Elmpt und Niederkrüchten unterstützten die Vereine und Bruderschaften durch regelmäßige finanzielle Zuschüsse. In den letzten Jahren vor der kommunalen Neugliederung gab die Gemeinde Elmpt Zuschüsse an den Theaterverein „Erholung“, den MGV „Blütenkranz“, den Musikverein „Cäcilia“ und das Trommlercorps „Gut Freund“, alle in Overhetfeld, sowie an den Kirchenchor „Cäcilia“, an den Trompetenchor der Evangelischen Kirchengemeinde Elmpt-Brüggen, an den Sportverein „Schwarz-Weiß 1926“, das Deutsche Rote Kreuz, die St. Laurentius- und Hubertus-Bruderschaft, die Deutsche Lebens-Rettungs-Gesellschaft, den Brieftaubenzuchtverein „Heidebote“ Elmpt und an den Motorsportclub, alle Elmpt.
Niederkrüchten gewährte zur selben Zeit ebenfalls Zuschüsse und zwar den Sportvereinen und dem Reiterverein Niederkrüchten, weiter dem Quartettverein Brempt, dem Quartettverein Laar-Heyen, dem Gesangverein Birth-Dam, dem Musikverein Brempt, dem Trommler- und Pfeifercorps Schwalmtal Merbeck, dem Instrumentalverein Oberkrüchten, dem Gesangverein Oberkrüchten und den Schützen-Bruderschaften in Niederkrüchten, Dam-Birth, Laar, Heyen, Gützenrath, Ryth-Varbrook, Brempt, Oberkrüchten und Merbeck. Zuschüsse erhielten ebenfalls die DLRG, der Sportschützenverein Niederkrüchten, der Kapellenverein Brempt, der Bienenzuchtverein und der Verein für Deutsche Schäferhunde.
Diese Nachweisungen geben einen aufschlußreichen Überblick über die aktuellen Aktivitäten von Vereinen und Bruderschaften in den beiden Altgemeinden vor deren Zusammenschluß.
Im kulturellen Bereich versuchten die Altgemeinden durch die „Schwalmtal-

halle“ in Niederkrüchten bzw. die „Walderhalle“ in Elmpt Mittelpunkte für das Vereinsleben in beiden Orten zu schaffen. Diese Versuche schlugen jedoch weitgehend fehl, da die Vereine in beiden Gemeinden sich alle erdenklichen Vergünstigungen einräumen ließen, bei Veranstaltungen jedoch Zelte mieteten. In Elmpt führt dies sogar dazu, daß die „Walderhalle“ bald schon nicht mehr das war, was sie sein sollte und statt kultureller gesellschaftlich eher andere Unterhaltung bot. Sie wurde nach einem Brand nicht wieder aufgebaut. In der „Schwalmtalhalle“ gab es stets Schwierigkeiten mit allzu häufigen Pächterwechseln.
Die Vereine und die Kirchengemeinden engagierten sich vor allem in der Jugendarbeit. Die katholischen Pfarren in Niederkrüchten und Elmpt errichteten ebenso Jugendheime wie die evangelische Kirchengemeinde Brüggen/Elmpt. Ansonsten bot auch der Sport Jugendlichen ein Freizeitangebot, das lange Zeit allerdings ausschließlich aus Fußball bestand. Erst mit der Einführung der Mittelpunktschulen kamen auch andere Sportarten zum Zuge. Mit dem Bau der Hauptschulen entstanden die ersten Turnhallen in Elmpt und Niederkrüchten. Sportplätze wurden in Elmpt, Merbeck, Nieder- und Oberkrüchten gebaut. Schwimmsportler, aber auch Erholungssuchende, finden in Niederkrüchten seit 1967 das Freibad und in Elmpt das Hallenbad vor.
Nach dem Zweiten Weltkrieg lebte auch das Feuerlöschwesen relativ schnell wieder auf, wobei die Besatzungsmacht allerdings die politische Zuverlässigkeit der Feuerwehrleute überprüfte. Viele Feuerwehrleute beider Gemeinden waren im Krieg gefallen, verwundet oder vermißt, viele befanden sich noch in Kriegsgefangenschaft. So war der Neubeginn und Wiederaufbau ungewöhnlich schwierig, weil auch das Feuerlöschgerät weitgehend vernichtet war.
Bereits am 18. Mai 1945 ordnete die Militärregierung an, daß die Ortsfeuerwehren wieder aufzustellen seien. Falls dies nicht auf freiwilliger Basis geschähe, müßten Ortsfeuerwehren durch Verpflichtung eingerichtet werden. Daraufhin berichtet der Amtsbürgermeister Hansen am 4. 6. 1945, daß für das Amt Niederkrüchten eine Freiwillige Feuerwehr bestünde, die sich aus vier Gruppen zusammensetze.
Leiter der Amtswehr Niederkrüchten war Werner Jansen, Niederkrüchten, in Oberkrüchten Brandmeister Johann Leven, in Merbeck Brandmeister Josef Gerichhausen und in Elmpt Brandmeister Ernst Wolters bzw. Theo Peters. Insgesamt gehörten 90 Feuerwehrleute dieser Amtswehr an; gegen Jansen erhoben die Oberkrüchtener 1947 Beschwerde, weil sie sich benachteiligt fühlten. Am 26. Februar 1948 verabschiedete der Oberkreisdirektor Erkelenz Jansen wegen fortgeschrittenen Alters, Fritz Küppers wurde nun neuer Gemeindewehrführer, da sich das Amt Niederkrüchten inzwischen aufgelöst hatte.
Gemeindeführer in Elmpt wurde Josef Laemes, Zugführer der beiden Halbzüge waren Theo Peters in Elmpt und Gerhard Wasels in Overhetfeld. Erst 1951 trat die Freiwillige Feuerwehr Elmpt dem Landesfeuerwehrverband bei. Im Jahre 1960 wurden die beiden Halbzüge Elmpt und Overhetfeld auf Wunsch der Gemeinde Elmpt zusammengeschlossen, dadurch wurde eine bessere Schlagkraft erreicht. Aus Anlaß des 75jährigen Bestehens im Jahre 1964 wurde ein neues Feuerwehrgerätehaus der Wehr übergeben. Die Zusammenarbeit mit der Feuerwehr des RAF-Flugplatzes war stets kameradschaftlich, man leistete sich im Ernstfall wirkungsvolle Nachbarschaftshilfe.
In Niederkrüchten wurde im Jahre 1950 Johannes Eysenbrandt mit der Führung der Geschäfte des Brandmeisters beauftragt, 1959 erfolgte seine Bestellung zum

116 Feuerwehr Elmpt 1964

117 Feuerwehr Niederkrüchten 1976

118 Freiwillige Feuerwehr Oberkrüchten 1979

119 Freiwillige Feuerwehr Merbeck 1957

Gemeindewehrführer. Eysenbrandt schied mit Ablauf des Jahres 1961 aus dem aktiven Dienst der Feuerwehr aus und wurde zum Ehrenbrandmeister ernannt, sein Nachfolger war Horst Bonneck.
In Oberkrüchten feierte die Freiwillige Feuerwehr 1954 ihr 50jähriges Bestehen.
Im Jahre 1948 wurde in Merbeck Peter Weyers als Brandmeister gewählt, nachdem Brandmeister Fritz Küppers zum Gemeindewehrführer ernannt worden war. Im Sommer des Jahres 1957 konnte man das 50jährige Jubiläum feiern.
Zum größten Einsatz für alle vier Wehren wurde der Brand der Brempter Tonwerke in der Nacht vom 13. zum 14. April 1963 in Gützenrath. Bei diesem Großbrand brannte die 130 × 29 m große Trocknungsanlage vollkommen aus, 330 000 Dachziegel wurden ein Raub der Flammen. Feuerwehren aus Brüggen, Born, Lüttelbracht, Waldniel, Amern, Elmpt, Merbeck, Oberkrüchten und Erkelenz, ferner die Feuerwehr des Flugplatzes Elmpt und des Munitionsdepots Bracht sowie mehrere Züge der Berufsfeuerwehr Mönchengladbach kamen zum Einsatz.
Um 22 Uhr abends hatte man festgestellt, daß Flammen aus den Dachreitern der großen Halle schlugen, trotz des schnellen Einsatzes der Feuerwehren breitete sich der Brand so schnell aus, daß bereits um 24 Uhr der Dachstuhl mit den Decken eingebrochen war. Unter Lebensgefahr mußten die Feuerwehrleute die Löscharbeiten verrichten, beim Einsturz des Daches und einer Seitenwand wurden zwei Wehrleute der Berufsfeuerwehr Mönchengladbach verschüttet und verletzt. Die Hydranten reichten nicht aus, so daß nach kurzer Zeit Wasser aus einem Weiher zwischen Brempt und Gützenrath, später sogar aus der Schwalm herangeholt werden mußte. Gegen 1.30 Uhr hatten die Wehren aber das Feuer unter Kontrolle und das Maschinenhaus war gerettet.
Der Brand, der bis ins entfernte Erkelenz zu sehen war, lockte Hunderte von Schaulustigen an, die von der Polizei nur mit Mühe zurückgehalten werden konnten und im übrigen An- und Abfahrt von Feuerwehr, Polizei und Krankenwagen immer wieder behinderten. Der entstandene Schaden belief sich auf rund 3,5 Mill. DM. Den Niederkrüchtener und Elmpter Feuerwehrleuten, die als erste an der Brandstelle gewesen waren, wurde höchstes Lob gezollt.
Mit der kommunalen Neugliederung wurde zum 1. Januar 1972 auch eine Neuorganisation des Feuerlöschwesens erforderlich, die auf dem Gebiet der neuen Gemeinde Niederkrüchten bestehende Freiwilligen Feuerwehren Elmpt, Niederkrüchten und Oberkrüchten bildeten fortan die Freiwillige Feuerwehr Niederkrüchten, zum Gemeindewehrführer wurde Hauptbrandmeister Ernst Rudolf Wirths, Elmpt, und zu seinem Stellvertreter Hauptbrandmeister Gerhard Zube, Elmpt, ernannt. Der Elmpter Gemeindewehrführer Josef Laemes wurde Führer des Löschzuges Elmpt. Der Löschzug Merbeck wurde der Stadt Wegberg zugeordnet, Wehrleiter wurde Josef Sallads.

17.5 Ein expressionistischer Literat aus Oberkrüchten

Am 29. Juli 1889 wurde in Oberkrüchten Karl Otten geboren, Sohn eines Zollbeamten, der nur ein Jahr später versetzt wurde und mit seiner Familie zunächst nach Köln und später nach Aachen zog, wo der junge Karl sein Abitur machte. Starken Einfluß auf den wohl streng katholisch erzogenen Jungen übte der Sozialreformer und Kaplan Carl Sonnenschein aus, „soziale Verantwortung und passioniertes Engagement in gesellschaftlichen Fragen“ werden fortan das weitere Leben Ottens kennzeichnen. Allerdings sind es nicht die Zirkel religiöser Sozial-

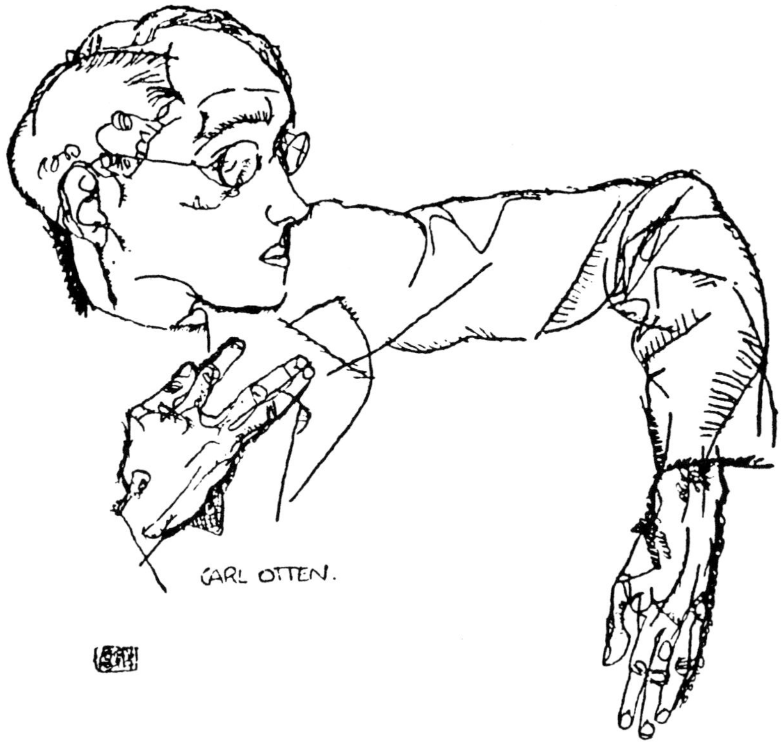

120 Carl Otten - Zeichnung von Egon Schiele in der Zeitschrift „Die Aktion“ Nr. 43/44, 1917

reformer, die den zwischen 1910 und 1914 in München, Bonn und Straßburg Studierenden anziehen, sondern Literatenkreise und Treffpunkte Bildender Künstler wie Robert Musiel, Oskar Maria Graf, Franz Jung und Otto Gross ebenso wie die Maler August Macke, Max Ernst, Heinrich Nauen und Franz Marc.
Auf einer Reise nach Griechenland geriet er 1912 mitten in eine blutige Auseinandersetzung zwischen Albanern und Türken - die Eindrücke wirken so stark auf ihn ein, daß er fortan zum glühenden Pazifisten wird. Als solcher wird er im Ersten Weltkrieg inhaftiert, als linksorientierter Literat nahm er „einen messianischen Kommunismus ernst, in Rußland und seiner Revolution glaubte er die Erlösung vom Übel zu erblicken.“[12] In der Zeitschrift „Menschheitsdämmerung“ schrieb er damals eine Selbstcharakteristik und legte ein flammendes politisches Bekenntnis ab: „Von meinem Leben kann ich nur sagen, daß es dem Kampf um Glück und Sieg der Armen, des Proletariats, geweiht war. Und jetzt verhüllt ist von Trauer über die Schmach, der das deutsche Proletariat durch eigene Schuld unterworfen ist: das stärkste Hindernis auf dem Wege der Weltrevolution, ja der erbittertste Saboteur der kommunistischen Idee zu sein.
Ich gestehe, daß ich die Deutschen nie geliebt habe, daß ich nichts so hasse wie die deutsche Bourgeoisie - seit ich denken kann. Und ebenso lange liebe ich Rußland und ich verlange von jedem Revolutionär und Dichter zunächst, daß er diese Liebe teile. Erkennt er die russische Idee, so erkennt er die Fehler unseres Volkes. Der Kampf für jene und gegen diese wird die Zwiespältigkeit des deutschen Dich-

ters aufheben und sein Leben, die Synthese von Person und Tat verwirklichen: Revolutionär und Dichter!“[13]
Nach Jahren des Exils und der Enttäuschung über die Entwicklung der russischen Revolution wird er feststellen müssen, „daß gleich ihm damals viele hofften, 1917–1919, dem ewigen Frieden im Geiste Dostojewskijs und Tolstois das letzte, große und grausige Opfer gebracht zu haben. Die Geschichte hat uns eines schlimmeren belehrt und die Jahre, die dann folgten, stellten das Grauen des Ersten Weltkrieges in den Schatten. Hoffnung und Grauen haben daher mein Leben bis in die kleinste Äußerung bestimmt.“[14]
Zwischenzeitlich waren wesentliche Werke des expressionistischen Erzählers und Lyrikers erschienen: 1912 die „Reise nach Albanien“, 1918 die Gedichte „Thronerhebung des Herzens“, 1928 die „Prüfung zur Reife“ und 1932 im „Berliner Tageblatt“ als Vorabdruck der „Unbekannte Zivilist“, der vor allem Anlaß für die Nationalsozialisten war, ihn nach 1933 zu verfemen. Umsonst war er nicht müde geworden, den Widerstand des Geistes gegen die braune Gefahr zu fordern. Es gelang ihm, nach Frankreich zu emigrieren, 1936 nach Mallorca weiterzuziehen, wo er Zeuge der harten Kämpfe zwischen den Francotreuen und den Republikanern wurde. Er ging nach England und lebte dort bis 1958. Der britische Staatsbürger siedelte im selben Jahr ins schweizerische Locarno über. Als er 1944 erblindete, war es seine Frau, die ihm sein schweres Los unermüdlich tragen half.
Sein reiches, vielseitiges Werk wurde in Deutschland bald vergessen, am 20. 3. 1963 starb Karl Otten in Minuseo bei Locarno. Seine niederrheinische Heimat hatte er nie gesehen.

18. Die Kommunale Neuordnung – Ende der Altgemeinden Elmpt und Niederkrüchten

Im Jahre 1965 wurde auf Beschluß der Landesregierung von Nordrhein-Westfalen eine Sachverständigenkommission gebildet, die ein Gutachten über die kommunale und staatliche Neugliederung des Landes erarbeiten sollte. Ziel war die Anpassung der bestehenden, vielfach unzureichenden kommunalen Strukturen an die veränderten wirtschaftlichen und gesellschaftlichen Verhältnisse, das sollte im wesentlichen erreicht werden durch die Vereinfachung der Verwaltungsorganisation. Gleichzeitig sollte die Leistungskraft der Selbstverwaltungskörperschaften gestärkt und erhöhten Anforderungen angepaßt werden.[1]

Die Neugliederung war kein neues Thema im hiesigen Raum, denn zu Beginn der 30er Jahre war bereits einmal von Zusammenlegung der Gemeinden die Rede, Elmpt und Niederkrüchten waren schließlich 1934 zu einem Amt zusammengeschlossen worden.

Nun wurden am 27. September 1966 die Oberkreisdirektoren vom Innenministerium aufgefordert, sich aus ihrer Sicht zu diesem Thema zu äußern. Nach den Vorstellungen des damaligen Erkelenzer Oberkreisdirektors Steinhüser sollten u. a. Niederkrüchten und Elmpt selbständige Gemeinden bleiben. Im Oktober 1967 schlug der Regierungspräsident in

121 Niederkrüchten, Lindbruch

Aachen in einem Gutachten ebenfalls zwei selbständige Gemeinden Elmpt und Niederkrüchten vor.
Der Vorschlag des Regierungspräsidenten ging davon aus, daß die Bevölkerungszahlen beider Gemeinden zwar an der untersten Grenze lagen, die für eine selbständige Gemeinde noch als vertretbar erachtet wurde, demgegenüber wurde die Erwartung geäußert, daß bei einer Ablösung des britischen Flugplatzpersonals durch die deutsche Bundeswehr mit einer Zunahme der Bevölkerung zu rechnen sei und daß bereits ein erheblicher Zuzug aus dem Raum Mönchengladbach notiert werde. Herausgestellt wurde aber vor allem die exponierte Lage an der deutsch/niederländischen Grenze, die eine Stärkung dieses Raumes gegenüber der Stadt Roermond rechtfertige.
In der Sitzung vom 20. Januar 1967 befaßte sich der Elmpter Gemeinderat erstmalig mit diesem Thema.[2] Gemeindedirektor Siegers gab einen umfassenden Überblick über Ziele und mögliche Durchführung der Reform, beleuchtete die derzeitige Situation und trat im übrigen für eine selbständige Gemeinde Elmpt ein, ein Zusammenschluß mit Brüggen „stand nicht auf dem Programm".
Das Thema „Zusammenschluß mit Brüggen" wurde vom Elmpter Gemeindedirektor später ausführlich behandelt.[3] Siegers führte aus, daß der Gemeinderat zwar 1932 beschlossen habe, sich möglicherweise mit Brüggen, Born und Bracht zu einem Amt zusammenzuschließen. Damals waren die meisten Arbeitnehmer der Gemeinde in der Dachziegelindustrie tätig, Brüggen bot Einkaufsmöglichkeiten, Krankenhaus und Ärzte und war durch seinen Bahnhof auch das „Tor zur Welt".
Im Jahr 1970 sahen die Dinge nun wesentlich anders aus. Während Brüggen kein Krankenhaus mehr besaß und der Bahnhof praktisch keine Bedeutung mehr hatte, waren die Arbeitsplätze in der Dachziegelindustrie weggefallen und hatte die Bevölkerung Elmpts insbesondere durch den Flugplatz einen Bevölkerungsanstieg zu verzeichnen. Die Infrastruktur war erheblich verbessert worden und übertraf die von Brüggen inzwischen. Siegers stellte fest: „Die Einwohner von Elmpt sind nicht nach Brüggen orientiert, sondern nach Osten und Süden".
In seiner Sitzung vom 31. 1. 1968 faßte der Gemeinderat Elmpt einstimmig den Beschluß, daß „die Gemeinde Elmpt eine selbständige Gemeinde im Landkreis Erkelenz bleiben muß".
Zwischenzeitlich kamen neue Pläne auf, die Gemeinden Elmpt, Niederkrüchten und Wegberg dem damaligen Kreis Kempen-Krefeld anzugliedern. Dagegen wandte sich energisch der Erkelenzer Kreistag, der im September 1968 in der Niederkrüchtener Schwalmtalhalle eine einstimmige Resolution verfaßte, in deren Mittelpunkt die Aussage stand: „Unser Landkreis bleibt ungeteilt."[4]
Die Kommission des Kreistages für die kommunale Neuordnung sprach sich in ihrer Sitzung vom 3. 3. 1969[5] dafür aus, daß sich die Gemeinden Elmpt und Niederkrüchten zusammenschließen sollten, um einer Einbeziehung von Elmpt nach Brüggen/Bracht und von Niederkrüchten nach Waldniel/Amern zu entgehen.
Für einige Zeit schien es ruhiger zu werden um die Neugliederung, bis mit einem Innenministererlaß vom 1. Oktober 1969 festgelegt wurde, daß die Neugliederung des Regierungsbezirkes Aachen zum 1. Januar 1972 erfolgen sollte. Der Erkelenzer Kreistag befaßte sich erneut mit dem Thema, er wollte nun die 22 Gemeinden des Kreises zu fünf neuen Gemeinden zusammenschließen, wobei Elmpt/Niederkrüchten eine Einheit bilden sollten; erstmals kam hier also der Gedanke an einen Zusammenschluß der beiden Nachbargemeinden auf. In der Begründung

122 Grünanlage vor dem Park am Haus Elmpt

des Oberkreisdirektors an den Innenminister NW vom November 1969[5] führte der OKD aus, daß zwar beide Gemeinden einen ausgeprägten Sinn für Eigenständigkeit besäßen und nach wie vor an ihrer Selbständigkeit festhielten, er würde es insbesondere aber wegen der Grenzlage für erforderlich halten, eine leistungsfähige Verwaltungseinheit aus beiden Gemeinden zu schaffen, zumal aus Sicht der Landesplanung beide Gemeinden in der Entwicklungsachse Mönchengladbach-Roermond (B 230) lägen[6]. Elmpt wies damals 4681, Niederkrüchten 6340 Einwohner auf, die Gemeindegröße betrug in Elmpt 41,41 qkm, in Niederkrüchten 37,18 qkm.
Im Dezember 1969 faßten die Gemeinden Niederkrüchten, Arsbeck, Elmpt und Wegberg den Beschluß, sich zu einer Großgemeinde zusammenzuschließen, bereits am 18. 12. 1969 wurde ein entsprechender Gebietsänderungsvertrag von Vertretern der vier Gemeinden unterzeichnet.[7]
Auf der Grundlage eines Gemeinderatsbeschlusses vom 30. 6. 1967 war auch die Gemeinde Niederkrüchten für ihre weitere Selbständigkeit eingetreten, ein Zusammenschluß mit der Gemeinde Schwalmtal wurde wegen der vielfältigen Verflechtungen zum Raum Wegberg-Erkelenz abgelehnt. Durch den Zusammenschluß der vier Gemeinden hoffte man, einer möglicherweise von oben diktierten Konstellation ausweichen zu können. Allerdings stellte sich bereits bei einer Öffentlichen Anhörung des Innenministers im Januar 1970 heraus[8], daß dieser diesen Zusammenschluß ablehnte und für ein Zusammengehen von Elmpt und Niederkrüchten plädierte. In der glei-

chen Sitzung erneuerte Waldniels Bürgermeister Jennissen das Angebot an Elmpt und Niederkrüchten, sich der Gemeinde Schwalmtal anzuschließen, auch die Gemeinde Brüggen schlug erneut ein Zusammengehen von Elmpt und Brüggen vor.
Ein Sondierungsgespräch bei der Landesplanungsbehörde zum gleichen Zeitpunkt[9] ergab, daß man dort Pläne zur Zusammenlegung der Gemeinden Elmpt/Brüggen und Niederkrüchten/Schwalmtal ablehnte.
Ein Referentenentwurf des Innenministeriums löste im Sommer 1970 neue Aktivitäten aus: Es zeichnete sich nun ab, daß man eine sogenannte „kleine Lösung", d. h. den Zusammenschluß von Elmpt und Niederkrüchten, einer „großen Lösung", nämlich dem Zusammenschluß entsprechend dem zwischen den vier Gemeinden abgeschlossenen Gebietsveränderungsvertrag vorzog.[10]
Im Januar 1971 lag auch ein neuer Vorschlag des Innenministers auf dem Tisch. Danach sollte die Gemeinde Niederkrüchten unter Abtrennung des Raumes Merbeck und Meinfeld mit der Gemeinde Elmpt zu einer neuen Gemeinde zusammengeschlossen, der Ortsteil Laar-Nord Brüggen zugeordnet werden. Das war Anlaß für den Niederkrüchtener Gemeinderat[11], die bestehenden Ratsbeschlüsse zur Neugliederung aufzuheben und die angestrebte Lösung einer Großgemeinde Wegberg aufzugeben, sich dagegen weiterhin für die Selbständigkeit der Gemeinde Niederkrüchten einzusetzen und im übrigen einem Zusammenschluß mit Elmpt nur zuzustimmen, wenn die Gemeindeteile Merbeck und Meinfeld nicht abgetrennt würden. Einen Monat später war man dann bereits so weit, grundsätzlich einem Zusammenschluß mit der Gemeinde Elmpt zuzustimmen unter den Voraussetzungen, daß Merbeck und seine Honschaften bei der Gemeinde verblieben und die Entwicklung der neuen Gemeinde sich schwerpunktmäßig entlang der B 230 vollziehen sollte. Grundsätzlich war man auch mit einem neuen Gemeindenamen einverstanden, der jedoch entsprechend dem Arbeitstitel des Neugliederungsvorschlages Niederkrüchten lauten sollte!
Neue Schwierigkeiten ergaben sich jedoch insofern, als Elmpt nicht bereit war, sich für den Verbleib der Ortschaften Merbeck und Meinfeld einzusetzen, dort befürchtete man immense Kosten bei der weiteren Erschließung dieser abseits gelegenen Ortsteile.
Am 6. April 1971 faßte der Niederkrüchtener Gemeinderat den Beschluß[12], frühere Ratsbeschlüsse hinsichtlich der Neuordnung aufzuheben, da sich die öffentliche Meinung sehr stark gegen den angestrebten Zusammenschluß von Arsbeck, Elmpt, Niederkrüchten und Wegberg entwickelt hatte. Mit dem Zusammenschluß von Elmpt war man nur einverstanden, wenn der Raum Merbeck nicht abgetrennt werde.
In der Gemeinderatssitzung vom 8. 4. 1971 stimmte die Gemeinde Elmpt dem Vorschlag des Innenministers, Elmpt und Niederkrüchten zu einer neuen Gemeinde zusammenzuschließen, zu, wobei ausdrücklich die Begründung des Vorschlages in vollem Umfange anerkannt wurde[13], „das bedeutete, daß man mit der Abtretung Merbecks einverstanden war. Hinsichtlich des Namens der neuen Gemeinde wurde ‚Schwalmbruch' ebenso zur Disposition gestellt wie ‚Meinfeld' oder ‚Meinweg'." Der vorgesehenen Umgliederung des Ortsteils Schloß Dilborn, Brüggen stimmte man zu.
Zwischenzeitlich hatte sich in Merbeck ein Aktionskreis „Kommunale Neugliederung in Merbeck" gebildet, der am 13. 4. 1971 eine Befragung hinsichtlich der Zuordnung Merbecks zu Wegberg oder Niederkrüchten durchführte. Von

988 Befragten nahmen 471 an einer „Wahl“ teil, für Wegberg entschieden sich davon 414, für Niederkrüchten 57 Befragte. Vom zuständigen Gemeindedirektor Niesten wurde allerdings darauf hingewiesen, daß es sich um eine rein private Bevölkerungsbefragung gehandelt habe, die von Rat und Verwaltung der Gemeinde Niederkrüchten weder unterstützt noch überwacht wurde. Es wurde weiter erklärt, daß sich die Ratsvertreter des Raumes Merbeck für einen Verbleib bei der Gemeinde Niederkrüchten ausgesprochen hatten. Niesten ging davon aus, daß rund 60% der Bevölkerung einen Anschluß an Wegberg ablehnten!

Am 30. 6. 1971 fand im Landtag in Düsseldorf die Erste Lesung des „Gesetzentwurfes über die Kommunale Neugliederung des Aachener Raumes“ statt. Dabei ergab sich, daß entgegen den von Niederkrüchten vorgebrachten Argumenten der Raum Merbeck der Gemeinde Wegberg zugeordnet werden sollte. Wesentlicher aber war der Beschluß, die Gemeinden Elmpt und Niederkrüchten zu einer neuen Gemeinde mit dem Namen Niederkrüchten zusammenzuschließen[14]. Die Gemeinde Niederkrüchten legte zwar noch einmal Berufung gegen diesen Gesetzentwurf ein, aber in den folgenden Monaten zeigte sich, daß der Gesetzgeber wohl kaum eine Änderung im Sinne Niederkrüchtens beabsichtigte.

Im Herbst 1971 hatten sich auch Schwierigkeiten hinsichtlich der Kreiseinteilung angedeutet. Aus dem Gesetzentwurf wurde klar, daß der Regierungsbezirk Aachen aufgelöst und dem Regierungsbezirk Köln angegliedert würde, der neue Kreis Erkelenz - Geilenkirchen - Heinsberg sollte somit Köln zugeordnet werden. Angesichts dieser Entwicklung hielt der Elmpter Gemeinderat[15] eine Hinwendung nach Geilenkirchen–Heinsberg nicht mehr für vertretbar, da Elmpt „in kultureller, wirtschaftlicher, verkehrsmäßiger und jeder anderen Hinsicht eindeutig zum Raum Mönchengladbach - Düsseldorf orientiert sei.“ Der Landtag wurde gebeten, die Gemeinde Elmpt bis zur Kreisneugliederung in einem Übergangskreis Erkelenz zu belassen. In einer Sitzung vom 1. September 1971 wurde beschlossen, der neuen Gemeinde den Namen „Elmptkrüchten“ zu geben und diesen Vorschlag dem Innenminister zuzuleiten.

Zwischenzeitlich wurde eine weitere Annäherung der Gemeinden Elmpt und Niederkrüchten eingeleitet: Am 6. September 1971 fand die erste Sitzung eines neu eingerichteten Koordinierungsausschusses statt. Fortan sollten Ausschußsitzungen bei Bedarf, jedoch mindestens einmal monatlich abwechselnd in Elmpt und Niederkrüchten stattfinden.

Am 25. November 1971 beriet der Landtagsausschuß das Neugliederungsgesetz erneut; er beschloß, Heinsberg zur Kreisstadt vorzuschlagen. In zweiter Lesung wurde dieser Beschluß im November 1971 bestätigt und in dritter Lesung im Dezember 1971 endgültig besiegelt: Danach sollte das „Aachen-Gesetz“ zum 1. Januar 1972 in Kraft treten, der neue Kreis im Norden des Regierungsbezirks Aachen hieß Heinsberg, ihm gehörte u. a. auch die Gemeinde Niederkrüchten, d. h. die beiden Altgemeinden Niederkrüchten und Elmpt, an. Von der Altgemeinde Niederkrüchten wurden bei der Neugliederung die Ortsteile Merbeck, Schwaam, Ven, Venheyde, Tetelrath, Dilborn und Teile von Laar abgetrennt und den Gemeinden Wegberg bzw. Brüggen zugeschlagen.

Am 21. Dezember 1971 wurde der bisherige Gemeindedirektor von Elmpt, Mathias Siegers, mit der Wahrnehmung der Aufgaben des Gemeindedirektors der neuen Gemeinde Niederkrüchten betraut, Ratsherr Gerd Wallrafen aus Niederkrüchten als Beauftragter des Rates eingesetzt.

Am 27. Dezember 1971 fand die letzte Sitzung des Gemeinderates Elmpt statt. Bürgermeister Houx zog eine Gesamtbilanz über die Entwicklung der Nachkriegszeit und führte aus, daß Elmpt und Overhetfeld in den letzten Jahren völlig umgekrempelt worden seien[16]. Zur Ausstattung der Gemeinde gehörten voll ausgebaute Schulen mit Lehrschwimmbecken und Turnhalle, Wasserversorgung, Kanalisation und Kläranlagen, Müllabfuhr, Bücherei, Sportplatz, Freibad, Kindergarten, Jugendheim, Altersheim, Feuerwehr, Friedhof mit Leichenhalle und im weiteren Bereich eine gute private Versorgung mit Arzt, Zahnarzt, Apotheke und leistungsfähigen Handels- und Handwerksbetrieben. Houx führte wörtlich aus: „Wenn wir jetzt in einen großen Verband übergehen, in dem die Gemeinde Elmpt ungefähr die Hälfte der künftigen Einwohnerschaft zählt, dann tut das zwar weh, aber man darf nicht verkennen, daß ein großer Verband auf manchen Gebieten vielleicht auch noch eine bessere Versorgung für die Bürger schaffen kann. Die Gemeinden Elmpt und Niederkrüchten kommen unter dem Namen Niederkrüchten zusammen, Elmpt hat seinen Gemeindenamen verloren, Niederkrüchten hat empfindliche Gebietsverluste und damit auch Einwohnerverluste erlitten." Er fuhr fort: „Jetzt ist es an der Zeit, einen Schlußstrich unter allen Streit zu ziehen und im kommunalpolitischen Bereich nach Wegen zu suchen, aus dieser neuen Gemeinde eine Einheitsgemeinde zu schaffen, wie Elmpt es in den verflossenen Jahren geworden war. Wir müssen die Dinge positiv sehen, weil das Landesgesetz letzten Endes den Befehl zu dieser Regelung gegeben hat. Es ist völlig überflüssig, Dingen nachzuweinen, die nicht zu ändern sind. Es gilt jetzt, aus dem Vorhandenen das Beste zu machen und alle, die es vermögen, sollen sich um kommunalpolitische Aufgaben bemühen."

Gemeindedirektor Siegers ergänzte die Ausführungen des Bürgermeisters, indem er sich für die gute Zusammenarbeit zwischen Rat und Verwaltung bedankte, „ich kann der neuen Gemeinde nur wünschen, daß sich diese gute Zusammenarbeit zum Wohle aller Bürger von Niederkrüchten und Elmpt fortsetzen möge."

Auch in Niederkrüchten fand die letzte Gemeinderatssitzung am 27. 12. 1971 statt. Hier zog Bürgermeister van Horrick die Bilanz einer langen Rats- und Verwaltungstätigkeit, eines Rates, dem er selbst 15 Jahre als Bürgermeister vorgestanden hatte. Im Mittelpunkt seiner Ausführungen stand naturgemäß „das Diktat des Gesetzgebers, welches den Raum Merbeck von der Gemeinde Niederkrüchten trennte". Und weiter führte er aus, „diese gesetzgeberische Maßnahme zerstört eine gemeindliche Einheit, die seit Jahrhunderten Bestand hatte und während ihrer wechselvollen Geschichte von keiner Staatsgewalt, nicht einmal von Diktatoren, angetastet wurde. Dieses schmerzvolle Schicksal wird unsere Gemeinde nun in unserem demokratischen Rechtsstaat gegen den einstimmigen Willen des Rates und gegen den Willen der betroffenen Bevölkerung aufgezwungen. Dieser staatliche Gewaltakt, anders kann man die Entscheidung des Gesetzgebers nicht bezeichnen, hat in der Bevölkerung unserer Gemeinde große Empörung ausgelöst, weil es hierfür keine sachlich zwingenden Gründe gibt."[17]

Eine schmerzliche Überraschung erlebte der Niederkrüchtener Gemeinderat, als er wenige Tage vor Weihnachten 1971 den endgültigen Text des Neugliederungsgesetzes erhielt. Nach der ersten Lesung des Gesetzentwurfes war auf Antrag der Gemeinde Wegberg das Gesetz noch einmal geändert und weitere Flächen von der Gemeinde Niederkrüchten abgetrennt worden. Eine Gesamtfläche von 367 Hek-

tar wurde danach der Gemeinde Wegberg zugeordnet, es handelte sich um Waldflächen südlich von Niederkrüchten, wobei eine Feld-Wald-Grenze als neue Gemeindegrenze vorgesehen war. Der Gemeinderat beschloß in seiner letzten Sitzung, Verfassungsbeschwerde beim Landesverfassungsgericht dagegen einzulegen, dieser Klage wurde später auch stattgegeben.
Mit den beiden letzten Gemeinderatssitzungen vom 27. Dezember 1971 war die Tätigkeit der Gemeinderäte von Elmpt und Niederkrüchten beendet. Nach einer Übergangszeit, in der Staatsbeauftragte die Rats- und Verwaltungsangelegenheiten erfüllen sollten, wurde im April 1972 der erste Gemeinderat der neuen Gemeinde Niederkrüchten gewählt.
Nur wenige Jahre später, mit dem Ablauf des Jahres 1974 endete auch die seit 1816 andauernde Zugehörigkeit zum Kreis Erkelenz, der im Kreis Heinsberg aufgegangen war: Die neue Gemeinde Niederkrüchten wurde am 1. 1. 1975 dem neuen Kreis Viersen zugeordnet - die engen Bindungen an die südlich gelegenen Landesteile gingen endgültig verloren.
Gravierender war, daß mit dem letzten Glockenschlag des Jahres 1971 aber auch die vielhundertjährige Geschichte der selbständigen Gemeinden Elmpt und Niederkrüchten beendet wurde.

Anmerkungen

Kapitel 1

[1] Braun/Quitzow, Die erdgeschichtliche Entwicklung, Seite 15 (ausführliche Literaturangabe siehe Quellenverzeichnis).
[2] Krings, Die Elmpter Platte, S. 22.
[3] Klostermann, Natur und Landschaft, S. 402.
[4] Schol, Steinzeitliche Funde im Grenzwald, S. 13 ff.
[5] Driehaus, Die urgeschichtliche Zeit, ... S. 105 ff.
[6] ebenda S. 105 ff.
[7] ebenda. S. 130.
Lage TK 25 Elmpt, r 10 000 h 75120 und Tk 25 Birgelen r 08100 h 71480, eine weitere jungsteinzeitliche Siedlungsstelle unter TK 25 Birgelen r 05380 h 72620 im Elmpter Wald, eine endsteinzeitliche Siedlungsstelle der Becherkulturzeit unter TK 25 Elmpt, r 08300 h 75470, weitere eisenzeitliche Siedlungsstellen unter TK 25 Elmpt r 08480 h 75420 im Elmpter Wald, eine Siedlungsstelle aus der Becherkulturzeit unter TK 25 Elmpt r 72250 h 75680 sowie eine endsteinzeitliche Siedlungsstelle der Becherkulturzeit auf dem Gebiet der Altgemeinde Niederkrüchten unter Tk 25 Waldniel, r 12200 h 74150.
[8] TK 25 Elmpt r 10460 h 75580.
[9] TK 25 Elmpt r 11120 h 74000.

Kapitel 2

[1] Offermanns, Geschichte der Städte ... S. 156.
[2] ebenda, S. 163.
[3] Deilmann, Geschichte des Amtes Brüggen, S. 6.
[4] Norrenberg, Geschichte der Pfarreien des Dekanats M. Gladbach, S. 3 ff.

Kapitel 3

[1] Jülicher, Herren von Brempt, S. 8.6.
[2] Kisky, Die St. Georgskapelle, S. 115 ff.
[3] Jülicher, a. a. O., S. 8.6.
[4] Linssen, Edelherren von Brempt, S. 51.
[5] ebenda S. 52.
[6] ebenda S. 54.
[7] Jülicher, Herren von Brempt, S. 10.3.
[8] Evertz, Streit der Gemeinde Niederkrüchten, S. 79 ff.
[9] Gemeindearchiv Niederkrüchen, K. H. Ihl vom 15. 1. 1988.
[10] Offermanns, Geschichte des Kreises Jülich ... S. 107.
[11] Collinet-Schmidwenzl, A.... von Elmpt, S. 2 ff.
[12] ebenda, S. 36.
[13] ebenda, S. 4.
[14] ebenda, S. 66.
[15] Renard, Kunstdenkmäler des Kreises Erkelenz, S. 36 ff.
[16] Offermanns, a. a. O., S. 113.
[17] Im Nachlaß von K. H. Ihl, den Frau Maria Ihl freundlicherweise dem Verfasser zur Verfügung stellte, befanden sich die folgenden Schloß Dilborn und die Elmpter Edelherren betreffenden Ausführungen, die möglicherweise neue Ansätze für die Erforschung der Frühgeschichte bieten.
[18] Krudewig, Übersicht II, S. 221 Nr. 16 Urkunde Nr. 17, Archiv der Stadt Düren, Bestandarchiv Burgau.
[19] Offermanns S. 107.
[20] ebenda, S. 114.
[21] ebenda, S. 114.
[22] Jülicher, Niederkrüchten in alten Ansichten, S. 18.
[23] Lexikon der Büchergilde, Frankfurt/M. 1956, S. 1310.
[24] Unterlagen aus dem Nachlaß von Karl-Heinz Ihl, die Frau Maria Ihl freundlicherweise zur Verfügung stellte.
[25] Lexikon der Büchergilde, a. a. O. S. 1129.
[26] Nagel, Kirchliche Tradition und kommunale Wappen, S. 80.
[27] Siegel der Städte und Dörfer im geldrischen Oberquartier von 1250–1798.
[28] ebenda.
[29] ebenda.
[30] Nagel, Niederkrüchtens Wappen - ein Bild im Widerstreit zwischen Verfassung, Ideologie und Politik, S. 185.
[31] ebenda, S. 185.
[32] ebenda, S. 186.
[33] ebenda, S. 186.

Kapitel 4

[1] Gillessen, Gebietskörperschaften, S. 60.
[2] Krings, Geldrische Geschichte der Stadt Erkelenz, S. 55.
[3] Krings, „Die Elmpter Platte" S. 34.
Friedel Krings hat in seiner landeskundlichen Studie im Heimatkalender der Erkelenzer Lande 1968 die Entstehung und Entwicklung des Dorfes Elmpt dargestellt, dem Aufsatz sind wesentliche Teile für die zugrundeliegende Arbeit entnommen.
[4] ebenda, S. 34.
[5] Weeger, Geschichte der Pfarrei Niederkrüchten, S. 3.
[6] Zitzen, Kriegszeiten am Niederrhein, S. 227.
[6a] Jans jr. Peter, Oberkrüchten, Verborgenes Dorf an der Grenze, in: Heimatkalender der Erkelenzer Lande 1960, S. 141 ff.
[7] Feinendegen, Niederrheinische Geschichte, S. 115.
[8] ebenda, S. 116.
[9] ebenda, S. 116.
[10] ebenda, S. 116.
[11] ebenda, S. 116.
[11a] Wallrafen, Niederkrüchten und das mittlere Schwalmtal.
[11b] Spehl, Der Überfall auf Brempt, 9/1925.
[12] Houx, Handschriftliche Chronik, a. a. O.
[13] Gemeindearchiv Niederkrüchten. Chronik der Schule An der Wae.
[14] Röttger, Brüggen und Born.
[15] Evertz, Orts- und Kirchengeschichte von Merbeck.

Kapitel 5

[1] Frohn, Rechtspflege im alten Geldernland, S. 108.
[2] ebenda, S. 109.
[3] ebenda, S. 110.

[4] Houx, Heinrich P. „Historische Nachrichten über die Herrlichkeit Elmpt", in Heimatblätter, herausgegeben in Verbindung mit dem Erkelenzer Geschichts- und Altertumsverein, 1922, Bd. 2ff.
[5] Röder, Der Goloring, S. 121.
[6] Fahne, Buchholz I, 2. Abtlg. S. 205.
[7] Archiv des Schlosses Haag, S. 1308.
[8] Staatsarchiv Roermond, Band 45, Nr. 16.
[9] Collinet - Schmidwenzl, A. - von Elmpt, 16.
[10] Houx, a. a. O.
[11] Reinartz, Vogtgeding zu Niederkrüchten, S. 65.
[11a] Spehl, Das Schöffengericht zu Brempt, Heimatblätter Erkelenz, 6/24.
[12] a. a. O. S. 66.
[13] Hinweis Lehrer Houx, a. a. O.
[14] Handschriftliche Notiz Lehrer Houx vom 29. 9. 1886 im Pfarrarchiv Elmpt.
[15] Unterlagen im alten Pfarrarchiv Elmpt.

Kapitel 6

[1] Norrenberg, Geschichte der Pfarreien der Erzdiözese Köln, S. 157.
[2] Handbuch des Bistums Aachen, S. 28.
[3] Jülicher legte 1987 eine ausführliche Bau- und Kirchengeschichte von St. Bartholomäus Niederkrüchten als Loseblattsammlung vor, auf die im folgenden mehrfach zurückgegriffen wird. Kopie im Archiv der Gemeinde Niederkrüchten.
[4] Pfarrbrief St. Bartholomäus Niederkrüchten vom 25. Mai 1968.
[5] Lacomblet, UB. II, Nr. 974.
[6] Weeger, a. a. O. S. 7.
[7] Renard, Kunstdenkmäler, S. 89.
[8] Jülicher, a. a. O. S. 11.
[9] ebenda, S. 25. Ihl vermutet im Gegensatz zu Jülicher, daß es sich bei den im späteren Kirchenbau verwendeten Steinen um Reste einer römischen Wehranlage oder eines römischen Wachtturms handelt.
[10] Renard, a. a. O. S. 90.
[11] Jülicher, a. a. O. G 4.
[12] Weeger, a. a. O. S. 16.
[13] Jülicher, a. a. O. S. 01.
[14] Handbuch des Bistums Aachen, S. 28.
[15] Weeger, a. a. O. S. 27.
[16] Weeger, a. a. O. S. 32ff.
[17] Renard, a. a. O. S. 338ff.
[18] Jans, Oberkrüchten, verborgenes Dorf, S. 141ff.
[19] Röttgen, Brüggen und Born, S. 238.
[20] Renard, Kunstdenkmäler a. a. O. S. 31ff.
[21] Einzelheiten dazu bei Evertz, Gerhard, Orts- und Kirchengeschichte von Merbeck, Baesweiler 1962, S. 140–146.
[22] Offermanns, Geschichte der Städte, a. a. O. S. 161.
[23] Smeets, St. Magdalena und andere Krüchtener Kapellchen, S. 65.
[24] Pfarrchronik Elmpt S. 83.
[25] Kisky, Die St. Georgs-Kapelle, S. 115.
[26] Röttgen, Brüggen und Born, S. 238.
[27] Weeger, a. a. O. S. 18.
[28] Hauptstaatsarchiv Düsseldorf, Bestand Niederkrüchten, Band 703.
[29] ebenda, Vermerk des Provinzialkonservators vom 19. 12. 1938.
[30] Classen, St. Anna-Kapelle Birth 1840–1990.
[31] Schulchronik Overhetfeld.

Kapitel 7

[1] Peters, Ein Hinweis zur Geschichte des flandrischen Altars der Elmpter Kapelle, Heimatbuch des Kreises Viersen 1977, S. 96
[2] ebenda
[3] Renard, Die Kunstdenkmäler der Kreise Erkelenz und Geilenkirchen, S. 279
[4] Kisky, Der flandrische Altar in der Elmpter Kapelle, in: Heimatkalender der Erkelenzer Lande 1956, S. 193ff.; der hier zitierte Bericht wird in gekürzter Form wiedergegeben
[5] Röttgen, Brüggen und Born im Schwalmtal, S. 238
[6] ebenda, S. 239
[7] ebenda, S. 239
[8] Kisky, Die St. Georgs-Kapelle von Brempt, S. 118
[9] Wesenberg, Der Brempter Kruzifixus, S. 90ff., der Beitrag wurde dem Jahrbuch der Rheinischen Denkmalpflege, Bd. XXIII 1960, entnommen
[10] Rolf Fritz, Der Cruzifixus von Benninghausen, ein Bildwerk des 11. Jahrhunderts: „Westfalen" Bd. 29, 1951, S. 141–153
[11] Wesenberg, a. a. O. S. 98/99
[12] Die Figur ist seit längerer Zeit zur Restauration dem Rheinischen Amt für Denkmalpflege überlassen worden, die Überarbeitung ist zum gegenwärtigen Zeitpunkt noch nicht abgeschlossen.
[13] Stellungnahme des Rheinischen Amtes für Denkmalpflege vom 20. 2. 1985, Akten im Pfarrarchiv Niederkrüchten
[14] Kisky, St. Georgs-Kapelle von Brempt, a. a. O., S. 117
[15] ebenda
[16] Krings, Die Barockausstattung der Pfarrkirche Niederkrüchten, S. 131
[17] Renard, Kunstdenkmäler, S. 336
[18] Krings, a. a. O., S. 138
[19] ebenda, S. 145

Kapitel 8

[1] vgl. hierzu auch Chronik der Schule An der Wae, weiter: Gemeindearchiv Niederkrüchten, Prospekt zur Glockenweihe an St. Laurentius am 19. 9. 1954.
[2] Daum, Gottfried, Glockengießer zu Anrath, S. 165ff.
[3] Pfarrarchiv Niederkrüchten, Abrechnung über Glockenguß aus dem Jahre 1819.
[4] Frings, Friedel, Der Glockenguß zu Niederkrüchten im Jahre 1819, in: Heimatkalender der Erkelenzer Lande 1965, S. 133ff.
[5] Weeger, Geschichte der Pfarrei Niederkrüchten, S. 79ff.
[6] Chronik der Schule in Oberkrüchten.
[7] Weeger, a. a. O. S. 28ff.
[8] ebenda S. 20.
[9] Röttgen, Brüggen und Born, S. 243.
[9a] Kreisarchiv Viersen, Bestand Niederkrüchten, Band 18.
[10] Dohms, Wallfahrt nach Kevelaer, S. 237.
[11] ebenda, S. 238.
[12] ebenda, S. 238.

Kapitel 9

[1] Deilmann, Geschichte des Amtes Brüggen, S. 113ff.
[2] ebenda, S. 114ff.
[2a] Nach einer Mitteilung des Großen Generalstabes vom 7. 10. 1912, Unterlagen des Preußischen Kriegsarchivs, Akten im Hauptstaatsarchiv Düsseldorf, Depositum Niederkrüchten, Band 702.
[3] Röttgen, Brüggen und Born im Schwalmtal.
[4] Klompen Wilma, Die Säkularisation im Arrondissement Krefeld 1794–1814, Kempen 1962.
[5] ebenda, S. 21.
[6] Deilmann, a. a. O. S. 125.
[7] ebenda.
[8] ebenda.
[9] Röttgen, a. a. O.
[10] Weeger, Pfarrei Niederkrüchten, S. 29.
[11] Deilmann, a. a. O. S. 126.
[12] Weeger, a. a. O. S. 29.
[13] Röttgen, a. a. O.
[14] Weeger, a. a. O. S. 11ff.
[15] Klompen, a. a. O. S. 34.
[16] Weeger, a. a. O. S. 12.
[17] ebenda.
[18] Reinartz, Aushebung und Einberufungen 1808, S. 54ff.
[19] Klompen, a. a. O. S. 36.
[20] ebenda, S. 5.

Kapitel 10

[1] Rick, Kalenderblätter, Heimatkalender der Erkelenzer Lande 1965
[2] Knorr, Zur Geschichte der deutsch-niederländischen Grenze, S. 97
[3] Hubatsch, Der Meinweg und das Boschbeektal, S. 23
[4] Hoster, Im Grenzgebiet des Meinwegs, S. 106
[5] ebenda
[6] Venner, Der Meinweg, S. 389
[7] Hoster, a. a. O. S. 108
[8] ebenda
[9] ebenda
[10] Hubatsch, a. a. O. S. 24
[11] Hoster, a. a. O. S. 111
[12] Venner, a. a. O. S. 416
[13] Schüller, Der Meinweg um 1900, S. 61
[14] Hubatsch, a. a. O. S. 26
[15] Bünau, Forsteinrichtungen 1991, S. 25
[16] Schulchronik Niederkrüchten
[17] Sels, Die Ruricher Chronik des Bürgermeisters Peter Christian Mertens 1792–1892, Erkelenz 1930, S. 73
[18] Funken, a. a. O. S. 27
[19] ebenda
[20] Schulchronik Niederkrüchten
[21] ebenda
[23] Wolters, Alltag und Brauchtum der Brachter Kleinbauernfamilien, S. 171
[24] Weeger, Geschichte der Pfarrei Niederkrüchten, S. 21
[25] Evertz, Orts- und Kirchengeschichte Merbeck, S. 136
[26] Jansen, Vom Flachsanbau unserer Heimat, S. 72
[27] Krings, Wirtschaft und Handel des Erkelenzer Landes, S. 158
[28] Jansen, a. a. O. S. 72
[29] ebenda, S. 73
[30] Krings, a. a. O. S. 158
[31] Jungbluth, Die Schwalm, Tal der Mühlen, S. 9
[32] ebenda, S. 51
[33] HSt.A/N, Band 480
[34] Schulchronik Niederkrüchten
[35] Schulchronik Gützenrath
[36] Schulchronik Oberkrüchten
[37] Schulchronik An der Wae
[38] Schulchronik Merbeck
[39] Handbuch des Bistums Aachen, Dekanat Wegberg
[40] KV/GaN, Band 488
[41] Houtermans, Der Kreuzweg auf dem Kirchhof zu Elmpt, S. 96
[42] Kreisarchiv Heinsberg, darin: Erkelenzer Kreisblatt v. 5. 4. 1865
[43] Houtermans, Der Hochaltar von St. Laurentius zu Elmpt, S. 189
[44] ebenda, S. 190
[45] ebenda
[46] nach Weeger am 7. 9. 1818, das ist jedoch unwahrscheinlich, da Weeger selbst auf eine 16jährige Tätigkeit in Niederkrüchten hinweist und die Verdrängung der niederländischen Sprache erst Ende der 20er Jahre des vorigen Jahrhunderts einsetzte.
[47] Weeger, a. a. O. S. 21
[48] Gemeindearchiv Niederkrüchten
[49] HSt.A/N, Band 367
[50] ebenda
[51] ebenda, Band 370
[52] Kopka, Zur Geschichte des Brandschutzes in Elmpt, S. 23
[53] HSt/N, Band 603

Kapitel 11

[1] Houx, a. a. O. Heft Nr. 3/1922
[2] Chronik der Schule Gützenrath
[3] Houx, a. a. O. Heft Nr. 3/1922
[4] Gladbacher Volkszeitung 93/1886
[5] Houx, a. a. O. Heft 3/1922
[6] Chronik der Schule Overhetfeld
[7] Erkelenzer Kreisblatt v. 2. 2. 1889
[8] Pfarrarchiv Elmpt
[9] Houx, a. a. O. Heft 3/1922
[10] Erkelenzer Kreisblatt v. 22. 8. 1891
[11] Schulchronik Niederkrüchten
[12] Lexikon der Büchergilde, S. 661
[13] KV/GaN, Band Nr. 477
[14] Pfarrarchiv Elmpt, Pfarrchronik
[15] ebenda
[16] ebenda
[17] Chronik der Schule An der Wae
[18] KV/GaN, Band Nr. 453
[19] ebenda 853
[20] ebenda 895
[21] Jülicher, Dr. Wilhelm Lindemann, S. 111 und Weeger, a. a. O. S. 23
[22] Lindemann, Ein Stück Pfarrleben, in Annalen 23/1873, S. 234

[23] König, Wilhelm Lindemann, S. 36ff
[24] Wallrafen, Tonindustrie bei Niederkrüchten, S. 78
[25] Wolters, Die geologische Bedeutung der Tone, S. 17ff.
[26] Smets, Die Tondachziegelindustrie im Kreis Erkelenz, S. 99
[27] KV/GaN, Band Nr. 513
[28] ebenda, Band Nr. 30
[29] ebenda, Band Nr. 242 und 893
[30] Chronik der Schule Overhetfeld
[31] KV/GaN, Band Nr. 215
[32] Wallrafen, Die Tonindustrie bei Niederkrüchten, S. 78ff
[33] KV/GaN, Band 564
[34] ebenda, Band 567
[35] ebenda, Band 959
[36] ebenda, Band 341
[37] ebenda, Band 602
[38] ebenda, Band 439
[39] Jülicher, Niederkrüchten in alten Ansichten, Bild 94
[40] Postgeschichte am Niederrhein, S. 37
[41] KV/GaN, Band 24
[42] Postgeschichte am Niederrhein, S. 39
[43] KV/GaN, Band 295
[44] ebenda, Band 366
[45] ebenda, Band 295
[46] ebenda, Band 962
[47] Chronik der Schule An der Wae
[48] Erkelenzer Kreisblatt v. 27. 5. 1922

Kapitel 12:

[1] Chronik der Schule An der Wae
[2] Chronik der Schule in Oberkrüchten
[3] Chronik der Schule Niederkrüchten
[4] Chronik der Schule Overhetfeld
[5] Entnommen dem Heimatkalender des Kreises Geldern, 1968, S. 200ff.
[6] Germes, Die Geschichte Schiefbahns, S. 195ff.
[7] Karsten, Ehrenzeichen und Ehejubelfeste, S. 78ff.
[8] Die Angaben sind den im Rathaus Niederkrüchten aushängenden Ehrentafeln entnommen.
[9] Die Angaben sind den Schulchroniken und den Gedenktafeln an den Ehrenmalen in Dam, Birth, Heyen, Laar, Gützenrath und Brempt entnommen; des weiteren Unterlagen Hauptstaatsarchiv Düsseldorf, Bestand Niederkrüchten, Band 776; die früher in der Pfarrkirche Niederkrüchten befindlichen Ehrentafeln sind nicht auffindbar. Es ist davon auszugehen, daß in dieser Aufstellung Namen insbesondere von vermißten Kriegstoten fehlen.

Kapitel 13

[1] Chronik der Schule Oberkrüchten
[2] Chronik der Schule Merbeck
[3] Hauptstaatsarchiv Düsseldorf, Depositum Niederkrüchten, (HStA/N) Band 408
[4] Kreisarchiv Viersen, Bestand Niederkrüchten (KV/GaN), Band Nr. 24
[5] HStA/N, Band 488
[6] KV/GaN, Band 412
[7] ebenda
[8] Consoir, Schmuggel im Meinweg, S. 160
[9] Chronik der Schule An der Wae
[10] Kreisarchiv Heinsberg, Bestand Landratsamt Erkelenz, (KH) Politische Lageberichte, Band 2
[11] ebenda
[12] KV/GaN, Band 779
[13] ebenda, Band 779
[14] ebenda, Band 779
[15] ebenda, Band 780
[16] Jödicke, Geschichte des Naturschutzgebietes „Elmpter Bruch, S. 277
[17] KV/GaN, Band 183
[18] ebenda, Band 184
[19] ebenda, Band 304
[20] Jödicke, a. a. O. S. 277
[21] Kreuzherrenschule, Melioration des Schwalmtales, S. 109
[22] ebenda, S. 112
[23] ebenda, S. 115
[24] KV/GaN, Band 451
[24a] Auseinandersetzungsvertrag v. 25. 9. 1958, Gemeindeakten Niederkrüchten
[25] KV/GaN, Band 814
[26] KV/GaN, Band 420
[27] KV/GaN, Band 24
[28] KV/GaN, Band 143
[29] KV/GaN, Band 24
[30] Chronik der Schule An der Wae
[31] KV/GaN, Band 432
[32] ebenda, Band 24
[33] Jahresbericht der Gemeinde Niederkrüchten 1931/32 im Kreisarchiv Viersen
[34] Nationalsozialismus im Kreis Heinsberg, S. 13
[35] KV/GaN, Band 24

Kapitel 14

[1] Hauptstaatsarchiv Düsseldorf, Depositum Niederkrüchten, Nr. 488
[2] Frenken, W. u. a. Der Nationalsozialismus im Kreis Heinsberg, S. 13
[3] ebenda, S. 38
[4] HStA/N, Nr. 892
[5] ebenda
[6] Reichsgesetzblatt I, 1933, S. 175
[7] HStA/N, Nr. 516
[8] HStA/N, Nr. 518
[9] Erkelenzer Kreisblatt v. 10. 4. 1933
[10] HStA/N, Nr. 914
[11] Kreisarchiv Heinsberg, Bestand Landratsamt Erkelenz, Politische Lageberichte, Band 2 (im folgenden: Pol. Lageberichte)
[12] ebenda
[13] Gemeindearchiv Niederkrüchten
[14] Chronik der Schule An der Wae
[15] Kreisarchiv Viersen, Bestand Niederkrüchten, (KV/GaN) Nr. 500
[16] Chronik der Schule An der Wae
[17] HStA/N
[18] Pol. Lageberichte Band 2
[19] ebenda, Band 3
[20] ebenda, Band 18

[21] ebenda, Band 15
[21] ebenda
[22] ebenda, Band 3
[23] ebenda, Band 2
[24] ebenda
[25] HStA/N, Nr. 892
[25a] Pol. Lageberichte, Band 55
[26] Pol. Lageberichte, Band 2
[27] ebenda
[28] ebenda, Band 2 + 499
[29] ebenda, Band 499
[30] ebenda, Band 6
[31] ebenda, Band 2
[32] ebenda, Band 4
[33] ebenda
[34] ebenda, Band 6
[34a] KV/GaN, Band 644
[35] ebenda, Band 8
[36] ebenda, Band 8, Schr. v. 9. 3. 1937
[37] ebenda, Band 18
[38] ebenda, Band 900
[39] Hauptstaatsarchiv Düsseldorf, Bestand RW 35-7
[40] Pol. Lageberichte, Band 26
[41] ebenda, Band 5
[42] ebenda, Band 8
[43] ebenda, Band 6
[44] ebenda, Band 8
[45] ebenda, Band 9
[46] ebenda
[47] KV/GaN, Band 644
[48] Pol. Lageberichte, Band 9
[49] ebenda, Band 23
[50] ebenda, Band 554
[51] vgl. hierzu Spezialakten im Archiv der Gemeinde Niederkrüchten sowie entsprechende Rats- und Ausschußprotokolle
[52] Stellungnahme des Amtsdirektors Niederkrüchten an die Kommunalaufsicht vom 20. 2. 1947, Archiv der Gemeinde Niederkrüchten
[53] Groß, Der Westwall im Kreise Viersen, S. 136ff
[54] ebenda, S. 236ff
[55] ebenda, S. 23
[56] Standesamtsunterlagen Gemeinde Niederkrüchten
[57] Der Bericht wurde erstmalig im Heimatbuch des Kreises Viersen 1991, S. 144ff. von Manfred Backhausen, Pulheim, veröffentlicht. Mit seiner Genehmigung und Zustimmung des Herausgebers konnte die hier gekürzte Fassung vorgelegt werden.
[58] vollständiger Name ist dem erstmaligen Herausgeber bekannt und in seinen Archiven hinterlegt.

Kapitel 15

[1] Niederrheinische Volkszeitung, Heimatzeitung für Krefeld, Mönchengladbach, Rheydt und den linken Niederrhein - Krefelder Stadtanzeiger, Krefelder Tageblatt, Uerdinger Volkszeitung, Vereinigte Zeitungen des Niederrhein = im folgenden nur mit „NV" zitiert.
[2] Kreisarchiv Viersen, Gemeinde Niederkrüchten, Band Nr. 9 (KV/N)
[3] Entnommen: Meyers Enzyklopädisches Lexikon, Band Nr. 25, Mannheim 1979, S. 291ff.
[4] Chronik der Volksschule Elmpt
[5] Gross, Der Westwall, S. 239ff.
[6] Chronik der Schule Oberkrüchten
[7] KV/N, Band 18
[8] Chronik der Schule An der Wae
[9] Chronik der Schule Heyen
[10] ebenda
[11] Archiv der Altgemeinde Elmpt
[12] KV/N Band 281
[12a] RGBl. I 1935, d.67
[13] ebenda, Band 371
[14] Chronik der Schule Heyen
[15] „Volksparole" vom 3. Mai 1941
[16] Chronik der Schule Heyen
[17] Chronik der Schule Oberkrüchten
[18] vgl. auch Standesamtsakten der Altgemeinde Niederkrüchten
[19] KV/N, Band 18
[19a] Hauptstaatsarchiv Düsseldorf, Bestand RW 23 - 99, s. a. Nationalsozialismus im Kreis Heinsberg, a. a. O., S. 76ff.
[19b] ebenda, Bestand Nr. 158 Vermerk vom 1. 6. 1942 für Gauleiter Grohè
[20] Vogt/Brenne, Krefeld im Luftkrieg, a. a. O., S. 290 bzw. Rheinische Landeszeitung vom 28. 6. 1943
[21] KV/N, Band 467 und 468
[22] KV/N, Band 964
[23] Gross, Bunker am Prinsendijk, S. 140
[24] Gross, Der Westwall, S. 379
[25] Schulchronik Oberkrüchten
[26] Schulchronik Volksschule Elmpt
[27] Hügen Ludwig, Der Krieg geht zu Ende S. 13ff.
[28] Bohnen Karl, Als die Rote Zone brannte, Dreistädte-Zeitung 1955, Nr. 46
[29] Evertz, Orts- und Kirchengeschichte Merbeck, S. 181
[30] Die näheren Begleitumstände dieser Erschießungen liegen bis heute im Dunklen, nach anderen Aussagen sollen die Erschießungen im Elmpter Wald stattgefunden haben.
[31] Schreiben der Gemeinde Simmerath vom 30. 10. 1992
[31a] Hauptstaatsarchiv Düsseldorf, Band RW 34-29
[32] Die folgende Schilderung des Geschehens basiert auf Unterlagen des Gemeente Archief Roermond, die dem Verfasser freundlicherweise zur Verfügung gestellt wurden
[33] Orts- und Kirchengeschichte Merbeck, S. 125
[34] Bonsels, Peter, Das Kriegsgeschehen ... S. 105
[35] Gemeindearchiv Niederkrüchten, Schreiben vom 17. 2. 1947 an OKD in Erkelenz
[36] Die Angaben sind den im Rathaus Niederkrüchten aushängenden Ehrentafeln entnommen
[37] Die Angaben sind den Schulchroniken und den Gedenktafeln an den Ehrenmalen in Dam, Birth, Heyen, Laar, Gützenrath und Brempt entnommen; die früher in der Pfarrkirche Niederkrüchten befindlichen Ehrentafeln sind nicht auffindbar. Es ist davon auszugehen, daß in dieser Aufstellung viele Namen insbesondere von vermißten Kriegstoten fehlen.
[38] Die Angaben sind der „Orts- und Kirchengeschichte Merbeck" entnommen, a. a. O.
[39] Die Angaben sind der Gedenktafel in der Pfarrkirche Oberkrüchten entnommen

Kapitel 16

[1] Bericht Amtsdirektor Mevißen v. 20. 2. 1947 an die Kommunalaufsicht, Archiv der Gemeinde Niederkrüchten.
[2] Chronik der Schule Elmpt
[3] ebenda
[4] Chronik der Schule Oberkrüchten
[5] Chronik der Schule An der Wae
[6] Gemeinderatsprotokolle der Gemeinde Niederkrüchten
[7] KV/GaN, Band 491
[8] Lexikon der Büchergilde, S. 314
[9] HStA/N, Band 480, in einer eidesstattlichen Erklärung führt Müllers aus, Ortsamtsleiter der NSDAP gewesen zu sein, die Ortsgruppengeschäfte seit 1939 jedoch nur vertretungsweise ausgeübt zu haben.
[10] Chronik der Schule Oberkrüchten
[11] Hans Kaiser, in: Rheinische Post, Serie zur Flüchtlingsproblematik, September/Oktober 1992
[12] Hügen, Die Siegfriedlinie von Amern bis Hinsbeck, S. 59ff.
[13] Gemeinderatsprotokolle
[14] ebenda
[15] ebenda
[16] Plum, Hans: Der Verständigungswille war Thema Nr. 1 im Grenzland, in: „Heimatkalender der Erkelenzer Lande, 1972 S. 76ff".

Kapitel 17

[1] Vortrag von M. Siegers vom November 1983 in Niederkrüchten, widergegeben in den „Grenzland-Nachrichten" in verschiedenen Ausgaben ab 1. 12. 1983.
[1a] Einleitung und Bericht über die Volksbank Schwalmtal eG wurden freundlicherweise von Manfred A. Jülicher bereitgestellt als Vorabdruck einer demnächst erscheinenden Geschichte dieses Kreditinstituts.
[2] Der Bericht wurde anhand von Unterlagen zusammengestellt, die von der Volksbank Wegberg eG zur Verfügung gestellt wurden.
[3] Hauptstaatsarchiv Düsseldorf, Depositum Niederkrüchten, Band 861
[4] Der Bericht wurde anhand von Unterlagen zusammengestellt, die von der Sparkasse Krefeld zur Verfügung gestellt wurden.
[5] Da alle Vereine und Bruderschaften Jubiläums- und Festschriften erstellten, in denen die jeweilige Vereinsgeschichte ausführlich dargestellt ist, wurde an dieser Stelle auf detaillierte Vereinsgeschichten verzichtet.
[6] Karsten, Das Vereinsleben in Elmpt 1900–1933, S. 105
[7] ebenda, S. 106
[8] Kreisarchiv Viersen, Bestand Niederkrüchten, Band Nr. 905
[9] Protokoll der Gemeinderatssitzung vom 10. 12. 1926
[10] Karsten, a. a. O., S. 108
[11] Weeger, Geschichte der Pfarrei Niederkrüchten, S. 61
[12] Kranefuss, Schrei und Bekenntnis – Karl Otten, ein expressionistischer Erzähler und Lyriker
[13] ebenda
[14] Birker, Der vergessene Prophet, S. 16

Kapitel 18

[1] Pietsch, Kurzreport über die Neugliederung, S. 25
[2] Gemeinderatsprotokoll Elmpt v. 20. 1. 1967
[3] Gemeinderatsprotokoll Elmpt v. 29. 12. 1969
[4] Schr. OKD Erkelenz v. 10. 6. 1969 an GD Elmpt
[5] Bericht OKD Erkelenz v. 24. 11. 1969 an Innenminister NW, Gemeindeakten Niederkrüchten
[6] ebenda
[7] Gemeinderatsprotokoll Niederkrüchten v. 18. 12. 1969
[8] Niederschrift über Anhörtermin v. 8. 1. 1970 in den Gemeindeakten Niederkrüchten
[9] Schr. OKD an GD Niesten v. 14. 1. 1970
[10] Niederschrift über a. o. Sitzung des Kreistags Erkelenz v. 29. 9. 1970
[11] Protokoll der Gemeinderatssitzung v. 17. 2. 1971
[12] ebenda, Sitzung v. 22. 3. 1971
[13] Landtag NW, Drucksache 7/830, 7. Wahlperiode
[14] Gemeinderatssitzung v. 8. 4. 1971
[15] ebenda, Sitzung v. 1. 9. 1971
[16] Gemeinderatsprotokoll Elmpt vom 27. 12. 1971
[17] Gemeinderatsprotokoll Niederkrüchten vom 27. 12. 1971

Quellenverzeichnis

a) Benutzte Literatur

Backhausen, M. (Herausgeber), Flucht über die niederländische Grenze bei Elmpt - Aus den Erinnerungen des Heinrich Lenhsen 1939-1945, in: Heimatbuch des Kreises Viersen 1991, S. 144ff.

Blaesen, Paul, Die erdgeschichtliche Entwicklung und der geologische Aufbau des Kreises Erkelenz, in: Heimatkalender der Erkelenzer Lande 1962, S. 22ff.

Birker, Hans-Josef, Der vergessene Prophet - Eine Erinnerung an den expressionistischen Literaten Karl Otten aus Niederkrüchten, in: Heimatbuch des Kreises Viersen 1985, S. 13ff.

Bischöfliches Generalvikariat, Aachen, Handbuch des Bistums Aachen, Aachen 1962.

Böken, Hermann, Niederkrüchten in alten Ansichten (II), Wegberg 1990.

Bonsels, Peter, Das Kriegsgeschehen im Herbst und Winter 1944-45 im Bereich der Ortschaften Merbeck und Tetelrath, in: Heimatkalender des Kreises Heinsberg, 1990, S. 105ff.

Braun F. J. und Quitzow H. W., Die erdgeschichtliche Entwicklung der niederrheinischen Landschaft, in: „Niederrheinisches Jahrbuch V/1961, S. 11ff.

Büchergilde Gutenberg, Lexikon der Büchergilde, Frankfurt/M. 1956.

Classen, Herbert, St. Anna-Kapelle Birth 1840-1990, Festschrift 1990.

Coenen, Theo, Elmpt im Wandel der Zeit, in: Heimatkalender der Erkelenzer Lande 1953, S. 28ff.

Collinet-Schmidwenzl, R. A.... von Elmpt, Bildband, Aachen 1990.

Consoir, Gerhard, Schmuggel im Meinweg bei Arsbeck, in: Heimatkalender der Erkelenzer Lande 1970 S. 160ff.

Daum, Gottfried, Die Glockengießer zu Anrath, in: Heimatbuch des Kreises Viersen 1977 S. 165ff.

Deilmann, J., Geschichte des Amtes Brüggen, Erkelenz 1927.

Dohms, Peter, Die Wallfahrt nach Kevelaer zum Gnadenbild der „Trösterin der Betrübten", Kevelaer 1992.

Driehaus, Jürgen, Die urgeschichtliche Zeit im Landkreis Erkelenz, in: Heimatkalender der Erkelenzer Lande 1967, S. 105ff.

Evertz, Gerhard, Der Streit der Gemeinde Niederkrüchten mit Otto von Bylandt, dem Herren von Rheydt und Brempt, im Jahre 1564, in: Heimatkalender der Erkelenzer Lande 1962, S. 79ff.

Evertz, Gerhard, Orts- und Kirchengeschichte von Merbeck, Baesweiler 1962.

Feinendegen, E., Niederrheinische Geschichte, in: Die Heimat 1968, S. 111ff.

Frings, Friedel, Der Glockenguß zu Niederkrüchten im Jahre 1819, in: Heimatkalender der Erkelenzer Lande 1965, S. 133ff.

Frohn, Peter Paul, Rechtspflege im alten Gelderland, in: Heimatkalender der Erkelenzer Lande 1971, S. 108ff.

Funken, H. P., Als das Heinsberger Land preußisch wurde, in: Heimatkalender der Erkelenzer Lande, S. 24ff.

Germes, Jakob, Die Geschichte Schiefbahns, M. Gladbach 1934.

Gillessen, Leo, Gebietskörperschaften Hier und Heute, in: Heimatkalender der Erkelenzer Lande 1972, S. 58ff.

Gross, Manfred, Der Westwall, Köln 1982.

Gross, Manfred, Der Westwall zwischen Niederrhein und Schnee - Eifel, Köln 1982.

Gross, Manfred, Der Westwall im Kreise Viersen, in: Heimatbuch des Kreises Viersen 1981, S. 136ff.

Gross, Manfred, Bunker am Prinsendijk im Brachter Wald, in: Heimatbuch des Kreises Viersen 1985, S. 140ff.

Heimat- und Kulturverein Niederkrüchten 1975 e.V., Niederkrüchten 1985, Wegberg 1985.

Heinrichs, Heribert, Wassenberg - Geschichte eines Lebensraumes -, Mönchengladbach 1987.

Hild, Jochen, Das Naturschutzgebiet Elmpter Bruch, in: Heimatkalender des Kreises Viersen 1976, S. 252ff.

Hoster, Heinz, Im Grenzgebiet des Meinweges zwischen Dalheim und Elmpt, in: Die Heimat 1937, S. 102ff.

Houtermans, Albert, Der Kreuzweg auf dem Kirchhof zu Elmpt und das Bildhaueratelier Houtermans in Roermond, in: Heimatbuch des Kreises Viersen 1988, S. 93ff.

Houtermans, Albert, Der Hochaltar von St. Laurentius in Elmpt und die Gründung des Bildhauerateliers Lenaerts und Houtermans in Roermond, in: Heimatkalender des Kreises Viersen 1989, S. 189ff.

Houx, Heinrich P., Historische Nachrichten über die Herrlichkeit Elmpt, in: Heimatblätter, herausgegeben in Verbindung mit dem Erkelenzer Geschichts- und Altertumsverein, 2. Jahrgang 1922, Hefte 1-9.

Hügen, Ludwig, Geschichte in Bildern (II), Kriegschronik der früheren Gemeinde Schiefbahn, Willich 1988.

Hügen, Ludwig, Der Krieg geht zu Ende, Kempen 1974.

Hügen, Ludwig, Die Siegfriedlinie von Amern bis Hinsbeck, in: Heimatbuch des Kreises Kempen-Krefeld 1968, S. 59ff.

Hubatsch, Herbert, Der Meinweg und das Boschbeektal, ein grenzüberschreitendes Naturreservat, in: Heimatbuch des Kreises Viersen 1978, S. 21ff.

Ihl, Karl-Heinz, Versuch einer Grenzbeschreibung der Herrlichkeiten Elmpt, Niederkrüchten und Geldrisch-Wegberg, in: Heimatbuch des Kreises Viersen 1990, S. 83ff.

Jans, Peter, jr., Oberkrüchten, verborgenes Dorf an der Grenze, in: Heimatblätter der Erkelenzer Lande 1960, S. 141ff.

Jansen, Josef, Vom Flachsbau unserer Heimat, in: Heimatkalender der Erkelenzer Lande 1955, S. 70ff.

Jödicke, Reinhard, Geschichte und Zukunft des Naturschutzgebietes „Elmpter Bruch", in: Heimatbuch Viersen 1984, S. 276ff.

Jülicher, Manfred, Niederkrüchten in alten Ansichten, Zaltbommel 1977.

Jülicher, Manfred, Die Geschichte der Herren von Brempt, Niederkrüchten 1973.

Jülicher, Manfred, Dr. Wilhelm Lindemann (1828-1879), in: Heimatkalender des Kreises Viersen 1978, S. 111ff.

Jülicher, Manfred, Bau- und Kirchengeschichte von St. Bartholomäus Niederkrüchten, Niederkrüchten 1987.

Jungbluth, Horst und Helmuth Elsner, Die Schwalm, Tal der Mühlen, Schwalmtal 1989.

Kahlau, Josef, Zur Frage der Verwaltungsneugliederung im Landkreis Erkelenz (1816-1850), in: Heimatkalender der Erkelenzer Lande 1968, S. 120ff.

Kahlenborn, Edmund, Die Neuumschreibungen der Pfarren im Roerdepartement unter der Herrschaft Napoleons I. in: Annalen, 91. Heft, 1911.
Karsten, Jürgen, Ehrenzeichen und Ehejubelfeste in Niederkrüchten 1915–1945, in: Heimatbuch des Kreises Viersen 1983, S. 78ff.
Kastner, Dieter und Vera Torunsky, Kleine Rheinische Geschichte 1815–1986, Köln 1987.
Kisky, Hans, Die St. Georgs-Kapelle von Brempt, in: Heimatkalender der Erkelenzer Lande 1958, S. 115ff.
Klostermann, Josef u. a., Natur und Landschaft am Niederrhein – Naturwissenschaftliche Beiträge – Band X, Krefeld 1991.
Klompen, Wilma, Die Säkularisation im Arrondissement Krefeld, Kempen 1962.
Knorr, Edmund, Das Elmpter Wacholderschutzgebiet, in: Heimatkalender der Erkelenzer Lande 1956, S. 49ff.
Knorr, Edmund, Zur Geschichte der deutsch-niederländischen Grenze zwischen Rothenbach und Boschbeeke, in: Heimatkalender der Erkelenzer Lande 1966, S. 95ff.
König, Eduard, Wilhelm Lindemann, Priester, Wissenschaftler und Politiker in Niederkrüchten, Heimatkalender der Erkelenzer Lande 1954, S. 36ff.
Kopka, Alfred, Zur Geschichte des Brandschutzes in Elmpt, in: 100 Jahre Feuerwehr Elmpt, Niederkrüchten 1989.
Kranefuss, Annelen, Schrei und Bekenntnis – Karl Otten. Ein expressionistischer Erzähler und Lyriker aus Oberkrüchten.
Kreuzherrenschule Brüggen, Die Melioration des Schwalmtales, Brüggen 1987.
Krings, Friedel, Zur Geldrischen Geschichte der Stadt Erkelenz, in: Heimatkalender der Erkelenzer Lande 1960, S. 55ff.
Krings, Friedel, Die Elmpter Platte, in: Heimatkalender der Erkelenzer Lande 1968, S. 22ff.
Krings, Friedel und Peter Gotzes, Die Pannenmühle bei Niederkrüchten, in: Heimatkalender der Erkelenzer Lande 1958, S. 86ff.
Krings, Wilfried, Die Barockausstattung der Pfarrkirche zu Niederkrüchten, in: Heimatkalender der Erkelenzer Lande 1963, S. 131ff.
Linssen, J., Die Edelherren von Brempt, in: Heimatkalender der Erkelenzer Lande 1957, S. 51ff.
Mielke, Heinz-Peter, Eine unbekannte Gruppe niederrheinischer Keramik aus Brempt, in: Heimatbuch des Kreises Viersen 1991, S. 233ff.
Nagel, Rolf, Niederkrüchtens Wappen: Ein Bild im Widerstreit von Verfassung, Ideologie und Politik, in: Heimatbuch des Kreises Viersen 1988, S. 185ff.
Nagel, Rolf, Kirchliche Tradition und Kommunale Wappen, in: Heimatbuch des Kreises Viersen 1984, S. 78ff.
Nederveen, Fook, Van bishopsstaad tot frontstaad, Swalmen 1978.
Norrenberg, P., Geschichte der Pfarreien des Dekanates M. Gladbach, Köln 1889.
Offermanns, Jakob, Geschichte der Städte, Flecken, Dörfer, Burgen und Klöster in den Kreisen Jülich, Düren, Erkelenz, Geilenkirchen und Heinsberg, Linnich 1854.
Pietsch, Folkmar, Kurzreport über die Neugliederung, in: Heimatkalender der Erkelenzer Lande 1972, S. 25ff.
Pleiner, Edwin-Arnold, Die Wappen im Kreis Viersen, in: Heimatbuch des Kreises Viersen 1976, S. 16ff.
Plum, Hans, Der Verständigungswille war Thema Nr. 1 im Grenzland, in: Heimatkalender der Erkelenzer Lande 1972, S. 76ff.
Postgeschichte am Niederrhein, hrsg. Bezirksgruppe Düsseldorf der Gesellschaft für Deutsche Postgeschichte, 12. Jahrgang, Heft Nr. 1, November 1965, S. 37ff.
Rahm, Karl-Heinz, Unbekannte Wandmalereien in Niederkrüchten, in: Heimatbuch des Kreises Viersen 1977 S. 97ff.
Reinartz, Werner, Ein Vogtgeding zu Niederkrüchten 1767, in: Heimatkalender der Erkelenzer Lande 1960, S. 65ff.
Reinartz, Werner, Aushebung und Einberufungen in der Gemeinde Niederkrüchten Anno 1808, in: Heimatkalender der Erkelenzer Lande 1958, S. 54ff.
Renard, Edmund, Kunstdenkmäler des Kreises Erkelenz und Geilenkirchen, Düsseldorf 1904.
Rick, Josef, Kalenderblätter, in: Heimatkalender der Erkelenzer Lande 1965, S. 2ff.
Risters, Walter, Kommunalreformen von Napoleon bis heute, in: Heimatkalender der Erkelenzer Lande 1972, S. 65ff.
Roeder, J., Der Goloring, Bonner Jahrbücher 1948, S. 121ff.
Röttgen, Bernhard, Brüggen und Born im Schwalmtal, Brüggen 1934.
Romeyk, Horst, Verwaltungs- und Behördengeschichte der Rheinprovinz 1914–1945, Düsseldorf 1985.
Schmitz, Ludwig, Geschichte der Herrschaft Rheydt, Rheydt 1897.
Schol, Willy, Steinzeitliche Funde im Grenzwald, in: Heimatbuch des Kreises Viersen 1980, S. 13ff.
Schüller, Wilhelm, Der Meinweg um 1900, in: Heimatkalender der Erkelenzer Lande 1962, S. 58ff.
Schulte, Paul-Günther, Die Schloßkapellen von Krickenbeck und Dilborn, in: Heimatbuch des Kreises Viersen 1986, S. 204ff.
Seelen, Theo, Die Teilung Obergelderns durch den Utrechter Frieden, in: Geldrischer Heimatkalender 1963, S. 180ff.
Smeets, Heinrich, St. Anna im Krüchtener Kapellenkranz, in: Heimatbuch des Kreises Viersen 1989, S. 86ff.
Smeets, Heinrich, St. Magdalena und andere Krüchtener Kapellen, in: Heimatbuch des Kreises Viersen 1979, S. 65ff.
Smets, Herbert, Die Tonziegelindustrie im Kreis Erkelenz, in: Heimatkalender der Erkelenzer Lande 1958, S. 97ff.
Spehl, J., Das Schöffengericht zu Brempt, in: Heimatblätter des Erkelenzer Geschichts- und Altertumsvereins 10/1925, S. 51ff.
Spehl, J., Der Überfall auf Brempt, in: Heimatblätter – Monatsschrift für Heimatkunde, Erkelenz, Nr. 9/1925.
Stang, Bernhard, Oberkrüchtener Straßennamen, in: Heimatkalender der Erkelenzer Lande 1956, S. 88ff.
Venner, Gerard, Die Unabhängigkeitserklärung von Krüchten und Brempt 1790, in: Heimatbuch des Kreises Viersen 1988, S. 175ff.
Venner, Gerard, Brüggen in unbekannten Ansichten des 17. Jahrhunderts, in: Heimatbuch des Kreises Viersen 1987, S. 99ff.
Venner, Gerard, Der Meinweg. Forschungen über Rechte und Allmenden im ehemaligen geldrisch-jülichschen Grenzgebiet (1400–1822), Schriftenreihe des Kreises Viersen, Band 35, Viersen 1985.

Wallrafen, Klemens, Die Tonindustrie bei Niederkrüchten und Elmpt, in: Heimatkalender der Erkelenzer Lande 1955, S. 78ff.
Weeger, E., Geschichte der Pfarrei Niederkrüchten, Kempen 1913, und 2. erweiterte Auflage mit einem Anhang bis 1988, Niederkrüchten 1988.
Wesenberg, Rudolf, Der Brempter Kruzifixus, in: Heimatkalender der Erkelenzer Lande 1961, S. 90ff.
Wolters, Hans, Alltag und Brauchtum der Brachter Kleinbauernfamilien vor der Jahrhundertwende, in: Heimatbuch des Kreises Viersen 1987, S. 171ff.
Wolters, Richard, Die geologische Bedeutung, Entstehung und Verbreitung der Tone im Raum Niederkrüchten-Bracht, in: Heimatkalender der Erkelenzer Lande 1955, S. 17ff.
Zitzen, E. G., Kriegszeiten am Niederrhein, in: 2000 Jahre germanisches Bauerntum am linken Niederrhein, in: Die Heimat 1935, S. 227ff.

b) Zeitungen und Zeitschriften

Drei-Städte-Zeitung Viersen, Süchteln, Dülken
Erkelenzer Kreisblatt
Gladbacher Volkszeitung
Niederrheinische Volkszeitung
Niederrheinische Landeszeitung
Niederrheinische Landeszeitung - Volksparole
Kölnische Zeitung

c) ungedruckte Chroniken und Aufzeichnungen

Chronik der Schule An der Wae
Chronik der Schule Elmpt
Chronik der Schule Gützenrath
Chronik der Schule Heyen
Chronik der Schule Merbeck
Chronik der Schule Niederkrüchten
Chronik der Schule Oberkrüchten
Chronik der Schule Overhetfeld
Chronik der Schule Schwaam
Chronik der Feuerwehr Elmpt (Zube)
Chronik der Feuerwehr Elmpt (Konopka)
Chronik der Feuerwehr Merbeck
Chronik der Feuerwehr Niederkrüchten
Chronik der Feuerwehr Oberkrüchten
Unterlagen aus dem Nachlaß Karl-Heinz Ihl
Handschriftliche Chronik des Lehrers Houx
Bünau, Rudolf von, Forsteinrichtung 1991, Manuskript eines Vortrages in Niederkrüchten am 25. 6. 1992

d) Archive

Nordrhein-Westfälisches Hauptstaatsarchiv Düsseldorf
Kreisarchiv Viersen
Kreisarchiv Heinsberg
Gemeindearchiv Niederkrüchten
Historisches Archiv des Erzbistums Köln
Bischöfliches Diözesanarchiv Aachen
Pfarrarchiv Elmpt
Pfarrarchiv Niederkrüchten
Archiv des Schlosses Haag
Rijksarchief in Limburg/Maastricht
Staatsarchief Roermond
Gemeentelijke Archiefdienst Roermond

e) Bildnachweis

H. Baumann 19
K. Blech 6
Feuerwehr Elmpt 116
Feuerwehr Merbeck 119
Feuerwehr Niederkrüchten 117
Feuerwehr Oberkrüchten 118
Gemeinde Niederkrüchten 110, 111, 112, 113, 121, 122
Gemeentelijke Archifdienst Roermond 82
M. Gross 79
Hauptstaatsarchiv Düsseldorf 45, 75
Heimat- und Kulturverein Niederkrüchten 9, 11, 17, 18, 20, 21, 28, 30, 31, 52, 54, 55, 57, 58, 63, 64, 66, 69, 109, 114
K. H. Ihl 7
Imperial War Museum London 92, 93, 98, 99, 100, 102, 103, 104
H. Lenhsen 105
Medienzentrum des Kreises Viersen 5, 10, 14, 15, 16, 22, 23, 24, 25, 34, 35, 36, 39, 40, 41, 46, 49
Pfarre Niederkrüchten 50
Sparkasse Krefeld 115
W. Tiskens 8, 26, 27, 38, 47, 62
G. Zube 37, 71, 76, 77, 85

Der Autor

Dr. phil. Ludwig Hügen, Jahrgang 1930, aus Schiefbahn, heute Stadt Willich, Diplomverwaltungswirt und bis 1992 im Kultusministerium NW tätig, studierte von 1980–1986 nebenberuflich an der Universität Düsseldorf Geschichte und Germanistik, Schwerpunkt „Neueste Landesgeschichte NW". Er promovierte 1989 zu dem Thema „Das Gesetz für die Wolfsschlucht - Bodenreformpolitik in Nordrhein-Westfalen 1945–1949".

Seit 1952 zahlreiche Veröffentlichungen im historischen und heimatkundlichen Bereich, 1970 ein grundlegendes Werk über das Kriegsende 1945 am linken Niederrhein „Der Krieg geht zu Ende", das in mehreren Auflagen erschien. Zu Niederkrüchten-Elmpt bestehen langjährige familiäre Kontakte.